JN418131

북한성결교회사

북한성결교회사

2024년 5월 20일 초판 1쇄

지은이 이한복
펴낸이 서진한
펴낸곳 대한기독교서회

등록 1967년 8월 26일 제1967-000002호
주소 서울시 강남구 테헤란로103길 14(삼성동)
전화 출판국 02-553-0873~4, 영업국 02-553-3343
팩스 출판국 02-3453-1639, 영업국 02-555-7721
e-mail editor@clsk.org
https://www.clsk.org
facebook.com/clskbooks
instagram.com/clsk1890

책번호 2386
ISBN 978-89-511-2155-5 93230

* 책값은 뒤표지에 있습니다.

북한성결교회사

이한복

The History of Evangelical Holiness Church
in North Korea

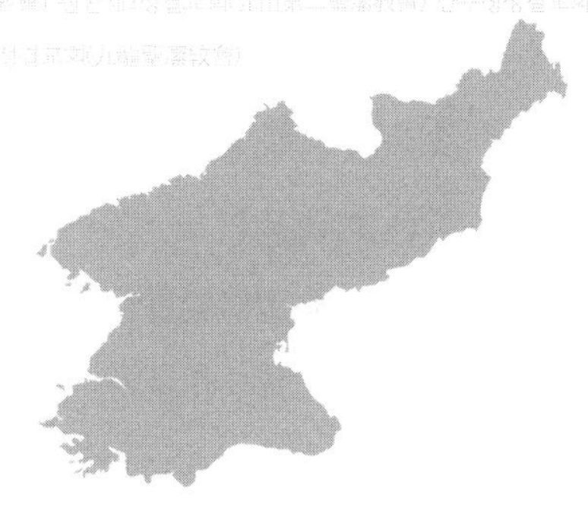

대한기독교서회

머리말

북한 지역은 우리 민족사적으로나 교회의 역사에서 매우 중요한 자리를 차지하고 있다. 민족사적으로는 고조선과 고구려와 고려의 중심이 북한 지역이었다. 교회사에서도 선교사의 선교활동보다 앞서 이 지역 조선인들이 기독교 신앙을 수용하고 성경을 번역하였다.

알렌, 언더우드, 아펜젤러 선교사의 활동 이전에 이미 서상륜과 서경조가 중심이 되어 1883년에 황해도 장연군 대구면 송천리에 조선 최초의 교회인 '소래교회'를 세웠다. 또한 초기 개신교의 영적 각성과 부흥운동이 북한 지역에서부터 일어났다. 1903년 원산에서의 회개운동과 1907년 평양대부흥운동이 그것이다. 일제강점기하에서 독립운동, 절제운동, 계몽운동, 물산장려를 통한 민족자본 육성운동, 일본제품 불매운동 등도 평양을 중심으로 활발히 진행되었다. 이 같은 개신교 신앙 부흥으로 인해 일제강점기 북한 지역에는 3,000여 개소의 교회가 세워졌다.

북한 지역에서의 성결교회 전도활동은 장로교회나 감리교회에 비해 20여 년 이상 뒤늦은 1908년 '진남포복음전도관'으로부터 시작되었다. 이는 1907년 5월 성결교회로서는 조선에 처음으로 세워진 '염곡복음전도관'(현 중앙성결교회)의 설립 1주년을 기념하는 교회였다. 진남포복음전도관이 세워지고 1년이 지난 1909년에는 개성 지역에 세 번째 성결교회인 '송도(개성)복음전도관'이 설립되었다. 이 같은 일은 초기 성결교회가 북한 지역 전도활동에 적극적이었음을 보여준다. 또한 일제강점기 초기 성결교회의 교역자들 가운데 용강군과 북청군을 중심한 북한 지역 출신이 많았다. 성결교회 초석을 놓은 최초의 지도자 세 사람, 정빈(황해도 해주), 김상준(평안남도 용강군), 이장하(평안북도 의주)는 모두 북한 지역 출신이다.

북한 지역에서의 본격적인 전도활동은 1922년 4월 곽재근, 신관빈 두 전도사를 파송하여 '북청성결교회'를 개척하면서부터였다. 북청교회 설립과 동시에 신도들은 전도대를 조직하여 사방 8km 이내에 있는 각 촌을 돌아다니며 전도하여 나하대교회, 홍원교회, 어포리교회, 예원리교회, 평산교회, 니망지리교회 등을 세웠다. 이는 구미(歐美)의 그리스도인들이 '북청지방유지단'(北靑地方維持團)을 조직하여 힘써 기도하며 헌금한 결과이기도 하다. 이후 성결교회는 북한 지역 주요 도시와 신발전 지역을 중심으로 교회를 개척하는 일에 힘썼다. 1920년대 후반부터 교역자들의 자립과 자치를 위한 노력과 함께 교회 설립을 우선으로 삼았다. 특히 1930년대에 들어서면서 '성결교회 제2회 총회'가 열린 1934년까지 급격하게 많은 교회가 세워졌다.

필자는 이 책에서 지난 6년 동안 「활천」, 「총회록」, 「연회록」, 「조선총독부관보」, 『조선야소교동양선교회성결교회약사』(이명직, 1929) 등을 세밀하게 분석하고 정리하며 단 한 번이라도 기록된 바 있는 북한 지역 성결교회들을 소개하려고 노력하였다.

일제강점기 북한 지역에 설립된 성결교회는 함경북도에 17개, 함경남도에 34개, 평안북도에 10개, 평안남도에 12개, 황해도에 12개, 강원도에 3개, 경기도에 3개 등 모두 91개소이다. 이들 교회 가운데 1943년 12월 29일 성결교회가 일제에 의해 강제로 해산당할 때까지 복음을 전한 교회는 모두 58개소(부록 1 참조)이다. 그 외의 34개 교회는 1936년 '성결교회 제3회 총회의 건'으로 분리되었거나, 교회로 세워져서 상당 기간 활발하게 복음을 전하다가 폐지되었거나, '지교회' 또는 '순회지'로 설립되었으나 결국 교회로 세워지지 못하고 1943년 이전에 폐지되었다. 이 교회들 가운데 대부분의 교회는 1945년 8·15 해방과 함께 폐지 이전의 모습을 회복했으며, 상당수의 교회가 부흥하고 있다는 소식(부록 2 참조)이 1946년 이성봉 목사와 1947년 이용선 목사에 의해 전해졌다. 이후 남북한의 왕래가 어려워지고, 1950년 한국전쟁 이후 종교인들에 대한 부역혐의와 함께 종교생활에 대한 부정적인 인식이 확산됨에 따라 북한에서의 신앙생활은 혹독한 시련을 겪어야 했다. 남북한 교회 간의 첫 만남은 서울하계올림픽을 앞둔 1986년 9월 스위스 글리온에서였다. 남북한 교회 대표자들(조선그리스도교도연맹 대표단 4명, 한국기독교교회협의회 대표단 6명)은 "평화에 대한 기독교적 관심의 성서적·신학적 기반"이라는 주제로 세미나를 열었다. 이 만남에서 참석자들은 체제상 많은 차이를 인식하면서도 성만찬을 나누며 평화통일의 필요성과 민족애를 확인했다. 이후 1988년 평양에 봉수교회와 장충성당이 설립되었다.

1988년 11월에 열린 '제2차 글리온회의'에서는 남북한 교회가 해방 50주년인 1995년을 '평화와 통일의 희년'으로 선포하고 매년 '민족해방기념주일'을 '공동기도주일'로 지키기로 합의했다. 1990년 12월에 열린 '제3차 글리온회의'에서는 평화와 통일교육 실시, 상호 방문, 남북한 상호불가침 선언 채택 및 군사훈련 중지 촉구 등의 9개항에 달하는 '희년 5개년 계획'에 합의하며 상당한 진전을 이루었다. 희년을 이루기 위한 교회의 노력은 1993년 8월 15일 임진각에서 독립문까지 48㎞ 구간에서 6만여 명의 시민과 그리스도인이 참여한 가운데 '남북인간띠잇기대회'로 이어졌다. 1995년 8월 15일 발표된 〈희년선언〉에는 남북한 신뢰와 평화구축 및 바람직한 통일을 위한 원칙, 희년정신 실천을 위한 교회의 과제 등이 제시되었다.

조선그리스도교연맹은 세계교회협의회에 "북한에는 18세 이상의 국민은 누구든지 신앙과 불신앙의 자유가 보장되며 1만 명 이상의 그리스도인이 있고 500여 개의 가정교회가 있다."라고 보고하고 있다. 하지만 이에 대해 남한교회는 긍정하는 입장과 부정하는 입장으로 나뉜다. 기독교대한성결교회는 1995년 '북한교회재건위원회' 모임을 시작했고, 2004년에는 '북한선교특별위원회'를 조직했다. 2021년 제115년차 교단총회에서 '북한선교위원회'를 항존 부서로 승인하여 평화적인 통일과 북한 지역 교회 재건, 전도 비전을 위해 교단 차원에서 구체적으로 기도하며 준비하기에 이르렀다.

우리 사회의 화두 가운데 하나는 탈식민지화이다. 35년간의 일제강점의 잔재를 극복하는 일이 이렇게도 어려운데 남북분단은 35년의 시간을 두 번 넘어서고도 또다시 강산도 변한다는 10여 년이 흘러 분단 80년을 한 해 앞두고 있다. 필자는 『북한성결교회사』를 집필하는 동안 되새김하며 기도하였다. 해방 전 하나의 역사를 공유하던 '한국성결교회'가 '기성'과 '예성'으로 나뉘어 있는 것이 마치 남북분단의 또 다른 모습을 보는 것 같아 마음이 아팠다. 이 책이 다시 하나가 되어야 한다는 인식이 확산되는 계기가 되기를 바란다. 두 교단으로 나뉘어 지내는 세월은 짧을수록 좋다. 조금 더 지나면 우리의 작은 소망마저 사라질지도 모른다.

사초를 정리하지 않고 기록하지 않는 역사는 시간이 지나면 묻히고 잊힌다. 더 늦기 전에 누군가 정리해야 한다는 생각에서 시작한 작업이 6년이 걸렸다. 이 책을 집필하는 동안 존경하는 선배님으로, 때로는 다정다감한 친구처럼 응원해주시고 책이 출판되는 과정에도 깊은 애정과 도움을 주신 지형은 목사님, 출판비를 지원해주신 북한선교위원회와 위원장 조기호 목사님, 그리고 대한기독교서회에 깊이 감사드린다.

남북한의 평화적 통일과 교회 재건의 불씨가 되기를 기도하며

2024년 5월 정선에서 이한복

추천사 1

북한교회 개척에 힘쓴 성결교회의 발자취

"한 사람을 알기 위해서는 그 사람이 걸어온 길을 보라."라는 격언이 있습니다. 이 책에는 우선 책의 제목과 내용을 넘어, 저자인 이한복 목사님이 걸어온 길이 고스란히 담겨 있습니다. 저는 개인적으로 저자와 오랫동안 알고 지냈습니다. 곁에서 지켜본 그는 보기보다 더 끈기 있고 더 열정적이며 더 학구적인 사람입니다. 이런 점은 그동안 어느 누구도 시도하지 못한 『북한성결교회사』를 저술한 데에서 확인할 수 있습니다. 이건 아무나 할 수 있는 작업이 아닙니다.

북한성결교회사는 기독교대한성결교회의 자랑스러운 역사이면서 동시에 가슴 아픈 역사이기도 합니다. 그러하기에 우리 성결교단에게는 남북통일과 북한성결교회 재건이라는 시대적 사명이 있습니다. 일찍이 이 사명을 깨달은 이들이 오래전 '북한교회재건위원회'를 구성하고 뒤이어 '북한선교특별위원회'를 조직하면서 이 일에 헌신해왔고, 이러한 수고가 마침내 열매를 맺어 '북한선교위원회'가 교단의 항존 부서로 승인되었습니다. 이처럼 활발한 사역이 진행되고 있는 시점에 이 책이 발간된 것은 매우 환영받을 만한 일이라 생각합니다.

제가 섬기는 교회도 북한성결교회 재건 협약에 동참하여 이 책에 제일 먼저 소개된 함경북도의 '회령성결교회' 재건을 위해 기도로 준비하고 있습니다. 『북한성결교회사』는 한국교회가 잃어버린 북한교회의 유산을 되찾는 데 큰 이정표가 되고 나아가 한국교회사 연구를 선도할 업적이 될 게 분명합니다.

이 책은 '해방 이전에 있던 북한 성결교회의 역사'를 교단 최초로 집대성한 책입니다. 철저하고 성실한 고증을 통해 함경북도의 17개 교회, 함경남도의 34개 교회, 평안북도의 10개 교회, 평안남도의 12개 교회, 황해도의 12개 교회, 강원도의 3개 교회, 경기도의 3개 교회 등 모두 91개의 지역 교회를 살피고, 성결교회가 북한 지역의 교회 개척을 위해 얼마나 힘썼는지를 보여줍니다. 특히 1930년대 들어서면서부터 성결교회 제2회 총회가 열린 1934년까지 북한에 많은 성결교회가 세워졌음을 보여줍니다.

무려 6년이라는 긴 시간과의 씨름을 통해서 나온 이 책이 우리 성결교회의 소중한 자산이 되리라 확신하며 저자의 값진 노력에 심심한 감사를 전합니다. 과거의 궤적을 살펴보면 이한복 목사님이 그려낼 미래 또한 기대할 수 있습니다. 해방 이전의 세대와 해방 이후의 세대가 이 책을 통해 함께 손잡고 북한성결교회사, 나아가 한국성결교회사를 재건할 수 있기를 바랍니다.

류승동 인후동교회 목사, 기독교대한성결교회 총회장

추천사 2

남북문제를 보다 성숙하게 해석하기 위해

역사 인식이 사람의 운명을 결정합니다. 지나간 역사를 어떤 시각으로 바라보는지 그리고 그에 근거하여 앞으로의 길을 어떻게 전망하는지가 삶의 현장을 좌우합니다. 이러한 내면 인식과 객관적 현상 사이의 관계는 한 개인이나 가정, 사회집단, 국가, 민족 등 모두에게 해당됩니다. 과거에 일어난 일 자체를 바꿀 수는 없습니다. 하지만 그 일에 관한 해석은 얼마든지 가능합니다. 이러한 해석을 통해 지금 여기에 있는 개인 및 집단의 인식이 달라지고, 그 달라진 인식 안에서 과거의 역사는 사실상 바뀝니다. 그로써 현재의 상황도 변합니다. 나아가 지금 이후에 걸어갈 미래도 결정됩니다. 정신의 인식에서 현상적인 행동이 나오는 것입니다.

북한 지역의 교회들은 분단 이후, 특히 한국전쟁 이후 그 존재의 자리를 잃어버렸습니다. 적어도 사회적인 집단으로는 그러했습니다. 이른바 공식적인 교회만 몇 군데 남아 있을 뿐입니다. 하나님의 섭리로 지하교회가 그 존재를 이어가고 있겠지만 우리가 통념상 말하는 교회는 북한에서 과거의 일이 되어버렸습니다.

북한성결교회의 역사를 탐구하는 것은 과거를 살피는 일입니다. 그러나 연구자가 현재에 발을 딛고 서 있으며 미래를 향해 걸어가기 때문에 과거를 탐구하는 작업은 필시 현재와 미래에 영향을 끼칩니다. 성결교회의 과거 역사를 어떤 관점에서 바라보는지에 따라 성결교회의 현재와 미래의 방향이 결정될 것입니다.

북한 지역과 남북문제는 현재 우리가 몸담고 있는 이 시대 민족, 국가의 피할 수 없는 주제입니다. 기독교 신앙의 관점에서 볼 때 민족이나 국가 집단의 현상은 거기에 존재하는 교회와 떼려야 뗄 수 없는 관계에 있습니다. '북한'이라는 현상과 '교회'라는 현상이 결코 분리될 수 없다는 것은 신학적으로 너무도 명백한 사실입니다.

현상 세계를 구원하시는 하나님의 종말론적인 섭리가 그리스도의 몸인 교회를 통하여 작동합니다. 교회는 성육신으로 현상 세계에 찾아오신 하나님을 신앙합니다. 이미 시작되었으나 아직 완성되지 않은 하나님 나라의 중간 시기를 걸어갑니다. 교회는 세속 사회에 현주소를 두고 있으면서 하나님 나라를 향해 걸어가는 순례 공동체입니다. 북한과 교회는 그렇게 하나의 주제가 됩니다.

북한과 성결교회라는 사회역사적 현상을 기독교 신앙의 관점에서 깊이 살피는 『북한성결교회사』는 그래서 의미가 깊습니다. 북한교회사의 범주 안에 있는 북한성결교회사는 기독교대한성결교회와 예수교대한성결교회 그리고 성결교회의 신앙전통을 이어가는 교단들에게 성찰의 문을 열어줄 것입니다. 아울러 다른 교단들의 북한교회사 연구에도 도전이 될 것입니다. 이렇게 개별 교단의 북한 지역 교회들에 관한 연구가 쌓이고 이를 통해 한국교회가 보다 성숙한 기독교 가치관으로 남북문제를 해석할 수 있기를 희망합니다. 분단의 상처를 치유하며 한반도와 동아시아의 미래를 창조적으로 열어가기를 바랍니다.

지형은 말씀삶공동체 성락성결교회 목사, 기독교대한성결교회 전 총회장

추천사 3

북한선교에 밑거름이 되는 책

한국교회에는 '북한선교'라는 특별한 사명과 복음의 빚이 있습니다. 남과 북은 이념의 차이로 서로 적대하고 있지만 같은 민족이기 때문입니다. 또한 어느 지역보다 일찍 복음을 받아들인 북한은 대부흥운동과 백만구령운동이 일어난 신앙 부흥의 진원지이기 때문입니다. 성결교회는 1920년대부터 북한 지역에서 본격적으로 전도활동을 전개했고, 1930년대에는 북한 지역의 3대 교파로 자리매김했습니다. 이런 점에서 성결교회는 교단 차원에서 북한선교에 더 많은 관심을 기울이며 적극적이고 실제적인 투자 및 협력, 기도를 이어가야 합니다. 급변하는 정세에 맞춰 조선그리스도교연맹과의 관계성을 가지고 실천적인 대안을 만들어야 합니다.

기독교대한성결교회 북한선교위원회는 성결교회의 복음의 기수, 사마리아로 향하는 증인이자 형제로서 우리의 잃어버린 반쪽인 동포 구원을 위해 힘쓰며 사랑의 빚을 갚고자 합니다. 북한선교위원회는 첫째, 북한선교의 기본 정책 수립(북한선교의 다양성을 인정하고 통합적인 네트워크를 구성하는 것), 둘째, 북한과의 직접적인 협력 관계 강화, 셋째, 북한성결교회 재건 준비, 넷째, 통일시대 북한성결교회 설립, 다섯째, 북한선교 정책 실행을 위한 선교 일꾼 양성 등을 위해 노력하고 있습니다.

북한성결교회 재건 사역을 준비하기 위해 지난 2019년 서울신학대학 신학연구소 이한복 박사가 〈북한성결교회 복원사업을 위한 북한교회 기초 자료〉를 발간한 데 이어 5년 만에 『북한성결교회사』를 발간하게 된 것을 무한히 감사하며, 이 박사의 그간 노고를 치하합니다. 여러 교단에서 추진하고 있는 '해방 전 북한교회 재건'이 이번 연구서를 통해 한 발 더 내딛게 되어 감사할 뿐입니다.

북한선교위원회는 "사마리아와 땅 끝까지 이르러 내 증인이 되리라" (행 1:8)라는 말씀을 바탕으로 오늘의 사마리아가 바로 북한이라는 마음을 품고서 무너진 북한교회 재건을 위해 힘쓸 것입니다. 이 책은 북한교회 재건 협약에 함께한 교회들에게 큰 소망과 기도 부흥의 불씨가 될 것입니다. 성경은 느헤미야와 스룹바벨이 예루살렘 성벽을 재건할 때 사단의 끈질긴 방해 공작이 있었음을 보여줍니다. 동시에 하나님 나라 백성의 회복과 구원이 기필코 완성된다는 사실도 확신시켜 줍니다. 이처럼 『북한성결교회사』는 해방 이전 북한교회를 재건하고자 하는 우리 성결교단의 의지를 재확인시켜 줍니다.

북한선교위원회가 1993년에 시작되어 2021년 115년차 교단총회에서 항존위원회로 승인받기까지 위원장 이정운 목사님, 고 박대훈 목사님, 고광배 목사님, 송태헌 목사님, 유병욱 목사님, 김학섭 목사님과 그 외 여러 목사님, 장로님, 권사님 들이 기도하며 수고해주셨습니다. 이분들의 헌신이 주춧돌 되어서 북한교회의 재건이 이뤄지리라 믿습니다. 북한선교위원회는 북한교회가 재건될 때를 소망하며 지도자를 양육하고 있는데 그 일환으로 현재 통일선교훈련원에서 입문·심화·전문 과정을 진행하고 있습니다. 북한선교의 차세대 지도자를 세우는 데 이한복 박사의 연구가 큰 힘이 되리라 생각합니다. 다시 한번 축하와 감사의 말씀을 전합니다.

조기호 은혜제일교회 목사, 기독교대한성결교회 북한선교위원회 위원장

추천사 4

북한성결교회 재건을 위한 첫걸음

1945년 일제에서 해방된 우리나라는 아직도 몸에 박힌 가시처럼 아픈 상처가 남아 있습니다. 그것은 해방 직후 북위 38도선을 중심으로 국토가 남북으로 양단되고 이 비극이 1950년 동족상잔의 한국전쟁으로 이어져 현재까지 고착되어 있다는 사실입니다. 주지하다시피 한국에 복음이 전해진 이래로 한국 기독교의 중심은 사실상 평양, 선천 등 북한 지역이었습니다. 그러나 남북분단 이후 북한 전 지역의 교회는 공산정권에 의해 강제로 폐쇄·말살되었습니다. 한국성결교회도 예외는 아니어서 북한 지역에 위치한 성결교회의 피해가 막심했고, 이제는 어디에서도 성결교회의 흔적을 찾아볼 수 없는 형편에 놓였습니다. 따라서 전후 70년간 한국성결교회는 남한 중심의 반쪽 교회로 발전해왔습니다.

남북통일의 그날이 언제일지 알 수 없지만 통일을 대비하여 북한교회 재건에 대한 구체적인 계획과 실천 방안을 세워야 합니다. 한국성결교회의 북한선교위원회 역할이 더욱 요구되는 오늘날의 시점에서 그 시급성은 두말할 필요가 없습니다. 이한복 박사의 『북한성결교회사』 출간은 가물고 메마른 농경지에 소낙비가 내리듯 여간 반갑고 귀한 소식이 아닐 수 없습니다. 이 책은 해방 이전 북한성결교회를 기억하고 그 현황을 파악하는 차원을 넘어 향후 북한성결교회 재건을 위한 기초 자료를 제공하고 방향성을 제시해줍니다.

북한교회사에 관련한 대표적인 연구로는 한국기독교역사연구소가 1996년에 펴낸 『북한교회사』가 있습니다. 이 책은 북한의 각 지방별 교회 설립과 발전을 교파별로 충실히 개괄하고 있습니다만, 교회명과 설립연도, 설립자, 소재지 등을 소개하는 정도로 다루고 있어 성결교회 입장에서는 약간의 아쉬움이 있습니다. 한국전쟁 이전의 북한성결교회를 집중적으로 연구한 책이 전무한 상황에서 이한복 박사의 『북한성결교회사』는 학계에 매우 중요한 자료가 될 것입니다.

이 책은 성결교 교단의 「연회록」과 「총회록」, 교단지인 「활천」 그리고 「조선총독부관보」를 중심 자료로 하여 함경북도, 함경남도, 평안북도, 평안남도, 황해도, 강원도, 경기도 지역에 세워졌던 북한의 성결교회들을 탁월하게 정리하고 있습니다. 단순한 소개를 넘어 향후 북한성결교회 재건을 위한 사료적 가치를 충분히 갖추고 있기에 교역자는 물론 성결인 모두가 읽어야 할 필독서로 기꺼이 추천합니다.

정상운 한국기독교한림원 원장, 성결대학교 명예총장

추천사 5

기억하고 기대해야 하는, 우리의 또 다른 이야기

한국전쟁 이후로 북한 지역의 이야기는 우리에게 잘 알려지지 않은 민족사의 한 부분이었습니다. 특히 북한의 정치적 환경으로 인해 교회사 이야기는 더욱 그러했습니다. 이러한 현실에서 비록 한국전쟁 이전의 이야기이긴 하지만 북한성결교회 연구가 이뤄진 것은 정말로 큰 의미를 갖습니다. 저자가 밝히듯 북한 지역은 한국 교회사에서 매우 중요한 의미를 지닙니다. 해방 전까지 북한 지역의 교회는 남한의 교회보다 더 활발하고 적극적이며 열정적이었습니다. 이는 한국 기독교가 첫 부흥을 경험한 현장이 바로 북한의 원산과 평양이었고, 해방 전 3,000여 개의 교회가 북한 지역에 존재했다는 사실로 증명됩니다.

성결교회의 경우, 서울의 염곡전도관 이후 진남포와 송도(개성)에 전도관을 세운 것으로 미뤄보아 북한 지역에서 활발히 사역을 펼쳤음을 알 수 있습니다. 정빈, 김상준, 이장하 등 한국성결교회의 초기 지도자들이 모두 북한 지역 출신이고, 해방 전까지 91개의 성결교회가 있었던 점도 성결교회가 북한 지역과 깊은 연관을 맺고 있었음을 알 수 있는 대목입니다.

『북한성결교회사』는 다음과 같은 의미를 갖습니다. 첫째, 오랫동안 잊히었지만 결코 잊어서는 안 되는 성결 가족의 이야기라는 점입니다. 그동안 기독교대한성결교회는 북한교회재건위원회(1995), 북한선교특별위원회(2004)를 통해 계속해서 북한 지역 성결교회에 관심을 두고 활동을 전개해왔으며, 북한선교위원회(2021)를 항존 부서로 승인하여 지속적인 활동을 지원했습니다. 북한성결교회의 해방 전 역사를 복원하는 작업은 북한 지역 성결교회를 이해하고 지원을 확대해갈 수 있는 소중한 첫걸음이라 할 수 있습니다.

둘째, 이 책은 북한 지역을 행정 단위로 나누어 지역 교회를 소개하면서 주요 자료로 「활천」의 기사와 사진, 「총회록」을 면밀히 검토하여 사용하고 있습니다. 다시 말해 지금까지의 자료를 총망라하고 있기에 북한 지역 성결교회를 연구하는 이들에게 1차 자료의 역할을 할 수 있다는 사실입니다. 여기에 조선총독부 자료도 포함하고 있어 역사 연구의 중요한 객관적 자료로도 기능하리라 기대합니다.

셋째, 북한 지역 성결교회의 역사는 앞으로 남북 화해와 평화, 더 나아가 통일을 이뤄가는 밑그림으로 작용할 수 있습니다. 남북의 교회는 1986년 9월 스위스 글리온을 시작으로 간헐적인 만남을 이어왔으며 앞으로도 그럴 것이고 또 그렇게 해야 할 것입니다. 통일된 민족이 함께 예배드리는 그날을 위해 '북한 지역의 교회가 정말로 사라졌는지, 아니면 어떤 형태로라도 계속되고 있는지, 북한성결교회의 정체성을 어떻게 확인할 수 있는지' 등에 대한 대답을 준비하는 과정에서 이 책이 긴요하게 쓰일 것이라고 확신합니다.

흥미로운 부록을 곁들이는 등 독자의 이해와 궁금증 해소를 세심하게 도운 저자의 노고에 다시 한번 감사하며, 이 책이 한국성결교회의 온전한 역사를 구성하는 중요한 한 부분이 되리라 기대합니다. 우리가 기억하고 기도하고 기대해야 하는, 우리의 또 다른 이야기가 아주 가까이에 있다는 사실을 이 책을 통해 명심하게 됩니다.

박창훈 서울신학대학교 교회사 교수, 현대기독교역사연구소 소장

용어 설명

- **조천기도회**(早天祈禱會) 오늘날의 새벽기도회. 개신교 초기인 1920년대에는 새벽기도회를 '조천기도회' 또는 '청신기도회'라고 표현하였다. 새벽기도회라는 표현이 보편적으로 사용된 것은 1930년대 중반부터이다.
- **청신기도회**(淸晨祈禱會) 오늘날의 새벽기도회
- **무기**(無期) **청신기도회** 기한을 정해놓지 않고 드리는 새벽기도회
- **대거전도회**(大擧傳道會) 많은 사람이 참여하는 전도활동
- **초추대전도회**(初秋大傳道會) 초가을대전도회
- **사경회**(査經會) 일정한 기간 동안 성경을 공부하는 모임
- **성별회**(聖別會) 성결을 경험케 하기 위한 목적으로 주일 오후에 드려진 예배로 성결을 소망하는 사람들에게 성결의 복음을 전한 성결교회만이 가지고 있던 독특한 전도 방법
- **구령회**(救靈會) '어떻게 구원을 받을 수 있는가?'에 초점을 맞춘 예배
- **미신자**(未信者) 아직 복음을 믿지 않는 사람
- **구도자**(求道者) 전도를 받은 사람들 가운데 '복음을 마음으로 받아들이고 믿겠다.'라고 말한 사람
- **유망한 구도자** 믿음생활을 하겠다고 말한 사람들 가운데 교회에 출석하여 신앙생활을 할 가능성이 매우 높은 사람
- **신생자**(新生者) 예수 그리스도를 믿고 새로운 생명을 얻은 자. '중생자'와 같은 의미
- **중생자**(重生者) 예수 그리스도를 믿고 다시 태어나 믿음생활에 열심 있는 사람
- **성결자**(聖潔者) 예수 그리스도를 믿고 새 생명을 얻은(신생, 중생) 사람이 죄악과 구별되어 예수 그리스도의 성품을 닮아 살아가는 사람
- **기도소**(祈禱所) 교회 설립 이전 단계의 소그룹 예배처 혹은 기도처
- **자급**(自給) 동양선교회 선교사들의 영향에서 벗어나려는 자치운동의 일환으로 개교회 교역자들의 사례비를 동양선교회로부터 받지 않고 개교회가 주는 것을 의미한다.
- **장막전도**(帳幕傳道) 대형 천막을 치고 하는 전도활동
- **회개금**(悔改金) 예수 그리스도를 믿은 이후 과거 자신의 잘못과 죄악을 회개하며 하나님께 드리는 헌금으로 1930년대 당시 개신교의 보편적인 신앙의 모습이었다.

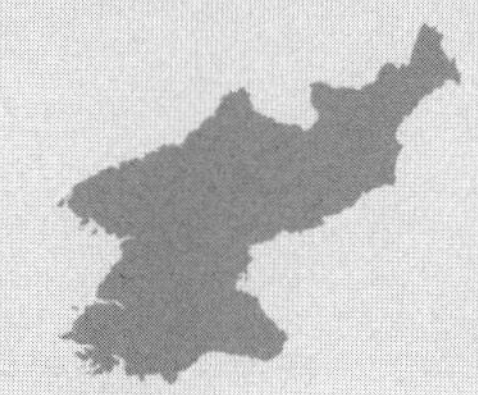

차례

함경남도 지역 교회

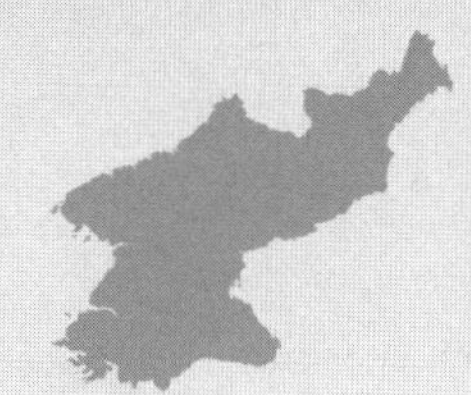

평안북도 지역 교회

평안남도 지역 교회

황해도 지역 교회

강원도 지역 교회

경기도 지역 교회

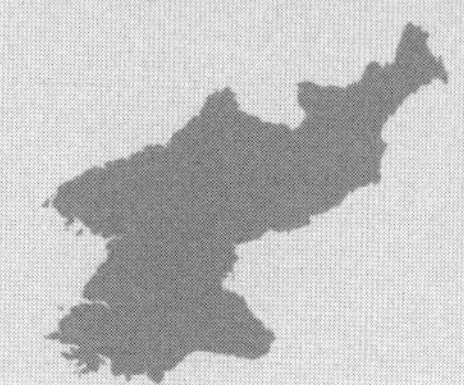

그 밖의 교회들

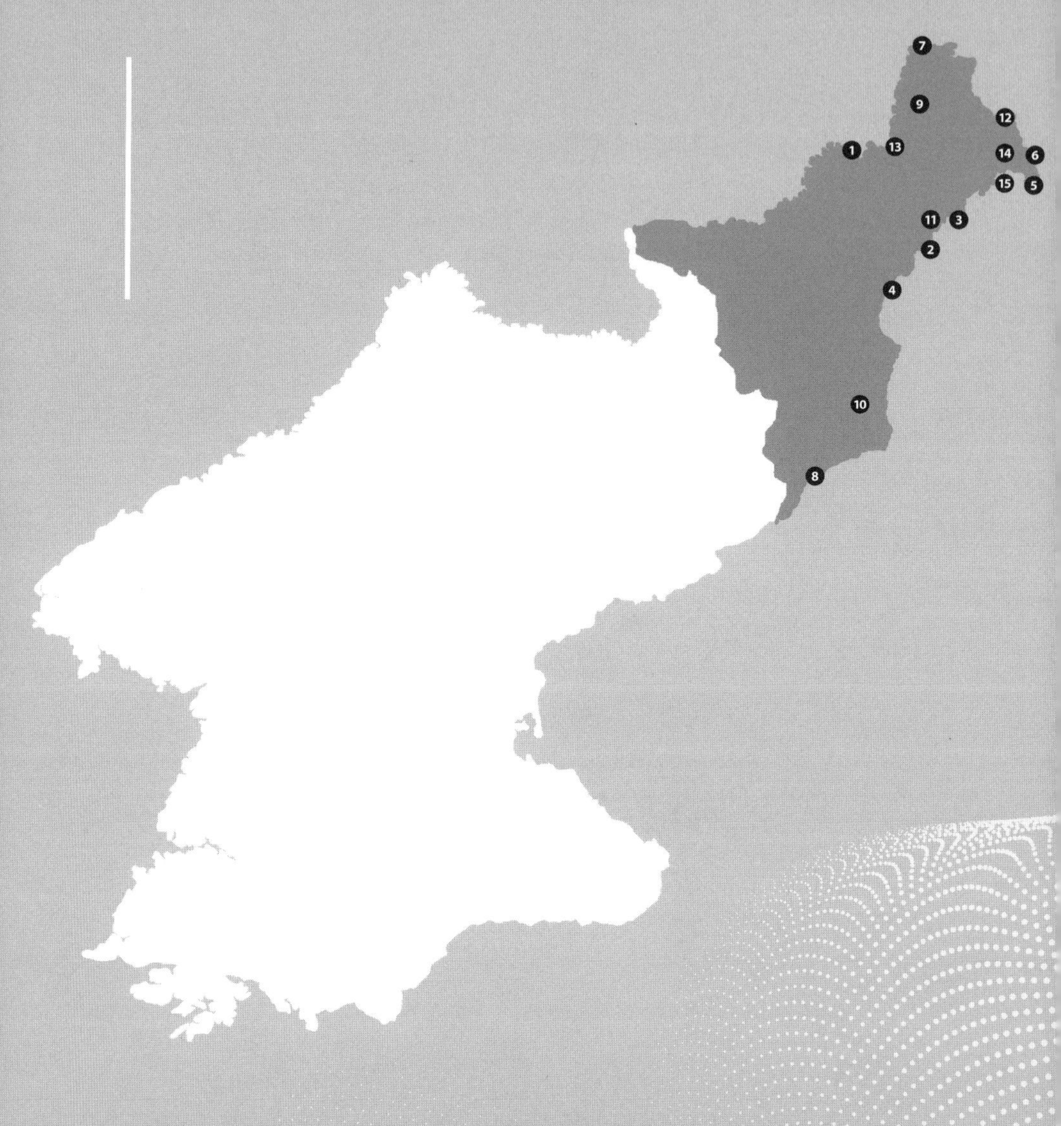

❶ 회령성결교회
❷ 청진성결교회
❸ 웅기성결교회
❹ 나남성결교회
❺ 서수라성결교회
❻ 굴포성결교회
❼ 온성성결교회
❽ 성진성결교회
❾ 종성성결교회
❿ 길주성결교회
⓫ 포항동성결교회
⓬ 회암성결교회
⓭ 운연성결교회
⓮ 조산동성결교회
⓯ 나진성결교회

함경북도 지역 교회

회령성결교회(會寧聖潔教會)

청진성결교회(淸津聖潔教會)

웅기성결교회(雄基聖潔教會)

나남성결교회(羅南聖潔教會)

서수라성결교회(西水羅聖潔教會)

굴포성결교회(屈浦聖潔教會)

온성성결교회(穩城聖潔教會)

성진성결교회(城津聖潔教會)

종성성결교회(鍾城聖潔教會)

길주성결교회(吉州聖潔教會)

포항동성결교회(浦項洞聖潔教會)

회암성결교회(灰岩聖潔教會)

운연성결교회(雲淵聖潔教會)

조산동성결교회(造山洞聖潔教會)

나진성결교회(羅津聖潔教會)

회령성결교회 會寧聖潔敎會

회령은 함경북도의 유수한 도시[1]로 북간도로 가는 건널목 같은 곳이다. 이 지역 선교에 크게 헌신한 사람은 캐나다 장로회의 그리어슨(R. G. Grierson, 具禮善) 선교사와 김영제(金永濟) 목사이다. 그리어슨 선교사는 목사이자 의사였고, 음악에도 조예가 깊었다. 그는 1899년 9월에 한국에 와서 함경남도 원산을 거쳐 함경북도 성진(현 김책시)에 선교부를 설치하고, 1912년에는 회령에 선교부를 설치하였다. 또한 교회들을 세우면서 제동병원(濟東病院)을 설립해 원장으로 일하고 보신(普信)여학교도 설립하였다. 이 밖에 이동휘(李東輝)를 전도하여 그리스도인이 되게 하였으며, 그로 하여금 많은 학교를 세우도록 하였다.[2]

1925년 회령성결교회(함경북도 회령군 회령읍 4동 116[3])가 설립될 당시

1 이명직, 『조선야소교동양선교회성결교회약사(朝鮮耶蘇教東洋宣教會聖潔教會略史)』(경성: 조선예수교동양선교회성결교회 출판사, 1929), 121.

2 유관지, 『북중접경, 기도하며 걷다: 북중접경 비전트립 안내서』(서울: 포엔북스, 2016), 201.

3 조선야소교동양선교회성결교회(朝鮮耶蘇教東洋宣教會聖潔教會) 제2회 연회의 사회의록(1930년), 50.

회령 지역에는 이미 20여 년 전에 세워진 승암동장로교회(勝岩洞長老敎會)와 회령읍장로교회(1908년 설립)가 있었다. 동양선교회는 함경북도 회령, 함경남도 원산, 강원도 강릉, 평안남도 평양, 경상북도 상주, 전라남도 목포 이상 6곳에 새로 교회를 설립하기로 결정하고[4] 1925년 6월에 성서학원을 갓 졸업한 김종인을 파송하여 회령교회를 설립하였다.[5] 김종인은 셋집을 얻어 예배당으로 꾸미고 마을을 돌아다니면서 길거리에서 전도하기를 힘썼다.[6] 그 결과 3개월여 만에 예배에 출석하는 장년이 20명이나 되었다.[7] 9월 19-20일에는 곽재근 목사와 박로희 전도부인을 청하여 대거전도회를 열었는데 이때 결심자 중 교회에 출석하는 자가 적지 않았다.[8]

11월 19일부터 25일까지 개최한 청신기도회에서는 2명이 사죄의 은혜를 받고 거듭났으며, 모든 신자가 받은 은혜에 감사함으로 7원을 주님께 바쳐 그 돈으로 괘종시계 하나를 사서 예배당에 걸었다.[9] 1925년 함남지방회 통계표를 보면 회령교회의 장년 신자는 22명, 주일학생은 55명으로 기록되어 있다.[10]

1926년 3월 김종인 전도사는 회령읍에서 16km쯤 떨어져 있는 이름난 명승지 학포(鶴浦)에 가서 허다한 군중 사이를 돌아다니며 혼자 사회를 보고 독창하면서 성령을 힘입어 십자가에서 흘리신 주님의 희생적 사랑을 열정적으로 전했다. 이날 복음을 들은 300여 명 가운데 믿기로 작정한 사람이 18명이나 되었다고 한다.[11] 4월 24-26일에는 곽재근 목사를 청하여 부흥회

---

4 "소식," 「활천」(1925년 7월호): 56.
5 이명직, 『약사』, 121.
6 "개척의 면면담, 회령 김종인 씨 담," 「활천」(1926년 5월호): 53-54.
7 "소식," 「활천」(1925년 10월호): 56.
8 "소식," 「활천」(1925년 11월호): 56.
9 "소식," 「활천」(1926년 1월호): 53.
10 "성결교회 함남지방통계표," 「활천」(1926년 4월호): 56.

를 열었는데 그 결과 모든 신자가 성령의 감화 가운데 무수한 죄악을 통회자복함으로써 오순절적 은혜를 받았으며 믿기로 결심한 자도 5명이나 나와 주님께 영광을 돌렸다.[12]

회령교회의 김병진(34)이라는 청년은 본래 부호의 자녀로서 음주와 일락(一樂)으로 세월을 보내던 중 흉악한 사귀(邪鬼)병에 걸렸다. 그는 자기 뱃속에서 명주실과 전보 줄이 나온다며 손으로 그것을 끌어내서는 목에도 걸고 발에도 거는 시늉을 하였다. 그러다가 집을 나가 여러 장난을 하면서 돌아다녔다. 사람들은 그를 버린 사람 취급하였으며 그로 인해 그의 부모와 처자는 항상 탄식으로 지냈다. 그러던 중 1926년 7월 17일 김병진은 주님의 인도하심을 입어 예배당에 찾아와서 살려달라고 애원하였다. 김종인 전도사는 즉시 교우들을 데리고 그의 집에 가서 먼저 우상의 기구를 다 부순 다음 하루 동안 합심하여 기도하였다. 그러자 주님의 능력으로 사귀는 물러가고 김병진은 온전한 사람이 되었으며, 나아가 성령의 인도하심으로 자기 죄까지 회개함으로써 참 평안을 얻어 주님께 영광을 돌렸다.

또한 윤경애(19)라는 여성은 1925년 4월부터 사귀병에 걸려 구원의 길을 찾지 못하고 주야로 고통 가운데 방황하던 중 마침 김병진이 고침을 받았다는 소문을 듣고 1926년 7월 25일 예배당에 찾아와 살려달라고 애걸복걸하였다. 이에 김종인 전도사는 전과 같이 모든 교우를 데리고 그 집에 가서 먼저 우상의 기구를 다 깨뜨린 후 이틀 동안 합심하여 찬송과 기도를 하며 하나님의 능력 있는 말씀을 증거하였다. 그러자 병자에게 접했던 사귀는 더 이상 견디지 못하고 병자에게서 나갔다. 윤경애는 즉시 정신을 차리고 찬송을 부르며 하나님께 영광을 돌렸다. 그녀는 자신의 모든 죄를 회

---

11 "학포(鶴浦)전도의 장형(狀兄) 회령 김종인," 「활천」(1926년 6월호): 54-55.

12 "통신," 「활천」(1926년 6월호): 56.

개하고 심령의 구원을 받았으며 이로 말미암아 온 가족까지 주님께로 돌아오게 되었다. 이 소문이 퍼지자 '과연 예수는 믿어야 하겠다.' 하며 입교하는 자가 많았다고 한다.[13]

회령교회의 황활룡, 김영선, 강홍진, 최명송, 이안방, 강인숙 등 6명은 형편이 매우 어려운 가운데서도 전도에 열심이었다. 그들은 새로 믿기로 작정한 집에 가서 예배를 드리고 권고하며 주님을 위하여 충성을 다하였다.[14]

회령읍에 거주하던 김충언은 본래 얌전한 청년이었으나 우연히 흉악한 사귀병에 걸려 참혹한 세월을 보내고 있었다. 그를 고치기 위해 그의 가족은 무수한 금전을 허비하였으나 조금도 효험이 없고 오히려 더 악화되기만 하였다. 눈물로 세월을 보내던 가족은 김병진과 윤경애가 예수를 믿음으로 사귀병에서 고침을 받았다는 소문을 듣고 1926년 9월 1일 예배당에 나

회령성결교회원 일동
「활천」(1927년 1월호).

13 "통신," 「활천」(1926년 10월호): 57.
14 "통신," 「활천」(1926년 10월호): 57.

왔다. 1주일 동안 교역자와 모든 교우가 하나님께 간절히 기도한 끝에 김충언의 영과 육은 완전히 치유되었다. 이에 김충언의 온 가족은 주님께 영광을 돌리며 믿기로 결심하였으며, 회령 일대에서도 하나님의 신기한 능력을 찬양하며 입교하는 자가 적지 않았다고 한다.[15]

1926년 8월부터 사귀병에 걸려 무한한 고통을 받아오던 최인보는 이듬해인 1927년 1월 1일 예배당에 찾아와 살려달라고 애원하였다. 교역자와 교우들은 합심하여 기도하였고, 그 결과 최인보의 정신이 돌아와 온전하게 됨으로써 주님께 영광을 돌렸다. 김정숙(25)은 기독교를 핍박하며 하나님과 원수가 되다시피 했다가 흉악한 사귀병에 걸렸다. 별별 수단과 방법을 다 부려보아도 도무지 살길이 없던 차에 회령교회의 신유(神癒) 소식을 듣고 예배당에 찾아와서 살려달라고 애원하였다. 회령교회의 교역자와 교우 일동이 3일간 합심하여 기도하자 사귀는 더 이상 견딜 수 없어서 도망가고 김정숙은 완전히 쾌차하여 자신의 모든 죄악을 회개하고 주님의 은혜와 권능을 힘써 증거하였다.[16]

회령교회는 2월 11일부터 14일까지 주임전도사의 인도하에 부흥회를 열었는데 일반 신자들에게 많은 은혜가 임하였음으로 주님께 영광을 돌렸다.[17] 6월에는 그동안 좁은 셋집에서 곤란을 겪다가 주님의 도우심을 힘입어 대지가 99평이나 되는 기와집 10칸을 1,000원에 매수하였다. 교인들은 넘치는 기쁨 가운데서 주님께 영광을 돌리며 예배를 드렸다.[18]

1927년 9월 24일에는 회령군 운두면(雲頭面) 운연동(雲淵洞)에 지교회를 설립하였다. 이틀 전인 9월 22일에 주임교역자 김종인 전도사와 황활룡,

---

15 "통신," 「활천」(1926년 10월호): 57.

16 "통신," 「활천」(1927년 2월호): 56.

17 "통신," 「활천」(1927년 4월호): 55.

18 "통신," 「활천」(1927년 7월호): 55.

강인숙은 복받쳐 오르는 열심을 견디지 못하여 운연동에 전도를 하러 나갔다. 그들은 먼저 관청으로부터 허락을 받은 후 이승화의 집을 빌려 3일간 구령회를 열고 전도하였는데 이로 인해 인가귀도(引家歸道)된 집이 다섯 집이요, 믿기로 결심한 자가 모두 47명이나 되어 기쁨으로 지교회를 설립하였다. 특히 흉악한 사귀병자 한 사람을 주님이 완전히 고쳐주신 이적으로 말미암아 아직 결심하지 않은 사람들 중에도 주님의 권능을 칭송하는 이들이 생겼다.[19]

會寧邑聖潔敎會

黃活龍 盧潤會 申安邦
金昌俊 黃根河 李路得
康洪振 元鳳一 卓立分
崔濟鳳 洪成孫 孟彩金
孟忠闓 康萬榮 金玉子
高斗英 金永煥 金仁瑞
金化龍 金貞炫 尹敬愛
吳基南 李德淳 金奎玉
吳基北 康仁淑 金白花
吳基東 朴敬俊 金에스더
金晏洽 吳京三 金貴童女
李簣錫 姜昌實 李새별
金英洙 崔海蓮 李海今
金今玉 吳玉奎

1928년 회령읍성결교회 장년 신자 명부

"축성탄하신년 광고," 「활천」(1928년 1월호).

회령교회 지교회[20]로 세워진 운연성결교회는 1927년부터 1930년 김기하 전도사[21]가 파송될 때까지 김종인 전도사가 겸임하였다. 회령교회는 예배당을 회령군 회령면 1동 44번지에서 회령군 회령면 4동 116번지(대지 114평,

---

19 "통신," 「활천」(1927년 11월호): 55.

20 "통신," 「활천」(1928년 6월호).

21 조선야소교동양선교회성결교회 제2회 연회의사회의록(1930년), 51.

건물 14칸, 1,400원)로 이전하였다.[22] 1928년 8월 7-13일에는 김응조 목사를 청하여 부흥회를 개최하였는데 60-70명이 모여서 많은 은혜를 받았으며 특별히 전도의 은혜를 많이 받았다. 부흥회 도중인 12일에는 세례식(4명)과 학습식(4명)이 거행되었다.[23]

1929년 6월 25-26일에는 최석모 목사의 인도하에 특별집회가 열렸다. 이 집회에서 성령의 역사로 말미암아 모인 이들이 큰 은혜를 받았으며 5명이 새롭게 예수를 믿기로 하였다. 집회 중 최석모 목사의 집례하에 학습예식(남녀 16명)과 세례예식(남녀 3명)이 거행되었으며, 겸하여 성찬예식까지 성대히 거행되었다. 6월 30일 주일에는 헤아릴 수 없는 은혜가 각 사람의 머리 위에 임하여 교회 창립 이래 5년 동안 현안으로 내려오던 경종(警鐘)을 사기 위한 헌금이 50여 원이나 모아져 주님께 드렸다.[24] 9월 23-29일 열린 조천기도회를 통해 신자들은 많은 은혜를 받았다. 10월 1일에는 상업학교 운동회 시기를 이용하여 특별 전도한 결과 전도자 500명 중 결심자 30명을 얻었다. 특히 부인전도회에서 매주일 열심히 전도하여 전도자 2,000여 명 중 결심자 50명을 얻었다.[25] 11월 18일 추수감사회에서는 감사헌금이 20여 원 모아졌고, 이 헌금으로 12월 25일 성탄절에 어려운 이웃들을 구제하였다.[26]

1930년의 시작과 함께 신자들은 성령 충만함을 받아 금년 내로 1,000명의 영혼을 구원하기로 작정하고 매주일 저녁 두 그룹으로 나뉘어 큰 등을 들고 가가호호 방문하면서 열심으로 전도하였다.[27] 1월 2-3일에는 소아집회를 열었는데 중생자 5명, 결심자 7명을 얻음으로써 주님께 영광을 돌렸

---

22 "통신," 「활천」(1928년 8월호).

23 "통신," 「활천」(1928년 10월호).

24 "통신," 「활천」(1929년 9월호): 55.

25 "통신," 「활천」(1930년 2월호): 55.

26 "통신," 「활천」(1930년 4월호): 56.

27 조선야소교동양선교회성결교회 제2회 연회의사회의록(1930년), 19.

다.[28] 4월 14-20일 열린 부흥회에서 신자들은 새로운 은혜를 받았으며 중생자 5명을 얻었다.[29] 10월 6-10일 김기하 전도사를 청하여 열린 부흥회에서는 모든 신자가 성령의 감동으로 무수한 죄악을 통회 자복함으로써 오순절적 은혜를 받았다. 이 부흥회에서는 감사헌금이 20여 원 드려졌고, 새로 믿기로 결심한 사람도 8명이나 되었다. 이로 인해 교인들은 주님께 무한한 영광을 돌렸다.[30]

1931년 1월 28일부터 2월 1일까지 이정원 목사의 순회기를 이용하여 열린 부흥회에서는 결심자가 13명에 이르렀으며, 마지막 날에는 세례식(7명)과 성찬식, 집사 장립까지 거행되었다.[31] 4월 1일부터 개최된 무기(無期) 청신기도회에서는 사귀병자 3명이 나음을 얻었고, 5월 24일 주일에는 100여 명이 산상예배를 드리던 중 많은 은혜를 받았으며, 6월 8-11일 곽재근 목사의 인도하에 개최된 부흥회에서는 신자들이 각양의 은혜를 받고 감사하여 헌금한 것이 20여 원에 달하였다. 6월 28일 주일에는 주일학생 시상식이 있었고, 4월부터 6월까지 매주일 노방전도를 한 결과 결심자 175명을 얻었다.[32] 11월 18-20일에는 이명직 목사의 인도하에 부흥회가 열렸다.[33]

1932년 김종인 전도사가 홍원교회 개척을 위해 이동하고 후임으로 맹필균 전도사가 부임하여 사역하였다.[34] 1936년 1월 25-29일에는 제4회 북부지방회가 회령교회에서 개최되었다.[35] 7월 15일부터 5일간은 하기전도대가

28 "통신," 「활천」(1930년 4월호): 56.
29 "통신," 「활천」(1930년 7월호): 56.
30 "통신," 「활천」(1930년 11월호): 56.
31 "통신," 「활천」(1931년 3월호): 80.
32 "통신," 「활천」(1931년 8/9월호): 80.
33 "통신," 「활천」(1931년 12월호): 55.
34 "통신," 「활천」(1935년 11월호): 55.
35 "제4회 북부지방회 광고," 「활천」(1936년 1월호).

와서 활동함으로써 일반 신자들이 풍성한 은혜를 받았으며 결심자도 67명이나 얻었다. 9월에는 제2차로 초추대전도회를 열고 웅기교회의 장이초 목사를 청하여 집회하던 중 풍성한 은혜가 내렸으며, 유망한 결심자도 얻었다. 특별히 노방전도회를 8회나 거듭하던 중 큰 은혜가 나타나 하나님께 영광을 돌렸다.[36]

1937년 4월 18일 주일에는 오순절 기념예배를 드렸는데 신자들은 4일 전부터 특별기도회로 모여 많은 은혜를 받았고, 당일 성별회에는 풍성한 은혜 가운데 주님께 영광을 돌리던 중 교회 풍금을 위해 헌금한 것이 43원에 달하여 주님께 감사를 드렸다.[37] 6월 3일부터 6일까지 강송수 목사의 인도로 열린 부흥회에서 신자들은 첫 시간부터 성령의 불에 녹았으며 통회자복하거나 새 힘을 얻는 등 여러 모양의 은혜를 받았다. 그중 홍정유는 많은 은혜를 받아 온 집안이 기뻐하였다.[38] 회령교회는 130원을 들여 전도부인 주택을 건축하였고, 11월 14일 주일에는 추수감사예배를 드렸다.[39] 전서국 전도사는 12월 1-5일 열린 조선야소교동양선교회성결교회 제1회 연회에서 목사 안수를 받았다.[40]

1938년 6월 2-7일에는 이성봉 목사의 순회 부흥성회가 개최되었다. 차고 넘치는 군중에 날은 덥고 예배당은 협소하여 많은 어려움이 따랐다. 그럼에도 새벽기도회에 평균 80여 명, 낮 공부에 100여 명, 밤 집회에 400여 명이 모여들었다. 장로교인들도 다수 참석한 이 부흥성회에서는 결심자 50여 명을 비롯하여 회개자도 많았으며, 성전 개축을 위한 헌금 600여 원이 드려

36 "통신," 「활천」(1936년 10월호): 57.
37 "통신," 「활천」(1937년 6월호): 58.
38 "통신," 「활천」(1937년 8/9월호): 100.
39 "통신," 「활천」(1938년 1월호): 62.
40 "통신," 「활천」(1938년 1월호): 61.

졌고, 기관지(「활천」) 신청자도 30여 명에 이르렀다.[41] 회령교회는 11월 13일 오후 2시에 김영범 목사의 집례로 200여 명이 모인 가운데 신축 예배당 봉헌식을 거행하였다. 이날 봉헌식은 건축비 수지보고와 공사보고, 교회 약력보고, 김염범 목사의 설교, 일본 홀리네스교회 금서 목사와 장로교회에서 온 두 장로의 축사, 각처에서 온 축장 낭독, 애찬 순으로 진행되었다.[42] 11월 16일부터 5일간은 도문교회의 박부익 전도사를 청하여 '예배당 신축 기념 전도회'를 열고 새벽기도회와 밤 전도회를 진행하였으며, 마지막 날인 20일 주일에는 감사예배를 드렸다.[43]

1939년 10월 17일부터 22일까지 김영균 목사의 인도로 매일 세 차례 진행

회령교회 신축 예배당 헌당식
"통신," 「활천」(1939년 1월호): 54.

41 이성봉, "부흥사업순회약보, 회령성회," 「활천」(1938년 8/9월호): 74.
42 "통신," 「활천」(1939년 1월호): 54.
43 "통신," 「활천」(1939년 1월호): 55.

된 집회에서 신자들은 큰 은혜를 받았는데 이때 신유의 기적까지 나타났다. 이 집회에는 인근 각 교회에서도 참여하여 은혜를 받았으며, 200여 원의 감사헌금과 수십 명의 결심자를 비롯하여 세례식과 성찬식까지 거행되었다.[44]

회령교회는 1943년 12월 29일 성결교회가 일제에 의해 강제로 해산당할 때까지 회령 지역에 복음을 전하였다.[45]

역대 교역자 주임
김종인(金宗仁, 1925[46]-1932[47])
맹필균(孟苾均, 1932[48]-1933)
이원근(李元根, 1933[49]-1934[50])
김인석(金仁錫, 1935[51])
전기찬(全期瓚, 1935[52]-1936)
전서국(全瑞國, 1936[53]-1938)
함병운(咸秉運, 1942[54]-1943)

---

44 "통신," 「활천」(1939년 12월호): 48.

45 "'포교소폐지계'(布教所廢止屆), 소화(昭和) 18년(1943년) 12월 29일," 「조선총독부관보」 1944년 4월 5일 자[소화-5148호], 2-4면.

46 이명직, 『약사』, 121.

47 "'포교담임자계'(布教担任者屆), 동양선교회 홍원읍성결교회 홍원군 김종인, 함경남도 홍원군 주익면 동상리, 소화 8년(1933년) 1월 30일," 「조선총독부관보」 1933년 3월 20일 자[소화-1857호], 6면.

48 조선야소교동양선교회성결교회 제4회 연회의사록부록(1932년), 43.

49 조선야소교동양선교회성결교회 제1회 총회회록부록(1933년), 41.

50 조선야소교동양선교회성결교회 제2회 총회회록부록(1934년), 70.

51 "회령교회 김인석, 전지(戰地)로 향(向)하면서," 「활천」(1935년 7월호): 44; "성결교회 제3회 각지방회의사록촬요(2), 3. 북부지방회 임명기," 「활천」(1935년 6월호): 54; "통신, 1935년 9월에 사직함," 「활천」(1935년 11월호): 55.

52 "통신," 「활천」(1935년 11월호): 55.

53 조선야소교동양선교회성결교회 제1회 연회회의록부록(1937년), 35; "통신," 「활천」(1936년 10월호): 57.

54 조선야소교성결교회 제2회 연회록(제2회 남북연합연회)(1942년), 75.

여교역자　차금수(車今守, 1927[55]-1929)[56]
박홍선(朴洪先, 1929[57]-1930[58])
류경옥(柳慶玉, 1931[59]-1932)
김정숙(金貞淑, 1934[60]-1936)
김선희(金嬋姬, 1937[61])
김신자(金信子, 1941[62]-1943[63])

55 "통신," 「활천」(1928년 1월호): 55.

56 이명직, 『약사』, 121.

57 조선야소교동양선교회성결교회 제1회 연회의사록부록(1929년), 59; 이명직, 『약사』, 121.

58 조선야소교동양선교회성결교회 제2회 연회의사록부록(1930년), 50.

59 조선야소교동양선교회성결교회 제3회 연회의사록부록(1931년), 47.

60 조선야소교동양선교회성결교회 제2회 총회회록부록(1934년), 76.

61 "통신," 「활천」(1937년 12월호): 56; "성결교회 제3회 각지방회의사록촬요(2)," 「활천」(1935년 6월호): 45.

62 "통신, 이사회보, 김신자는 정주전도사로 인정," 「활천」(1941년 6월호): 31.

63 조선야소교성결교회 제2회 연회록(1942년), 81.

청진성결교회 淸津聖潔敎會

동양선교회는 1927년 함경북도 청진에 교회를 신설하기로 작정하였다.[64] 이에 1월부터 예배당을 준비하고[65] 5월에 이정원 전도사를 파송하여[66] 청진성결교회(함경북도 청진부 신암동 91-5[67])를 세웠다. 청진교회는 하나님의 축복으로 구원받은 사람이 날로 더하여져 갔다.[68] 청진교회는 '청진신암동성결교회'로도 불렸다.

교회 설립과 동시에 5월부터 주일학교를 시작했는데 첫 주일에 25명이 모였고, 7월에는 재적생이 220여 명, 매주일 평균 출석이 160-70명에 달하였다. 협소한 장소에서 입추의 여지 없이 모였지만 아이들은 주님의 말씀을 재미있게 공부하였다.[69] 10월 20-24일에 개최된 최초의 청신기도회는 매

---

64 "통신," 「활천」(1927년 5월호): 53-54.

65 "'포교소설치계'(布敎所設置屆), 동양선교회 청진성결교회 청진부, 소화 2년(1927년) 1월 27일," 「조선총독부관보」 1927년 6월 16일 자[소화-138호], 9면.

66 "'포교담임자계', 동양선교회 청진성결교회 청진군 이정원, 소화 2년(1927년) 5월 6일," 「조선총독부관보」 1927년 6월 16일 자[소화-138호], 9면.

67 조선야소교동양선교회성결교회 제1회 총회회록부록(1933년), 52.

68 이명직, 『약사』, 130.

일 새벽 4시부터 6시까지 진행되었으며, 열심히 모여 기도한 결과 성령의 역사로 모든 신자의 심령이 새롭게 되었다. 특히 조창세는 과거에 저지른 범죄를 일일이 하나님 앞에 자백한 후 부끄러움을 무릅쓰고 담대히 간증하여 참된 구원의 확신을 얻었다. 기도회에 참석한 김운룡 역시 자신의 모든 죄를 일일이 회개하였다.[70]

1928년 1월부터는 진실한 신자 20여 명이 십일조를 바치기로 작정하였다. 이로 말미암아 청진교회의 수입은 매달 15원 이상이 되었다.[71] 2월 27일에서 3월 4일까지 7일간 열린 특별기도회는 하루 두 차례, 매일 새벽과 저녁에 진행되었다. 매 집회마다 놀라운 성령의 역사가 나타남으로써 모든 신자가 만족한 은혜를 받았다. 그중 어느 두 형제는 자신들의 죄악을 그냥 두고 견딜 수가 없어서 통회 자복하여 하나님께 용서함을 받는 동시에 사람들과의 일도 일일이 해결하여 참 평안을 얻었다.[72]

그동안 셋집을 옮겨다니면서 힘들게 예배를 드려오던 차에 조창세와 신상근이 건물을 건축하여 교회에 임대해줌으로써 청진교회는 예배당을 신축할 때까지 큰 어려움 없이 예배를 드리게 되었다. 한편 교회에서는 직원회가 필요하다고 판단, 임시 '직원'[당시 교회 운영에 중심적인 역할을 담당하던 사람으로 장로, 집사 등을 말한다 – 필자 주] 6명을 택하여 세웠다. 8월부터는 '자급'(自給)을 실시하였으며 향후 완전한 자급을 이룰 방법을 강구하였다. 신자들은 8월 19일 주일에 경종과 풍금을 위해 150원을 헌금하였다.[73]

---

69 "통신," 「활천」(1927년 8월호): 56.
70 "통신," 「활천」(1927년 12월호): 56.
71 "통신," 「활천」(1928년 3월호): 55.
72 "통신," 「활천」(1928년 5월호): 62.
73 "통신," 「활천」(1928년 10월호).

청진성결교회 신자 일동
"통신," 「활천」(1929년 3월호).

11월 12-18일 열린 청신기도회에서 신자들은 열심히 기도하던 중 큰 은혜를 받아 그동안 저지른 절도, 방화, 횡령, 간음, 사기, 구타, 무신론 등의 흉악한 죄를 모두 통회 자복함으로써 주님께 용서함을 받았다. 이에 기뻐 뛰며 영광을 돌렸으며, 뜨거운 간증과 회개의 열매로 모든 '불의의 금전'(의롭지 못한 일이나 방법으로 모은 돈-필자 주)을 주님께 바치는 이들도 있었다. 이때 중생한 사람이 13명이나 되었다. 11월 18일 주일은 감사예배회(추수감사절)로 모여 하나님께 감사드리고, 저녁에는 전도회를 열고 복음을 전하는 중 13명의 자발적 결심자를 얻었다.[74]

1929년 2월 13-17일 회령교회 김종인 전도사를 청하여 개최한 부흥회는 매일 새벽기도회와 오전 사경회, 저녁 성별회로 진행되었으며 100여 명에 이르는 신자가 모두 은혜를 받았다. 이때 새로 믿기로 결심한 사람이 20

74 "통신," 「활천」(1929년 1월호): 62.

명에 달하였다. 성도 가운데 조대욱은 18일 새벽 4시에 통회한 후 80원을 예배당 건축비로 하나님께 드렸다.

청진교회는 70명 정도밖에 수용할 수 없었으나 백수십 명의 성도가 몰려 예배 때마다 협소한 장소로 인해 곤란을 겪었다. 이에 교역자와 신자들은 넓은 예배당을 달라고 기도하였다.[75] 5월 5일 주일에는 가까운 산에 올라가 장·유년 400여 명이 창립 2주년 기념예배를 성대히 드렸다. 청진교회는 남녀전도회를 설립하고 시장과 노방(路傍)에서 열심히 전도하였으며, 인근 각처에 지회를 열고 순회할 것과 '매삭회원'(매월 회비를 내는 회원-필자 주) 중 남녀 4명씩은 1개월씩 자비량으로 전도하여 매월 회중에게 보고하게 하였다. 6월 3일 주일 저녁에는 조창세, 조대욱의 집사 임명식이 있었다. 6월 24-26일에는 특별기도회가 진행되었는데 이때 6명의 중생자를 얻었다. 청진교회는 청진부를 4개 구역으로 나누고 금요일마다 4개 처소에서 회집하여 동일한 시간에 찬미와 열렬한 기도로 청진 전체를 경동(驚動)케 하였다. 6월 30일 오후 2시 30분에는 최석모 목사의 집례로 죄악에서 거듭난 사람 21명에게 포항동(浦項洞) 산곡(山谷)에서 흘러나오는 샘물로 침례를 베풀고 성찬예식까지 거행하였다. 매주일마다 장년 신자가 200여 명씩 모임으로[76] 예배당은 송곳 꽂을 틈도 없이 만원이 될 뿐 아니라 문밖까지 둘러섰음으로 신자들은 큰 예배당을 달라고 주야로 부르짖어 기도하였다.[77]

9월 23-29일에 열린 특별집회는 매일 새벽과 저녁에 진행되었으며, 이때 12명의 중생자와 2명의 성결자가 나왔다. 29일 주일에는 전도에 전력한 결과 세 가족과 세 사람이 새로 출석하였으며, 오후에는 15명에게 학습예식을 베풀었다.[78] 성도들은 11월 첫 주일부터 매주일 오후에 청진부 부내에 있

---

75 "통신," 「활천」(1929년 5월호): 53.

76 이명직, 『약사』, 130.

77 "통신," 「활천」(1929년 8월호): 55.

는 집들을 가가호호 방문하기로 작정하고 열심히 전도하여 많은 결심자를 얻었다. 또한 매월 마지막 주일 저녁에는 대거전도회를 열기로 하였다.[79]

1930년 2월 5-9일 최석모 목사를 청하여 개최한 부흥회는 매일 청신기도회, 오전 성별회, 오후 사경회, 밤 구령회로 네 차례 모였으며 중생자 37명, 성결자 30명, 결심자 90명을 얻었다. 이 부흥회에서 최석모 목사의 집례로 남녀 14명에게 세례가 베풀어졌다.[80]

청진교회는 설립된 지 4년이 되었으나 예배당이 없어서 큰 어려움을 겪었는데 하나님께서 은혜를 베풀어주셔서 미국에 사는 연로한 한 성도의 마음을 감화시켜 거금을 기부하게 하셨다. 이에 더하여 본부의 원조와 청진교회 신자들이 열심히 헌금한 결과 4,448원의 거액이 모아졌다. 이에 대지 190평을 매수하고 3월 26일에 건축공사에 착수하여 6월 20일에 청진부 신암동 중심에 있는 언덕에 2층으로 우뚝 솟은 큰 예배당을 준공하고 10월 19일에 신축 예배당 봉헌식을 거행하였다. 예배당은 성도들뿐만 아니라 본부(동양선교회)에서 온 웃쓰(Harry F. Woods) 목사와 성결교회 목회자들 그리고 인근 타교회에서 온 내빈들로 만원을 이루었다. 이날 봉헌식은 순서에 따라 각처 교회에서 온 축전과 축장 낭독, 건축보고, 교회 연혁보고, 웃쓰 목사의 설교, 포항동장로교회 강두송 목사의 축사로 진행되었다. 봉헌식 이후에는 4일간 웃쓰 목사의 인도로 특별집회가 열렸는데 신자들은 웃쓰 목사의 중생과 성결에 대한 명백한 증거에 큰 은혜를 받았다.[81]

1930년 9월 8일부터 1주일간 열린 청신기도회를 통해 신자들은 은혜를 받았다. 그중 최관영, 박순길, 이해봉, 이복찰 네 형제는 성령의 지시를 받고

---

78 "통신," 「활천」(1930년 1월호): 55.

79 "통신," 「활천」(1929년 12월호): 56.

80 "통신," 「활천」(1930년 4월호): 56.

81 이정원, "청진예배당신축기," 「활천」(1930년 12월호): 58.

신축된 청진성결교회 예배당
"신축청진성결교회예배당," 「활천」(1932년 6월호): 57.

청진에서 4km 정도 떨어진 서수라라는 동리에 가서 300여 명의 동민을 노방에 모아놓고 복음의 진리를 전파하였다. 9월 21일 주일에는 청진교회 신자 50여 명이 출동하여 서수라를 한 차례 순회하며 교회 창립을 선언한 후 높은 산 밑에 사람들을 모아놓고 창립예배를 드렸다. 40명의 신자가 모인 이날 창립예배에서는 결심자 21명이 나왔다.[82]

청진교회는 1932년 한 해 동안 부지런히 전도하여(매월 둘째, 넷째 주일을 특별전도주일로 지켰다.) 결심자 684명을 얻었는데 그중 가장 큰 수확은 문기선(文璣善) 변호사가 주님께 돌아온 일이었다. 그는 결심일로부터 매일 새벽마다 가정예배를 드렸으며[83] 주초를 끊고 모든 죄를 일일이 회개하여

82 조선야소교동양선교회성결교회 제3회 연회의사록(1931년), 5-6; "통신," 「활천」(1930년 12월호): 58.

83 조선야소교동양선교회성결교회 제4회 연회의사록(1932년), 4.

일반 사회에 큰 빛을 나타내었다. 그뿐만 아니라 자신의 사무실에 성경과 전도용 서적을 비치하고 찾아오는 사람들을 전도하였으며, 재판소 대합실에서도 큰 소리로 하나님의 존재와 인생의 죄악과 미래의 심판을 외쳤다. 또한 그의 친족에게도 전도하여 여러 가정을 인도하였고, 그 외에 노방에서나 어디에서나 만나는 사람들에게 복음을 전하여 수많은 사람을 주님께 인도하였다. 그뿐만 아니라 자급하는 일에 가족들과 함께 열심을 내었고 일반 교우들에게까지 장려하여 본부의 지원을 받지 않고 교역자들의 생활비와 교회 운영을 온전히 감당하게 되었다.

1933년 6월 7일부터 6일간은 새로 부임한 김영범 목사의 인도하에 부흥회가 열려 신자들이 큰 은혜를 받았다. 또한 대대적으로 노방전도를 하기 위해 악기를 사기로 하였다. 이를 위해 문기선 집사는 30여 원 상당의 대고(大鼓, 큰북)를, 박철룡 집사는 8-9원 상당의 작은 나팔과 단빠링(탬버린)을 바쳤으며, 그 외 신자들은 큰 나팔을 사기 위해 40여 원의 헌금을 하였다. 이 부흥회를 통해 새로 결심한 자는 36명에 이르렀다.[84]

1934년 3월 20-25일 정남수 목사를 청하여 열린 부흥회는 청진교회뿐만 아니라 청진부 내 교계에 일대 부흥을 일으켰다. 이 부흥회에서는 중생자 101명, 성결자 137명, 새로 회개하고 돌아온 자 16명, 구도자가 130명에 달하였다.[85] 북부지방 성경학교는 1934년 8월 1일 청진교회에서 개학하여[86] 8월 30일에 김영범 목사의 사회로 방학식을 하였으며 참여한 학생은 20명이었다.[87] 8월 8일부터 12일까지는 북부성경학교 강사들을 청하여 하기대전도회를 열었다. 이때 결심자 48명이 나왔으며, 교회에 많은 은혜가 임하였

---

84 "통신," 「활천」(1933년 6월호): 55.

85 "통신," 「활천」(1934년 6월호): 54.

86 "통신," 「활천」(1934년 7월호): 56.

87 "통신," 「활천」(1934년 10월호): 55.

다.[88] 12월 3일부터 7일간 김진문 목사의 인도로 열린 부흥회에서는 중생자 14명, 성결자 10명, 신결심자가 59명이나 되었다.[89]

1935년 3월 8-13일에는 청진교회당에서 북부지방회가 개최되었다.[90] 이듬해인 1936년 1월 31일부터 2월 5일까지 강송수 목사의 인도로 열린 부흥회에서 성도들은 큰 은혜를 받았다. 이때 조염구 장로는 30여 원에 달하는 강대상을 교회에 바쳤다.[91] 5월 5일에는 청진교회 창립 10주년 기념예배를 드렸다. 이날 기념예배는 김영범 목사의 사회와 강송수 목사의 기념설교로 진행되었으며 이후 45일간 기념전도회를 진행한 결과 결심자 40여 명 중 10여 명이 7월에 교회에 출석하였다.[92] 7월 15일부터 8월 2일까지 북부지방 청진구역 하기전도회가 회령교회(5일), 운연교회(3일), 청진신암동교회(3일), 포항동교회(4일), 나남교회(5일) 등에서 열렸다. 각 교회 교역자들은 교회를 '역방 전도'(교역자들이 서로 다른 교회에 가서 전도회를 열고 전도하는 것을 말한다 – 필자 주)한 결과 각 교회마다 풍성한 은혜가 나타나 결심자가 218명에 달하였다. 전도회의 강사는 김영범, 이정순, 김형식, 전서국 등이었다.[93]

1937년 1월 4-10일 김응조 목사의 인도로 열린 신년성회에서 성도들은 매시간 충만한 은혜를 받았으며 특별히 가족 전도에 힘쓴 결과 열두 가족이나 주님 앞에 나오게 되었고, 새로 결심한 자가 55명에 이르렀다. 새로 나온 구도자에게는 성경과 찬송을 사서 기념으로 나누어주었다.[94] 3월 6-12일

---

88 "통신," 「활천」(1934년 10월호): 55.

89 "통신," 「활천」(1935년 1월호): 56.

90 "조선야소교동양선교회 성결교회연회 제3회 각지방회의사록촬요(2)," 「활천」(1935년 6월호): 54.

91 "통신," 「활천」(1936년 4월호): 55.

92 "통신," 「활천」(1936년 7월호): 58.

93 "통신," 「활천」(1936년 10월호): 56-57.

테트 선생(선교사, 경성성서학원 교수)의 인도로 개최된 부흥사경회에서 성도들은 풍성한 은혜를 받았으며 결심자 103명을 얻었다. 마지막 날 밤에는 구도자 환영회가 있었다. 매주 200여 명에 가까운 신자들이 출석하는 청진교회는 예배당이 협소하여 어려움을 당하였다. 1개월간 교회 부흥과 증축을 위해 눈물로 기도하던 중 성령의 감동을 받은 박용택 형제가 증축헌금 100원을 바쳤다. 이것이 동기가 되어 교인들이 헌금한 것이 2,076원을 넘었다. 이에 청진교회는 27평의 증축공사를 착수하는 동시에 예배당 출입 통로까지 크게 확장하게 되어 주님께 영광을 돌렸다.[95]

5월 16일에 오순절 기념예배와 대거전도회를 개최하기 위해 성도들은 우선 준비기도회를 통해 큰 은혜와 새 힘을 얻었다. 성도들은 600여 장의 전도지를 들고 나가서 전도하였으며, 야간에는 옥외 집회와 옥내 구령회 집

청진신암동교회 사경회 광경
"통신,"「활천」(1937년 5월호): 62.

---

94 "통신,"「활천」(1937년 2월호): 58.
95 "통신,"「활천」(1937년 5월호): 63.

회를 하여 13명의 구도자를 얻었다.[96]

청진교회는 1938년에 들어서 신년성회를 개최하기로 하고 우선 김영범 주임목사의 인도로 준비기도회를 가졌다. 2월 2일 밤부터 7일간 김영균 목사의 인도로 진행된 성회에서 성도들은 유형무형으로 넘치는 은혜를 받았으며 새롭게 얻은 구도자도 다수에 이르렀다. 한편 신춘(新春)사업으로 '북선 방적공장'(北鮮 紡績工場) 등지에 모여든 사람들을 위해 교회를 개척하기로 하였다.[97]

1939년 청진교회는 청진 지역 중심 발전 도시인 수남동에 지교회를 개척하였다. 김영범 목사의 사회로 진행된 창립예배에는 37명이 모였으며, 수

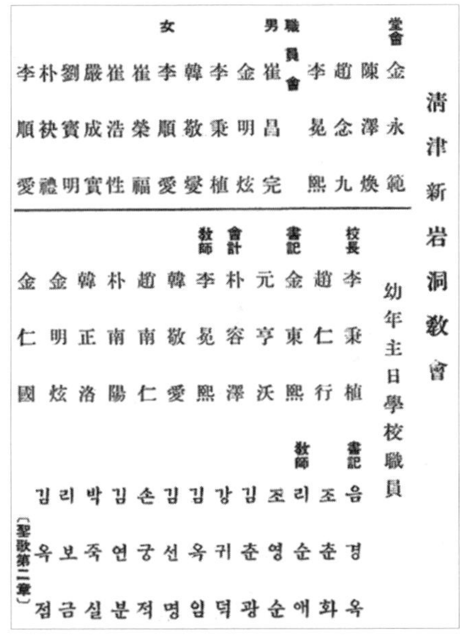
淸津新岩洞敎會

堂會 金永範 陳澤煥 趙念九 李晃熙

職員會 男 崔昌完 金明炫 李秉植 韓敬燮 女 李順愛 崔榮福 崔浩性 嚴成實 劉實明 朴秩禮 李順愛

幼年主日學校職員

校長 李秉植 趙仁行 書記 金東熙 元亨沃 會計 朴容澤 敎師 李晃熙 韓敬愛 趙南仁 朴南陽 韓正洛 金明炫 金仁國

書記 음경옥 조춘화 敎師 리순애 조영순 김춘광 강귀덕 김옥입 김선명 손궁적 김연분 박죽실 리보금 김옥점

(聖歌第二章)

1938년 청진신암동교회 당회 및 주요 직원 명부

"축성탄하신년 광고," 「활천」(1938년 1월호).

96 "통신," 「활천」(1937년 7월호): 57.

97 "통신," 「활천」(1938년 4월호): 51-52.

일간 전도회를 개최한 결과 결심자 40여 명을 얻었다.[98] 7월 9일 밤부터 4일간은 신암동 중앙 광장에서 천막을 치고 이성봉 목사를 청하여 심령부흥회를 개최하고 매일 세 차례씩 모였는데 낮 집회에는 300여 명, 밤에는 4,000여 명(천막은 7,000여 명까지 수용할 수 있었다 – 필자 주)이나 모였다. 이 부흥회에서 결심자는 100여 명에 이르렀으며, 중생, 성결, 신유의 은혜를 받은 사람도 다수에 달하여 주님께 영광을 돌렸다. 또한 이 부흥회를 통해 청진 교계는 새로운 활기를 얻게 되었다.[99]

1940년 북부지방에서는 청진과 라진 두 구역으로 나누어 6월 17일에서 30일까지 각 교회를 역방하며 하기순회전도회를 개최하였다. 매일 청신기도회와 노방전도회, 호별 방문전도, 구령회로 모여 전도한 결과 각 교회 신자들은 큰 은혜와 새 힘을 얻어 기뻐하였으며 190여 명의 결심자를 얻어 주님께 영광을 돌렸다.[100] 청진교회에는 1941년 7월 장원초 목사가 주임교역자로 부임하였다.[101]

이후 청진교회는 1943년 12월 29일 성결교회가 일제에 의해 강제로 해산당할 때까지 청진 지역에 복음을 전하였다.[102] 청진교회는 해방과 함께 교회를 재건하였는데 「활천」의 기록에 따르면 1947년까지 크게 부흥하고 있었다고 한다.[103]

---

98 "통신," 「활천」(1939년 8/9월호): 70.

99 "통신," 「활천」(1939년 10월호): 47; 이성봉, "부흥사업순회약보," 「활천」(1939년 11월호): 32.

100 "통신," 「활천」(1940년 10월호): 31.

101 "통신," 「활천」(1941년 10월호): 21.

102 "'포교소폐지계', 소화 18년(1943년) 12월 29일," 「조선총독부관보」 1944년 4월 5일 자[소화-5148호], 2-4면.

103 "이북교회소식(以北教會消息)," 「활천」(1947년 10월호): 34-36.

역대 교역자	주임	이정원(李楨源, 1927[104]-1932[105])
		조한숙(趙漢璹, 1932[106]-1933[107])
		김영범(金永範, 1933[108]-1940[109])
		장원초(張原初, 1941[110]-1943[111])
	여교역자	정원애(鄭元愛, 1928[112]-1935[113])
		이순애(1938-1939[114])
		김영욱(金暎郁, 1938[115]-1953[116])

---

104 "통신," 「활천」(1927년 5월호): 53-54; 이명직, 『약사』, 130; 조선야소교동양선교회성결교회 제1회 연회의사록부록(1929년), 59.

105 조선야소교동양선교회성결교회 제4회 연회의사록부록(1932년), 43; "'포교담임자변경계'(布教擔任者變更届), 동양선교회 청진성결교회 청진부 이정원-조한숙, 소화 8년(1933년) 1월 10일," 「조선총독부관보」 1933년 4월 20일 자[소화-1882호], 10면.

106 조선야소교동양선교회성결교회 제4회 연회의사록부록(1932년), 43.

107 조선야소교동양선교회성결교회 제1회 총회회록부록(1933년), 41.

108 조선야소교동양선교회성결교회 제1회 총회회록부록(1933년), 41.

109 조선야소교동양선교회성결교회 제2회 연회회의록부록(1939년), 50.

110 "통신," 「활천」(1941년 10월호): 21.

111 조선야소교성결교회 제2회 연회록(1942년), 59.

112 이명직, 『약사』, 130; 조선야소교동양선교회성결교회 제1회 연회의사록부록(1929년), 59.

113 "통신," 「활천」(1930년 11월호): 56; 조선야소교동양선교회성결교회 제2회 총회회록부록(1934년), 75.

114 "통신," 「활천」(1939년 1월호): 56.

115 "통신," 「활천」(1938년 12월호): 50.

116 조선야소교성결교회 제2회 연회록(1942년), 80.

웅기성결교회 雄基聖潔教會

동양선교회 본부에서는 1929년 2월 이정순 전도사를 파송하여[117] 웅기성결교회(함경북도 경흥군[118] 웅기읍 웅기동 중송현 118-1[119])를 개척하였다. 12칸 가옥을 월세로 얻어서 3칸은 주택으로 사용하고 9칸은 예배당으로 사용하였는데 150명은 수용할 만하였다.

첫 예배는 결심자 10여 명이 모여 드렸으며 그 후로 결심자가 속출하여 6월에는 신자 수가 25명이나 되었다. 그중 인가귀도된 가정은 여섯 집이었다. 매주 월요일과 목요일은 '가정집회일'로 정하였는데 이날에는 교역자와 교인들이 총출동하여 성도의 가정을 순번으로 돌아가며 모였으며, 매주 토요일은 성경공부회로 모여 성경의 진리를 심령에 맞도록 먹여주었다. 예배당의 수리를 마침과 동시에 소아전도회를 열어서 어린이 결심자 90명을

---

117 이명직, 『약사』, 135; "'포교소설치계', 동양선교회 웅기성결교회 경흥군, 소화 4년(1929년) 7월 11일," 「조선총독부관보」 1930년 2월 2일 자[소화-923호], 6면.

118 경흥군은 현재 은덕군으로 바뀜.

119 조선야소교동양선교회성결교회 제2회 연회의사록부록(1930년), 50; 조선야소교동양선교회성결교회 제1회 총회회록부록(1933년), 51.

1929년 6월 30일 웅기성결교회 창립 신자 일동 기념
"통신, 웅기성결교회 교회당 급 신자 일동,"「활천」(1929년 8월호).

얻어 첫 예배에 70여 명이 모였다.[120]

본부는 교회 창립예배와 함께 성서학원을 졸업한 류경옥 전도부인을 파송하여 사역하게 하였다.[121] 6월 22일에는 최석모 목사의 집례로 세 형제와 두 자매에게 학습예식을 거행하였다. 5월부터 시작한 무기 청신기도회 중 신자 몇 사람이 경종이 없음을 유감으로 생각하고 신자들에게 경종 매수 문제를 의논한 결과 매월 얼마씩 헌금하여 경종을 사 달기로 하였다. 7월 3일에는 류경옥 전도부인의 환영식이 있었다. 8월에는 가정집회를 여는 가정이 19가정이나 되었고, 신자 수가 50여 명에 달하였다.[122] 10월 첫 주일에는 모아진 60여 원의 헌금으로 경종을 사서 달고 사용하게 되었다.[123] 10월 21-22일 열린 주일학교 부흥회에는 무한한 은혜가 임하는 동시에 신입 학생도 30여 명이나 되었다.[124]

---

120 "통신,"「활천」(1929년 7월호): 55-56.
121 "통신,"「활천」(1929년 8월호): 55.
122 "통신,"「활천」(1929년 9월호): 55.
123 "통신,"「활천」(1929년 11월호): 55.
124 "통신,"「활천」(1930년 2월호): 55.

1929년 9-10월에는 새로 믿음생활을 시작한 가정이 9가정이나 늘어나 11월에는 총 28가정이 매주일 모여 예배를 드렸다.[125] 11월에는 성도들이 전도회를 조직하여 전도에 힘썼으며[126] 11월 21-24일 웅기교회 이정순 전도사의 인도로 열린 부흥회는 매일 세 차례 진행되었는데 이때 눈물로 회개한 자가 7명이며, 마지막 시간에는 간증회를 열고 자유로 간증하였다.[127]

1930년에는 전도의 문이 크게 열려 2월에는 4가정이 일시에 새로 믿음생활을 시작하였고 2월 23일 주일에는 남녀 13명이 학습을 받았다. 1929년 5월부터 9개월간 계속된 무기 청신기도회에서 은혜를 받은 다섯 형제는 합력하여 예배당에 전등을 달아 주님께 영광을 돌렸다.[128] 웅기교회는 3월 27일까지 부흥회를 개최하여 중생자 4명과 성결자 1명, 새로운 구도자 43명을 얻었으며, 4월 둘째주일에는 창립 1주년 기념예배를 드렸다. 4월부터 매주일 오후에 노방과 시장에서 전도하고, 저녁에는 큰 등을 높이 들고 길거리에서 광고한 후 옥내 집회를 하여 많은 결심자를 얻었다.[129] 9월 1일부터 40일간 진행된 새벽기도회 후에 청진지방회의 이정원 감리목사를 청하여 10월 8일부터 12일까지 5일간 부흥회를 열었다. 이를 통해 신자들은 많은 은혜를 받았으며 동시에 학습예식과 세례예식(각각 9명), 집사 임명식이 거행되었다.[130]

1931년 1월 5일과 6일에는 소아부흥회를 열고 200여 명의 아동에게 복음을 전하였다. 또한 그간 기도하며 활동하여 오던 '송평동 기도소'를 열게 되었는데 얼마 지나지 않아 9가정이 모이고 '백학동 기도소'에도 새로 나오

125 "통신," 「활천」(1929년 11월호): 55.
126 "통신," 「활천」(1930년 2월호): 55.
127 "통신," 「활천」(1930년 1월호): 56.
128 "통신," 「활천」(1930년 5월호): 56.
129 "통신," 「활천」(1930년 6월호): 56.
130 "통신," 「활천」(1931년 2월호): 57.

는 가정이 많아졌다.[131] 2월 18-22일 이정원 목사의 인도로 개최된 부흥회를 통해 신자들은 큰 은혜를 받았으며 중생자 40명, 성결자 26명, 신결심자 163명을 얻었다. 22일 주일에는 세례식과 집사 임명식이 있었다. 한편 웅기교회는 송평동 기도소를 위하여 매년 30원을 지원하여 송평동 중앙에 기와집 4칸을 월세로 얻어 손홍두 집사를 담임으로 파송하였는데 첫 예배에 장년 74명과 주일학생 50여 명이 회집하였다.[132]

웅기교회는 웅기에서 북동쪽으로 24km쯤 떨어진 서수라(西水羅)에 교회가 없다는 소식을 듣고 전도회원과 교역자가 특별전도대를 조직하였다. 이들은 5월 19일에 서수라에 가서 여관에 숙소를 정하고 3일 동안 집집마다 돌아다니며 전도지를 배부하며 전도하였다. 그 결과 결심자 수십 명을 얻어 '서수라교회'를 지교회로 설립, 70-80명이 예배를 드리게 되었다.[133] 동양선교회 이사회에서는 7월에 성서학원에서 수양 중인 조승각 형제를 파송하여 임시로 사역하게 하였다.[134] 6월 2-7일 곽재근 목사의 인도로 열린 장년 부흥회에서 신자들은 많은 은혜를 받았다. 또한 7월에는 조승각 형제를 청하여 3일간 소아부흥회를 열었는데 성령의 역사로 죄를 회개하고 간증한 자가 80여 명에 달하였다. 12월 2일부터 6일까지는 이명직 목사를 청하여 부흥회를 열었다. 이때 형언하기 어려운 놀라운 은혜가 임하였으며 중생자 16명, 성결자 22명을 얻었다.[135]

1932년 제4회 청진지방회가 2월 13일부터 17일까지 웅기교회에서 개최되었다.[136] 9월 5일에서 10일까지 강송수 목사의 인도로 열린 부흥회에서는

---

131 "통신," 「활천」(1931년 2월호): 57.

132 "통신," 「활천」(1931년 4월호): 55.

133 이정순, "웅기교회하간역사기(雄基教會夏間役事記)," 「활천」(1931년 11월호): 42.

134 "통신," 「활천」(1931년 10월호): 56.

135 "통신," 「활천」(1932년 2월호): 56.

136 회령 김종인, "제4회 청진지방회기," 「활천」(1932년 4월호): 52-53.

중생자 9명, 성결자 14명, 결심자 18명을 새롭게 얻었으며, 소아가 병중에서 일어나고 사귀병자가 나음을 입는 신유의 은혜까지 임하였다. 이 부흥회에서 웅기교회 예배당 부지 구입을 위한 헌금이 308원이나 모아졌다.[137]

1933년에는 장이초 전도사가 부임하였다. 5월 17-21일 조승각 전도사를 청하여 개최한 부흥회에서는 결심자 20여 명과 중생자 10여 명을 얻었으며, '라진 신(新)개척기금' 50여 원이 헌금되었다.[138] 8월 11-14일 열린 집회에서는 김영범, 임의순, 김광빈, 전서국이 나서 "주의 원하시는 신자", "인생의 전적 해석", "예수 구원의 목적", "죄악의 결과" 등을 주제로 돌아가며 설교하였으며 결심자가 100여 명에 이르렀다. 청신기도회는 김영범이 인도하였다.[139]

1934년 웅기교회는 300명을 수용할 수 있는 예배당을 증축하는 동시에 성도들의 헌금, 특히 김일태 전도부인이 희생적으로 헌금한 500원의 예산으로 남녀 교역자를 위한 주택 5칸을 짓기 시작하였다.[140] 9월 22일부터 5일간 김광빈, 양윤겸, 전서국 전도사의 인도로 진행된 특별집회에서 많은 사람이 중생과 성결의 은혜를 받았으며, 결심자 45명 가운데 교회에 출석하는 자가 많아 주님께 영광을 돌렸다.[141]

1935년 1월 8일부터 14일까지 이건 목사의 인도로 열린 부흥회를 통해서는 결심자 30여 명을 비롯하여, 중생과 성결의 은혜를 받은 사람이 많았다. 마지막 날은 실로 오순절 광경을 연상시켰으며 각 교파에서 모인 사람들은 모두 성령의 은혜로 충만하게 되었다. 1월 20일에는 사무총회를 열고

137 "통신," 「활천」(1932년 10월호): 55.
138 "통신," 「활천」(1933년 7월호): 56.
139 "통신," 「활천」(1933년 11월호): 50.
140 "통신," 「활천」(1934년 7월호): 56.
141 "통신," 「활천」(1934년 12월호): 55.

이후로 전 자급을 실시하기로 하고, 문기선, 이종관, 양형을을 장로 장립 청원하기로 결의하였다.[142]

장이초 전도사는 1936년 3월 17일부터 22일까지 경성에서 열린 심령수양대회에서 목사 안수를 받았다.[143] 11월 22일부터 5일간 전서국 전도사의 인도로 열린 부흥사경회에서 신자들은 풍성한 은혜를 받았다.[144]

1937년 3월 13일부터 1주일간 테트 선생의 인도로 매일 세 차례 진행된 부흥회에는 250-300명이 참석하여 큰 은혜를 받았다. 특히 병중에서 의사에게 사형선고를 받은 오화순이 많은 은혜를 받고 기뻐하였다.[145] 웅기교회는 배가운동을 목표로 매주 토요일과 주일 오후에 남녀 직원이 총출동, 축호(逐戶) 방문전도를 계속하여 유망한 구도자 다수를 얻었다. 11월 14일 주일에는 이원근 목사를 초청하여 추수감사예배를 드렸다.[146]

1938년 2월 16일부터 21일까지 김영균 목사의 인도로 열린 부흥회에는 보기 드문 폭풍설(暴風雪)에도 불구하고 인근 교회의 장로교 신자들까지 참석한 가운데 풍성한 은혜로 가득 찼다. 이때 다수의 중생자, 성결자를 얻었으며 결심자도 48명이나 되었다. 특별히 교회당 건축을 위하여 1,100원이 헌금되었다.[147] 이에 웅기교회는 교회당 부지 248평을 549원 5전에 매수하고 건축을 준비하였다.[148]

부흥사업순회단[149] 이성봉 목사와 최홍상 목사의 인도로 6월 8일부터

---

142 "통신," 「활천」(1935년 3월호): 56.
143 "통신," 「활천」(1936년 4월호).
144 "통신," 「활천」(1937년 1월호): 56.
145 "통신," 「활천」(1937년 5월호): 63.
146 "통신," 「활천」(1938년 1월호): 61.
147 "통신," 「활천」(1938년 5월호): 51.
148 "통신," 「활천」(1938년 6월호): 42.
149 이성봉, "부흥사업순회약보(기6)," 「활천」(1938년 8/9월호): 75-76.

1주일간 이어진 집회에서는 결심자 78명, 회개자 34명, 성결자 22명을 얻었으며, 회개금 30여 원이 모아졌다. 이후 3일간 열린 유년부흥집회(유년부흥회에는 초등학생뿐만 아니라 중·고등학생, 나아가 장년들도 참여하였다-필자 주)에는 400여 명의 아동이 모여 은혜를 받았다. 특별히 감사한 것은 한 자매가 10여 년간의 불의한 생활을 깨끗하게 청산한 것이다.[150]

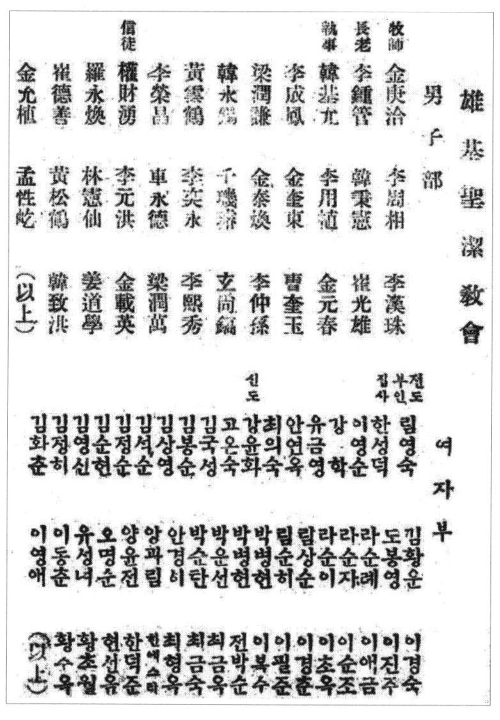

雄基聖潔教會

男子部

牧師 金庚洽 長老 李鍾管 執事 韓基允 李成鳳 梁潤謙 韓永錫 黃雲鶴 李榮昌 信徒 權財湧 羅永煥 崔德善 金允植

李錫相 韓秉憲 李用湳 金奎東 金泰煥 千璣瀞 李奕永 車永德 李元洪 林憲仙 黃松鶴 孟性屹

李漢珠 崔光雄 金元春 曹奎玉 李仲孫 玄尙鎬 李熙秀 梁潤萬 金載英 姜道學 韓致洪 (以上)

여자부

전도부인 림영숙 집사 한성덕 이영순 강 학 유금영 안연옥 최의숙 신도 강윤화 고온숙 김국성 김봉순 김상영 김석순 김정순 김순현 김영신 김정히 김화춘

김황운 도봉영 라순례 라순자 라순이 림상순 림순히 박병현 박병현 박운선 박순탄 안경히 양파림 양윤전 오명순 유성녀 이동춘 이영애

이경숙 이진주 이애금 이순조 이초옥 이경춘 이필준 이복수 전박순 최금옥 최금숙 최형옥 한애스더 한덕준 현선윤 황초월 황수옥 (以上)

1939년 웅기성결교회 교인 명부

"축성탄하신년 광고(교인 명부)," 「활천」(1939년 1월호).

---

150 "통신," 「활천」(1938년 8/9월호): 80.

김경흡 목사가 부임하고 11월 15일부터 김진문 목사의 인도로 1주일간 개최된 부흥회에서 신자들은 큰 은혜를 받았으며 성령의 역사로 회개자 17명, 중생자 7명, 성결자 9명, 새로 힘을 얻은 자 12명, 십일조 작정자 6명, 열심히 전도하기로 작정한 자가 22명에 이르렀다. 11월 17일에는 추수감사예배를 드렸는데 감사헌금이 400여 원에 달하였고, 신결심자가 80여 명이나 되었다.[151]

이후 웅기교회는 1943년 12월 29일 성결교회가 일제에 의해 강제로 해산당할 때까지 웅기 지역에 복음을 전하였다.[152]

역대 교역자 주임 이정순(李楨淳, 1929[153]-1931[154])
이원근(李元根, 1932[155])
장이초(張利初, 1933[156]-1938[157])

---

151 "통신," 「활천」(1940년 2월호): 57.

152 "'포교소폐지계', 소화 18년(1943년) 12월 29일," 「조선총독부관보」 1944년 4월 5일 자[소화-5148호], 2-4면.

153 이명직, 『약사』, 135; "'포교담임자계', 동양선교회 웅기성결교회 경흥군 이정순, 소화 4년(1929년) 7월 11일," 「조선총독부관보」 1930년 1월 20일 자[소화-912호], 6면.

154 조선야소교동양선교회성결교회 제3회 연회의사록부록(1931년), 47.

155 조선야소교동양선교회성결교회 제4회 연회의사록부록(1932년), 43; "통신," 「활천」(1933년 1월호): 61; "'포교담임자변경계', 동양선교회 웅기성결교회 경흥군 이정순-장이초, 소화 8년(1933년) 1월 5일," 「조선총독부관보」 1933년 4월 20일 자[소화-1882호], 10면.

156 조선야소교동양선교회성결교회 제1회 총회회록부록(1933년), 44; "통신," 「활천」(1933년 1월호): 61; "'포교담임자변경계', 동양선교회 웅기성결교회 경흥군 이정순-장이초, 소화 8년(1933년) 1월 5일," 「조선총독부관보」 1933년 4월 20일 자[소화-1882호], 10면.

157 "통신," 「활천」(1938년 11월호): 55; "'포교담임자변경계', 동양선교회 웅기성결교회 경흥군 웅기읍 장이초-김경흡, 소화 15년(1940년) 6월 20일," 「조선총독부관보」 1941년 5월 20일 자[소화-4294호], 7면.

김경흡(金庚洽, 1938[158]-1940[159])

이정순(李楨淳, 1941[160]-1943[161])

여교역자 류경옥(柳慶玉, 1929[162]-1930)[163]

박홍선(朴洪善, 1931[164]-1932[165])

김일태(金一泰, 1933[166]-1934[167])

임영숙(林英淑, 1937[168]-1938)

이선숙(李宣淑, 1939[169])

---

158 "통신," 「활천」(1938년 11월호): 55; 조선야소교동양선교회성결교회 제2회 연회회의록부록(1939년), 51; "'포교담임자변경계', 동양선교회 웅기성결교회 경흥군 웅기읍 장이초-김경흡, 소화 15년(1940년) 6월 20일," 「조선총독부관보」 1941년 5월 20일 자[소화-4294호], 7면.

159 조선야소교동양선교회성결교회 제2회 연회회의록부록(1939년), 51.

160 조선야소교성결교회 제2회 연회록(1942년), 31.

161 조선야소교성결교회 제2회 연회록(1942년), 73.

162 "통신," 「활천」(1929년 8월호): 55; 조선야소교동양선교회성결교회 제2회 연회의사록부록(1930년), 50.

163 조선야소교동양선교회성결교회 제2회 연회의사록부록(1930년), 50.

164 조선야소교동양선교회성결교회 제3회 연회의사록부록(1931년), 47.

165 조선야소교동양선교회성결교회 제4회 연회의사록부록(1932년), 43; "통신," 「활천」(1933년 1월호): 61.

166 "통신," 「활천」(1933년 1월호): 61.

167 조선야소교동양선교회성결교회 제2회 총회회록부록(1934년), 77.

168 조선야소교동양선교회성결교회 제1회 연회회의록부록(1937년), 38.

169 조선야소교동양선교회성결교회 제2회 연회회의록부록(1939년), 56.

나남성결교회 羅南聖潔敎會

나남 지역은 1920년대에 함경북도 도청이 경성면(鏡城面)에서 나남면(羅南面)으로 이전하면서 급속하게 발전하였다. 1931년에는 나남면이 나남읍으로 승격되고, 1940년 3월에는 경성군 나남읍이 청진부에 편입되었다. 해방 후에는 나남시로 승격되었으며, 1960년 10월에는 나남시가 청진시에 합병되어 현재의 '나남구역'이 되었다.

1932년 2월 13-17일 웅기성결교회에서 열린 제4회 청진지방회는 성진(成津), 나남(羅南), 영안(永安), 무산(茂山), 지나두도구(支那頭道溝), 국자가(局子街) 등 6곳에 교회를 새롭게 개척하기로 결의하였다.[170] 이에 따라 성서학원에서 수양 중이던 김광빈을 파송하여 7월 31일 함경북도 경성군 나남읍 초뢰정 125에 나남성결교회(함경북도 경성군 나남읍 나남읍 본정 84, 최종 주소지)를 설립하였다.[171]

8월 3일부터 6일까지 열린 집회에서는 조승각, 전서국, 문기선, 장이초

---

170 김종인, "제4회 청진지방회기," 「활천」(1932년 4월호): 52-53.

171 조선야소교동양선교회성결교회 제1회 총회회록부록(1933년), 45; "통신," 「활천」(1933년 12월호): 47에는 교회 설립일이 8월 1일로 기록되어 있다.

가 “회개”, “구원”, “인생의 참 자유”, “신창조” 등을 주제로 매일 밤 돌아가며 설교하였으며, 청신기도회는 전서국이 전담하였다. 집회에는 30-60명의 청중이 회집하였으며 결심자는 총 16명이었다.[172] 9월 26일부터 10월 1일까지 김영범 목사의 인도로 진행된 부흥회에서는 청신기도회, 성경공부, 전도회를 한 결과 신자들이 많은 은혜를 받았으며 이후 매주일 7-8명의 교인이 모여 예배를 드렸다.[173]

나남교회는 1934년부터 이정순 전도사가 부임하여 사역하였다.[174] 6월 26일부터 28일까지는 포항동교회 전서국 전도사를 청하여 부흥회를 열었는데 큰 은혜가 임하여 중생자 41명, 성결자 37명, 신결심자가 66명이나 되었다.[175]

羅南聖潔教會

李植淳
元始澤
張年壽
金暎郁
張得成
張學實
張來岩
金錦順
鄭讃鎬
金判金
全於順
全青山
金貞子

具滋潤
全成鐸
李長熙
全春福
朴貞海
金樂愛
張英淑
安粉善
金粉玉
姜玉順
金恩淑
具翼書

1936년 나남성결교회 교인 명부
“축성탄하신년 광고,” 「활천」(1936년 1월호).

172 “통신,” 「활천」(1933년 11월호): 50.
173 “통신,” 「활천」(1933년 12월호): 47.
174 조선야소교동양선교회성결교회 제2회 총회회록부록(1934년), 71.
175 “통신,” 「활천」(1934년 8/9월호): 100.

나남교회는 창립 후 3년간 예배당이 없어 많은 어려움을 당하였다. 이에 모든 신자가 주야로 기도하던 중 주님께서 응답하심으로 1935년 10월에 건축에 착수하여 준공은 하지 못하였으나 12월 성탄절부터 예배드리기 시작하였다. 그날부터 전도의 문이 열려 신결심자가 점점 많아짐으로 주님께 감사를 드렸다.[176]

1936년 7월 15일부터 8월 2일까지 회령교회, 운연교회, 청진교회, 신암동교회, 포항동교회, 나남교회가 서로 교회를 순회하며 전도하는 가운데 각 교회마다 풍성한 은혜가 나타나서 결심자가 218명에 달하였다. 당시 전도회의 강사는 김영범, 이정순, 김형식, 전서국 등이었다.[177]

나남교회는 1937년 4월 1일부터 7일간 조승각 목사의 인도하에 부흥회를 개최하고 매일 세 차례 회집하던 중 성령의 불길이 맹렬하게 역사하여 통회 자복하고 감사하는 놀라운 역사가 일어났다. 신결심자도 48명이나 되었는데 집회를 마친 첫 주일에 이들 가운데 10여 명이 예배당에 출석하였음으로 주님께 영광을 돌렸다.[178] 11월 28일 주일에는 추수감사예배를 드렸는데 감사헌금이 70여 원이나 나와서 주님께 감사를 드렸다. 이날부터 1주일간은 기도회로 모여 신자들은 많은 은혜를 받았다. 또 12월 28일부터 1938년 1월 3일까지 순회이사 강송수 목사를 청하여 신년성회를 개최, 매일 무한한 은혜를 받았다. 1월 2일 주일에는 제1회 연회에서 안수받은 이정순 목사의 취임식이 있었는데 인근 각 교회에서 다수가 참석하여 성대한 예식을 거행하고 3일 오전에는 교회 사무연회를 진행하였다.[179]

1939년 3월 27일부터 4월 2일까지 1주일간 김진문 목사의 인도로 매

---

176 "통신," 「활천」(1936년 3월호): 57.

177 "통신," 「활천」(1936년 10월호): 56-57.

178 "통신," 「활천」(1937년 5월호): 64.

179 "통신," 「활천」(1938년 2월호): 65.

일 세 차례 집회를 한 결과 성령의 맹렬한 역사가 나타나 중생자와 성결자 다수를 비롯하여 신결심자를 57명이나 얻어 주님께 영광을 돌렸다.[180] 8월 9-12일에는 함북지방회가 나남교회에서 개최되었다.[181]

羅南聖潔敎會 (無順)

李楨淳 任景鳳 김분옥 전어순
具滋潤 黃有俊 김은숙 구연숙
趙炳良 金衡來 리옥슈 김옥순
全成鐸 李長熙 압분선 김복금
洪景和 金南在 김응진 남경옥
金淳官 (以上男子) 권승녀 장성애
韓秉謙 전춘복 리순예 정옥히
趙鎭洙 장득성 전명숙 장내암
具泰會 박정해 유천금 김명수
尹鎬烈 장학실 김금순 김순녀
金貴男 리명순 김옥분 리약동
尹致殷 최광덕 양학운 김오석
張年壽 신평산 윤치슈 권인영
金英植 김복녀 김예선 갑수복
黃鳳烈 장영숙 김화영 주광수
朴仲英 강덕선 김권낙 (女子以上)

羅南聖潔敎會 職員會員一同

羅南聖潔敎會 俳健會員一同

羅南聖潔敎會 婦人會員一同

羅南聖潔敎會 主日學校職員一同

이사야四十〇三十一

1939년 나남성결교회 교인 명부

“축성탄하신년 광고,” 「활천」(1939년 1월호).

1940년 3월 18일부터 24일까지 1주일간 조승각 목사의 인도로 심령부흥회를 열고 하루에 세 차례 회집하였는데 시간마다 성령의 역사가 맹렬히 나타나 통회 자복자가 다수에 이르렀고, 회개금과 물질을 하나님께 돌리는 이들도 적지 않았다. 신결심자도 58명이나 되었다. 예배당이 협소하여 부득

180 “통신,” 「활천」(1939년 5월호): 47.

181 “통신,” 「활천」(1939년 8/9월호): 70.

불 예배당을 새로 짓지 않으면 안 될 상황이었기에 24일 주일 오후 집회에서 예배당 건축헌금을 하니 4,000여 원이 약속되었다.[182] 11월 13-19일 새벽에는 장년기도회로 모여 넘치는 은혜를 받고 저녁에는 유년주일학생부흥회로 모여 풍성한 은혜를 받았다. 마지막 날 저녁에는 소아간담회를 열고 소아들의 찬미와 재미난 이야기를 듣고 즐거운 분위기 속에서 다과회를 가졌다. 12월 첫 주일에는 추수감사절예배를 드렸는데 200여 원의 헌금이 드려져 주님께 영광을 돌렸다.[183]

나남교회는 1943년 12월 29일 성결교회가 일제에 의해 강제로 해산당할 때까지 웅기 지역에 복음을 전하였다.[184]

역대 교역자	주임	김광빈(金光斌, 1932[185]-1933[186])
		이정순(李楨淳, 1934[187]-1941[188])
		신래식(申來湜, 1942[189]-1943)
	여교역자	김영욱(金暎郁, 1933[190]-1938)[191]
		김성숙(金聖淑, 1941[192]-1943)

182 "통신," 「활천」(1940년 5월호): 39.

183 "통신," 「활천」(1940년 7월호): 38.

184 "'포교소폐지계', 소화 18년(1943년) 12월 29일," 「조선총독부관보」 1944년 4월 5일 자[소화-5148호], 2-4면.

185 참조. 조선야소교동양선교회성결교회 제1회 총회회록부록(1933년), 45.

186 전기찬, "혜산진성결교회당신축기," 「활천」(1937년 3월호): 47-48.

187 조선야소교동양선교회성결교회 제1회 연회회의록부록(1937년), 71.

188 조선야소교성결교회 제2회 연회록(1942년), 31.

189 조선야소교성결교회 제2회 연회록(1942년), 74.

190 "통신," 「활천」(1933년 11월호): 47.

191 "통신," 「활천」(1938년 12월호): 50.

192 조선야소교성결교회 제2회 연회록(1942년), 82; 참조. "통신," 「활천」(1941년 6월호): 31.

서수라성결교회 西水羅聖潔敎會

웅기에서 북동쪽으로 24km쯤 떨어진 곳에 서수라가 있었는데 이곳은 조선시대 유명한 어항(漁港)이자 조선, 러시아, 중국 등 3국의 국경으로, 당시 새로운 발전 지역이었다. 웅기성결교회에서는 장래에 큰 희망이 있는 서수라 지역이 교회가 없는 영적 황무지라는 소식을 듣고 특별전도대를 조직하였다. 전도대는 1931년 5월 19일 서수라에 도착하여 경성여관에 숙소를 정하고 3일 동안 집집마다 전도지를 배부하고 사람들에게 열심히 전도하여 수십 명의 결심자를 얻었다. 여관 주인인 이두석도 믿기를 결심하고 예배당 대지 120평을 기부하였다.

6월 1일 전국 순회이사 곽재근 목사가 순회차로 웅기에 도착하였다. 곽재근 목사는 서수라 지역의 전도 상황을 보고받고 서수라를 찾아가 결심자들을 방문하고 지역 형편도 자세히 시찰하였다. 또한 예배당 대지를 기부한 이두석을 만나서 치하하며 대지를 답사하였다. 이두석은 예배당이 건축될 때까지 예배를 드릴 수 있도록 초가 4칸을 무료로 빌려줌으로써 주님께 영광을 돌렸다. 곽재근 목사가 웅기에서 돌아오자마자 이사회에 이 사실을 전하자 이사회에서는 서수라성결교회(함경북도 경흥군 노서면 서수라항 13[193])를 웅기교회의 지교회로 인정하고 하기방학 시기를 이용하여 성서학원 수양생 조승각을 서수라교회에 파송하여 사역하게 하였다.

조승각은 7월 2일 웅기에 도착한 뒤 곧바로 서수라교회로 향하였다. 이때 웅기교회에서는 서수라교회를 설립하는 데 필요한 물품을 준비하여 주었다. 하지만 막상 도착하여 보니 이두석이 빌려준 가옥은 장마에 비가 새고 퇴락된 상태였다. 당장 수리할 형편이 못 되었기에 조승각은 예배 처소 때문에 큰 고난을 당하였다.[194] 그러나 그 가운데서도 7월 5일에 유년 5명과 장년 2명, 모두 7명과 함께 창립예배를 드렸다.[195]

청진지방회 이정원 감리목사는 7월 20일에 서수라교회를 순회하여 모든 사무를 처리하고 신자 중 남녀 7명을 세워 임시 직원으로 삼고 교회에 대한 모든 책임을 직원회에 맡겼다. 이때부터 직원들은 책임감을 가지고 일하기 시작하였다.

직원들은 힘과 재정을 아끼지 않고 가옥을 수리하였다. 한 형제는 전등을 기부하여 예배당이 광명한 처소가 되게 하였다. 또 한 형제는 경종이 없는 것을 유감으로 생각하고 경종 구입을 위해 10원을 헌금하였는데 이것이 동기가 되어 직원들도 경종 구입을 위한 헌금을 하였다. 웅기교회에서도 10원을 헌금하여 줌으로써 9월 6일 주일부터 서수라에 경종 소리가 울리게 되었다. 이 경종 소리는 서수라에 오랫동안 깊이 잠들어 있던 영혼들의 잠을 깨웠다.

서수라교회는 집회 때마다 100여 명씩 출석하며 성장해 나갔다. 이에 이사회에서는 서수라교회를 웅기교회의 지교회가 아니라 완전한 독립교회로 지정하였다. 그리고 1932년에 열리는 연회 때까지 조승각이 교역자로서

193 조선야소교동양선교회성결교회 제1회 총회회록부록(1933년), 51.
194 이정순, "웅기교회하간역사기," 「활천」(1931년 11월호): 42.
195 조승각, "서수라성결교회예배당신건축기," 「활천」(1933년 1월호): 60.

임시 사역하게 하도록 결의하였다.[196]

서수라교회에서는 5살 때 앉은뱅이가 되어 8년 동안 기거(起居)하지 못하던 아이가 주님을 믿기로 결심하고 교회에 출석한 지 불과 1개월 만에 고침을 받는 신유의 이적까지 나타났다. 이 아이가 자유로이 교회에 출석하며 주님께 영광을 돌림으로써 모든 신자와 믿지 않는 사람들에게 큰 감동을 주었다.[197]

1931년 12월 7일 밤부터 10일 아침까지는 이명직 목사를 청하여 부흥회를 열었는데 성령의 크신 역사로 말미암아 중생자가 50여 명, 성결자가 30여 명에 달하였다. 믿지 않는 사람들도 조수같이 몰려왔으나 장소 관계로 수용하지 못한 것이 큰 유감이었다.[198]

신자들 중 김용구(金容九)는 자신의 애첩을 단연히 정리함으로써 사람들을 놀라게 하였다. 김정욱(金正頊)은 교회의 전기요금을 부담하였다. 서수라교회가 세워진 이후로 차츰 지역 인심이 양순하여져서 경찰의 간섭을 받을 필요가 없게 되었다. 서수라교회의 예배당은 너무나 협소하여 신자들은 주일마다 2회로 나누어 예배를 드릴 수밖에 없었다. 예배당 밖에 서 있다가 돌아가는 사람도 많았다. 이에 신자들은 예배당 건축을 위해 기도하였다.[199]

서수라교회는 본부의 보조금 700원과 신자들의 헌금 151원 8전, 총 851원 8전으로 34평의 예배당을 1932년 7월 20일에 기공하여 9월 5일에 준공하였다. 건축을 위해 남녀 할 것 없이 모두 터 닦는 일과 재목을 운반하는 일

---

196 이정순, "웅기교회하간역사기," 「활천」(1931년 11월호): 42.

197 "통신," 「활천」(1931년 12월호): 56.

198 "통신," 「활천」(1932년 3월호): 56.

199 "5. 교세보고 청진지방," 조선야소교동양선교회성결교회 제4회 연회의사록(1932년).

에 힘썼다. 이 모습을 보며 믿지 않는 사람들까지 경탄하였다고 한다. 서수라교회는 건축을 하면서 여러 가지 어려움에 직면하였지만 믿음으로 이겨 나갔고 이에 감사하였다.

1932년 11월 10일 오전 10시에는 최석모 목사의 인도로 헌당식이 성대하게 행해졌다. 신도들은 무한한 영광을 주님께 돌렸다. 이후 곧바로 시작된 4일간의 부흥회에서 신자들은 넘치는 은혜를 받았는데 그중 특별히 복랑정중(福郎正重)이라는 일본인 형제와 강상룡(姜相龍) 자매의 철저한 회개가 눈길을 끌었다.[200]

서수라성결교회
"통신," 「활천」(1935년 5월호): 56.

1933년 7월 2일 창립 2주년 기념예배를 드리면서 400여 명의 신자들은 주님께 영광을 돌렸다. 예배 후 3일간 노방전도를 한 결과 결심자 92명을 얻었는데 그중 출석자가 15명이나 되었다. 부인회에서는 열심히 헌미(獻米)

---

200 조승각, "서수라성결교회예배당신건축기," 「활천」(1933년 1월호): 60.

하여 10원 하는 괘종을 사서 예배당에 달았다.[201] 8월 15일부터 18일까지 열린 연합전도회에서는 전서국, 김광빈, 장이초, 김영범 등이 "여행의 인생인!", "생의 최대 요구", "말세", "마귀의 그물" 등을 주제로 돌아가며 설교하였다. 집회 때마다 120여 명씩 모였으며 총 결심자는 40명에 이르렀다. 이 연합전도회는 큰 승리 가운데 폐회하였다.[202]

서수라교회는 1934년 1월에 12km 밖에 있는 구산농장에 가서 전도한 결과 50여 명의 구도자를 얻고 지교회를 설립하였다. 기록에 따르면 이 지교회에도 수십 명의 장년과 수십 명의 유년이 모여 예배드렸다고 한다.[203] 8월 24일부터 3일간 장이초, 양윤겸, 문기선의 인도로 대전도회를 열었는데

西水羅聖潔敎會 (無順)

金光斌 鄭文欽 金文德 朴泰鎭 김선이 강용선 김니필 김고순 김정열 정중녀 윤덕순 박노인

崔鳳翼 金孝連 金慶出 文元峰 박선옥 김금자월 김근화 안금녀 안혜순 탁옥화 오성녀 최순자

李冕熙 鄭基萬 金炳濟 尹永順 려은숙 박분선 김한나 변성화 주송순 김을녀 최노인 김봉근

張泰仁 任時宰 金世逸 崔光輝 방요녀 김향자 한삼선 변복심 문정식 김경네 강순진 정보물

1935년 서수라성결교회 교인 명부
"축성탄하신년 광고," 「활천」(1935년 1월호).

201 "통신," 「활천」(1933년 8/9월호): 83.

202 "통신," 「활천」(1933년 11월호): 50.

203 "통신," 「활천」(1934년 3월호): 44.

신결심자가 남녀 32명에 이르렀으며 일반 신자들도 풍성한 은혜를 받았다. 또한 굴포동에 지교회를 설립하고 전도하였는데 1933년 5월에는 포교소(원 자료에는 '포교계'로 표기되어 있다 – 필자 주)까지 설치하고 대전도회를 하는 중에 일반신자와 미(未)신자에게 큰 불이 떨어져서 중생과 성결의 은혜를 받은 자가 많았으며 결심자도 많았다.[204]

1935년 1월 17-20일 이건 목사의 인도로 열린 집회에서 신자들은 풍성한 은혜를 받고 주님께 감사와 영광을 돌렸다.[205] 최봉익 집사는 자신의 회사에 교인들을 종업원으로 고용하고 그들에게 십일조를 드리도록 권면하여 그 헌금을 가지고 큰 종을 사서 걸었다.[206] 7월 13-17일 이정원, 이원근, 장이초, 문기선 등을 청하여 개최한 대전도회에서는 우중(雨中)임에도 불구하고 매일 100여 명씩 모여 풍성한 은혜를 받았다. 신결심자는 30여 명에 이르렀으며 새로 자급헌금을 작정한 신자가 13명이나 되어 주님께 영광을 돌렸다.[207]

1936년 3월 8일에는 이원근 목사의 집례로 이면희 장로의 장립식이 거행되었다.[208] 8월 6일부터 9일까지 이원근, 장이초 목사의 인도로 대전도회를 한 결과 신자들은 풍성한 은혜를 받았으며, 신결심자도 50여 명이나 얻었다.[209]

1938년 3월 25일부터 31일까지 김선학 목사의 인도로 열린 부흥회는 교회 창설 이후 초유의 대성황을 이루었다. 무려 450명에서 650명에 이르는 군중이 몰려들었으며 중생자와 성결자가 다수에 이르렀다. 신결심자도 127

---

204 "통신," 「활천」(1934년 10월호): 54.
205 "통신," 「활천」(1935년 3월호): 55.
206 "통신," 「활천」(1935년 4월호): 55.
207 "통신," 「활천」(1935년 10월호): 55.
208 "통신," 「활천」(1936년 4월호): 55.
209 "통신," 「활천」(1936년 11월호): 59.

명이나 되었다. 더욱 감사한 것은 10여 년간 병으로 신음하던 한 자매에게 신유의 이적이 나타난 일이다.[210] 9월 21일부터 4일간은 강송수 목사의 인도로 부흥회가 개최되어 신자들이 새 힘을 얻었으며, 24일부터 27일까지는 유봉운 주임전도사의 인도로 유년부흥회가 열려 장·유년신자 모두가 은혜를 받았다. 이 부흥회를 통해 특별히 유년주일학교가 부흥되었다. 11월 19-24일 김응조 목사의 인도로 열린 부흥회에서 신자들은 많은 은혜를 받았는데 특별히 교회에 출석하지 않던 집사들의 부친 세 사람이 새로 출석하여 주님께 감사와 영광을 돌렸다. 신결심자가 15명이나 되었고 인근 장로교회 신자들도 와서 은혜를 받았다.[211]

서수라교회의 유봉운 전도사 이하 교우들의 수고로 1939년 함경북도 국경 지역에 있는 조산동이라는 농촌마을에 기도소가 설립되었으며, 40여 명씩 모여 예배를 드리는 가운데 예배당 건축을 위해 기도하였다.[212] 11월 22일부터는 백만구령운동과 축호전도대장인 김진문 목사를 청하여 추기부흥대사경회를 열었는데 측량할 수 없는 큰 은혜가 내렸다. 이 사경회를 통해 중생과 성결의 은혜를 받은 사람은 다수에 이르렀으며, 추수감사헌금도 300원이나 드려졌다. 또한 믿지 않는 대중에게 생명의 복음을 널리 전하여 주님께 영광을 돌렸다.[213]

1940년 서수라교회 부인회에서는 조산동 지교회에 20원 정도의 괘종시계를 기증하였다. 이에 신자들은 시간을 맞추어 모일 수 있게 됨으로 주님께 영광을 돌렸다.[214]

---

210 "통신," 「활천」(1938년 5월호): 52.
211 "통신," 「활천」(1939년 1월호): 55.
212 "통신," 「활천」(1939년 5월호): 46.
213 "통신," 「활천」(1940년 1월호): 48.
214 "통신," 「활천」(1940년 7월호): 38.

유봉운 전도사는 1941년 4월 9일부터 5일간 경성신학교 대강당에서 열린 제1회 북부연회에서 목사 안수를 받았다.[215]

서수라교회는 1943년 12월 29일 성결교회가 일제에 의해 강제로 해산당할 때까지 서수라 지역에 복음을 전하였다.[216]

역대 교역자	주임	조승각(趙承玨, 1931[217]-1933[218])
		김광빈(金光斌, 1934[219]-1935)
		이정칠(李楨七, 1936[220]-1938[221])
		유봉운(俞奉云, 1938[222]-1941)
		김하직(金河稷, 1942[223]-1943)
	여교역자	김선희(金嬋姬, 1932[224]-1938)
		유마리아(劉馬利我, 1942[225]-1943)

215 "통신," 「활천」(1941년 5월호): 35.

216 "'포교소폐지계', 소화 18년(1943년) 12월 29일," 「조선총독부관보」 1944년 4월 5일 자[소화-5148호], 2-4면.

217 이정순, "웅기교회하간역사기," 「활천」(1931년 11월호): 42,

218 조선야소교동양선교회성결교회 제4회 연회의사록부록(1932년), 43.

219 조선야소교동양선교회성결교회 제2회 총회의사록부록(1934년), 73.

220 "'포교담임자변경계', 동양선교회 서수라성결교회 경흥군 조승각, 소화 11년(1936년) 11월 1일," 「조선총독부관보」 1937년 4월 10일 자[소화-3069호], 6-7면; 참조. "통신," 「활천」(1936년 11월호): 59.

221 "통신," 「활천」(1938년 11월호): 55.

222 "통신," 「활천」(1938년 11월호): 55.

223 조선야소교성결교회 제2회 연회록(1942년), 78.

224 "통신," 「활천」(1932년 9월호): 80.

225 조선야소교성결교회 제2회 연회록(1942년), 83.

굴포성결교회 屈浦聖潔敎會

굴포성결교회(함경북도 경흥군 호서면 굴포동[226])는 서수라교회의 지교회로 세워졌다. 서수라교회 신자들은 1932년 5월 굴포동에 가서 포교소를 설치하고 대전도회를 개최하였는데, 이 전도회에서 일반 신자와 미신자(未信者)에게 큰 불이 떨어져 중생과 성결의 은혜를 받은 자가 많았으며 결심자도 많았다.[227] 그 결과 굴포성결교회가 설립되었다.

1934년에 서수라교회 교역자로 부임한 김광빈 전도사는 굴포교회 교역자를 겸임하여 사역하였다.[228] 그 이후로도 굴포교회는 서수라교회 교역자가 겸임하여 사역한 것으로 보인다.

---

226 "'포교소설치계', 동양선교회 굴포성결교회 경흥군, 함경북도 경흥군 호서면 굴포동, 소화 7년(1932년) 5월 22일," 「조선총독부관보」 1934년 10월 5일 자[소화-2322호], 12면.

227 "통신," 「활천」(1934년 10월호): 54.

228 조선야소교동양선교회성결교회 제2회 총회회록부록(1934년), 73; "'포교담임자선정계', 동양선교회 굴포성결교회 경흥군 금광빈, 함경북도 경흥군 호서면 굴포동, 소화 9년(1934년) 5월 22일," 「조선총독부관보」 1934년 10월 5일 자[소화-2322호], 12면.

屈浦洞聖潔教會

許錫奎 尹智根 李鳳喆 유마리아 문수원 구순덕 리도성 허옥금 리양녀
朴東根 李鳳官 許雲瑞 김명안 박수남 김수영 리매화 허옥단 윤인순
朱四龍 許雲善 李鳳錫 허주복 리선금 리유분 김금녀 박정녀
朴春元 盧台禹 尹相河 서금녀 김별이 김순덕 허춘녀 홍쌍녀

1935년 굴포성결교회 교인 명부
"축성탄하신년 광고," 「활천」(1935년 1월호).

그러나 굴포교회는 결국 교회로 세워지지 못하고 1942년 1월에 교회 폐지를 신고하였다.[229]

229 "'포교소폐지계', 동양선교회 굴포성결교회 경흥군, 소화 17년(1942년) 1월 23일," 「조선총독부관보」 1942년 3월 10일 자[소화-4533호], 3면.

온성성결교회 穩城聖潔教會

온성은 한반도 최북단에 위치한 곳으로, 서울에서 직선거리로 약 650km나 된다. 이는 서울-이어도, 서울-심양/칭다오(중국), 서울-히로시마(일본)보다 더 먼 거리이다.

온성성결교회(함경북도 온성군 온성면 서흥동 남부 26)는 본부에서 1932년 추기(12월) 졸업을 앞둔 전기찬 형제를 파송하여 4월 24일에 창립예배를 드림으로 설립되었다.

온성교회는 1934년 이원근 목사의 순회기를 이용하여 4월 10-14일 부흥회 겸 전도회를 열었는데 매 집회마다 70-80명씩 모여 큰 은혜를 받았다. 이때 신결심자가 20명 나왔으며, 학습받은 사람은 12명이나 되었다.[230] 7월 7-11일에는 전서국 전도사의 인도로 부흥회가 열려 신자들이 풍성한 은혜를 받았다. 신결심자는 38명이었고 경종 구입을 위해 40여 원의 헌금이 드려졌다.[231]

---

230 "통신," 「활천」(1934년 6월호): 54.
231 "통신," 「활천」(1934년 10월호): 53.

1936년 온성교회는 40일 기도회에 이어 10월 20일부터 1주일간 특별기도회를 진행하였다. 이때 예배당 건축을 위해 100원의 헌금이 모아졌는데 이는 신자들의 생활에 비해 매우 큰돈이었다. 그 후 남양동교회와 용전교회 교우들로부터 40원의 헌금이 왔고 본부에서도 130원을 보조받아 총 270원으로 대지 150평과 와가(瓦家, 지붕을 기와로 인 집 – 필자 주) 10칸을 매수, 수리하여 예배를 드리게 되었다. 이에 모든 신자는 주님의 은혜에 감사를 드렸다.[232]

1937년 1월 8-11일 강송수 목사의 인도로 진행된 부흥회에서 신자들은 많은 은혜를 받았으며, 중생의 은혜를 받은 자와 성결의 은혜를 받은 자가 각각 20명이나 되었다.[233] 3월 13일에서 17일까지 5일간 박문익 전도사의 인도로 열린 장·유년부흥회에서 신자들은 큰 은혜를 받았다. 신결심자는 20명에 이르렀으며, 특별히 유년들이 회개의 열매를 맺는 은혜를 받아 그 가정과 학교와 관공서에까지 복음의 빛이 드러나게 되었다.[234]

1938년 10월 4일에서 7일까지 한성과 목사의 인도로 진행된 부흥회에서도 신자들은 큰 은혜를 받았다. 신결심자도 많이 얻었다. 또한 성전 건축을 위한 헌금이 260여 원이나 모아져 주님께 감사를 드렸다. 이후 교회는 날로 부흥해졌고, 유망한 새신자도 계속 늘어났다.[235]

온성교회는 1943년 12월 29일 성결교회가 일제에 의해 강제로 해산당할 때까지 온성 지역에 복음을 전하였다.[236]

---

232 "통신," 「활천」(1936년 3월호): 57.

233 "통신," 「활천」(1937년 3월호): 56.

234 "통신," 「활천」(1937년 5월호): 63.

235 "통신," 「활천」(1939년 1월호): 53.

236 "'포교소폐지계', 소화 18년(1943년) 12월 29일," 「조선총독부관보」 1944년 4월 5일 자[소화-5148호], 2-4면.

역대 교역자 주임 전기찬(全期瓚, 1932[237]-1935[238])

유봉운(俞奉云, 1936[239]-1938[240])

김창도(金創道, 1938[241]-1941[242])

유봉운(俞奉云, 1942[243]-1943)

---

237 조선야소교동양선교회성결교회 제1회 총회회록부록(1933년), 46.

238 "'포교담임자변경계', 동양선교회 온성성결교회 온성군 전기찬-유봉운, 소화 11년(1936년) 11월 1일," 「조선총독부관보」 1936년 12월 26일 자[소화-2986호], 9면.

239 "'포교담임자변경계', 동양선교회 온성성결교회 온성군 전기찬-유봉운, 소화 11년(1936년) 11월 1일," 「조선총독부관보」 1936년 12월 26일 자[소화-2986호], 9면.

240 "통신," 「활천」(1938년 11월호): 55.

241 "통신," 「활천」(1939년 1월호): 53.

242 "통신," 「활천」(1941년 3월호): 35.

243 조선야소교성결교회 제2회 연회록(1942년), 59.

성진성결교회 城津聖潔敎會

성진은 1910년 성진부에서 성진군으로 강등되었으나 1931년에는 성진읍으로, 1941년에는 성진부로 다시 승격되었다. 이 지역은 관북지방의 주요 항구 도시로서 1930년대 일본의 대륙 침략 정책에 따라 대륙과 일본 간의 물자 반·출입 및 중화학공업 지역으로 급격히 발전하였다. 호구는 1만 7,000여 호, 인구는 9만여 명이었다.

성진성결교회(함경북도 성진부 성진읍 욱정 298[244])는 1932년 2월 13-17일 웅기성결교회에서 열린 제4회 청진지방회에서 성진, 나남, 영안, 무산, 지나두도구, 국자가 등 6곳에 교회를 개척하기로 결의함[245]에 따라 세워진 교회이다. 지방회에서는 이정원 목사[246]와 안매자 전도부인[247]을 파송하여 1932년 4월[248]에 성진교회를 설립하였다. 당시 지방회장이던 이정원 목사는

244 조선야소교동양선교회성결교회 제1회 총회회록부록(1933년), 52.

245 김종인, "제4회 청진지방회기," 「활천」(1932년 4월호): 52-53.

246 조선야소교동양선교회성결교회 제1회 총회회록부록(1933년), 40.

247 조선야소교동양선교회성결교회 제1회 총회회록부록(1933년), 49.

248 조선야소교동양선교회성결교회 제1회 연회회의록(1937년), 41.

성결교회 제1회 총회(1933) 북부지방 교세보고에서 “함경북도의 성진교회는 창립 이례 수개월간 양으로 보든지 질로 보든지 대단히 어려운 중에 있다가 주의 무한하신 축복으로 말미암아 금일에 와서는 신자 수도 70여 명에 달하며, 안으로 부흥의 운동이 있게 됨은 크게 감사할 일이올시다.”[249]라고 보고하였다.

1934년 10월 3일부터 5일간 강송수 목사를 초청하여 부흥회를 한 결과 풍성한 은혜가 나타나 중생자 16명을 얻었다. 또한 신자들은 새 힘을 얻고 성경을 읽고 전도하며 기도하고 가정예배를 드리기로 새롭게 작정하였다.[250]

城津聖潔教會

韓應淵 金龍燮 金元玉 金泰翼 황 걸 강도원 유연순 최형숙 강순덕 리금녀

元亨洙 金承臨 廉致億 咸洪杓 안매자 엄하섭 김명옥 리숙실 리옥히 황창명

金龍敎 廉致勳 金熙男 金極俊 홍성식 엄윤수 김금녀 서신영 박분녀

1934년 말 성진교회 교우 명부

「활천」(1935년 1월호).

1935년 이정원 목사의 후임으로 김광빈 전도사가 부임하였다.[251] 김영옥은 사귀병으로 고통받던 중 주님의 말씀을 듣고 자신의 죄를 철저히 회

249 조선야소교동양선교회성결교회 제1회 총회회록부록(1933년), 27.

250 “통신,” 「활천」(1934년 11월호): 55.

251 “성결교회 제3회 각지방회사록촬요(2),” 「활천」(1935년 6월호): 54; “통신,” 「활천」(1935년 7월호): 56.

개함으로써 나음을 입었다. 이에 회개금 15원을 교회에 바쳤으며 이후 교회를 위해 충성으로 일하였다. 또한 죄에서 구원받은 것을 감사하는 마음으로 송흥지교회에 큰 경종을 바쳐 주님께 감사와 영광을 돌렸다.[252]

성진교회는 1938년 새로 부임한 장이초 목사의 인도로 11월 2-6일 부흥회를 개최, 신자들이 큰 은혜를 받았다. 이 부흥회에는 시내에 있는 장로교회 신자들까지 참석하였으며 참석자마다 풍성한 은혜를 받았다. 신결심자도 20여 명에 이르렀다. 밤 집회의 경우 장소가 협소하여 오는 사람을 다 수용할 수 없어 돌려보내기까지 하였다.[253]

1939년 1월 9일부터 15일까지 김영범 목사의 인도로 열린 신년부흥회에서는 시간마다 성령의 역사가 임하여 통회자 12명, 성결자 15명, 신결심자 42명, 낙심했다가 돌아온 자 5명을 얻었다. 오랫동안 소망하던 성전 건축을 위한 헌금도 1,430여 원이 모아졌으며, 참석한 장로교인들도 은혜를 받고 헌금을 드렸다.[254] 성진교회는 창립 이래 8년간 예배당이 없어서 셋집에서 지냈으나 1939년에 이르러서는 교세가 장족진보하여 예배당 부지 107평을 대금 1,620원에 믿음으로 매수하고 건평 30평가량의 예배당을 짓기 시작하였다.[255] 6월 5-11일 김응조 목사를 청하여 부흥회를 한 결과 신결심자 46명을 비롯하여 중생자와 성결자도 많이 얻었다. 최롱복은 100원어치의 세멘기와(일제강점기 당시의 표현으로 시멘트 기와를 말한다. 일본식 기와라고도 한다 – 필자 주)를 바쳐서 성전을 짓는 데 사용하도록 하였다.[256] 성진교회에는 당시 80여 명의 신자가 모였으며 성경을 읽는 일에 열심하였는데 이 중 부

252 "통신," 「활천」(1935년 3월호): 55.
253 "통신," 「활천」(1938년 12월호): 52.
254 "통신," 「활천」(1939년 2월호): 51.
255 "통신," 「활천」(1939년 7월호): 49.
256 "통신," 「활천」(1939년 8/9월호): 71.

인신자 이순실은 산상보훈 및 유다서를 암통(暗通)하였다. 김승임(金承臨) 집사가 건축을 위해 1,000원을 헌금하자 교우들이 2,000원을 헌금하여 건평 42평에 이르는 예배당 건축공사에 착수하였다.[257]

성진교회는 1940년 1월 3일에서 7일까지 5일간 신년전도회를 개최하였다. 매일 새벽과 밤 두 차례씩 열린 이 신년전도회는 대성황을 이루었으며 회개자와 신결심자도 30여 명이나 되었다. 마지막 날인 주일에는 학습세례 예식이 거행되었으며 남녀 4명이 새로 집사로 임명받았다. 또한 신년 사무연회로 모여 새해 전진운동과 요원한 장내 발전을 위한 여러 결의를 하였다.[258] 어려운 생활 중에서도 신자들이 심혈을 기울여 헌금한 8,000여 원으로 착공(1939)한 예배당이 주님의 도우심 가운데 화려하고 장엄하게 준공되어 6월 30일 봉헌식을 거행하였다.[259]

1940년 성진성결교회 헌당식 기념사진
"통신," 「활천」(1940년 8/9월호): 50.

---

257 조선야소교동양선교회성결교회 제2회 연회회의록(1939년), 24.
258 "통신," 「활천」(1940년 3월호): 45.
259 "통신," 「활천」(1940년 8/9월호): 50.

성진교회는 1943년 12월 29일 성결교회가 일제에 의해 강제로 해산당할 때까지 성진 지역에 복음을 전하였다.[260]

해방 이후 성진부는 성진시로 변경되었으나 한국전쟁이 발발하고 이곳 출신이자 전쟁 중에 사망한 김책을 기리기 위해 성진시와 학성군을 각각 김책시와 김책군으로 개칭하였다. 1961년에는 두 시와 군을 통합하여 김책시가 되었다.

역대 교역자	주임	이정원(李楨源, 1932[261]–1935)
		김광빈(金光斌, 1935[262]–1936[263])
		김경흡(金庚洽, 1936[264]–1938[265]
		장이초(張利初, 1938[266]–1941[267])
	여교역자	안매자(安梅子, 1932[268]–1936)
		김선희(金嬋姬, 1937[269]–1943[270])

---

260 "'포교소폐지계', 소화 18년(1943년) 12월 29일," 「조선총독부관보」 1944년 4월 5일 자[소화-5148호], 2-4면.

261 조선야소교동양선교회성결교회 제1회 총회회록부록(1933년), 40.

262 "성결교회 제3회 각지방회사록촬요(2)," 「활천」(1935년 6월호): 54; 「활천」(1935년 7월호): 56.

263 조선야소교동양선교회성결교회 제1회 연회회의록부록(1937년), 35.

264 조선야소교동양선교회성결교회 제1회 연회회의록부록(1937년), 34.

265 조선야소교동양선교회성결교회 제2회 연회회의록부록(1939년), 51.

266 "통신," 「활천」(1938년 11월호): 55; 조선야소교동양선교회성결교회 제2회 연회회의록부록(1939년), 51.

267 조선야소교성결교회 제2회 연회록(1942년), 73.

268 조선야소교동양선교회성결교회 제1회 총회회록부록(1933년), 49.

269 조선야소교동양선교회성결교회 제2회 연회회의록부록(1939년), 39; "통신," 「활천」(1937년 12월호): 56.

270 조선야소교성결교회 제2회 연회록(1942년), 79.

종성성결교회 鍾城聖潔教會

함경북도 종성성결교회(함경북도 종성군 종성면 금산동 232[271])는 1932년 7월 본부에서 파송 받은[272] 성서학원 수양생 양윤겸이 교회 설립을 준비하였다. 불교도들과 '주의자들'(사회주의자들이나 이데올로기에 빠진 사람들로 볼 수 있다 – 필자 주)로 인해 오랫동안 악전고투하였으나 주님께서 함께하심으로 그 강팍한 곳에서도 구원받을 영혼이 있게 되어 1932년 10월 30일 주일에 장년 9명과 유년 70여 명이 모여서 창립예배를 드렸다.[273]

1933년 교회의 창립자인 양윤겸 전도사가 라진교회로 전임된 이후 종성교회는 교회로 세워지지 못하였다.[274] 그 결과 1934년 성결교회 제2회 총회 때 교회의 폐지가 승인되었다.[275]

---

271 조선야소교동양선교회성결교회 제1회 총회회록부록(1933년), 51.

272 조선야소교동양선교회성결교회 제1회 총회회록부록(1933년), 45.

273 "통신," 「활천」(1932년 12월호): 56.

274 "통신," 「활천」(1933년 10월호): 48.

275 조선야소교동양선교회성결교회 제2회 총회회록부록(1934년), 89; "'포교소폐지계', 동양선교회 종성성결교회 종성군, 소화 11년(1936년) 1월 6일," 「조선총독부관보」 1936년 3월 18일 자[소화-2752호], 12면,

역대 교역자 주임 양윤겸(梁潤謙, 1932[276]-1933[277])

276 조선야소교동양선교회성결교회 제1회 총회회록부록(1933년), 45.

277 "통신," 「활천」(1933년 10월호): 48.

길주성결교회 吉州聖潔敎會

1932년 6월 경성성서학원 수양생인 권일훈(權日勳)은 본부로부터 파송 받아 길주군 길성면에서 전도활동을 시작하였다.[278] 이후 이정칠이 첫 주임교역자로 파송되어 12월 19일에 길주성결교회(함경북도 길주군 길성면 길복동 5[279]) 창립예배를 드렸다. 열심히 복음을 증거한 결과 이듬해인 1933년 3월에는 장년 47명과 유년 150여 명이 모이게 되었다.[280] 길주교회는 예배당 임대료 문제로 크게 고통을 받고 있었는데 당시 11세이던 주일학생 박최순(朴崔順)의 눈물 섞인 헌금 10전이 동기가 되어 어린 신자 46명이 6원 80전을 헌금하였다.[281]

1933년에는 변봉완 전도부인[282]이 파송되어 사역하였다. 1934년 7월 16-18일 성진교회 이정원 목사와 안매자 전도부인 그리고 4명의 집사가 차

278 "통신," 「활천」(1932년 7월호): 56.

279 조선야소교동양선교회성결교회 제1회 총회회록부록(1933년), 52.

280 "통신," 「활천」(1933년 4월호): 55.

281 "통신," 「활천」(1933년 7월호): 56.

282 조선야소교동양선교회성결교회 제2회 총회회록부록(1934년), 77.

1932년 12월에 설립된 길주성결교회
"통신,"「활천」(1933년 7월호).

비를 스스로 부담하고 길성면에 와서 3일간 노방과 옥내에서 열심히 전도한 결과 30여 명의 결심자를 얻었다. 이때 세례식과 집사 임명식도 진행되었다.[283]

하지만 길주교회는 안타깝게도 교회로 세워지지 못하고 1936년 1월 6일 자로 교회 폐지를 신고하였다.[284]

역대 교역자	주임	이정칠(李楨七, 1932-1935[285])
	여교역자	변봉완(邊鳳婉, 1933-1935[286])

283 "통신,"「활천」(1934년 10월호): 53.

284 "'포교소폐지계', 동양선교회 길주성결교회 길주군, 길주군 길주면 길북동 5, 소화 11년(1936년) 1월 6일,"「조선총독부관보」 1936년 3월 18일 자[소화-2752호], 12면.

285 조선야소교동양선교회성결교회 제2회 총회회록부록(1934년), 74.

286 조선야소교동양선교회성결교회 제2회 총회회록부록(1934년), 77.

포항동성결교회 浦項洞聖潔敎會

포항동성결교회(함경북도 청진부 포항동 93[287])는 1930년 신암동교회 신자 몇 사람이 포항동에도 교회를 세울 필요가 있음을 느끼고 기도소로 시작했다가 4월[288]에 한 교우의 집에서 예배를 드림으로 설립되었다. 1931년 12월 말에는 신도 33명, 세례교인 9명, 학습교인 5명이 있었다.[289]

포항동교회는 1932년에 성진교회 이정원 목사의 주선으로 매월 예배당 임대료 10원을 본부로부터 지원받았다. 본부에서는 5월에 청진교회 조한숙 전도부인을 파송하였으며,[290] 12월에는 경성성서학원 수양생인 전서국을 주임교역자로 파송하였다.[291] 청진 지역이 발전함에 따라 점차 신자들이 많아지게 되었다.[292]

1933년 7월 26일부터 29일까지 청진구역 연합전도회의 첫 번째 집회가

---

287 조선야소교동양선교회성결교회 제1회 총회회록부록(1933년), 52.
288 조선야소교동양선교회성결교회 제1회 연회회의록부록(1937년), 41.
289 조선야소교동양선교회성결교회 제4회 연회의사록부록(1932년), 34.
290 조선야소교동양선교회성결교회 제4회 연회의사록부록(1932년), 43.
291 조선야소교동양선교회성결교회 제1회 총회회록부록(1933년), 45.
292 전서국, “청진포항동교회 부흥회전후기,” 「활천」(1935년 5월호): 44-45.

포항동교회에서 열렸다. 이때 김영범, 장이초, 김광빈, 조승각이 설교자로 나서 각각 "경성하라", "행복의 비밀", "그리스도의 구원", "인생의 진정한 요구" 등을 주제로 매일 밤 돌아가며 설교하였다. 청중은 100명에서 150명까지 회집되었고 결심자는 모두 62명이었으며, 청신기도회는 장이초 전도사가 인도하였다.[293] 또한 김정희 전도부인을 자급으로 청빙하였다.[294]

1934년 8월 13일부터 2일간 동경교회 이복출 집사의 인도로 열린 아동집회에서는 매일 밤 200여 명의 아동이 참석해 풍성한 은혜를 받았다. 곧이어 8월 15일부터 4일간 진행된 전도회에서는 결심자가 78명에 달하였다. 또한 100원을 들여 풍금을 구입하였고, 이흥혁과 김성금은 이원근 목사의 집례하에 집사로 취임하였으며, 김영범 목사의 집례로 성찬과 세례식이 거행되었다.[295]

1935년에 신축한 청진 포항동성결교회 예배당
"통신," 「활천」(1936년 2월호): 55.

293 "통신," 「활천」(1933년 11월호): 50.
294 "통신," 「활천」(1934년 1월호): 55.
295 "통신," 「활천」(1934년 11월호): 55.

1935년 1월 22일부터 1주일간 이건 목사의 인도로 부흥회가 개최되어 신자들은 흡족한 은혜를 받고 교회당 건축을 위해 930여 원을 헌금하였다. 이런 많은 액수의 헌금은 신자들의 형편으로 보아서 큰 이적과도 같은 일이었다.[296] 이를 기초로 포항동교회는 총공사비 1,000원으로 33평의 건물을 준공하고 11월 17일 오후 2시 김영범 목사의 집례하에 200여 명이 모인 가운데 헌당식을 거행하고 주님께 영광을 돌렸다. 이후 용정교회 조승각 전도사의 인도로 8일간 성전 신축 기념집회가 열려 신자들이 큰 은혜를 받았다. 신결심자도 54명에 이르렀다. 웅기교회 장이초 전도사도 기념집회 기간 중 4일간 노방전도를 하여 많은 신구도자를 얻어 주님께 영광을 돌렸다.[297]

1936년 5월 10-14일 강송수 목사의 인도로 열린 부흥회에서 신자들은 큰 은혜를 받았으며 중생자 10명, 성결자 10명, 십일조헌금 작정자 10명이 나왔다. 남녀 교역자 주택 건축을 위한 헌금도 55원 60전이 모아졌다.[298] 7월 15일부터 8월 2일까지는 회령교회, 운연교회, 청진교회, 신암동교회, 포항동교회, 나남교회 교역자와 신자들이 협력하여 북부지방 청진구역 하기전도회를 진행하였으며, 이때 풍성한 은혜가 나타나 결심자가 218명에 달하였다.[299]

이듬해인 1937년 1월 11일부터 7일간 김응조 목사의 인도로 열린 집회에서 신자들은 풍성한 은혜를 받았으며 신생의 은혜를 받은 자가 21명, 성결의 은혜를 받은 자가 21명, 신결심자가 72명에 달하였다.[300]

1938년 2월 9일부터 불꽃의 사자 김영균 목사의 인도로 1주일간 진행

---

296 "통신," 「활천」(1935년 3월호): 56.
297 "통신," 「활천」(1936년 2월호): 55.
298 "통신," 「활천」(1936년 7월호): 58.
299 "통신," 「활천」(1936년 10월호): 56-57.
300 "통신," 「활천」(1937년 3월호): 56.

된 심령부흥회에서는 매일 세 차례 집회가 열렸는데 집회 시마다 신자들에게 오순절 성령의 역사가 나타나 모두가 풍성한 은혜를 받았다. 집회 결과 타락했던 자가 5명이나 회개하고 돌아왔으며, 중생과 성결의 은혜를 받은 자가 수십 명에 달하였고, 새로 믿기로 결심한 자도 92명이나 되었다. 한편 포항동교회 예배당은 높은 지대에 위치해 있어 나이 많은 신자들은 기어서 오르내려야 할 정도로 매우 불편한 상황이었다. 겨울만 되면 층층대 빙판에서 매주일 4-5명의 부상자가 발생하기도 하였다. 그중에는 위골(違骨)과 절골(折骨)이 되어 졸도하는 신자들도 적지 않았다. 이 때문에 신앙이 약한 신자들은 겨울만 되면 도로 불편을 구실로 예배에 출석하지 않아 교회가 날로 침체되어 겨우 잔명을 유지할 따름이었다. 신자들은 예배당을 평지에 이전하여 건축하는 일이 무엇보다도 급선무임을 알고 주님께 예배당 주시기를 기도하였다. 이와 관련 김영균 목사의 심령부흥회를 통해 2,317원 96전이 예배당 이전 건축비로 헌금되어 교회 전체가 매우 활기를 띄게 되었다. 신암동교회 여러 신자도 성의를 다하여 헌금하여 주었다.[301]

1938년 9월 14-17일에는 포항동교회에서 제6회 북부지방회 및 심령수양회가 열렸다. 매일 네 차례 집회가 진행되었으며 타교회 신자까지 다수 참석하여 성황을 이뤘다. 집회를 통해 신자들은 풍성한 은혜를 받았으며 다수의 회개자와 76명의 결심자가 나왔다. 25일에는 전승순 장로의 장립식이 성대히 거행되었다. 또한 오랫동안 교역자의 주택이 없어 고생하던 가운데 800여 원에 이르는 문화주택(일제강점기 당시 조선의 전통가옥을 비기능적, 비경제적, 비위생적이라고 여겨 이 문제들을 해결할 수 있도록 서양주택의 공간 구조와 외관을 따라 지은 주택을 말한다 – 필자 주)을 매수하고 주님께 영광을 돌렸다.[302]

---

301 "통신,"「활천」(1938년 3월호): 57-58.

302 "통신,"「활천」(1938년 12월호): 50.

1939년 1월 30일, 오랫동안 예배당 위치 때문에 불편을 느껴오던 포항동교회는 1만 9,000원 상당의 2층 평지 건물을 매수하여 이전하였다. 이전 당일부터 1주일간은 함흥 복부정교회 조기함 목사를 청빙하여 신년부흥회를 열고 매일 세 차례 모여 신자들이 넘치는 은혜를 받았다. 이 집회에서 새로 믿기로 결심한 자는 62명이나 되었다.[303]

淸津府浦項洞聖潔敎會 (無順)

李金朴金朴金申魏權趙金姜安金金韓金金李申
甲景承承泳龜孝楨永壽泰正錫淳弘秉海鳳鍾來
振會禧淳澤佾根相得岱律鎬律敬國憲鳳云伯湜

朴鄭嚴李韓金李朱林姜林洪金張金姜尹南朴鄭
七海奎應貞乙箭在四東泰淳永貞長信仁根東雲
勳福淡信元出林翰順熙俊圭鍾淳建衡燮祐榮慶

박김리강리리리홍강김최신유오강김권田李孫
복영순원감용래송순선안옥금성귀정형永甲榮
순숙이석순녀순옥자하나순년녀녀히준華福鎭

신양송병리심안김배감남손허윤리김김장박도
후사소영계순쭁명복명옥근맹영금 순증명학
남숲저순순녀자선덕금순옥순순주시애녀화림

리정김리리림김유리천박박리윤오고유원정김
춘숙명엽소보금분금석도성성막술재영용요안가
자자수숙완배하옥녀기이히실득념선순협나봉

라김장남리김전엘김윤한전김리박신김정한
귀순계음춘봉나은춘상유 동보승한진금
분자오철석녀사벳순섭순지옥문배녀나영녀

幼 婦 傳리정조선정진주김리한
一主 一人 一道정운애채운병중부고금
同校 同會 同隊히숙성순히순복영분남

1938년 말 청진 포항동교회 교인 명부

「활천」(1939년 1월호).

303 "통신," 「활천」(1939년 3월호): 50-51.

포항동교회는 1943년 12월 29일 성결교회가 일제에 의해 강제로 해산 당할 때까지 청진 지역에 복음을 전하였다.[304]

역대 교역자	주임	전서국(全瑞國, 1932[305]-1936[306])
		김형식(金亨式, 1936[307]-1937[308])
		신래식(申來湜, 1937[309]-1942[310])
	여교역자	조한숙(趙漢璹, 1932[311])
		김정희(金貞姬, 1933[312]-1943[313])

---

304 "'포교소폐지계', 소화 18년(1943년) 12월 29일,"「조선총독부관보」1944년 4월 5일 자[소화-5148호], 2-4면.

305 조선야소교동양선교회성결교회 제1회 총회회록부록(1933년), 45.

306 "통신,"「활천」(1936년 2월호): 55.

307 "통신,"「활천」(1936년 7월호): 58.

308 "통신,"「활천」(1938년 1월호): 61.

309 조선야소교동양선교회성결교회 제1회 연회회의록부록(1937년), 37.

310 조선야소교성결교회 제2회 연회록(1942년), 74.

311 조선야소교동양선교회성결교회 제4회 연회의사록부록(1932년), 43.

312 "통신,"「활천」(1934년 1월호): 55.

313 조선야소교성결교회 제2회 연회록(1942년), 80.

회암성결교회 灰岩聖潔敎會

함경북도 경원군(慶源郡)은 아오지 탄광으로 유명하며 한반도의 최동단에 있는 지역이다. 경원군이라는 지명은 조선 왕조의 근원지라는 의미로 붙여진 이름이다.

회암성결교회(함경북도 경흥군 상하면 회암동 157[314])의 설립일은 「조선총독부관보」에 1937년 3월 1일로 신고되어 있다. 이후 회암교회에 관한 기록은 1937년 제1회 연회회의록부록[315]이 유일하다. 여기에도 교역자, 설립연도, 주소지 등에 관한 기록은 없다. 이 같은 내용을 종합해보면 함경북도 경원군에 회암교회가 설립된 것은 사실이지만 설립 이후 교회로 세워지지 못한 것으로 판단된다.

회암교회는 1942년 1월 23일 자로 교회 폐지가 신고되었다.[316]

---

314 "'포교소설치계', 동양선교회 회암성결교회 경흥군, 함경북도 경흥군 상하면 회암동 157, 소화 12년(1937년) 3월 1일," 「조선총독부관보」 1937년 5월 18일 자[소화-3099호], 9면.

315 조선야소교동양선교회성결교회 제1회 연회회의록부록(1937년), 41.

316 "'포교소폐지계', 동양선교회 회암성결교회 경흥군, 함경북도 경흥군 상하면 회암동 107, 소화 17년(1942년) 1월 23일," 「조선총독부관보」 1942년 3월 10일 자[소

운연성결교회 雲淵聖潔敎會

1927년 9월 22일 회령교회 김종인 전도사와 황활룡 집사, 강인숙 집사는 북받쳐 오르는 열심을 견지지 못하여 운연동에 가서 관청의 허락을 받고 이승화의 집을 빌려 3일간 구령회를 열고 전도하였다. 이 구령회로 인가귀도된 집이 다섯 집이요 믿기로 결심한 자가 47명이나 되어 9월 24일에 기쁨으로 회령교회의 지회(기도소)를 설립하였는데 이것이 바로 운연성결교회(함경북도 회령군 운두면 운연동 상수호 732[317])의 시작이다. 구령회에서는 특히 흉악한 사귀병자 한 사람이 고침을 받는 이적이 나타나 아직 결심하지 아니한 사람들 중에도 주님의 권능을 칭송하는 자들이 있었다.[318]

복음을 듣고 믿기로 결심한 황연권은 구속의 은혜를 체험한 후 그 은혜에 감사함으로 토지 9,000여 평과 가옥 전부를 교회에 바치고 그 가옥을 예배당과 주택으로 사용하게 하여 교회의 기초가 견고하게 되었다.[319]

화-4533호], 3면.

317 조선야소교동양선교회성결교회 제1회 총회회록부록(1933년), 51.

318 "통신," 「활천」(1927년 11월호): 55.

319 이원근, "운연교회예배당건축기," 「활천」(1933년 8/9월호): 78.

1930년 3월에 열린 제2회 연회에서는 김기하 전도사를 운연교회에 파송하였는데[320] 당시 수십 명에 불과하던 신자가 김 전도사의 열심 전도로 인하여 1931년에는 80여 명이 되었다. 운연교회에는 황연권을 비롯하여 여든 이상이 된 노인이 6명이나 되었다. 신유의 은혜도 많이 나타나서 간질이나 귀신병 등도 완치되었고, 그 동리에서 무당 노릇하며 교회를 심하게 핍박하던 사람도 감화를 받아 온 가족이 교회에 나오게 되었다. 김 전도사는 적막한 산촌 지역에 있는 각 가정을 방문하면서 열심히 전도하였으며 불쌍한 사람에게는 자신의 의복까지 벗어주면서 전도에 열심을 내었다. 그는 또한 두 곳의 도선장(渡船場)에 왕래하는 수천 명의 사람들에게 매일 복음을 전하였는데 그곳은 국경 지역으로 공산군의 위험에도 불구하고 사역하였다.[321]

이러한 가운데 운연교회에 필요한 종(鍾)이 없어 신자들이 매우 유감으로 여기던 바 김기하 전도사가 일찍이 사죄의 은혜를 받을 때에 보상할 사람을 찾을 수 없어 남아 있던 회개금으로 종을 구입하였다. 운연교회 예배당은 200여 년 전 건물로서 매우 퇴락하고 협소하였으므로 부득이 신축하지 않으면 안 될 형편이었다. 이를 위해 신자들과 교역자들은 협력하여 기도하고 171원을 약속으로 헌금하였다. 그러나 이 금액으로는 도저히 예배당을 신축할 수 없어 본부에 간원한 결과 본부에서 350원을 보내줌으로써 1932년 7월 15일부터 옛집을 헐고 정초식을 거행한 후 건축공사에 착수하여 총경비 521원으로 광대한 대지에 와가 22평의 예배당[322]과 와가 3칸의 주택을 10월 말에 준공하고, 1933년 2월 15일에 이정원 목사를 청하여 봉헌식을 거행하며 주님께 영광을 돌렸다.[323]

---

320 조선야소교동양선교회성결교회 제2회 연회의사록부록(1930년), 51.

321 조선야소교동양선교회성결교회 제3회 연회의사록(1931년), 6.

322 조선야소교동양선교회성결교회 제1회 총회회록(1933년), 27.

1935년 9월 5일부터 8일 밤까지 이정원 목사의 인도하에 부흥회를 연 결과 신자들은 큰 은혜를 받았으며 신결심자 18명, 중생자 10명, 성결자 11명을 얻었다. 또한 특별헌금을 하여 전도부인의 주택을 수리하였다.[324]

1936년 7월 21일 전서국 전도사의 사회로 창립 10주년 기념예배를 드렸는데 이 기념예배는 김영범 목사의 설교와 이정순 전도사·김형식 전도사의 기념사, 박주만 집사의 연혁보고 순으로 진행되었다. 연혁보고가 끝난 후 교회의 공로자인 황연권과 김정숙 전도부인에게 기념품을 전달하였다.[325]

1938년 1월 9일 주일에는 제1회 연회(1937)에서 새로 목사 안수를 받은 전서국 목사의 집례로 학습, 세례예식, 성찬예식을 거룩하게 거행하였다.[326]

1936년 운연성결교회원 일동(창립 10주년 기념)
"통신," 「활천」(1936년 10월호): 57.

---

323 이원근, "운연교회예배당건축기," 「활천」(1933년 8/9월호): 78.
324 "통신," 「활천」(1935년 11월호): 56.
325 "통신," 「활천」(1936년 10월호): 57.
326 "통신," 「활천」(1938년 3월호): 57.

1939년 11월 7일부터는 장이초 목사의 인도로 부흥회를 열었으며 신자들은 풍성한 은혜를 받았다.[327]

1940년 2월 22일 밤부터 1주일간은 조승각 목사의 인도로 부흥사경회가 열렸는데 매일 세 차례 모이는 집회에 은혜가 소낙비같이 내려 신자들이 흡족한 은혜를 받았다. 두만강 건너 만주 땅에 사는 동포들도 강을 건너다니며 집회에 참석하여 은혜를 받았다.[328]

운연교회는 1943년 12월 29일 성결교회가 일제에 의해 강제로 해산당할 때까지 회령군 운두면 지역에 복음을 전하였다.[329]

역대 교역자	주임	김종인(金宗仁, 1927[330]–1930[331])
		김기하(金基夏, 1930[332]–1934[333])
	여교역자	김정숙(金貞淑, 1932[334]–1933[335])
		류경옥(柳慶玉, 1933[336])
		김정숙(金貞淑, 1934[337]–1943[338])

327 "통신," 「활천」(1940년 1월호): 49.

328 "통신," 「활천」(1940년 1월호): 49.

329 "'포교소폐지계', 소화 18년(1943년) 12월 29일," 「조선총독부관보」 1944년 4월 5일 자[소화-5148호], 2-4면.

330 "통신," 「활천」(1927년 11월호): 55.

331 1930년 김기하 전도사가 파송될 때까지 겸임 사역함.

332 조선야소교동양선교회성결교회 제2회 연회의사록부록(1930년), 51.

333 조선야소교동양선교회성결교회 제2회 총회회록부록(1934년), 78.

334 조선야소교동양선교회성결교회 제4회 연회의사록(1932년), 43.

335 "통신," 「활천」(1933년 1월호): 61.

336 "통신," 「활천」(1933년 1월호): 61.

337 조선야소교동양선교회성결교회 제2회 총회회록부록(1934년), 76.

338 조선야소교성결교회 제2회 연회록(1942년), 79.

조산동성결교회 造山洞聖潔敎會

조산동은 함경북도 국경 지역에 있는 농촌으로 서수라에서는 12km쯤 떨어진 곳이다.[339] 조산동교회는 서수라교회의 유봉운 전도사와 교우들의 전도 활동과 수고로 1939년 3월[340] 조산동에 세워진 기도소에서 출발하였다. 매주일 30여 명씩[341] 모여 예배를 드리는 가운데 조산동교회는 예배당 건축을 위해 열심히 기도하였다.[342]

조산동교회(함경북도 경흥군 노서면 조산동[343])는 1939년 9월 16-20일 열린 제2회 연회에서 신설 교회 설립을 인정받았다.[344] 교회가 설립되자 경성 아현교회에서 즉시 100원을 후원해주어 개인집을 매수하여 예배를 드리게 되

---

339 조선야소교동양선교회성결교회 제2회 연회회의록(1939년), 25.

340 "'포교소설치계', 동양선교회 조산동성결교회 경흥군, 함경북도 경흥군 노서면 조산동, 소화 14년(1939년) 3월 10일," 「조선총독부관보」 1939년 6월 23일 자[소화-3726호], 9면.

341 조선야소교동양선교회성결교회 제2회 연회회의록(1939년), 25.

342 "통신," 「활천」(1939년 5월호): 46.

343 조선야소교동양선교회성결교회 제2회 연회회의록부록(1939년), 57.

344 조선야소교동양선교회성결교회 제2회 연회회의록부록(1939년), 57.

었으나 겨울철에는 난방이 어려웠고 건물도 예배당 같이 보이지 않아 불편함이 많았다.

조산동교회와 서수라교회 신자들은 하나님께 열심히 기도하였다. 구하면 주신다고 약속하신 하나님께서는 이 기도를 들어주셨는데, 특히 조산동교회 어린 신자들로 하여금 생각보다 훨씬 많은 헌금을 드리게 하셨고, 서수라교회 직원들을 사용하여 조산동교회 예배당을 건축하는 일에 물심을 바치게 하셨다. 특별히 김하직(金河稷) 성도의 수고는 주님의 영광을 한층 빛내게 하였다.

조산동교회는 신자가 한 명도 없던 곳에 1년 4개월 만에(1940년 7월) 남녀 신자가 30명[345]에 이르게 하시고 성전을 건축하게 하신 하나님의 은혜와 축복에 감사드렸다.[346]

1940년 조산동 신축 예배당

"통신," 「활천」(1940년 7월호): 38.

345 조선야소교동양선교회성결교회 제2회 연회회의록(1939년), 25.

346 "통신," 「활천」(1940년 7월호): 38.

하지만 조산동교회는 결국 지속되지 못하고 1942년 2월 9일에 교회 폐지를 신고하였다.[347]

역대 교역자 주임 유봉운(兪奉云, 1939[348]-1941)

347 "'포교소폐지계', 동양선교회 조산동성결교회 경흥군, 함경북도 경흥군 노서면 조산동, 소화 17년(1942년) 2월 9일," 「조선총독부관보」 1942년 3월 10일 자[소화-4533호], 3면.

348 조선야소교동양선교회성결교회 제2회 연회회의록부록(1939년), 53.

나진성결교회 羅津聖潔敎會

본부에서는 양윤겸 전도사[349]를 파송하여 나진항[350]이 있는 나진부 동원정에 나진성결교회(함경북도 나진부 문의동 187-13[351])를 설립하도록 하였다. 나진교회는 1933년 9월[352] 창립예배를 드렸다. 예배당이 나진항에서 가까웠으므로 '나진항성결교회'[353] 또는 행정구역을 따라 '나진읍성결교회'[354]라고도 불렸다. 1937년에 열린 제1회 연회의 북부지방 교세보고에서 "나진교회는 신도 일동이 기도와 연중 전도에 열심함으로 신도 수가 증가하고 있다."[355]라며 교회 건축을 위해 3,000원을 보조해줄 것을 청원하였다.[356]

---

349 조선야소교동양선교회성결교회 제2회 총회회록부록(1934년), 73.

350 조선야소교동양선교회성결교회 제2회 총회회록부록(1934년), 79.

351 조선야소교성결교회 제2회 연회록(1942년), 84.

352 조선야소교동양선교회성결교회 제1회 연회회의록부록(1937년), 41; 조선야소교동양선교회성결교회 제2회 총회회록부록(1934년), 79.

353 조선야소교동양선교회성결교회 제1회 연회회의록(1937년), 13.

354 조선야소교성결교회 제2회 연회록(1942년), 59.

355 조선야소교동양선교회성결교회 제1회 연회회의록(1937년), 23.

356 조선야소교동양선교회성결교회 제1회 연회회의록(1937년), 13.

1937년 이원근 목사가 부임한[357] 뒤 3월 23일부터 6일간 김영범 목사를 청하여 부흥사경회를 열고 매일 세 차례 집회하였는데 이때 중생자와 성결자 다수가 나왔다. 집회 도중 3일간 풍설로 인해 어려움이 많았음에도 신결심자가 21명이나 되었다.[358]

1938년 1월 12일부터 6일간은 장이초 목사를 청하여 부흥사경회를 개최하였는데 시간마다 성령의 놀라운 역사로 인해 각양의 은혜가 임하였다. 신자들은 심령의 변화를 받고 주님께 감사와 영광을 돌렸으며, 성경말씀을 듣고 마음에 감화를 받아 새로이 결심한 형제도 18명이나 되었다.[359]

1939년 핍박 중에서 승리한 이보옥 집사의 믿음은 신자들에게 큰 은혜와 감동을 주었다.[360] 나진교회는 제2회 연회에서도 제1회 연회에서와 마찬가지로 교회당 부지 매수 대금으로 3,000원을 보조해줄 것을 청원하였다.[361]

북부지방에서는 1940년 6월 17일에서 30일까지 청진과 나진, 두 구역으로 나누어 각 교회를 역방하며 하기순회전도회를 개최하였다. 매일 청신기도회와 노방전도회, 호별 방문전도, 구령회로 모여 전도한 결과 각 교회 신자들은 큰 은혜와 새 힘을 얻어 기뻐하였으며 190여 명의 결심자를 얻어 주님께 영광을 돌렸다.[362]

나진교회는 1943년 12월 29일 성결교회가 일제에 의해 강제로 해산당할 때까지 나진 지역에 복음을 전하였다.[363]

---

357 조선야소교동양선교회성결교회 제1회 연회회의록부록(1937년), 33.

358 "통신," 「활천」(1937년 6월호): 58.

359 "통신," 「활천」(1938년 4월호): 50.

360 조선야소교동양선교회성결교회 제2회 연회회의록(1939년), 26.

361 조선야소교동양선교회성결교회 제2회 연회회의록(1939년), 15.

362 "통신," 「활천」(1940년 10월호): 31.

363 "'포교소폐지계', 소화 18년(1943년) 12월 29일," 「조선총독부관보」 1944년 4월 5

역대 교역자	주임	양윤겸(梁潤謙, 1933[364]-1936)
		이원근(李元根, 1937[365]-1943[366])
	여교역자	전노라(全蘆羅, 1942[367]-1943)

일 자[소화-5148호], 2-4면.

364 조선야소교동양선교회성결교회 제2회 총회회록부록(1934년), 73.

365 조선야소교동양선교회성결교회 제1회 연회회의록부록(1937년), 33.

366 조선야소교성결교회 제2회 연회록(1942년), 72.

367 조선야소교성결교회 제2회 연회록(1942년), 82.

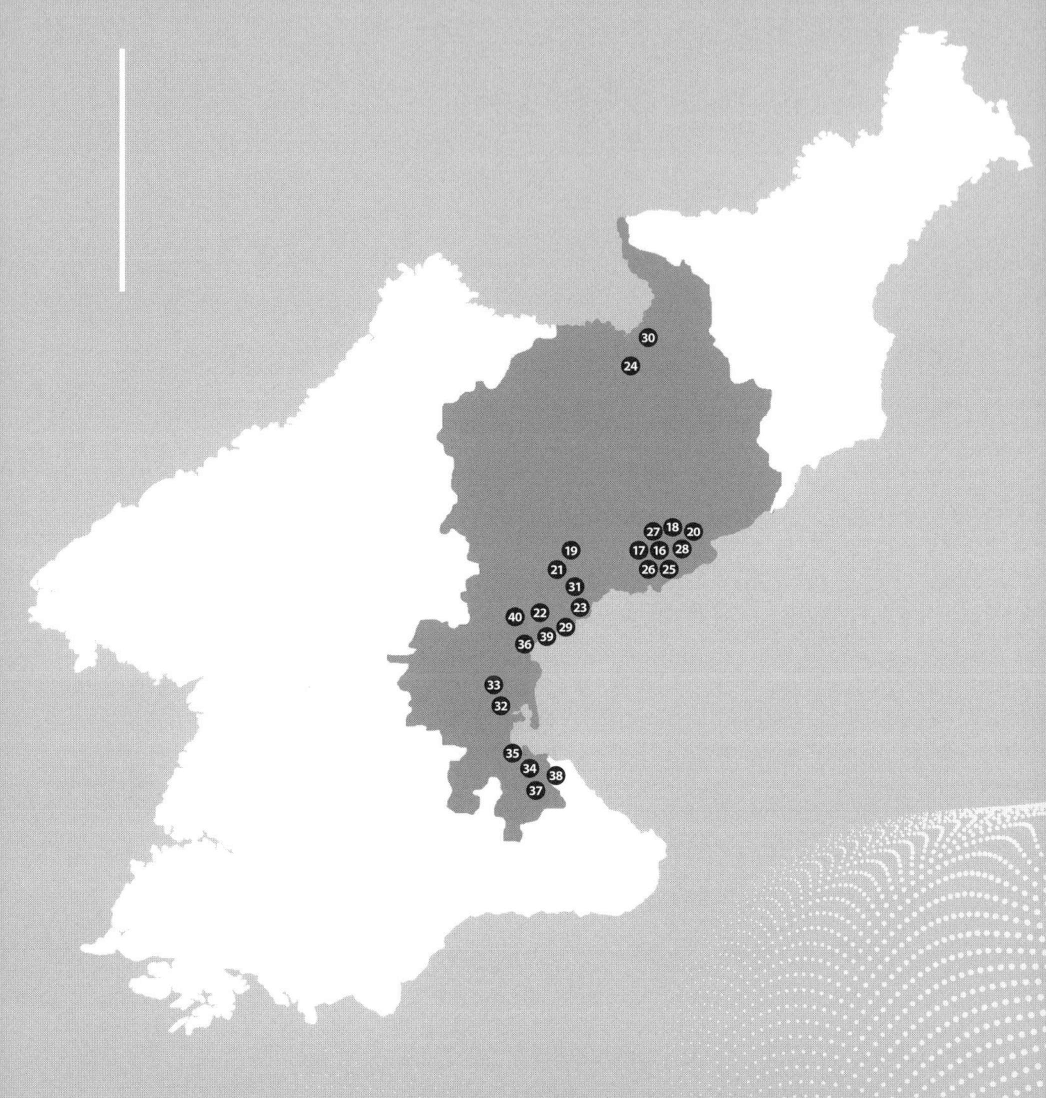

⑯ 북청(읍)성결교회
⑰ 어포리성결교회
⑱ 평산성결교회
⑲ 나하대성결교회
⑳ 예원리성결교회
㉑ 임자동성결교회
㉒ 복부정성결교회
㉓ 동평리성결교회
㉔ 개운성성결교회
㉕ 신북청성결교회
㉖ 간평성결교회
㉗ 니망지리성결교회
㉘ 양천성결교회
㉙ 흥남성결교회
㉚ 혜산진성결교회
㉛ 홍원성결교회
㉜ 고원성결교회
㉝ 영흥성결교회
㉞ 원산성결교회
㉟ 원산제2성결교회
㊱ 산수정성결교회
㊲ 안변성결교회
㊳ 신고산성결교회
㊴ 용흥성결교회
㊵ 구룡성결교회

함경남도 지역 교회

북청(읍)성결교회(北靑聖潔敎會)

어포리성결교회(魚抱里聖潔敎會)

평산성결교회(坪山聖潔敎會)

나하대성결교회(羅荷臺聖潔敎會)

예원리성결교회(藝園里聖潔敎會)

임자동성결교회(荏子洞聖潔敎會)

복부정성결교회(福富町聖潔敎會)

동평리성결교회(東坪里聖潔敎會)

개운성성결교회(開雲成聖潔敎會)

신북청성결교회(新北靑聖潔敎會)

간평성결교회(間坪聖潔敎會)

니망지리성결교회(泥望只里聖潔敎會)

양천성결교회(楊川聖潔敎會)

흥남성결교회(興南聖潔敎會)

혜산진성결교회(惠山鎭聖潔敎會)

홍원성결교회(洪原聖潔敎會)

고원성결교회(高原聖潔敎會)

영흥성결교회(永興聖潔敎會)

원산성결교회(元山聖潔敎會)

원산제2성결교회(元山第二聖潔敎會)

산수정성결교회(山手町聖潔敎會)

안변성결교회(安邊聖潔敎會)

신고산성결교회(新高山聖潔敎會)

용흥성결교회(龍興聖潔敎會)

구룡성결교회(九龍聖潔敎會)

북청(읍)성결교회 北靑聖潔敎會

북청(읍)성결교회(함경남도 북청군 북청읍 서리 179[1])는 함경도 지역에 세워진 최초의 성결교회로, 1922년 4월에 본부에서 파송 받은 곽재근, 신관빈 두 전도사[2]에 의해 설립되었다. 처음에는 북청극명학교(北靑克明學校)를 빌려 임시 예배당으로 사용하였다. 5월 22일부터 23일까지 대거전도회를 개최하여 구도자 90여 명을 얻었으며, 6월 12일 창립예배를 드릴 때 그 가운데 20명이 출석하였다. 북청교회 성도들은 신앙생활을 시작하면서 구원받은 기쁨에 감사하여 전도대를 조직, 사방 8km 이내로 돌아다니며 각 촌에 전도하였다. 그 결과 홍원교회, 어포리교회, 예원리교회, 평산교회, 니망지리교회를 지교회로 설립하였다. 이것은 실로 북청 지역에서 일어난 놀라운 부흥의 역사였다. 이 소식은 동양선교회를 통해 구미(歐美, 유럽과 미국)에 있는 성도들에게 전해졌고, 소식을 들은 성도들은 '북청지방유지단'(北靑地方維持團)이라는 선교후원단체를 조직하여 북청 지역의 부흥을 위해 기도하고 전도활동

---

1 조선야소교동양선교회성결교회 제1회 연회의사록부록(1929년), 55.

2 "소식," 「활천」(1923년 1월호): 53.

을 지원하기 위한 헌금을 동양선교회에 보내왔다.[3]

충청 지역 금당리에 사는 신신근은 상업을 하던 중 북청성결교회에 와서 복음을 듣고 고향에 돌아가 전도하여 7-8명의 구도자를 얻었다. 이에 1923년 2월 25일부터 안상국의 집에서 예배를 드림으로 금당리교회(金堂里敎會)가 설립되었다. 이를 계기로 금당리교회의 지교회인 삽교교회(揷橋敎會)가 설립되었다.[4]

북청교회는 '북청읍서리성결교회', '북청읍내성결교회'라고도 불렸으며, 창립해인 1922년 말에는 교회가 크게 부흥하여 장년 신자 60여 명과 주일학생 100여 명이 주일마다 모여 예배드렸다.[5] 1923년 8월에는 장년 신자가 80여 명에 달하였고 은혜를 갈구하여 열심히 기도하는 이가 많았다. 8월 7-9일 열린 새벽기도회를 통해 더욱 큰 은혜가 온 교회에 임하였다. 특별히 8월 12일에는 곽재근 목사의 집례로 남대천에서 7명에게 침례식이 거행되었다.[6]

이 같은 큰 부흥으로 인해 신자가 수백 명에 이르렀으나 예배당이 협소하여 많은 어려움을 당하던 중 하나님의 은혜로 1923년 7월 24일에 새로운 예배당 건축을 시작하게 되었다. 10월 21일에는 64평에 이르는 조선식 예배당을 건축하고 곽재근 목사의 사회, 웃쓰 목사의 설교로 헌당식을 거행하였다. 헌당식에는 300여 명의 신자가 참석하였고 뒤이어 오후 7시에 열린 헌당식 기념전도회에는 700여 명이 모여 대성황을 이루었으며 이 중 30여 명이 새로 믿기로 작정하였다.[7]

---

3 이명직, 『약사』, 105-106.

4 이명직, 『약사』, 116.

5 "소식," 「활천」(1923년 1월호): 53.

6 "소식," 「활천」(1923년 11월호): 54.

7 "소식," 「활천」(1924년 1월호): 64.

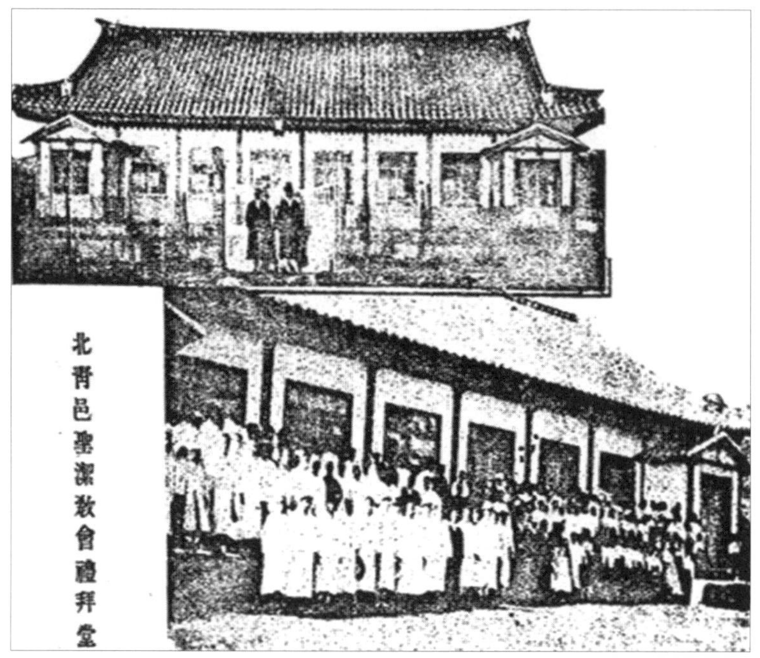

1923년 10월 21일에 헌당한 북청읍성결교회 예배당
「활천」(1924년 3월호).

1924년 전도에 열심 있는 북청교회 신자들은 새롭게 전도회를 조직하고 매월 자유로 3명씩 헌신하여 3개월간 전도하였다. 그 결과 새로 믿기로 작정한 사람이 17명이나 되었고 이들 중에 두 가정은 온전히 주님께로 돌아왔다. 이때 전도활동에 적극 참여한 형제자매는 김태희, 주경북, 정기섭, 하재학, 오경순, 서옥순, 한상익, 양순삼, 강순희 등이었다.[8]

6월 15일(주일)에는 유년주일학교 '꽃주일'(지금의 어린이주일을 말한다. 그러나 당시에는 5월 5일이 어린이날도 아니었고, 어린이날에 가까운 주일을 어린이주일이라고 하지도 않았다. 하지만 어린이들의 중요성을 인식한 교회에서는 '꽃주일' 혹은 '복송아주일' 등의 이름으로 어린이주일을 지키고 행사

8 "소식," 「활천」(1924년 7월호): 56.

를 하였다 – 필자 주)로 지켰다.[9]

1925년 1월 8-14일 북청교회에서 함남지방 성결교회 연합부흥회 겸 사경회가 박영순, 정성운, 김진문 등 함남지방 남녀 전도사들의 인도로 개최되었는데 성령의 역사로 말미암아 예배당은 눈물바다가 되었다. 동시에 성령의 불길로 모든 죄와 허물을 사르며 은혜의 소나기가 흡족하게 쏟아져 하나님의 영광이 충만케 되었으며 그 결과 신생자가 20여 명이나 되었다.[10] 1월 15-17일 김진문 전도사를 청하여 열린 소아부흥회에서 200여 명의 학생들은 죄와 허물을 주님께 통회 자복하였다. 학생들은 죄 사함과 구원의 확신 가운데 자신들의 부모를 주님 앞으로 인도하여 주님께 영광을 돌렸다.[11] 6월 14일(주일)은 유년주일학교 꽃주일로 지켰으며 이것을 기회 삼아 정달성 전도사를 청하여 청중에게 복음을 전함으로 교회와 주일학교 전체에 큰 은혜가 임하였다.[12] 특히 유년주일학생 중 김윤삼 어린이는 1월 1일부터 새벽마다 예배당에 나와 열심히 기도하는 가운데 과거에 자신이 지은 모든 죄를 회개함으로 죄 사함의 기쁨을 얻고, 매주 토요일마다 죄에 빠져 있는 친구들에게 열심히 전도하여 주님께 인도하였다.[13]

1925년 7월에는 남녀전도대를 조직하여 12km 이내에 있는 6개 마을을 순회하며 전도하였는데 하나님의 권능으로 전도하는 일에 아무런 장애가 없었다. 전도대가 전한 복음을 전해들은 사람은 모두 1,170명이었고 이 중 결심자는 76명에 이르러 주님께 영광을 돌렸다.[14] 10월에는 북청교회와 나하대교회가 연합하여 남대천 맑은 물에서 곽재근 감리목사의 집례로

---

9 "소식," 「활천」(1924년 9월호): 56.

10 "소식," 「활천」(1925년 3월호): 55.

11 "소식," 「활천」(1925년 3월호): 55.

12 "소식," 「활천」(1925년 8월호): 55.

13 "소식," 「활천」(1925년 8월호): 56.

14 "소식," 「활천」(1925년 10월호): 56.

70명에게 세례식을 거행하고 하나님께 큰 영광을 돌렸다. 한편 조보배(21) 자매는 예수를 믿기 전 흉악한 사귀병(두 종류의 사귀)에 걸려 자기 옷을 찢으며 여러 가지 장난을 함으로써 사람들로부터 외면을 당하고, 이로 인해 부모와 형제들은 탄식하며 지낼 수밖에 없었다. 그녀가 주님의 인도하심으로 예배당에 찾아와 살려달라고 애원하자 교회 직원들은 함께 모여 이틀 동안 간절히 기도를 드렸다. 이에 주님의 능력이 나타나 사귀가 쫓겨나고 조보배는 온전하게 되었다. 이후 조보배는 성령의 인도로 자신의 죄를 회개하고 참 평안을 얻어 주님께 영광을 돌리며 기도생활을 열심히 하였다. 그녀의 친척과 지인들은 크게 기뻐하며 하나님께 영광을 돌렸다.[15]

10월 26일부터 11월 1일에는 정달성 전도사를 청하여 새벽과 저녁에 기도회로 모여 전에 없던 큰 은혜를 받았는데 특별히 남녀 교역자와 신자들 가운데 14명이 성령의 충만함을 받아 기뻐 뛰며 주님께 영광을 돌렸다. 마지막 날 저녁에는 믿지 않는 사람을 초청하여 집회를 열고 전도하는 가운데 결심자 12명을 얻었는데 그중 몇 사람은 주일예배에 출석하여 주님의 진리를 구하는 사람이 되었다.[16] 12월 25일에는 유년주일학교 제1회 졸업식을 거행하였다. 졸업생은 남녀 7명이었다.[17]

1926년 「활천」 5월호에 기록된 북청지방 성결교회 통계표[18]를 보면 당시 북청교회의 총 신도 수는 104명, 총 학생 수는 139명이었으며, 집사 3명, 세례교인 29명, 학습교인 5명이 있었다고 한다. 11월 17-21일에는 김응조 목사를 청하여 부흥회를 열었다. 이 부흥회에서 모든 청년은 많은 은혜를 받았으며, 특별히 신앙의 잠을 자던 자들이 참 신앙으로 회복되었다. 또한 죄

---

15 "소식," 「활천」(1925년 11월호): 56.

16 "소식," 「활천」(1925년 12월호): 56.

17 "소식," 「활천」(1926년 2월호): 4.

18 "북청지방성결교회통계표(1926년도)," 「활천」(1927년 5월호): 56.

가운데서 무한한 고통을 받던 세 사람은 말할 수 없는 흉악한 죄악을 통회 자복함으로 참된 평안을 얻고 구원의 확신과 하나님 나라의 소망 가운데 자신들의 온몸과 마음을 주님께 바치고 감사의 눈물과 기쁨의 노래로 주님께 영광을 돌렸다. 11월 21일 주일은 추수감사일로 지켰으며, 22-24일은 믿지 않는 사람들을 위해 구령회를 열고 구원의 복음을 전파한 결과 16명의 결심자가 나와 주님께 크게 영광을 돌렸다.[19]

1927년 9월 27일에서 10월 2일까지 개최된 청신기도회에서는 모든 신자가 많은 은혜를 받아 넘치는 감사로 주님께 크게 영광을 돌렸다.[20] 또한 10월 3일에서 11월 21일까지 50일간 이어진 청신기도회에서는 성령의 역사로 말미암아 많은 신자들이 크고 작은 죄를 깊이 회개하였다. 신자들 중에는 과거에 남의 물건을 도둑질한 것이나 속인 것을 본래 주인에게 돌려준 사람들도 있었는데 물건을 돌려받은 주인들이 무한한 감동을 받아 "예수교회는 참 아름다운 종교"라면서 그들의 잘못을 용서하고 돌려받은 돈이나 물건을 회개한 이에게 다시 돌려주는 일도 있었다. 이 기도회에서 성결의 은혜를 받은 자는 5명, 중생자는 2명이었으며, 이 가운데 우계득(禹癸得, 당시 한글로는 우계득으로 표기하였다-필자 주) 자매는 은혜받은 기쁨을 이기지 못하여 교회에 실내 전등 1개를 기부하였고, 한상익 형제는 예배당 대문 밖에 등불이 없어 출입할 때 매우 곤란을 겪는 것을 유감으로 생각하고 옥외 전등 1개를 기부하였다.[21]

1928년 1월 4일부터 8일까지 5일간 함경지방회 심령수양회가 북청교회에서 개최되었다. 이명직 목사가 강사로 나선 이 심령수양회는 매일 네 차례 진행되었으며 매회 한량없는 은혜가 임하였다. 특히 이명직 목사의 재

---

19 "통신," 「활천」(1927년 1월호): 57.

20 "통신," 「활천」(1927년 12월호): 55.

21 "통신," 「활천」(1928년 1월호): 55.

림 공부에 수많은 사람이 중생과 성결의 은혜를 받았다. 한편 지방회 회의를 신자들에게 공개하고 교회 발전책을 토의하였는데, 북청교회 신자로서 갑산 개운성으로 이사한 전정섭 형제는 이 회의에 참석하여 자신이 이사한 곳에서 전도하여 20여 명의 신자들이 모여 예배드리고 있음을 보고하면서 교회 설립을 허락하여 주기를 청원하였다. 모든 신자는 그의 열심에 감동을 받고 즉석에서 자유롭게 헌금하였고, 이는 갑산교회(개운성교회) 교회당을 매수하는 계기가 되었다.[22]

7월 29일 주일(오후 3시)에는 김응조 목사의 집례로 남대천 상류에서 남녀 7명에게 세례식을 행하고, 밤에는 5명에게 학습예식과 함께 성찬식을 행함으로 신자들이 주님의 은혜에 뜨겁게 감사하였다. 8월 24-25일에는 2km 밖에 있는 죽평리에 가서 도령(都領, 마을회관)을 빌려 200여 명의 청중에게 복음을 전함으로 결심자 30여 명을 얻었다. 8월 26일(주일) 오후에는 유년주일학생과 신자 일동이 죽평리 천변 모래사장에서 '복송아주일'로 모여 많은 은혜를 받았다. 또한 9월 3-7일 김응조 목사의 인도로 부흥기도회가 열려 많은 성도들이 통회 자복의 기도를 하며 큰 은혜를 받고 헌금하여 파괴된 강단 뒤 주초를 완전히 수리하게 되었다.[23]

12월 24일부터 30일까지 김응조 목사와 주순진 전도사를 청하여 열린 부흥회는 조천기도회를 비롯하여 오전 성별회, 저녁 구령회 등의 집회가 진행되었으며 많은 성도들이 잃어버린 은혜와 식어버린 믿음의 열심이 다시 회복되는 은혜를 받았다. 매일 오후 2시에는 가가호호를 방문하며 3,400매의 전도지를 배부하였고, 저녁 구령회가 시작되기 1시간 전에는 읍내를 돌아다니면서 집회 광고를 하여 사람들을 예배당으로 인도한 후에 복음을 전

22 "통신," 「활천」(1928년 3월호): 55.

23 "통신," 「활천」(1928년 10월호).

하였다. 이로 인해 결심자 28명을 얻었다.[24]

1929년 8월 18일(오후 3시)에는 새로 부임한 원세성 목사의 집례로 남대천에서 남녀 8명에게 세례식이 거행되었다. 9월 9일부터는 원세성 목사의 인도로 50일 청신기도회가 진행되었으며, 특히 9월 18-24일에는 매일 청신기도회와 오전 사경회, 저녁 성별회로 모여 참석자들은 무한한 은혜를 받았다. 이 기간에 중생자 8명, 성결자 4명을 얻었으며 50일 동안 청신기도회에 매일 출석한 신자는 30여 명이나 되었다.[25]

北青邑聖潔教會信者一同

金泰熙 우계득 황학실
金京穆 리숙자 쥬졍희
全仲和 졍긔셤 리암이
全成鍾 쥬경북 죠영자
孫德昌 리추자 김봉학
安鵬烈 오수복 리졍슉
金离經 김윤실 최하슉
金順基 리하옥 김슌덕
楊錫祐 림병치 함슌희
李圭成 리츈영 김장셤
朴容國 리츈션 김한복
金培根 유졍슌 졍연희

1930년 「활천」 1월호에 기록된 북청읍성결교회 신자 일동 명부

"축성탄하신년 광고," 「활천」(1930년 1월호).

1930년 2월 3-8일에는 김진문 전도사를 청하여 부흥회를 개최하고 매일 청신기도회, 오전과 오후 사경회, 저녁 성별회로 모여 성결의 역사로 모든 신자가 큰 은혜를 받았으며 중생자 9명, 성결자 5명, 은혜를 회복한 자 21명, 헌신자 17명을 얻었다.[26] 11월 2일에는 원세성 목사의 집례로 남녀 9명

24 "통신," 「활천」(1929년 2월호): 56.

25 "통신," 「활천」(1929년 11월호): 56.

26 "통신," 「활천」(1930년 4월호): 56.

의 세례예식이 거행되었다.[27]

1932년 제9회 함흥지방회에서 원세성 목사는 북청교회의 교세가 장년 신자 110여 명, 주일학생 90여 명임을 보고하였다.[28] 4월 20-23일에는 새로 부임한 이준수 목사의 인도로 제1회 주일학교 직원(교사)강습회가 있었다.[29] 5월에는 1931년 가을에 설립된 '구미단 기도소'의 예배 처소 마련을 위해 15원을 헌금하였는데 이봉정(李鳳楨)이라는 불신자가 30여 평의 대지를 기부하기도 하였다. 또한 6명의 사귀병자와 10년간의 체증병자가 완전히 회복되는 신유의 역사도 일어났다.[30]

1932년 7월 13일부터 5일간은 테트 교수를 청하여 특별집회를 열고 결심자 23명을 얻었다. 또한 6여 년 동안 이름뿐이던 전도회를 다시 부활시켜 종고대(終高臺)에 가서 전도하는 가운데 신실한 청년 결심자를 얻어 예배를 시작하였다. 종고대교회 설립을 위해 이명재 집사는 시가 40여 원의 토지를 주님께 드렸고, 우계득 집사는 현금 10원을 드렸으며, 장영두 형제는 부친 환갑 기념으로 10원을 주님께 드렸다.[31] 이 같은 헌신으로 9월에는 주일마다 50여 명씩 모여 예배드리게 되었다. 9월 21-25일에는 강송수 목사의 인도로 부흥회를 열고 신자들이 많은 은혜를 받았다.[32] 11월 13일 밤에는 이준수 목사의 인도로 추수감사예배를 드렸으며, 11월 30일에서 12월 4일까지는 박태주 전도사를 청하여 부흥회를 열었는데 큰 은혜가 임하였다.[33]

---

27 "통신," 「활천」(1931년 1월호): 59.
28 "제9회 함흥지방회기," 「활천」(1932년 2월호): 54.
29 "통신," 「활천」(1932년 6월호): 55.
30 "통신," 「활천」(1932년 6월호): 55.
31 "통신," 「활천」(1932년 10월호): 55.
32 "통신," 「활천」(1932년 11월호): 55.
33 "통신," 「활천」(1933년 2월호): 59.

북청성결교회 예배당
이명직, 『약사』, 106.

1933년 유년주일학교 교사 김배근과 그의 동생 김배러는 타지로 이사한 후에도 북청교회에 십일조와 작정한 월정헌금을 바쳤다. 또 주중손이라는 자매는 사귀병에서 완쾌됨으로 가족 7-8명을 모두 주님께로 인도하였다.[34]

1935년 12월 7일 밤부터 11일 밤까지 포항동교회 전서국 목사의 인도로 특별집회가 열려 큰 은혜가 임하였다.[35] 1939년에는 연중 신유의 이적이 여러 차례 일어나 7명의 마귀병자와 1명의 정신병자가 완쾌되었으며, 우계득 집사는 열심히 전도하여 38명의 구도자를 얻어 주님께 영광을 돌렸다.[36]

북청교회는 1943년 12월 29일 성결교회가 일제에 의해 강제로 해산당할 때까지 북청 지역에 복음을 전하였다.[37] 해방과 함께 북청교회는 교회를 재건하고 크게 부흥하는 가운데 있다고 전해졌다.[38]

---

34 "통신," 「활천」(1933년 4월호): 56.

35 "통신," 「활천」(1936년 1월호): 58.

36 조선야소교동양선교회성결교회 제2회 연회회의록(1939년), 26-27.

37 "'포교소폐지계', 소화 18년(1943년) 12월 29일," 「조선총독부관보」 1944년 4월 5일자[소화-5148호], 2-4면.

38 "이북교회소식," 「활천」(1947년 10월호): 34-36.

역대 교역자	주임	곽재근(郭載根, 1922-1926)[39]
		이정원(李楨源, 1926-1927)[40]
		이문현(李文賢, 1927-1929)[41]
		김응조(金應祚, 1929[42])
		원세성(元世性, 1929[43]-1932)
		이준수(李晙洙, 1932[44]-1933[45])
		조한수(趙漢璹, 1933[46]-1943[47])
	부임	이정원(李楨源, 1922-1926)[48]
		한정섭(韓程燮, 1925-1926)[49]
		김형식(金亨式, 1928[50]-1930)[51]
	여교역자	신관빈(申寬彬, 1922[52]-1924[53])[54]
		박로희(朴魯姬, 1924[55]-1926)[56]

39 "보고," 「활천」(1926년 5월호): 57.

40 이명직, 『약사』, 107.

41 "통신," 「활천」(1927년 5월호): 53.

42 조선야소교동양선교회성결교회 제1회 연회의사록부록(1929년), 55.

43 "통신," 「활천」(1929년 5월호): 55; 조선야소교동양선교회성결교회 제2회 연회의사록부록(1930년), 51.

44 조선야소교동양선교회성결교회 제4회 연회의사록부록(1932년), 43.

45 조선야소교동양선교회성결교회 제1회 총회회록부록(1933년), 41.

46 조선야소교동양선교회성결교회 제1회 총회회록부록(1933년), 43.

47 조선야소교성결교회 제2회 연회록(1942년), 73.

48 이명직, 『약사』, 107.

49 "통신," 「활천」(1926년 10월호): 57.

50 조선야소교동양선교회성결교회 제1회 연회의사록부록(1929년), 55.

51 조선야소교동양선교회성결교회 제2회 연회의사록부록(1930년), 51.

52 조선야소교동양선교회성결교회 제4회 연회의사록(1932년), 34.

53 "동양선교회성결교회 교역자임명기," 「활천」(1924년 4월호): 54.

54 이명직, 『약사』, 107.

55 "소식," 「활천」(1924년 8월호): 56.

56 이명직, 『약사』, 107.

한경신(韓儆信, 1926-1927)[57]

홍문표(洪文杓, 1927[58]-1929[59])

강나운(姜羅雲, 1930[60]-1932[61])

최영순(崔永順, 1937[62]-1942[63])

김옥이(金玉伊, 1942[64]-1943)

---

57 "통신," 「활천」(1927년 5월호): 53; 이명직, 『약사』, 107.

58 이명직, 『약사』, 107; "통신," 「활천」(1927년 7월호): 55.

59 조선야소교동양선교회성결교회 제1회 연회의사록부록(1929년), 55.

60 조선야소교동양선교회성결교회 제2회 연회의사록부록(1930년), 51.

61 조선야소교동양선교회성결교회 제4회 연회의사록부록(1932년), 44.

62 조선야소교동양선교회성결교회 제1회 연회회의록부록(1937년), 38.

63 "성결교회 제7회 이사회임명기," 「활천」(1939년 10월호): 50-58.

64 조선야소교성결교회 제2회 연회록(1942년), 80.

어포리성결교회 魚抱里聖潔教會

북청교회 전도대원들이 북청군 청해면 어포리에 가서 전도하여 구도자를 얻게 되자 본부에서는 1922년 9월에 김동훈 전도사를 파송하였다. 파송 받은 김동훈 전도사가 열심히 전도한 덕분에 어포리에는 40여 명의 새로운 결심자가 생겨났다.[65] 이들은 김 전도사의 집에서 임시로 예배를 드리다가 교회를 설립하였는데 이 교회가 바로 어포리성결교회(함경남도 북청군 청해면 어포리 146[66])이다.[67] 어포리에 사는 전덕순 부인은 노년임에도 불구하고 주님께 은혜를 받은 것에 감사하여 김동훈 전도사를 도와서 열심히 전도하였다.[68]

어포리교회는 1923년 신년을 맞아 북청교회 신관빈 전도부인을 청하여 신년부인전도회를 열었는데 이때 새로 믿기로 결심한 부인이 20명이나

---

65 "소식," 「활천」(1923년 1월호): 53.
66 조선야소교동양선교회성결교회 제2회 연회의사록부록(1930년), 48.
67 이명직, 『약사』, 109.
68 "소식," 「활천」(1923년 1월호): 53.

되었다.[69] 어포리교회는 설립 이후 1년여간 예배당이 비좁아서 많은 어려움을 겪었는데 하나님의 도우심으로 예배당을 새로 건축하게 되었다. 10월 18일에는 곽재근 북청지방 감리목사의 사회와 본부 대표로 참석한 웃쓰 목사의 설교로 헌당식이 진행되었는데 당일 출석한 사람은 100여 명이고 새로 믿기로 작정한 사람은 8명이었다.[70]

1924년 8월 18일부터 1주일간 진행된 새벽기도회에서 신자들은 많은 은혜를 받았으며 사귀 들린 세 사람이 나음을 받는 신유의 역사도 일어났다. 8월 24일에는 곽재근 감리목사의 집례로 세례식이 거행되었으며, 그날 밤 900여 명의 영혼들에게 복음을 전하던 중 수십 명의 결심자가 생겨 주님께 영광을 돌렸다.[71] 12월 1일부터는 무기 청신기도회를 진행하였는데 많은 신자들이 열심히 기도회에 나와 전무한 은혜를 받았다. 형언하기 어려운 무서운 죄악을 통회 자복하고 신생(新生)의 은혜를 받은 사람이 5명이나 되었으며, 성결의 은혜를 간절히 사모하는 신자들이 많았고, 전도의 불이 크게 일어나 열심히 전도하면서 주님께 영광을 돌렸다.[72]

1925년 1월 15-18일에는 박영순 목사를 청하여 부흥회를 하였는데 첫 시간부터 성령의 역사가 나타나기 시작하였다. 이 부흥회에서 모든 죄를 통회 자복하고 신생의 은혜를 받은 자가 10명, 성결의 은혜를 받은 자가 2명, 사귀에 들렸다가 건강을 회복한 자가 3명이나 됨으로 모든 영광을 주님께 돌렸다.[73] 이후 어포리교회는 90여 원의 헌금으로 종을 사다 달았는데 집회 시간에 따라 울리는 소리가 마치 목자가 양을 부르는 소리와 같아서 모든

69 "소식," 「활천」(1923년 3월호): 54.
70 "소식," 「활천」(1924년 1월호): 64.
71 "소식," 「활천」(1924년 11월호): 56.
72 "소식," 「활천」(1925년 2월호): 57.
73 "소식," 「활천」(1925년 4월호): 55.

신자에게 큰 기쁨을 주었다. 9월 20일에서 10월 4일까지 열린 특별기도회에서도 성령의 역사가 크게 나타나 신생의 은혜를 받은 자가 8명, 성령의 은혜를 받은 자가 3명이나 되었고 이후에도 계속하여 청신기도회를 하는 사람들이 많았다. 10월 4일에는 어포리교회와 평산교회가 연합으로 곽재근 목사의 집례하에 14명에게 세례를 베풀고 성만찬예식을 거행하였다.

신자 가운데 이황원의 아내는 젖먹이 어린아이를 두고 있었지만 1년 전부터 흉악한 사귀에게 붙들려 정신도 없어지고 육신도 날로 피폐해져갔다. 치료를 위해 온갖 수단을 다하여 보았으나 아무런 효력이 없어 죽기만을 기다리고 있던 중 주님의 불쌍히 여기심을 받아 예배당에 와서 구원의 길을 부르짖게 되었다. 이에 남녀 교역자와 신자 몇 사람이 합심하여 수일간 기도하자 주님의 능력이 나타나 사귀가 물러가는 역사가 일어났다. 이황원의 아내는 정신이 온전해져서 기쁨으로 주님을 찬미하였으며 육신도 강건하여졌다.[74] 12월 16-20일에는 김하석 전도사를 청하여 부흥회를 열었는데 신자들에게 많은 은혜가 임하였다.[75]

北青郡青海面魚抱里聖潔敎會

鄭達成 孟性國 李治燮 趙載衡 趙南杜 李憐垣

朴良順 李慕義 金有成 李承垣 李光垣

어포리교회 주요 교인 명부
"어포리교회 축성탄하신년 광고," 「활천」(1926년 1월호).

74 "소식," 「활천」(1925년 12월호): 56.
75 "소식," 「활천」(1926년 1월호): 54.

1926년 북청지방 통계표에는 장년 교인 50명, 세례교인 11명, 학습교인 11명, 유년학생 70명이라고 기록되어 있다.[76]

신관빈 전도부인은 신병으로 인하여 많은 고통을 당하다 1927년 병원에 입원까지 하였으나 병세는 더욱 악화되었다. 1927년에 발간된 「활천」 7월호에 따르면, 신관빈 전도부인은 6월 4일에 상경하여 동대문부인병원에서 치료를 받았으나 약간의 차도만 있을 뿐 병세가 호전되지 않아 교인들이 한마음으로 전도부인의 건강 회복을 위해 기도하였다고 한다.[77]

1928년 11월 27일부터 12월 2일까지는 함남지방회 심령수양회가 어포리 교회에서 개최되었다.[78] 1929년 10월에는 김진문 전도사가 부임하였다.[79] 10월 7일 김 전도사의 인도로 개최된 청신기도회에서 신자들은 놀라운 은혜를 받고 기뻐 뛰며 주님께 영광을 돌렸다. 이때 신생자 6명, 성결자 8명을 얻었으며 다소의 회개금도 모아졌다. 마지막 이틀 동안은 밤에 구령회를 열고 열심히 전도한 결과 구도자 4명을 얻었다.[80]

1930년 2월 14일 밤부터 18일 밤까지 김형식 전도사를 청하여 열린 부흥회는 매일 새벽과 저녁에 모였으며, 부흥회에 참석한 사람들이 많은 은혜를 받아 기뻐 뛰며 뜨거운 간증으로 주님께 영광을 돌렸다. 이때 믿기로 결심한 자도 6명이나 되었다.[81] 6월 25-26일에는 강송수, 이종익 두 교역자의 인도로 특별집회가 열려 신자들의 심령에 흡족한 은혜가 임하는 동시에 3명의 결심자를 얻었다.[82]

---

76 "통신," 「활천」(1927년 5월호): 56.
77 "통신," 「활천」(1927년 7월호): 56.
78 "통신," 「활천」(1929년 2월호): 55.
79 "통신," 「활천」(1929년 11월호): 56.
80 "통신," 「활천」(1929년 12월호): 55.
81 "통신," 「활천」(1930년 5월호): 56.
82 "통신," 「활천」(1930년 11월호): 56.

1931년 2월 2-5일에는 강송수 목사의 인도로 부흥회가 개최되었다. 신자들은 성령의 감화를 받아 무수한 죄악을 회개함으로 큰 은혜를 받았다. 이 부흥회를 통해 신앙을 회복한 자 13명, 중생자 6명, 성결자 7명, 전도에 열심하기로 작정한 자 15명, 성경을 애독하기로 결심한 자 13명, 기도에 열중하기로 한 자 18명, 새로 믿기로 결심한 자 10명이 나왔다. 또한 부흥회 중에 학습예식과 세례예식, 사무연회도 있었다.[83] 5월 24-26일 열린 부흥회에서는 예원리교회와 간평교회 신자들과 더불어 큰 은혜를 받았으며, 믿지 않는 사람들도 참석하여 복음을 듣고 결심한 자가 7명이나 되었다.[84] 9월 22일 밤부터 26일 새벽까지 강송수 목사의 인도로 진행된 특별집회에서 신자들은 성령의 뜨거운 역사하심 가운데 회개할 바를 회개하고 큰 은혜를 받았다. 이때 신앙을 회복한 자 17명, 중생자 4명, 성결자 8명을 얻었으며, 전도와 성경 읽기, 기도생활을 작정한 자들도 많았다. 집회 이후에도 성령께서 끊임없이 역사하심으로 신자들이 믿음생활에 열심하였으며, 믿지 않던 청년들 가운데 교회에 출석하는 이가 많게 되었다.[85] 또한 11월 23일 밤부터 26일 아침까지 강송수, 원세성, 김경흡, 박현이, 조정헌, 강나운을 청하여 대거전도회를 열고 매일 세 차례 모이는 가운데 신자들이 큰 은혜를 받는 동시에 신구도자 33명을 얻었다.[86]

1932년 제9회 함흥지방회에서 김진문 전도사는 어포리교회의 교세가 장년 신자 43명, 주일학생 50명임을 보고하였다.[87] 어포리교회는 신년을 맞아 부흥하는 가운데 전도와 기도에 열심하였으며, 교회를 사랑하여 자기

83 "통신," 「활천」(1931년 4월호): 55.

84 "통신," 「활천」(1931년 8/9월호): 80.

85 "통신," 「활천」(1931년 10월호): 56.

86 "통신," 「활천」(1932년 2월호): 56.

87 "제9회 함흥지방회기," 「활천」(1932년 2월호): 55.

형편보다 많은 헌금을 드림으로 예배당을 수리하고 교역자를 도와 지교회를 섬겼다. 이 와중에 사귀병자가 완치되는 역사까지 일어났다.[88] 2월 10일부터 14일 오전까지는 강송수 목사의 인도로 부흥회를 열고 하루 세 차례 모였으며, 성령의 맹렬한 역사하심 가운데 평소 교회를 몹시 괴롭히던 사람이 새벽기도회까지 출석하여 회개 자복하기도 하였다. 집회 결과 중생자 14명, 성결자 10명, 신구도자 66명을 얻었다.[89]

1934년 음력 정월 13-16일에는 사경회와 전도회가 있었는데 이를 통해 신결심자 60명을 얻었다.[90] 8월 20일부터 4일간은 이준수 목사의 인도로 부흥회가 개최되었으며, 기도와 말씀을 전하는 중에 신자들에게 흡족한 은혜가 나타났다.[91]

1936년 어포리교회는 새로운 발전지대인 신창항(新昌港)에 교회 설립의 필요를 느끼고 신창항에서 8월 3일부터 3일간 특별전도회를 열었다. 박태주 목사와 조한숙 전도사를 비롯하여 어포리교회 직원들은 신창항에 와서 호별 방문과 노방전도를 하며 복음을 전한 결과 장소가 협소하여 움직일 수 없을 정도로 많은 사람이 모여들었다. 이에 복음을 듣고 결심한 자가 수십 명에 이르렀다. 또한 전에 믿다가 이주해온 자가 7명이나 참석하여 교회를 조직하고 예배를 드리는 가운데 직원까지 선정하였다.[92]

어포리성결교회는 1936년 4월 1일 북청군 청해면이 신창면 보청리로 통합됨에 따라 교회 명칭을 '보청교회'(甫青教會)로 변경하였다. 이에 따라 1937년 이후 기록된 연회록에는 보청교회[93]로 기록되어 있다. 1937년 보청교

88 "통신," 「활천」(1932년 3월호): 57.
89 "통신," 「활천」(1932년 4월호): 56.
90 "통신," 「활천」(1934년 4월호): 49.
91 "통신," 「활천」(1934년 10월호): 54.
92 "통신," 「활천」(1936년 10월호): 58.
93 조선야소교동양선교회성결교회 제1회 연회회의록부록(1937년), 42; 제2회 연회회

회는 연중 전도에 열심함으로 교세가 왕성해졌다.[94] 1941년 10월 29일에는 이사장 이명직 목사의 순회 방문이 있었다.[95]

어포리교회는 1943년 12월 29일 성결교회가 일제에 의해 강제로 해산 당할 때까지 북청군 청해면 어포리 지역에 복음을 전하였다.[96]

역대 교역자[97] 주임 김동훈(金東勛, 1922-1923)[98]
강신오(姜信吳, 1923-1924)[99]
주순진(朱舜珍, 1924-1925)[100]
정달성(鄭達成, 1925-1927)[101]
김영범(金永範, 1927[102])
주순진(朱舜珍, 1928-1929[103])
김진문(金進文, 1930[104]-1932)[105]

의록부록(1939년), 58; 제3회 연회록(1942년), 86.

94 조선야소교동양선교회성결교회 제1회 연회회의록(1937년), 22.

95 조선야소교성결교회 제2회 연회록(1942년), 25.

96 "'포교소폐지계', 소화 18년(1943년) 12월 29일," 「조선총독부관보」 1944년 4월 5일 자[소화-5148호], 2-4면.

97 이명직, 『약사』, 110.

98 "동양선교회성결교회 제3회 매년회임명기, 어포리교회와 예원리교회를 겸임," 「활천」(1923년 5월호): 53.

99 "소식," 「활천」(1924년 4월호): 51.

100 "동양선교회성결교회 교역자임명기, 어포리교회와 예원리교회를 겸임," 「활천」(1924년 5월호): 54.

101 "동양선교회성결교회 제5회 매년회임명기, 어포리교회와 예원리교회를 겸임," 「활천」(1925년 5월호): 57.

102 "통신," 「활천」(1927년 5월호): 53.

103 조선야소교동양선교회성결교회 제1회 연회의사록부록(1929년), 56.

104 조선야소교동양선교회성결교회 제2회 연회의사록부록(1930년), 48.

105 "'포교담임자변경계', 「조선총독부관보」 1933년 2월 15일 자[소화-1829호], 6면; "통신," 「활천」(1932년 10월호): 55.

박태주(朴泰胄, 1932[106]–1934[107])
신래식(申來湜, 1934[108]–1935[109])
맹필균(孟必均, 1935[110]–1936)
조한수(趙漢璹, 1942[111]–1943)

여교역자 류진심(劉眞心, 1923–1924)[112]
박양순(朴良順, 1924–1925[113])
신관빈(申寬彬, 1925[114]–1926[115])
김명숙(金明淑, 1927[116])
이신천(李信天, 1928–1930[117])
최하숙(崔河淑, 1933[118])
주봉춘(朱鳳春,[119] 1942–1943)

---

106 조선야소교동양선교회성결교회 제4회 연회의사록부록(1932년), 44.

107 "어포리·예원리·간평교회 겸임," 조선야소교동양선교회성결교회 제1회 총회회록부록(1933년), 44.

108 조선야소교동양선교회성결교회 제2회 총회회록부록(1934년), 73.

109 "통신," 「활천」(1934년 10월호): 55; "통신," 「활천」(1935년 1월호): 56.

110 "통신," 「활천」(1935년 1월호): 56.

111 "북청·예원리교회 겸임치리," 조선야소교성결교회 제2회 연회록(1942년), 60.

112 "동양선교회성결교회 제3회 매년회임명기, 어포리교회와 예원리교회를 겸임," 「활천」(1923년 5월호): 53.

113 "동양선교회성결교회 제5회 매년회임명기, 어포리교회와 예원리교회를 겸임," 「활천」(1925년 5월호): 57.

114 조선야소교동양선교회성결교회 제4회 연회의사록(1932년), 34.

115 "제6회 연회임명기," 「활천」(1926년 5월호): 55; "통신," 「활천」(1927년 6월호): 56.

116 이명직, 『약사』, 110.

117 "어포리교회와 예원리교회를 겸임," 조선야소교동양선교회성결교회 제2회 연회의사록부록(1930년), 51.

118 조선야소교동양선교회성결교회 제1회 총회회록부록(1933년), 49.

119 조선야소교성결교회 제2회 연회록(1942년), 83.

평산성결교회 坪山聖潔教會

평산성결교회(함경남도 북청군 평산면 용전리 622[120])는 '용전리성결교회'로도 불렸다. 평산교회는 1922년에 북청교회 신자들이 전도대를 조직하여 사방 8km 이내로 돌아다니며 각 촌에 전도한 결과 북청교회 지교회로 설립되었다. 1922년 9월에 이정원 전도사를 파송하여 열심히 전도한 결과 30여 명의 신자들이 모여 예배를 드리게 되었다.[121] 이듬해인 1923년에는 최용근 전도사가 부임하였다.[122] 하지만 예배당이 없어서 많은 곤란을 겪었는데 김병갑 성도의 모친이 예배당 건축부지로 100평을 드리고, 한 형제가 재목을 연보함으로 예배당 4칸을 건축하여 준공하였다.[123] 1923년 말 최용근 전도사의 후임으로 주순진 전도사가 부임하여 사역하였고,[124] 여교역자로는 1924년 성서학원을 졸업한 김명숙 전도부인이 파송 받아 사역하였다.[125]

---

120 조선야소교동양선교회성결교회 제1회 연회의사록부록(1929년), 56.

121 "소식," 「활천」(1923년 1월호): 53.

122 이명직, 『약사』, 113.

123 "소식," 「활천」(1923년 1월호): 53.

124 이명직, 『약사』, 113.

125 "소식," 「활천」(1924년 12월호): 55.

1926년 성서학원에서 수양받고 있던 주영식은 자기 가정의 물건들을 대부분 방매하여 학자금으로 사용하고 남은 돈 25원을 출신교회인 평산교회에 바쳤다. 평산교회는 이 돈을 감사히 받고 오랫동안 교회의 현안이던 경종을 사기로 작정하고 5원을 더하여 30원을 주고 종을 사서 달았다. 교우들은 주영식의 특별한 마음을 고맙게 생각하며 주님께 영광을 돌렸다.[126] 1926년 북청지방 성결교회 통계표[127]에는 평산교회 장년 신자는 총 27명, 유년주일학생은 45명으로 기록되어 있다.

1927년 12월 7-12일에는 북청교회 이문현 전도사를 청하여 부흥회를 개최하고 매일 청신기도회와 오전 사경회, 저녁 성별회로 모였다. 이를 통해 신자들과 교역자들은 많은 은혜를 받았으며, 특히 오랫동안 방탕한 생활을 해오던 박윤성 형제가 완전히 통회 자복하고 주님께 돌아옴으로 감사를 드렸다. 마지막 날 아침예배는 성탄 기념헌금과 신년 월정헌금까지 기쁨으로 작정하고 주님께 영광을 돌리는 가운데 집회를 마쳤다.[128]

1928년 8월 8-12일에 열린 특별집회에서 신자들은 심령부흥을 위해 매일 밤 열심히 부르짖었다. 이에 주님의 불쌍히 여기심을 받아 모든 죄악을 통회 자복함으로 사죄의 은혜를 받고 새롭게 거듭난 자가 3명이나 되었다. 또한 받은 은혜에 감사하는 마음으로 교역자와 신자들이 함께 원근 4-5개 마을을 순회하며 1,200여 명에게 복음을 전하여 이 중 결심자 70여 명을 얻었다.[129]

그런데 함경도 지방에 갑작스럽게 큰 수해가 발생하여 예배당과 주택이 도괴(倒壞, 넘어지고 무너짐)됨으로 교회를 개축해야 하는 상황이 발생하

---

126 "통신," 「활천」(1927년 8월호): 56.

127 "북청지방성결교회통계표(1926년도)," 「활천」(1927년 5월호): 56.

128 "통신," 「활천」(1928년 2월호): 55.

129 "통신," 「활천」(1928년 10월호).

였다. 하지만 대부분의 신자도 수해를 당해 여력이 없었기에 서로 바라보며 울기만 할 뿐이었다. 9월 들어 전국의 각 교회들이 함흥교회와 평산교회를 돕기 위해 모금한 헌금을 보내줌으로써[130] 평산교회는 곧바로 예배당 건축 공사를 시작하여 10월에 준공하고, 12월 3일에 김응조 목사의 인도로 헌당식을 거행하여 주님께 영광을 돌렸다.[131]

1929년 이후에는 주임교역자가 신북청교회에 주재하며 평산교회를 겸임 사역하고 평산교회에는 여교역자만 주재하게 하였다.[132] 1929년 2월 13-17일에는 김응조 목사를 청하여 부흥회를 개최하고 매일 청신기도회, 오전 사경회, 저녁 집회로 모였으며, 신자들은 자신들의 부족함을 깨달아 통회 자복함으로써 새로운 은혜를 받고 주님께 많은 영광을 돌렸다.[133] 8월 20일에는 강송수 목사가 집례하는 가운데 2명에게 학습예식과 1명에게 세례를 베풀고 성찬예식을 거행하였으며 밤에는 구령회로 모여 구원의 소식을 전하였다.[134]

1930년 1월 12-15일 김진문 전도사를 청하여 열린 부흥회에서는 성령의 역사하심으로 신자들이 큰 은혜를 받은 결과 기뻐 뛰는 사람, 죄악을 통회 자복하며 열심히 기도하는 사람들이 많았다.[135] 또한 감리목사의 순회 기간을 이용하여 이틀간 청신기도회와 구령회를 개최한 결과 그간 신앙이 식어버린 형제들이 새로운 힘을 얻게 되었다. 동시에 자급을 실시하게 되었으며 새로 믿기로 결심한 자가 5명이나 되었고 세례식(1명)과 학습예식(9명)도 거

---

130 "함흥·평산 수해동정헌금모집," 「활천」(1928년 10월호).

131 "통신," 「활천」(1929년 2월호): 55-56.

132 이명직, 『약사』, 113.

133 "통신," 「활천」(1929년 5월호): 55.

134 "통신," 「활천」(1929년 10월호): 55.

135 "통신," 「활천」(1930년 4월호): 56.

행되었다.[136]

1931년 1월 22-25일 강송수 목사를 청하여 열린 특별집회는 매일 세 차례 모이는 가운데 성령의 역사가 나타나 신자들이 무한한 은혜를 받았다. 이 집회를 통해 중생자 2명, 결심자 9명이 나왔다. 마지막 날에는 강송수 목사의 집례로 학습예식(1명), 세례예식(3명)과 집사 임명식이 거행되었다.[137] 10월 7-11일에는 임도오 목사를 청하여 부흥회를 열어 모두가 큰 은혜를 받았으며, 고통 중에서 기쁨을 얻은 사람과 타락 중에서 회복된 사람이 많았다.[138] 11월 21일에는 창립 10주년 기념예배를 드리며 많은 영광을 주님께 돌렸다. 이어서 3일간 강송수 목사와 박현이 전도사의 인도로 전도회를 개최하였는데 구도자가 45명이나 되었다.[139]

1932년에 부임한 주영식 전도사[140]는 평산교회에 장년 신자는 50명, 주일학생은 90여 명이 있으며 자신의 병세도 좋아지고 있음을 지방회에 보고하였다.[141]

1934년에 부임한 김형식 전도사는 2월 26일부터 3월 2일까지 부흥회를 열었다. 이에 신자들은 큰 은혜를 받았으며 중생과 성결의 은혜를 받은 자가 19명이나 되었다. 3월 29-31일에는 이준수 목사의 인도로 소아부흥회가 개최되어 모든 아동이 큰 은혜를 받았다.[142]

1935년 5월 28일 주일에는 신북청교회에서 신북청, 평산, 양천, 예원리,

---

136 "통신," 「활천」(1930년 9월호): 56.

137 "통신," 「활천」(1931년 3월호): 80.

138 "통신," 「활천」(1931년 11월호): 55.

139 "통신," 「활천」(1932년 1월호): 61.

140 "포교자거주지이전(布敎者居住地移轉) 참고," 「조선총독부관보」 1933년 3월 18일 자[소화-1856호], 4-5면.

141 "통신," 「활천」(1932년 2월호): 54.

142 "통신," 「활천」(1934년 5월호): 55.

어포리교회 등 5개 교회가 주일학교연합예배회로 모였다. 이 예배에 참석한 어린이들은 250여 명이며, 북청교회 조병결 선생의 유익한 설교에 많은 은혜를 받았다.[143]

1936년에는 박태주 목사[144]가 부임하여 사역하는 가운데 1939년에 교회가 소재한 지역이 행정구역상 평산면에서 속후면에 속하게 됨에 따라 평산교회의 교회 명칭이 '용전리성결교회'[145]로 변경되었다.

용전리교회는 1943년 12월 29일 성결교회가 일제에 의해 강제로 해산당할 때에까지 북청군 속후면 지역에 복음을 전하였다.[146]

역대 교역자 주임 이정원(李楨源, 1922. 9.[147])
최용근(崔用根, 1923[148])
주순진(朱舜珍, 1923[149]-1927[150])
김영범(金永範, 1927[151]-1931[152])
주영식(朱榮植, 1932[153]-1933)[154]

143 "통신," 「활천」(1935년 6월호): 56.
144 "포교담임자변경계," 「조선총독부관보」 1936년 12월 9일 자[소화-2972호], 5면.
145 조선야소교동양선교회성결교회 제2회 연회회의록부록(1939년), 58.
146 "'포교소폐지계', 소화 18년(1943년) 12월 29일," 「조선총독부관보」 1944년 4월 5일 자[소화-5148호], 2-4면.
147 "소식," 「활천」(1923년 1월호): 53.
148 이명직, 『약사』, 113.
149 이명직, 『약사』, 113.
150 이명직, 『약사』, 113.
151 조선야소교동양선교회성결교회 제1회 연회의사록부록(1929년), 56.
152 조선야소교동양선교회성결교회 제3회 연회의사록(1931년), 48.
153 조선야소교동양선교회성결교회 제4회 연회의사록(1932년), 44.
154 "포교자거주지이전," 「조선총독부관보」 1933년 3월 18일 자[소화-1856호], 4-5면.

김경흡(金庚洽, 1933[155]-1934[156])

김형식(金亨式, 1934[157]-1936[158])

박태주(朴泰胄, 1936[159]-1940[160])

김장호(金壯浩, 1941[161]-1943)

여교역자 김명숙(金明淑, 1924[162]-1930[163])

손옥화(孫玉化, 1931[164]-1932[165])

155 조선야소교동양선교회성결교회 제1회 총회회록부록(1933년), 42.

156 조선야소교동양선교회성결교회 제2회 총회회록부록(1934년), 71.

157 조선야소교동양선교회성결교회 제2회 총회회록부록(1934년), 71.

158 조선야소교동양선교회성결교회 제1회 연회회의록부록(1937년), 36.

159 "포교담임자변경계," 「조선총독부관보」 1936년 12월 9일 자[소화-2972호], 5면.

160 조선야소교동양선교회성결교회 제2회 연회회의록부록(1939년), 51.

161 조선야소교성결교회 제2회 연회록(1942년), 77.

162 "소식," 「활천」(1924년 12월호): 55.

163 조선야소교동양선교회성결교회 제2회 연회의사록(1930년), 51; "통신," 「활천」(1930년 8월호): 56.

164 조선야소교동양선교회성결교회 제3회 연회의사록부록(1931년), 48.

165 조선야소교동양선교회성결교회 제4회 연회의사록부록(1932년), 44.

나하대성결교회 羅荷臺聖潔敎會

나하대성결교회(함경남도 북청군 나하대)는 1922년 9월 본부로부터 파송 받은 이정원 전도사가 설립한 교회이다. 이정원 전도사의 열심 있는 전도활동 결과 1922년 말에는 장년 40여 명이 예배에 참석하였다.[166]

1923년의 "동양선교회성결교회 제3회 매년회임명기"에는 북청교회와 나하대교회의 '주임교역자 곽재근, 부임교역자 이정원'으로 기록되어 있다.[167] 1923년 8월 20-22일 감리교회 협성여신학교 교사 조민형(趙敏衡)과 이정원 전도사가 특별집회를 인도한 결과 교회의 모든 형제자매는 풍성한 은혜를 받았으며, 감사한 마음으로 매월 연보를 바치기로 작정하였다.[168]

1925년 10월에는 북청교회와 연합하여 남대천 맑은 물에서 곽재근 감리목사의 집례로 70명에게 세례식을 거행하고 하나님께 큰 영광을 돌렸다.[169] 1925년 말 함남지방 통계표에는 나하대교회의 장년 교인이 16명(세례

166 "소식," 「활천」(1923년 1월호): 53.

167 "동양선교회성결교회 제3회 매년회임명기," 「활천」(1923년 5월호): 53.

168 "소식," 「활천」(1923년 11월호): 54.

169 "소식," 「활천」(1925년 11월호): 56.

교인 7명), 주일학생이 45명이라고 기록되어 있다.[170]

1929년 제1회 연회의사록에는 나하대교회가 갑산교회(개운성교회), 하거서교회, 니망지리교회와 함께 북청교회의 순회지였으며, 교역자는 북청교회 교역자가 겸임하여 사역하고 있음이 기록되어 있다.[171]

하지만 나하대교회는 결국 교회로 세워지지 못하고 1930년 제2회 연회의사록(1930)부터 기록에서 제외되었다.[172]

역대 교역자 주임 이정원(李楨源, 1922. 9.[173])

---

170 "성결교회 함남지방통계표(1925년)," 「활천」(1926년 4월호): 56.

171 조선야소교동양선교회성결교회 제1회 연회의사록부록(1929년), 55.

172 조선야소교동양선교회성결교회 제2회 연회의사록부록(1930년), 48, 51.

173 "소식," 「활천」(1923년 1월호): 53.

예원리성결교회 藝園里聖潔敎會

북청교회에 파송 받은 곽재근, 신관빈 전도사[174]와 신도들은 전도대를 조직하여 사방 8km 이내로 돌아다니며 각 촌에 전도한 결과 예원리에서 구도자를 얻게 되었다.[175] 이에 북청교회는 1922년 10월 22일 김동훈 전도사를 예원리에 파송하였다. 김 전도사는 전도대를 조직하고 동네의 '공정'(동네의 공동 사용 건물로 지금의 마을회관 같은 곳이다 – 필자 주)을 빌려 전도하였으며, 그 결과 구도자가 생겨 1924년에는 예원리성결교회(함경남도 북청군 청해면 예원리 849[176]) 예배당을 건축하게 되었다. 이후 교역자는 어포리교회에 주재하면서 겸임하며 순회 사역하였다.[177]

1925년 예원리교회는 수십 일간 청신기도회를 진행하던 중 2월 16일부터 20일까지 주순진 전도사를 청하여 부흥회를 열었는데 교회 설립 이래 처음으로 성령의 맹렬한 역사가 나타나 주일학생에서 장년까지 무섭고 더러

---

174 "통신," 「활천」(1923년 1월호): 53.

175 이명직, 『약사』, 105–106.

176 조선야소교동양선교회성결교회 제3회 연회의사록부록(1931년), 48.

177 이명직, 『약사』, 110.

동양선교회 예원리 예배당
"동양선교회 예원리교회 예배당," 「활천」(1925년 2월호).

운 죄악들을 주님의 십자가 앞에서 통회 자백하였다. 이때 신생의 은혜를 받은 자가 10여 명에 이르렀고, 믿음에서 떠났던 몇 사람도 다시 돌아와서 통회 자복함으로 믿음을 회복하고 열심히 전도함으로써 주님께 영광을 돌렸다.[178] 이정전 형제는 신생(중생)의 은혜를 받은 후 더욱 깊은 은혜를 받기 위해 1925년 12월 28일부터 40여 일간 청신기도를 하였는데 성령의 역사로 10여 명의 신자가 마음을 같이하여 합심 기도하는 가운데 회개한 자도 있고 온몸과 마음을 다 주님께 드려 사나 죽으나 주님을 위해 살 것을 작정한 자도 있었다.[179]

1927년 2월 14일부터 19일까지 주임 정달성 전도사의 인도로 진행된 부흥회는 하루 세 차례 집회를 가졌다. 이 부흥회에서 모든 신자는 성령의 역사로 말미암아 큰 은혜를 받았으며 성결의 은혜를 받은 자 2명을 얻었다. 또한 30원의 헌금으로 경종을 사서 달았는데 집회 시간에 따라 울리는 소

---

178 "소식," 「활천」(1925년 4월호): 56.
179 "통신," 「활천」(1926년 4월호): 54.

리가 마치 뭇 양을 부르는 목자의 소리와 같아 모든 신자가 기뻐하였다.[180]

1929년 8월 18일에는 예원리교회, 어포리교회, 간평교회가 연합하여 강송수 목사의 집례로 세례예식(8명) 및 학습예식(6명)과 함께 성찬예식을 성대히 거행하였다.[181] 12월 13일 저녁부터 15일 저녁까지 김진문 전도사의 인도로 진행된 부흥회는 청신기도회와 저녁 부흥회로 모였으며, 성령의 역사하심으로 신자들이 많은 은혜를 받은 결과 기뻐하는 자, 죄악을 깨닫고 통회한 자, 우상을 섬긴 일을 통절하게 뉘우친 자들이 많았다.[182] 1930년 2월 13일 밤에는 김형식 전도사를 청하여 전도회를 개최, 결심자 10명을 얻었다.[183]

1931년 2월 5-6일 강송수 목사의 인도로 개최된 부흥회에서 신자들은 많은 은혜를 받았으며 새로 믿기로 결심한 자 10명을 얻었다. 이 집회 중에 세례예식과 사무연회도 행하였다.[184] 8월 20-22일 강송수 목사의 인도로 열린 특별집회에서 신자들은 놀라운 은혜를 받았다. 특히 새로 믿기를 결심한 자가 15명, 타락 중에서 돌아온 자가 3명이나 되었다.[185] 강송수, 김경흡, 조정현, 박현이를 청하여 11월 26일 밤부터 28일 오전까지 진행된 대거전도회는 매일 세 차례 집회하였으며, 성령의 역사로 신자들의 심령에 놀라운 은혜가 임하는 동시에 신구도자가 13명이나 나왔다.[186]

1932년 3월 14일 밤부터 17일 오전까지 강송수 목사의 인도로 열린 부흥회는 매일 세 차례 진행되었으며, 집회 결과 중생자 38명, 성결자 10명, 신구도자 22명, 무기기도 작정자 29명, 성경 읽기 작정자 28명, 전도 작정자 19

---

180 “통신,” 「활천」(1927년 4월호): 55.

181 “통신,” 「활천」(1929년 10월호): 55.

182 “통신,” 「활천」(1930년 2월호): 56.

183 “통신,” 「활천」(1930년 5월호): 56.

184 “통신,” 「활천」(1931년 4월호): 55.

185 “통신,” 「활천」(1931년 10월호): 56.

186 “통신,” 「활천」(1932년 2월호): 56.

명, 헌신 작정자 27명, 헌금 작정자 23명이 나왔다.[187]

1934년 음력 정월(1월) 8-10일 새로 부임한 신래식 전도사의 인도로 열린 전도회에서는 45명의 결심자를 얻었다.[188] 8월 23일부터 4일간 이준수 목사의 인도로 진행된 부흥회는 기도회, 사경회, 구령회를 하는 중에 충만한 은혜가 임하여 신결심자가 50명이나 되었다.[189]

1935년 5월 28일 주일에는 신북청교회에서 예원리교회, 평산교회, 양천교회, 어포리교회 주일학교 학생 250여 명이 모여 연합예배를 드렸다. 학생들은 북청교회 조병결 선생의 유익한 설교에 많은 은혜를 받았다.[190] 1941년 10월 29일에는 이사장 이명직 목사의 순회 방문이 있었다.[191]

예원리교회는 1943년 12월 29일 성결교회가 일제에 의해 강제로 해산당할 때까지 북청군 청해면 예원리 지역에 복음을 전하였다.[192]

역대 교역자[193] 주임 김동훈(金東勛, 1922-1923)[194]
강신오(姜信吳, 1923-1924)
주순진(朱舜珍, 1924-1925)[195]
정달성(鄭達成, 1925-1927)[196]

---

187 "통신," 「활천」(1932년 4월호): 56.

188 "통신," 「활천」(1934년 4월호): 48-49.

189 "통신," 「활천」(1934년 10월호): 54.

190 "통신," 「활천」(1935년 6월호): 56.

191 조선야소교성결교회 제2회 연회록(1942년), 25.

192 "'포교소폐지계', 소화 18년(1943년) 12월 29일," 「조선총독부관보」 1944년 4월 5일 자[소화-5148호], 2-4면.

193 이명직, 『약사』, 110.

194 "동양선교회성결교회 제3회 매년회임명기, 어포리교회와 예원리교회를 겸임," 「활천」(1923년 5월호): 53.

195 "동양선교회성결교회 교역자임명기, 어포리교회와 예원리교회를 겸임," 「활천」(1924년 5월호): 54.

196 "동양선교회성결교회 제5회 매년회임명기, 어포리교회와 예원리교회를 겸임,"

김영범(金永範, 1927[197])

주순진(朱舜珍, 1928-1929[198])

김진문(金進文, 1930[199]-1932[200])

박태주(朴泰胄, 1932[201]-1934[202])

신래식(申來湜, 1934[203]-1935[204])

맹필균(孟必均, 1935[205]-1936)

조한수(趙漢壽, 1942[206]-1943)

여교역자 류진심(劉眞心, 1923[207]-1924)

박양순(朴良順, 1924-1926)[208]

신관빈(申寬彬, 1926[209]-1927[210])

김명숙(金明淑, 1927)

이신천(李信天, 1928-1930[211])

「활천」(1925년 5월호): 57.

197 "통신," 「활천」(1927년 5월호): 53.

198 "어포리·예원리교회 겸임," 조선야소교동양선교회성결교회 제1회 연회의사록부록(1929년), 56.

199 "어포리·예원리교회 겸임," 조선야소교동양선교회성결교회 제2회 연회의사록부록(1930년), 51.

200 "포교담임자변경계," 「조선총독부관보」 1930년 3월 7일 자[소화-951호], 4-5면.

201 조선야소교동양선교회성결교회 제4회 연회의사록부록(1932년), 44.

202 "어포리·예원리·간평교회 겸임," 조선야소교동양선교회성결교회 제1회 총회회록부록(1933년), 44.

203 조선야소교동양선교회성결교회 제2회 총회회록부록(1934년), 73.

204 "통신," 「활천」(1934년 10월호): 55; "통신," 「활천」(1935년 1월호): 56.

205 참조. "통신," 「활천」(1935년 1월호): 56.

206 "북청·예원리교회 겸임치리," 조선야소교성결교회 제2회 연회록(1942년), 60.

207 "동양선교회성결교회 제3회 매년회임명기, 어포리교회와 예원리교회를 겸임," 「활천」(1923년 5월호): 53

208 "동양선교회성결교회 제5회 매년회임명기, 어포리교회와 예원리교회를 겸임," 「활천」(1925년 5월호): 57.

209 "수양회기, 제6회 연회임명기," 「활천」(1926년 5월호): 55.

210 "통신," 「활천」(1927년 6월호): 56.

211 "어포리·예원리교회 겸임," 조선야소교동양선교회성결교회 제2회 연회의사록

임자동성결교회 荏子洞聖潔敎會

임자동성결교회(함경남도 북청군 하거서면 임자동 한촌[212])의 처음 이름은 '하거서(下車書)지교회'였다.[213] 하거서교회는 곽재근 목사가 북청교회에서 사역하던 시기에 신자들이 전도대를 조직, 북청읍에서 10km나 떨어져 있던 하거서면에 가서 열심히 전도한 결과로 1928년 1월 15일[214]에 설립되었고 초기에는 북청교회의 순회지였다.[215]

하거서면은 당시 함흥지방 감리목사인 강송수 목사와 동경지방 감리목사인 박현명 목사의 고향이다. 이곳은 농업이 크게 발달하여 지역민들의 생활이 매우 부유했고 교육에 대한 관심도 높았다. 또한 유명한 만경대(萬景臺) 시장(市場)이 있어서 사람과 우마차가 많이 오가며 물화의 집산이 크게 빈번하였다. 사람들의 종교심도 특유하여 장로교회, 안식교회, 기독교회

부록(1930년), 51.

212 조선야소교동양선교회성결교회 제1회 총회회록부록(1933년), 52.

213 이준수, "임자동성결교회 부흥회기," 「활천」(1933년 2월호): 58.

214 조선야소교동양선교회성결교회 제1회 연회회의록부록(1937년), 58.

215 조선야소교동양선교회성결교회 제1회 연회의사록부록(1929년), 55.

가 설립됨으로 보기 드문 기독교촌을 이루고 있었다. 성결교회는 가장 뒤늦게 네 번째 교회로 설립되어 전도를 시작하였다.[216]

하거서교회는 설립과 함께 예배당도 갖추었으나 어떠한 사정으로 예배당을 팔게 되어 교회 문을 닫았다. 이후 이형섭 형제가 홀로 열심히 전도한 덕에 한의석, 한경섭 형제가 믿게 되어 교회가 다시 설립되었다. 김진문 목사는 제9회 함흥지방회에서 "유망한 청년들이 많음. 장년 신자 41명. 주일학생 46명. 신유의 역사가 나타남."[217]이라고 보고하였다.

얼마 지나지 않아 하거서교회는 북청읍에 있는 안식일교회 교역자가 감언이설로 신자들을 꾀어내는 바람에 다소간의 시험을 당하였으나 이후 성결교회 교역자들의 지도를 다시 받아 안식일교회가 이단임을 깨닫고 모두 눈물을 흘리며 돌아왔다. 그러나 예배드릴 처소가 마땅히 없어 일곱 차례나 이사를 하는 가운데 한종섭 형제의 주택을 임시 예배 장소로 정하여 예배를 드렸다.[218] 이 같이 어려운 상황 중에도 몇 사람의 굳센 믿음과 간절한 기도, 비상한 활동으로 신자가 증가하고 신유의 권능이 나타나며[219] 온전한 교회로 세워져 참으로 아름다운 믿음의 교회, 기도의 교회, 신유의 교회, 사랑의 교회, 협동의 교회가 되어 주님의 빛을 드러내게 되었다.

1932년 12월 5일부터 11일까지는 어포리교회 박태주 전도사의 인도와 강순경 전도부인, 김영범 목사와 이정칠, 박현윤 형제의 협력 가운데 제1회 부흥회가 개최되었다. 이 부흥회는 새벽기도회, 성경공부회, 주일학교강습회, 안식일강론회, 개인전도, 노방설교 등으로 진행되었다. 목회 경험이 많은 박태주 전도사와 김영범 목사의 설교와 이정칠, 박현윤 형제의 노방설

216 이준수, "임자동성결교회 부흥회기," 「활천」(1933년 2월호): 58.

217 김진문, "제9회 함흥지방회기," 「활천」(1932년 2월호): 55.

218 조선야소교동양선교회성결교회 제3회 연회의사록부록(1931년), 8-9.

219 "통신," 「활천」(1932년 6월호): 55.

교는 신자들에게 큰 감동을 주었다. 집회 결과 새로 믿기로 결심한 자는 장년 21명, 유년 55명이었으며, 중생자 28명, 성결자 20명, 매일 성경 읽기로 작정한 자 26명, 청신기도회에 계속 참석키로 한 자 36명, 매일 전도하기로 한 자가 16명이나 되었다.[220]

하거서교회는 조선야소교동양선교회성결교회 제1회 총회(1933) 이후 '임자동성결교회'로 교회 명칭을 변경하였다.[221] 이후 강축수 전도사의 희생적인 전도로 '서호진성결교회'를 지교회로 설립하였다.[222]

1935년에는 한의석 집사와 무명씨의 헌금으로 경종을 구입하였고, 신자들의 헌금으로 주택 5칸을 32원에 매수하였다.[223] 6월 4일부터 3일간 강송수 목사의 인도로 진행된 부흥회를 통해 많은 은혜가 나타났다.[224]

임자동교회는 성결교회가 일제에 의해 강제로 해산당할 당시의 기록에는 누락되어 있으나[225] 1942년 제2회 연희록에 기록되어 있는 것으로 보아 1943년까지 북청군 하거서면 지역에 복음을 전한 것으로 여겨진다.[226]

역대 교역자 주임 곽재근(郭載根, 1922-1926)[227]
이문현(李文賢, 1927-1929)[228]

---

220 이준수, "임자동성결교회 부흥회기," 「활천」(1933년 2월호): 58.
221 조선야소교동양선교회성결교회 제1회 총회회록부록(1933년), 52.
222 "통신," 「활천」(1933년 8/9월호): 83.
223 "통신," 「활천」(1935년 1월호): 56.
224 "통신," 「활천」(1935년 7월호): 56.
225 "'포교소폐지계', 소화 18년(1943년) 12월 29일," 「조선총독부관보」 1944년 4월 5일 자[소화-5148호], 2-4면.
226 조선야소교성결교회 제2회 연회록(1942년), 86.
227 "곽재근 전도사의 사역 시기에 하거서 지역에 전도활동을 시작하였다," 조선야소교동양선교회성결교회 제1회 연회의사록부록(1929년), 55.
228 "통신," 「활천」(1927년 5월호): 53.

김응조(金應祚, 1929[229])

원세성(元世性, 1930[230]-1931[231])

이준수(李畯洙, 1932[232]-1933[233])

조한수(趙漢璹, 1933[234]-1934)

이주홍(李柱弘, 1934[235]-1936[236])

이형섭(李亨燮, 1942[237]-1943)

---

229 "북청교회의 교역자는 순회지인 갑산(개운성)교회·니망지리교회·나하대교회·하거서교회(임자동교회)를 겸임," 조선야소교동양선교회성결교회 제1회 연회의사록부록(1929년), 55.

230 "북청교회의 교역자는 순회지인 개운성교회·니망지리교회·하거서교회(임자동교회)를 겸임," 조선야소교동양선교회성결교회 제2회 연회의사록부록(1930년), 51; "통신," 「활천」(1929년 5월호): 55.

231 조선야소교동양선교회성결교회 제3회 연회의사록부록(1931년), 48.

232 "북청교회의 교역자는 지교회인 니망지리교회·하거서교회(임자동교회)를 겸임," 조선야소교동양선교회성결교회 제4회 연회의사록부록(1932년), 43.

233 조선야소교동양선교회성결교회 제1회 총회회록부록(1933년), 41.

234 "북청읍교회·니망지리교회·임자동교회·구미단교회 겸임," 조선야소교동양선교회성결교회 제1회 총회회록부록(1933년), 43.

235 조선야소교동양선교회성결교회 제2회 총회회록부록(1934년), 73.

236 조선야소교동양선교회성결교회 제1회 연회회의록부록(1937년), 37.

237 조선야소교성결교회 제2회 연회록(1942년), 77.

복부정성결교회 福富町聖潔敎會

1924년 함흥으로 파송 받은 철원교회 김하석 전도사[238]는 조선식 가옥을 매수하고 같은 해 6월 1일부터 예배를 드렸는데 이것이 복부정성결교회(함경남도 함흥부 복부정 1정목 101[239])의 시작이다. 6월 28-30일 개최한 장막전도의 결과로 90여 명의 구도자를 얻었으며,[240] 9월 3-7일 개최한 장막전도회에서는 믿기로 결심한 자가 105명이나 되었다.[241] 복부정교회의 처음 명칭은 '함흥성결교회'였으나 함흥에 두 번째 성결교회가 설립되면서 '함흥제1성결교회'로 변경되었다. 이후 지역 이름을 따서 '광하리성결교회'라고 불리기도 했으나 행정구역 변경에 따라 1934년 성결교회 제2회 총회에서 '복부정교회'로 명칭을 변경하였다.[242]

함흥교회는 1928년 4월부터 매월 5원씩 자급(교역자 생활비)을 실시하

238 "소식," 「활천」(1924년 4월호): 51.

239 조선야소교동양선교회성결교회 제1회 총회회록부록(1933년), 52.

240 이명직, 『약사』, 115; "소식," 「활천」(1924년 4월호): 51; "동양선교회성결교회 교역자임명기," 「활천」(1924년 4월호): 54.

241 "소식," 「활천」(1924년 10월호): 56.

242 조선야소교동양선교회성결교회 제2회 총회회록부록(1934년), 87.

였다. 4월 8일부터 11일까지는 김응조 감리목사의 인도하에[243] 특별집회를 개최하고 매일 새벽기도회와 저녁 강연회로 모였다. 이 집회에서 모든 신자의 심령에 큰 은혜가 임하였으며, 동시에 새로 믿기로 결심한 자도 21명이나 되었다. 김응조 감리목사는 10여 차례의 노방설교를 통해 수백 명의 영혼에게 주님의 복음을 전하였다. 또한 세례(8명)와 학습문답(2명)이 이루어졌으며 집사 임명식(6명)과 성찬예식이 거행되었다.

5월 6일 주일에는 교장 이준수 전도사의 사회로 유년주일학교 1회 수업식(졸업식)이 거행되었는데 수업생은 남녀 19명이었다.[244] 6월 10일 주일 오후 2시에는 유년주일학교 특별집회가 열렸으며, 27일 밤에는 창립 제4주년 기념예배를 드렸다. 6월 28일부터 30일까지는 소아전도회를 열고 550여 명에게 주님의 복음을 전하여 결심자 36명을 얻었다. 성천강 만세교 건너편

1928년 7월 22일 함흥성결교회당 및 신자 일동
"함흥성결교회당 및 신자 일동," 「활천」(1929년 8월호).

---

243 이명직, 『약사』, 110.
244 "통신," 「활천」(1928년 6월호).

백사장에서 유년주일학교 야외집회가 열려 70-80명의 소아들은 함께 즐거운 예배를 드렸다.[245]

1928년 9월 함경도 지방에 큰 수해가 일어나 예배당이 침수되고 남녀 전도사의 주택이 파괴됨에 따라 큰 어려움을 당하였다. 이에 전국 각 교회에서 함흥교회와 평산교회를 돕기 위한 헌금을 모금하여[246] 보내줌으로써 침수된 예배당과 전도사들의 주택을 50원을 들여 수리하였다. 함흥교회는 10월 1-5일 개최된 '함남 석유공업품 전람회' 시기를 이용하여 밤마다 노방대전도회를 열고 7개소에서 2,000여 명에게 복음을 전하는 동시에 전도지 600여 매를 배부하였다. 함흥교회의 신한신 자매는 믿기 전에 난치병에 걸려 말할 수 없는 고생을 하다가 예수를 믿은 후 완쾌되었고, 최복수 자매도 믿기 전에 사귀병으로 처참한 세월을 보내다가 예수를 믿고 열심히 기도하는 가운데 아주 건강하게 되었다. 11월 11일에는 추수감사회로 모여 주님께 영광을 돌렸다.[247] 12월 25일 성탄예배 때 드려진 헌금은 직원들이 함흥 성내를 돌아다니면서 어려운 이웃에게 나누어주었다.[248]

1929년 '성경 암송부'를 만들어 교우들에게 성경을 암송하게 하였는데 그 결과가 매우 좋았다.[249] 3월 28일부터 31일까지는 이성영 전도사를 청하여 특별집회를 열고 매일 청신기도회와 저녁 전도회로 두 차례 모이는 가운데 신자들이 많은 은혜를 받았다. 이때 믿기로 결심한 자 31명을 얻었다.[250] 5월 12일 주일에는 주일학교 진흥예배회(새벽·낮·밤)로 모임에 따라 신자들이 주일학교에 대해 큰 관심을 갖게 되었고, 성경이 주는 유익이 얼마나 큰

245 "통신," 「활천」(1928년 8월호).

246 "함흥·평산 수해동정헌금모집," 「활천」(1928년 10월호).

247 "통신," 「활천」(1929년 1월호): 60.

248 "통신," 「활천」(1929년 3월호): 56.

249 "통신," 「활천」(1929년 3월호): 56.

250 "통신," 「활천」(1929년 5월호): 54.

것인지를 더 깊이 알게 되었다.[251] 5월 19일에는 반룡산 새묘골에서 제1회 옥외예배를 드림으로 많은 은혜를 받았으며, 소책자인 『성서약론』 500부를 주일학생과 장년에게 배부하고 나머지는 노방에서 오고 가는 사람들에게 배포하였다. 또한 성경과 복음가 각 5권을 교회에 비치하여 새로 오는 사람이 빌려보게 하였다.[252] 6월 1일부터 4일까지는 밤마다 대거전도회를 열어 10여 명의 결심자를 얻었으며, 6월 5일 밤에는 창립 5주년 기념예배를 드렸다.[253]

7월에는 부인회를 조직하고 앞으로의 자급 실시와 국내외 선교사업 그리고 함흥 지역 영혼들에게 복음을 전하기로 작정하고 매주일 오후마다 재직 및 신자들이 총출동하여 300여 호에 복음을 전하여 수십 명의 결심자를 얻었다. 또한 40-50명의 회원이 매주일 성미와 헌금을 모아 80여 원의 거액으로 경종을 구입하여 달았다.[254]

10월 16-20일에는 함흥지방회 겸 심령수양회가 함흥교회당에서 열렸는데 16일 오전 10시30분에는 신축된 함흥성결교회 헌당식이 있었다.[255]

1930년 4월 21-27일에는 김진문 전도사를 청하여 부흥회를 열고 매일 세 차례 집회하였으며 신자들이 큰 은혜를 받았다. 이 부흥회에서는 중생자 11명, 성결자 10명, 새 힘을 얻은 자 7명, 새로 믿기로 결심한 자 5명, 무기 청신기도자 33명, 자급(교역자 생활비)을 도울 자 3명, 전도하기로 작정한 자 32명이 나왔다.[256]

---

251 "통신," 「활천」(1929년 5월호): 55.
252 "통신," 「활천」(1929년 7월호): 55.
253 "통신," 「활천」(1929년 8월호): 56.
254 "통신," 「활천」(1929년 11월호): 55.
255 "통신," 「활천」(1929년 12월호): 56; 이명직, 『약사』, 115.
256 "통신," 「활천」(1930년 6월호): 56.

신축한 함흥성결교회 예배당
이명직, 『약사』, 115.

11월 28일부터 12월 3일까지는 이정원 목사를 청하여 부흥회를 열고 매일 세 차례 집회를 하였는데 첫 시간부터 큰 은혜가 임하여 회개의 불길, 중생의 불길, 성결의 불길, 기타 각양의 은혜의 불길이 충만하였다.[257]

1931년 5월 9-13일 곽재근 목사의 인도로 진행된 부흥회는 매일 세 차례 집회가 열렸으며, 집회마다 성령의 역사가 크게 임하여 회개한 자와 성결한 자와 다시 새 힘을 얻은 자가 많아 주님께 영광을 돌렸다.[258] 11월 11-15일 이건 목사를 청하여 열린 부흥회도 매일 세 차례 집회가 열렸으며, 첫 시

257 "통신," 「활천」(1931년 1월호): 59.
258 "통신," 「활천」(1931년 7월호): 56.

간부터 성령의 맹렬한 역사가 일어나 중생자와 성결자 다수가 나왔다. 또한 무기 청신기도자가 41명, 개인전도하기로 작정한 자가 25명, 십일조헌금을 작정한 자가 10여 명, 주일성수하기로 작정한 자가 51명이나 되었다.[259]

1932년 제9회 함흥지방회에서 강송수 목사는 함흥교회에는 신자가 125명, 주일학생이 290명이라고 보고하였다.[260] 4월 5-10일 이원근 목사를 청하여 열린 부흥회에서는 첫 시간부터 은혜의 비가 내리기 시작하여 회개한 자와 성결의 은혜를 받은 자가 많았고 신유의 이적까지 나타났다.[261] 7월 25-29일에는 테트 교수를 청하여 특별집회를 진행하였는데 중생과 성결의 풍성한 은혜가 임하였다.[262] 10월 31일부터 11월 6일까지는 김진문 전도사를 청하여 부흥회를 열었는데 결심자 13명, 중생자 12명, 성결자 5명, 새 힘을 얻은 자 30명, 무기기도자 39명, 성경을 읽기로 결심한 자 51명, 매일 전도하기로 한 자 29명, 주일성수 작정자 90명, 십일조 작정자 2명, 신유의 은혜를 받은 자가 2명에 이르렀다.[263]

1933년 4월 27일부터 5월 1일까지 박현명 목사를 청하여 진행된 부흥회에서 신자들은 큰 은혜를 받았으며 중생자 45명, 성결자 11명, 새 힘을 얻은 자 14명, 무기기도자 68명, 성경을 읽기로 한 자 64명, 전도하기로 한 자 38명, 주일을 엄수키로 한 자 9명, 신유의 은혜를 받은 자 3명, 결심자 8명, 십일조 작정자 2명, 월정헌금 작정자 2명을 얻었다. 또한 예배당을 확장하였다.[264]

1934년 1월 29일부터 2월 4일까지는 이명직 목사를 청하여 부흥회를

---

259 "통신," 「활천」(1932년 1월호): 61.

260 "제9회 함흥지방회기, 함흥교회보고," 「활천」(1932년 2월호): 54.

261 "통신," 「활천」(1932년 6월호): 55.

262 "통신," 「활천」(1932년 10월호): 55.

263 "통신," 「활천」(1932년 12월호): 49.

264 "통신," 「활천」(1933년 6월호): 56.

咸興府福富町聖潔教會

趙基誠 韓炳洛 許起翼 尹金道 朱莊榮 楊文洙 김운흥 신명옥 리복년 전명옥 라연애 리종효 허순영

吳斗煥 李宗根 金化燮 金得福 金萬潤 徐鳳祿 박영애 주순이 김신히 김상사 추성실 신명옥 김영신

朴炳孝 文鍾植 李永祚 李興祚 金仁鍾 玄東鎭 김히순 한명자 김정원 문길남 전치조 김순복 김행운

崔永坤 韓應潤 金基錫 安弘淳 韓基洛 韓定洛 리순전 김갑순 강복남 김안나 김매실 신금순 장영선

金榮洸 金元河 崔鎬濟 柳丙秀 權龍國 강라운 박성두 김명주 김득선 하정숙 송금순 백애영 최복선

崔承讃 金俊鉉 周 鍊 金河德 金洪基 차원근 주병정 리금복 윤봉선 김상복 리성실 백인덕

함흥부 복부정성결교회 교인 명부

"축성탄하신년 광고. 함흥부 복부정성결교회," 「활천」(1937년 1월호).

열었는데 거듭난 자, 성결한 자, 회개의 열매를 맺은 자, 새 힘을 얻은 자, 주일을 지키기로 작정한 자, 십일조 작정자, 전도의 힘을 받은 자가 많았다.[265] 복부정교회의 한치국 성도는 구령열에 견딜 수가 없어 서선지방(조선의 서부 지방)으로 가서 진남포, 황주, 사리원, 신천 등지에서 전도하였다.[266] 9월 31일에는 함남성경학교 방학식을 거행하였는데 수업생은 34명이었다.[267]

복부정교회는 1936년 5월부터 4km 밖에 있는 본궁 지역에 본궁성결

---

265 "통신," 「활천」(1934년 3월호): 44.

266 "통신," 「활천」(1934년 11월호): 55.

267 "통신," 「활천」(1934년 12월호): 55.

교회를 개척하였다. 열심히 전도한 덕분에 30여 명이 모여 예배를 드리게 되었으며 이 일을 위해 오두환 장로는 많은 물질을 드렸다. 개척된 본궁교회에 이주홍 전도사가 부임하자 복부정교회는 1937년 4월 이내로 예배당 부지를 준비해주기로 작정하였다.[268] 1937년 11월 1-7일에는 이명직 목사가 인도한 부흥집회가 있었다.[269]

이후 복부정교회는 1943년 12월 29일 성결교회가 일제에 의해 강제로 해산당할 때까지 함흥 지역에 복음을 전하였다.[270] 해방과 함께 복부정교회는 교회를 재건하고 크게 부흥한 것으로 전해진다.[271]

1950년 한국전쟁이 발발하자 복부정교회 신자 120여 명은 1950년 12월 23일 흥남철수작전 때 군용상륙함(LST)을 타고 다음 날 거제도 장승포항에 도착하였다. 신앙의 자유를 찾아 떠나온 복부정 교인들은 거제도수용소 주변에 있는 학교 교실에서 단체로 생활하며 이곳을 수용소 임시 예배당으로 사용하였다. 수용소 임시 예배당에서는 남하한 황경찬 목사가 사역하였고 이후 소문을 듣고 찾아온 복부정교회 담임교역자 조기함 목사가 예배를 인도하다가 박명원 목사를 소개하고 자신은 다른 사역을 하기 위해 떠났다.

1953년 7월 27일 휴전협정이 체결된 이후 교인들 가운데 육지로 나가는 사람들이 생겨나자 교회에서는 서울에 선발대를 보내 예배당 부지를 알아보게 하였는데 마침 서울 충무로에 국유지가 있음을 알게 되었다. 선발대는 박명원 목사를 중심으로 그곳에 천막을 치고 예배를 드렸으며 이후

268 "통신," 「활천」(1937년 2월호): 58.

269 "통신," 「활천」(1937년 11월호): 57.

270 "'포교소폐지계', 소화 18년(1943년) 12월 29일," 「조선총독부관보」 1944년 4월 5일 자[소화-5148호], 2-4면.

271 "이북교회소식," 「활천」(1947년 10월호): 34-36.

피난민 거제성 내 예배당 신도 일동(1952년 1월 1일)

복부정교회에서 남하한 김성자(당시 14세) 씨가 제공한 사진.

1952년 12월 거제성 내 예배당을 배경으로 촬영한 사진

복부정교회에서 남하한 김성자(당시 14세) 씨가 제공한 사진.

거제도에 있는 복부정교회 교인들이 단체로 상경하여 충무로교회를 설립하고 열심히 신앙생활을 하였다. 그러던 중 1954년 미8군 공병대에서 건축에 필요한 자재를 지원해주어 충무로교회 예배당을 건축하게 되었다.[272] 이후 강남의 개발과 함께 충무로교회는 강남으로 이전하여 '충무교회'로 명칭을 변경하였다.

역대 교역자[273] 주임 김하석(金河錫, 1924-1928)
이준수(李畯洙, 1928[274]-1929[275])
강송수(姜松洙, 1929[276]-1936)
조기함(趙基諴, 1936[277]-1943[278])

---

272 이 내용은 함흥 복부정교회(광하리교회)에서 신앙생활을 하다가 1950년 12월 23일 흥남철수작전 시 군용상륙함(LST)을 타고 거제도로 피난한 김성자 씨의 육성 증언이다.

273 이명직, 『약사』, 115.

274 "'포교자거주지이전계', 황해도 봉산군 사리원면 북리 38에서 함경남도 함흥군 함흥면 풍양리 72로 소화 3년(1928년) 5월 1일," 「조선총독부관보」 1928년 7월 5일 자[소화-455호], 7-8면.

275 조선야소교동양선교회성결교회 제1회 연회의사록부록(1929년), 56.

276 "통신," 「활천」(1929년 7월호): 54; 조선야소교동양선교회성결교회 제2회 연회의사록부록(1930년), 51.

277 "'포교담임자변경계', 동양선교회 함흥성결교회 함흥부 강송수-조기함, 함경남도 함흥군 함흥면 풍양리 72, 소화 11년(1936년) 11월 1일," 「조선총독부관보」 1936년 12월 9일 자[소화-2972호], 5면; 조선야소교동양선교회성결교회 제1회 연회회의록부록(1937년), 34.

278 조선야소교성결교회 제2회 연회록(1942년), 73.

여교역자 류진심(劉眞心, 1924[279]-1925)
한경신(韓儆信, 1925[280]-1926)
박양순(朴良順, 1926-1929[281])
이제일(李第一, 1929[282]-1933[283])
강나운(姜羅雲, 1934[284])
안매자(安妹子, 1937[285]-1943[286])

279 "소식," 「활천」(1924년 8월호): 56.

280 "소식," 「활천」(1925년 5월호): 56.

281 조선야소교동양선교회성결교회 제1회 연회의사록부록(1929년), 56.

282 "통신," 「활천」(1929년 8월호): 55; 조선야소교동양선교회성결교회 제2회 연회의사록부록(1930년), 51.

283 조선야소교동양선교회성결교회 제1회 총회회록부록(1933년), 48.

284 조선야소교동양선교회성결교회 제2회 총회회록부록(1934년), 75; "성결교회 제2회 북부지방회의사촬요," 「활천」(1934년 3월호): 53.

285 조선야소교동양선교회성결교회 제1회 연회회의록부록(1937년), 39; "함흥 복부정교회 안매자는 본궁교회 겸임," 「활천」(1938년 7월호): 53.

286 조선야소교성결교회 제2회 연회록(1942년), 80.

동평리성결교회 東坪里聖潔敎會

동평리성결교회(함경남도 홍원군 용천면 동평리 442[287])는 1925년 6월 16일에 '용천성결교회'라는 이름으로 설립되었지만 '동평리성결교회'로 불리기도 했으며, 1927년 8월에 '홍원성결교회'로 명칭을 변경하여 교회 명칭을 통일하려는 노력을 하였다.[288] 하지만 1933년경부터는 또다시 '동평리교회'[289]로 불렸다. 1943년 12월 29일 성결교회가 일제에 의해 강제로 해산당할 때 작성된 「조선총독부관보」[290]에는 '홍원교회'라고 기록되어 있어 연구자들에게 혼선을 불러일으킨다.

홍원교회는 당초 정평 지역에 교회를 설립하려는 동양선교회의 계획을 대신하여 함경남도 홍원군 용천면 동평리에 교회를 설립하게 되었다.[291]

---

287 조선야소교동양선교회성결교회 제1회 연회의사록부록(1929년), 56.

288 "'포교소명칭변경계', 용천성결교회 홍원성결교회 홍원군, 소화 2년(1927년) 8월 1일," 「조선총독부관보」 1927년 9월 30일 자[소화-228호], 7-8면.

289 조선야소교동양선교회성결교회 제1회 총회회록부록(1933년), 52; 조선야소교성결교회 제2회 연회록(1942년), 86.

290 "'포교소폐지계', 소화 18년(1943년) 12월 29일," 「조선총독부관보」 1944년 4월 5일 자[소화-5148호], 2-4면.

본부에서는 1925년 9월 16일에 필기운 전도사를 파송하였다. 그는 동평제(東坪齊)라는 집을 빌려[292] 예배당으로 수리하고 모든 설비를 완전히 갖추었으며 열심히 전도한 결과 1925년 말에는 50여 명(남자 40명, 여자 10명)이 주일마다 모여 예배를 드렸다.[293]

1926년 홍원교회는 날로 부흥이 되는 가운데[294] 그동안 교회의 기도제목이던 예배당을 매수하고[295] 예배시간을 알려주는 경종을 수십 원에 구입하여 달았다. 또한 11월 14일(주일)에는 추수감사일로 지키며 많은 감사를 드리게 됨으로 주님께 영광을 돌렸다.[296] 1926년 말에는 장년 신자 73명, 유

1929년 홍원성결교회 신자 일동

"홍원성결교회 신자 일동," 「활천」(1929년 4월호).

---

291 "소식," 「활천」(1926년 1월호): 54.

292 이명직, 『약사』, 126.

293 "소식," 「활천」(1926년 1월호): 54; "수양회기," 「활천」(1926년 5월호): 55.

294 "성결교회함남지방통계표, 본 통계표에는 장년 신자 53인, 주일학생 63인으로 기록되어 있다," 「활천」(1926년 4월호): 56.

295 이명직, 『약사』, 126.

296 "통신," 「활천」(1926년 12월호): 56.

년주일학생 85명임을 북청지방회에 보고하였다.[297]

1929년 1월 3-13일 필기운 전도사의 인도로 열린 청신기도회에서 신자들은 많은 은혜를 받았으며 1명이 중생의 은혜를 경험하였다. 또한 1월 9일부터 13일까지 주순진 전도사를 청하여 매일 성별회, 사경회, 구령회 등의 집회를 한 결과 신자들은 많은 은혜를 받고 새로 믿기로 결심한 자 50여 명을 얻었다. 1월 27일에는 김응조 목사의 집례로 이동환과 이주현을 집사로 임명하였다.[298] 8월 15일에는 학습예식과 세례예식(4명)을 거행하였으며 같은 날 오후 8시에는 성찬예식도 거행하여 많은 은혜를 받았다. 8월 18일에는 부인회를 조직하였다.[299] 10월 23일에는 1명에게 학습예식을 행하고 사무연회와 함께 집사, 주일학교 직원, 부인회 직원 등의 임명식을 거행하였다. 11월 20-24일 강송수 목사를 청하여 개최된 부흥회에도 많은 은혜가 임하였다. 11월 24일(주일)에는 추수감사회로 모여 주님의 은혜를 감사하는 동시에 감사헌금 13원을 주님께 드렸다.[300]

1930년 2월 4일에는 외하리 당상제(堂上濟)에서 전도회를 열었으며 8-10일은 청신기도회로 모였다. 이어 16일부터 20일까지 강송수 목사를 청하여 개최된 부흥회에서 모든 신자는 풍성한 은혜를 받았다. 27일 밤에는 노은리 경충사에서 전도회가 열렸다. 4월 6일(주일)에는 주일학교 시상식이 있었고, 10-13일에는 소아부흥회가 진행되었다. 5월 12-14일 소아 부흥과 주일학교 부흥을 위해 열린 기도회에서는 28명의 아동이 사죄의 은혜를 받았다.[301]

---

297 "북청지방성결교회통계표(1926년도)," 「활천」(1927년 5월호): 56.

298 "통신," 「활천」(1929년 3월호): 56.

299 "통신," 「활천」(1929년 10월호): 55.

300 "통신," 「활천」(1930년 1월호): 55.

301 "통신," 「활천」(1930년 7월호): 56.

洪原聖潔教會

金庚洽 李東煥 李柱玄 李柱弘 李鍾乙 李曈洙 李泰洙 李柱鵬 李善豪 金鍾奎 [illegible]五十七〇十五

朴敬愛 金弼淳 林恩善 朴云仙 全喜南 崔鳳南 鄭梅月 李車突 李舟月 李今聖 李蓮粉

1930년 홍원교회 주요 교인 명부

"축성탄하신년 광고," 「활천」(1930년 1월호).

1931년 5월 14-15일 곽재근 목사의 인도로 개최된 특별집회에서 신자들은 성령의 놀라운 역사로 말미암아 큰 은혜를 받았다. 8월 18-19일 강송수 목사의 인도로 열린 특별집회에서도 신자들은 많은 은혜를 받았다.[302] 12월 4일부터 8일까지 박현이 전도사를 청하여 진행된 부흥회에서는 중생자 14명, 성결자 9명, 신구도자 10여 명이 나왔으며, 그 밖에 기도, 전도, 십일조, 성경 읽기 등을 작정한 이들이 많았다.[303]

1932년 1월에 개최된 제9회 함흥지방회에서 홍원교회 김경흡 전도사는 "신자 50명, 주일학생 70명, 오정기도, 성경 애독, 서로 사랑함, 열심 전도함, 부인회에서는 구령열이 팽창함, 열심 전도 방문, 저축금 17원"[304] 등을 보고하였다.

2월 17-20일 열린 소아부흥회에서는 성령의 역사로 말미암아 자신의 죄를 통회 자복하며 큰 은혜를 받은 어린이가 56명이나 되었다.[305] 10월 1-3

302 "통신," 「활천」(1931년 11월호): 56.

303 "통신," 「활천」(1932년 3월호): 56.

304 김진문, "제9회 함흥지방회기," 「활천」(1932년 2월호): 54.

305 "통신," 「활천」(1932년 4월호): 56.

일 강송수 목사의 인도로 개최된 부흥회에서는 중생자 10명, 성결자 9명, 무기 청신기도 작정자 16명, 성경 신애독자 9명, 헌금 신작정자 8명, 전도 신작정자 8명, 신결심자가 13명에 이르렀다.[306]

1932년 12월 17일 홍원교회는 홍원군 용리에 사는 서민석(徐珉錫)의 집에서 전도회를 개최하고 결심자 23명을 얻었으며, 다시 전도회를 열어 결심자 24명을 얻었다. 12월 29일 장·유년 73명이 예배를 드리던 중 김병우(金炳祐) 형제가 자신의 주택을 임시 예배당으로 바침으로 지교회로 '용리성결교회'를 설립하고 1933년 1월 2일부터 이곳에서 예배를 드리게 되었다.[307] 홍원교회는 1933년 조선야소교동양선교회성결교회 제1회 총회에서 교회 명칭을 '동평리성결교회'[308]로 변경하였다.

1935년 주영식 전도사가 부임하여[309] 사역하였으나 신병으로 고생하다가 1935년 4월 6일에 사망함으로[310] 후임으로 1936년에 이주홍 전도사[311]가 부임하였다. 동평리교회는 1943년 12월 29일 일제에 의해 성결교회가 강제 해산될 때까지 홍원군 용천면 지역에 힘써 복음을 전하였다.[312]

---

306 "통신," 「활천」(1932년 12월호): 56.

307 "통신," 「활천」(1933년 4월호): 55.

308 홍원성결교회는 교회의 소재지가 홍원군 용천면 동평리였기에 '동평리교회'라고 불렸다. 조선야소교동양선교회성결교회 제1회 총회회록부록(1933년), 52에는 교회 명칭을 홍원교회에서 동평리교회로 변경하자, 회령교회 김종인 전도사가 1933년 1월에 홍원읍에 교회를 개척하며 명칭을 홍원성결교회로 하였다고 기록되어 있다.

309 "통신," 「활천」(1935년 3월호): 56.

310 "통신," 「활천」(1935년 5월호): 55-56.

311 "통신," 「활천」(1936년 1월호): 58; 조선야소교동양선교회성결교회 제1회 연회회의록부록(1937년), 37.

312 "'포교소폐지계', 소화 18년(1943년) 12월 29일," 「조선총독부관보」 1944년 4월 5일 자[소화-5148호], 2-4면.

역대 교역자 주임 필기운(弼璣運, 1925-1929)[313]
김경흡(金庚洽, 1929[314]-1932[315])
주영식(朱榮植, 1933[316]-1935[317])
이주홍(李柱弘, 1936[318]-1943[319])
부임 송진일(宋眞一, 1927[320])
여교역자 한경신(韓儆信, 1927[321]-1928)[322]
이선숙(李宣淑, 1933[323])

313 이명직, 『약사』, 126.

314 "'포교담임자변경계', 동양선교회 홍원성결교회 홍원군 필기운-김경흡, 함경남도 홍원군 용천면 동평리 442, 소화 4년(1929년) 7월 13일," 「조선총독부관보」 1930년 1월 24일 자[소화-916호], 5-6면; 이명직, 『약사』, 126.

315 조선야소교동양선교회성결교회 제4회 연회의사록부록(1932년), 44.

316 조선야소교동양선교회성결교회 제1회 총회회록부록(1933년), 51; "통신," 「활천」(1935년 3월호): 56.

317 "통신," 「활천」(1935년 5월호): 55-56.

318 "통신," 「활천」(1936년 1월호): 58; 조선야소교동양선교회성결교회 제1회 연회회의록부록(1937년), 37.

319 조선야소교성결교회 제2회 연회록(1942년), 76.

320 "통신, 성서학원 신졸업생," 「활천」(1927년 7월호): 56; "통신, 경기도 광주 경안교회로 정근," 「활천」(1927년 11월호): 55.

321 "통신," 「활천」(1927년 5월호): 53.

322 이명직, 『약사』, 126.

323 조선야소교동양선교회성결교회 제1회 총회회록부록(1933년), 50.

개운성성결교회 開雲成聖潔教會

개운성성결교회(함경남도 삼수군 관흥면 개운성리 6통 8호[324])는 북청교회에서 신실하게 믿음생활을 하던 전정섭(全正燮) 성도가 개운성리로 이사한 후 열심히 전도하여 수십 명의 구도자를 얻은 것에서 시작되었다. 모인 이들이 예배드릴 집이 없어서 많은 어려움을 당하자 북청교회는 20여 원을 들여 가옥을 매수하고 1928년에 북청교회의 지교회로 개운성교회를 설립하였다.[325]

'힘든 일이지만 꼭 내야 하는 의지'를 표현할 때 사용하는 "삼수갑산(三水甲山)에 가는 한이 있어도"라는 속담에 등장하는 '삼수갑산'은 함경남도 서북쪽에 있는 삼수군과 갑산군을 뜻한다. 삼수군과 갑산군은 우리나라에서 가장 험준한 산악 지역인 데다 겨울에는 살인적인 추위와 함께 교통망도 거의 없는 고립된 지역이다. 그래서 사람 살기에 가장 어려운 환경의 대명사로 마치 죽음이나 지옥에 비유하는 말로 사용된다. 개운성리는

---

324 조선야소교동양선교회성결교회 제3회 연회의사록부록(1931년), 48.

325 이명직, 『약사』, 133; "'포교소설치계', 동양선교회 개운성성결교회 삼수군, 소화 6년(1931년) 1월 28일," 「조선총독부관보」 1931년 7월 8일 자[소화-1351호], 5면.

해발고도가 2,000m나 되는 삼수갑산의 중앙에 놓인 작은 마을인데, '구름이 성의 모양으로 둘러싸고 있는 골짜기를 개척하여 생긴 마을'에서 그 이름이 유래되었다. 개운성교회는 설립 초기에는 '갑산교회'(공식적인 이름은 '북청교회 갑산순회지'였다 – 필자 주)라고 불렸다.[326]

전정섭이 1928년 함남지방회에 참석하여 자신의 전도활동과 개운성교회의 예배 상황을 보고하자 지방회에서는 북청 어포리교회 집사이자 함남지방회 전도부장인 맹성국을 시찰위원으로 선정하고 파송하여 교회의 실상을 조사하게 하였다. 하지만 맹성국이 개인 사정으로 이 일을 감당하지 못하자 지방회에서는 그를 대신하여 북청교회의 이문현 전도사와 니망지리교회의 김형식 전도사를 파송하여 조사하게 하였다. 이문현 전도사는 1929년 지방회 때 다음과 같이 조사 결과를 보고하였다.

> 시찰원이 산고곡심(山高谷深)한 4, 5백리의 험로를 주의 보호하에서 혹은 자전거도 타고 혹은 걷기도 하여 3일 만에 무사히 목적지에 도착하매 그곳 형제와 자매들은 대대적으로 환영하여 주님께 영광을 돌렸으며 당 교회의 신앙의 용사인 전정섭 씨는 독실한 신앙과 열렬한 기도와 뜨거운 사랑으로 전도하여 일곱 가정을 주님께 인도한 결과 유년까지 40여 인이 회집하게 되었다. 당 교회의 예배당은 156인을 수용할 만한 4간의 초가 1동인데 작년 함남지방회 시에 교회의 사정을 듣고 북청교회에서 출연(出涓)한 돈 21원으로 매수하였으며 당 교회는 금전 융통이 불편한 관계로 주일헌금을 실시치 못하였던 바 시찰원들의 지혜로운 권고로 주일마다 당지 소산물이며 상식식료품(常食食料品)인 감자를 주님께 바쳐서 방매(放賣)하기로 하였다. 교회의 간판(看板)이 무엇인지? 교회가 무엇인지? 도무지 알지 못하는 산간벽지(山間僻地)임으로 시찰원의 주선으로 예배당 문전(門前)에 '예수교동양선교회 개운성성결교회'라는 간판을 대서특자(大書特字)로 써 붙여서 완명미개(頑冥未開)한 일반 동민의 이

326 조선야소교동양선교회성결교회 제1회 연회의사록부록(1929년), 55.

목을 놀라게 하였으며 당 지는 8월 하순에도 기후가 한랭(寒冷)한 관계로 시찰원들은 의복에 곤란을 당했으며 또한 식물은 도무지 먹어보지 못한 당 지 주민의 보통 식물인 귀리밥과 감자밥과 감자떡과 소금을 조금 넣고 당근·무우·김치를 먹는 중에 소화불량증이 생기였으나 일반 신자들의 뜨거운 사랑으로 인하여 오히려 큰 기쁨과 위로를 얻어 주님께 영광을 돌렸다.[327]

1929년 3월 개운성교회는 북청교회의 순회지가 되었다.[328] 또한 교회 주무인 전정섭이 병자를 위해 다른 신자들과 합심하여 한 주간 열심히 기도한 결과 이성수의 정신이상과 이신수의 반신불수병, 이춘섭의 체증과 오변선 부인의 마귀병 그리고 진성종, 이임바우, 이응선, 한이근, 이맹춘의 사귀병이 완쾌되어 교인들이 모두 기뻐하며 주님께 영광을 돌렸다.[329]

개운성교회는 1931년부터 교회에서 가까운 혜산진교회의 순회지가 된다.[330] 1932년 제4회 연회 각 지방 통계표를 보면 장년 신자 15명 가운데 세례교인 4명으로 기록되어 있다.[331] 1931년 5월 15-20일 김형식 전도사의 인도로 열린 부흥회에서 신자들은 많은 은혜를 받았으며, 중생자 5명, 성결자 2명

---

327 이준수, "개운성교회 시찰보고를 듯고서," 「활천」(1929년 4월호): 48-50.

328 조선야소교동양선교회성결교회 제1회 연회의사록부록(1929년), 55. 교역자 임명기에 북청교회 순회지였으므로 북청교회 교역자인 원세성 목사가 포교 담임자로 기록되어 있다. "'포교담임자계', 동양선교회 개운성리성결교회 삼수군 원세성, 소화 6년(1931년) 1월 28일," 「조선총독부관보」 1931년 7월 8일 자[소화-1351호], 6면.

329 "통신," 「활천」(1929년 5월호) 54.

330 조선야소교동양선교회성결교회 제3회 연회의사록부록(1931년), 48. 개운성교회의 효과적인 관리를 위해 개운성교회가 혜산진교회의 순회지로 바뀌면서 포교담임자도 혜산진교회의 김형식 전도사로 변경되었다. "'포교담임자변경계', 동양선교회 개운성성결교회 삼수군 원세성-김형식, 소화 8년(1933년) 1월 10일," 「조선총독부관보」 1933년 3월 18일 자[소화-1856호], 5면.

331 조선야소교동양선교회성결교회 제4회 연회의사록부록(1932년), 36.

을 얻은 것을 비롯하여 3가정이 십일조를 작정하였다.[332] 11월에 신북청교회에서 열린 제9회 함북지방회에서 김진문 전도사는 개운성교회에 대해 "신자 25명, 전정섭·조학룡·전홍식 씨는 십일조를 함(가축의 소득까지)"이라고 보고하였다.[333]

1933년 개운성교회는 설립된 지 4-5년이 되었으나 담임교역자가 없었다. 11월 23-27일 김형식 전도사를 청하여 열린 부흥회에서는 성령의 역사로 거듭나고 성결의 은혜를 받은 자가 9명이나 되었다. 또한 신유의 역사가 나타나 사귀병으로 3년간 고생하던 69세의 이미성이 완전히 나음을 받고 하나님께 영광을 돌렸다.[334]

1934년 10월 20일 주일에는 추수감사예배로 감사의 제사를 주님께 드리며 그 지역 토산품인 감자 20여 석과 수확한 농작물을 바쳤는데 시가로 40여 원이나 되었다. 또한 종각도 세워 예배시간마다 경종을 울리게 되었다. 12월 8일부터 5일간은 유봉운 전도사의 인도로 부흥회가 개최되었으며 신자들 모두 큰 은혜를 받았다.[335]

하지만 개운성교회는 안타깝게도 복음전도활동을 계속 유지하지 못하고 1940년에 폐지를 신고하였다.[336]

---

332 "통신," 「활천」(1931년 11월호): 56.

333 김진문, "제9회 함북지방회기," 「활천」(1932년 2월호): 46; 조선야소교동양선교회성결교회 제4회 연회의사록(1932년), 7.

334 "통신," 「활천」(1934년 2월호): 46.

335 "통신," 「활천」(1935년 2월호): 55.

336 1937년 이후 개운성교회에 관한 기록은 없다. 조선야소교동양선교회성결교회 제1회 연회회의록부록(1937년), 41; "'포교소폐지계, 양선교회 개운성성결교회 삼수군 관흥면, 소화 15년(1940년) 3월 1일," 「조선총독부관보」 1940년 4월 17일 자 [소화-3970호], 3면.

역대 교역자　주임　김응조(金應祚, 1929[337]), 북청교회 순회지
원세성(元世性, 1930[338]), 북청교회 순회지
김형식(金亨式, 1931[339]-1932[340]), 혜산진교회 순회지
평신도 사역자　전정섭(全正燮, 1928[341]-1939)

337 조선야소교동양선교회성결교회 제1회 연회의사록부록(1929년), 55.

338 조선야소교동양선교회성결교회 제2회 연회의사록부록(1930년), 51; "통신," 「활천」(1929년 5월호): 55.

339 조선야소교동양선교회성결교회 제3회 연회의사록부록(1931년), 48.

340 조선야소교동양선교회성결교회 제4회 연회의사록부록(1932년), 44.

341 이명직, 『약사』, 133; 이준수, "개운성교회 시찰보고를 듯고서," 「활천」(1929년 4월호) 48-50.

신북청성결교회 新北青聖潔敎會

신북청성결교회(함경남도 북청군 양가면 중리 1120[342])는 평산교회 신자들이 새로운 발전 지역인 신북청역[343]을 중심으로 열심히 전도한 결과로 세워졌다. 구도자들이 일어나자[344] 함남지방회는 평가(平家) 6칸을 매수하고 수리하여[345] 평산에 주재하던 김영범 전도사를 신북청에 정주하게 하였다. 창립 예배는 1929년 5월 5일 33명이 출석한 가운데 드려졌다.[346] 오전에는 교역자와 신자들이 310여 가정을 방문하여 전도지를 배포하며 전도하는 동시에 노상 행인에게까지 전도함으로 신북청 지역이 복음의 소리로 가득하였다. 밤에는 주순진, 김형식, 맹성국을 청하여 대거전도회를 개최, 330여 명에게 구원의 소식을 전하여 결심자 37명을 얻었다.[347] 또한 감리목사의 순회 기간

342 조선야소교동양선교회성결교회 제4회 연회의사록부록(1932년), 44.

343 조선야소교성결교회 제2회 연회록(1942년), 86.

344 주간(이명직), "장막터를 넓혀라," 「활천」(1926년 6월호): 1.

345 "통신," 「활천」(1929년 6월호): 56.

346 이명직, 『약사』, 138; "'포교소설치계', 동양선교회 신북청성결교회 북청군, 소화 4년(1929년) 7월 11일," 「조선총독부관보」 1930년 2월 1일 자[소화-923호], 6면.

347 "통신," 「활천」(1929년 6월호): 56.

을 이용하여 대거전도회를 열고 160여 명에게 십자가의 도를 전한 결과 결심자 16명을 얻었다.[348]

1930년 2월 9일부터 12일까지 강송수 목사의 인도로 개최된 부흥회에서 신자들이 각각 그 믿음의 분량대로 은혜를 받은 결과 중생자가 7명이었고 교회를 위해 몸 바치기로 작정한 자도 있었다. 이 기간에 이병항 노인의 학습예식도 거행되었다.[349] 신북청교회는 주님의 축복으로 예배당을 신축하고 8월 3일 오후 2시에 강송수 목사의 인도하에 헌당식을 거행하며 주님께 영광을 돌렸다. 이날 모아진 감사헌금은 28원 5전에 달하였다. 또한 4일간 특별집회를 열고 청신기도회와 밤 구령회로 모였는데 많은 이들의 심령이 부흥되었으며, 동시에 믿기로 결심한 자가 31명이나 되었다. 우삽비라와 김상영 두 자매는 경종을 사서 교회에 바쳤으며 남대천에서 2명에게 세례식을 거행하였다.[350] 11월 2일부터 5일까지 김진문 전도사와 주임교역자의 인도로 진행된 대거전도회에서 매일 밤 80-90명에게 복음을 전한 결과 결심자 30명을 얻었으며, 오전에는 노방과 가가호호를 방문하여 전도지를 배포하였다.[351]

1931년 1월 26-28일에는 강송수 목사를 청하여 부흥회를 열고 새벽과 저녁에 두 차례 모였다. 참석한 100여 명의 신자들은 큰 은혜를 받았으며, 중생자 28명, 성결자 20명, 신결심자 11명을 얻었다. 마지막 날에는 학습예식(5명)과 세례식(1명), 집사 임명식(2명)이 거행되었다.[352] 11월 16-20일에는 제9회 함흥지방회 겸 심령수양회가 신북청교회에서 강송수, 이건 목사의 인도로 열렸는데 집회 때마다 140-200명 이상이 회집하여 열심히 은혜

---

348 "통신," 「활천」(1929년 10월호): 56.
349 "통신," 「활천」(1930년 4월호): 56.
350 "통신," 「활천」(1930년 9월호): 56.
351 "통신," 「활천」(1931년 1월호): 59.
352 "통신," 「활천」(1931년 3월호): 90.

를 갈구하였다. 이때 중생과 성결의 은혜를 받은 이들이 많았으며, 은혜받은 자 가운데 십일조를 바치기로 작정한 자가 24명, 신결심자가 40여 명이나 되었다. 이들 중 13명은 계속 예배에 출석하였으며, 전가귀도된 가정도 4-5가정에 이르렀다.[353] 제9회 함흥지방회에서 김영범 전도사는 신북청교회에 대해 "부인회의 구령열(2개월에 1차씩 정식 전도회 개최), 최금진 씨의 열성, 풍금 구입, 신자 30명, 주일학생 다수, 교회 부흥 중"임을 보고하였다.[354]

1932년 9월 17-20일에는 강송수 목사의 인도로 특별집회를 열고 풍성한 은혜를 받았다.[355] 11월 20일 밤에는 김영범 목사의 인도로 추수감사예배를 드렸는데 모아진 감사헌금이 20여 원에 달하였다.[356]

1933년 5월 5-8일에는 박현명 목사의 인도로 부흥회를 열고 많은 은혜를 받았으며,[357] 8월 21-24일에는 김종인 전도사를 청하여 특별집회를 열고 은혜를 받았다. 이때 한의우 집사는 교회 종을 구입하기 위해 8원을 헌금하였고, 손옥화 전도부인은 자기가 매삭 받는 집세를 받지 않고 그 돈을 모아 교역자 주택을 짓기로 하였다.[358]

유년주일학교에서는 1934년 4월 2일과 3일 밤에 조한숙, 김형식 전도사의 인도로 특별집회를 열고 많은 은혜를 받았으며,[359] 5월 5일에는 창립 제5주년 기념식을 거행하였다.[360] 5월 17일 저녁부터 22일까지는 홍원교회 김종인 전도사를 청하여 부흥회를 열고 모든 신자가 큰 은혜를 받았고,[361]

---

353 "통신," 「활천」(1932년 1월호): 61.
354 김진문, "제9회 함흥지방회기," 「활천」(1932년 2월호): 54.
355 "통신," 「활천」(1932년 11월호): 55.
356 "통신," 「활천」(1933년 2월호): 59.
357 "통신," 「활천」(1933년 7월호): 56.
358 "통신," 「활천」(1933년 11월호): 47-48.
359 "통신," 「활천」(1934년 6월호): 54.
360 "통신," 「활천」(1934년 7월호): 56.
361 "통신," 「활천」(1934년 5월호): 55.

5월 27일(주일)에는 신북청의 명산인 석재산에서 야외예배를 드렸다.[362] 7월 9-11일에는 성서학원을 졸업하고 돌아온 송빙옥 전도부인의 인도로 전도회를 열었다.[363]

1935년 1월 7일(주일)에는 이준수 목사의 사회로 주일학교 졸업식을 행하였으며, 이건 목사의 집례로 평산교회와 연합성찬식을 거행하였다. 1월 23일부터 6일간은 김진문 목사의 인도로 부흥회를 열고 많은 은혜를 받았다.[364]

1935년 5월 28일(주일)에는 신북청, 평산, 양천, 예원리, 어포리교회 주일학교가 연합하여 신북청교회에서 250여 명이 모인 가운데 연합예배를 드렸다. 학생들은 북청읍교회 조병결 선생의 유익한 설교에 많은 은혜를 받았다.[365]

1937년 11월 23일부터 4일간은 강송수 목사의 인도로 특별집회가 있었다.[366] 1938년 11월 30일 밤부터 5일간은 강송수 목사의 인도로 매일 세 차례 모여 놀라운 은혜를 받았다. 특별히 가정불화로 어려움을 겪던 가정들이 눈물로 통회 자복함으로 7가정이나 주 안에서 평화를 얻게 되었으며 중생·성결의 은혜를 받는 자도 다수에 이르렀다. 신결심자는 33명이나 되었으며 은혜받은 신자들이 집회 후 구령운동에 힘쓰므로 매주일마다 수명의 결심자를 얻었다.[367] 1941년 10월 28일에는 이사장 이명직 목사의 순회 방문이 있었다.[368]

신북청교회는 1943년 12월 29일 성결교회가 일제에 의해 강제로 해산 당할 때까지 신북청 지역에 복음을 전하였다.[369]

---

362 "통신," 「활천」(1934년 7월호): 56.

363 "통신," 「활천」(1934년 10월호): 53.

364 "통신," 「활천」(1935년 3월호): 55.

365 "통신," 「활천」(1935년 6월호): 56.

366 "통신," 「활천」(1938년 1월호): 58.

367 "통신," 「활천」(1939년 2월호): 51.

368 조선야소교성결교회 제2회 연회록(1942년), 25.

369 "'포교소폐지계', 소화 18년(1943년) 12월 29일," 「조선총독부관보」 1944년 4월 5일 자[소화-5148호], 2-4면.

역대 교역자	주임	김영범(金永範, 1929[370]-1932[371])
		이준수(李畯洙, 1933[372]-1934[373])
		박태주(朴泰胄, 1936[374]-1940[375])
		전기찬(全基瓚, 1941[376]-1943)
	여교역자	김명숙(金明淑, 1929[377]-1930[378])
		손옥화(孫玉化, 1931[379]-1933[380])
		송빙옥(宋氷玉, 1934[381]-1941[382])

370 이명직, 『약사』, 138; "'포교소설치계', 동양선교회 신북청성결교회 북청군, 소화 4년(1929년) 7월 11일," 「조선총독부관보」 1930년 2월 1일 자[소화-9234호], 6면.

371 조선야소교동양선교회성결교회 제4회 연회의사록부록(1932년), 44.

372 "양천교회 겸임," 조선야소교동양선교회성결교회 제1회 총회회록부록(1933년), 41.

373 "양천교회 겸임," 조선야소교동양선교회성결교회 제2회 총회회록부록(1934년), 70.

374 "'포교담임자변경계', 동양선교회 신북청성결교회 북청군 김영범-박태주, 소화 11년(1936년) 11월 1일," 「조선총독부관보」 1936년 12월 9일 자[소화-2972호], 5면; "평산·양천·신북청교회 겸임," 조선야소교동양선교회성결교회 제1회 연회회의록부록(1937년), 34.

375 "평산·양천·보청·예원리교회 겸임," 조선야소교동양선교회성결교회 제2회 연회회의록부록(1939년), 51.

376 조선야소교성결교회 제2회 연회록(1942년), 60.

377 "평산교회에서 사역 중 김영범과 함께 신북청교회 개척사역," 조선야소교동양선교회성결교회 제1회 연회의사록부록(1929년), 56.

378 "간평교회 겸임," 조선야소교동양선교회성결교회 제2회 연회의사록부록(1930년), 51.

379 "간평교회 겸임," 조선야소교동양선교회성결교회 제3회 연회의사록부록(1931년), 48.

380 "간평교회 겸임," 조선야소교동양선교회성결교회 제1회 총회회록부록(1933년), 48.

381 조선야소교동양선교회성결교회 제2회 총회회록부록(1934년), 77.

382 조선야소교성결교회 제2회 연회록(1942년), 31.

간평성결교회 間坪聖潔敎會

간평성결교회(함경남도 북청군 속후면 간평리 315[383])는 1923년 5월경 김룡교의 신앙생활로 시작되었다.[384] 1924년 8월 김룡교의 전도로 4명의 구도자를 얻게 되었고, 이에 어포리교회 전도대가 두 차례에 걸쳐 대대적으로 전도한 결과 50여 명의 결심자를 얻어 마침내 어포리교회 지회로 설립되었다.[385]

교회가 설립될 당시 신자 가운데 전가귀도된 김희은 성도[386]가 협소하나마 자신의 집을 임시 예배 장소로 사용하도록 해줌으로써 주일마다 50여 명 혹은 60-70여 명씩 모여 주님께 영광을 돌렸다. 신자들은 자발적으로 청신기도회를 시작하여 5주간(35일) 새벽마다 예배당에 모여 한마음으로 간절히 기도한 결과 성령의 역사로 흉악한 죄를 통회 자복하고 신생(중생)의 은혜를 받은 자가 9명이나 되었다. 이때부터 예배당 건축을 소망하며 전능

383 조선야소교동양선교회성결교회 제3회 연회의사록부록(1931년), 48.

384 "통신," 「활천」(1931년 4월호): 55.

385 "통신," 「활천」(1925년 2월호): 57; "'포교소설치계', 동양선교회 간평성결교회 북청군, 함경남도 북청군 속후면 간평리 315, 소화 6년(1931년) 1월 28일," 「조선총독부관보」 1931년 4월 18일 자[소화-1283호], 9면.

386 "통신," 「활천」(1931년 4월호): 55.

하신 하나님께 열심으로 기도하기 시작하였다.[387]

1925년 2월 2-5일에는 곽재근 목사를 청하여 특별집회를 열었는데 장소가 좁아 어려움이 많은 가운데서도 성령의 역사로 모든 죄를 통회 자복하고 신생의 은혜를 받은 자가 4명에 이르렀다. 또한 모든 신자가 전도의 열심을 얻어 전도하는 중 주님께 영광을 돌렸다.[388]

1929년 8월 18일에는 어포리교회와 간평교회가 연합하여 예원리교회에서 강송수 목사의 집례로 세례식(8명)과 학습예식(6명)을 거행하였으며, 이후 함께 성찬예식을 행하였다. 특별히 간평교회에서 개최된 대거전도회에는 마을의 모든 사람이 참석하여 주님의 복음을 들었으며, 이때 믿기로 결심한 자가 21명에 이르렀다. 그 가운데 교회에 계속 출석하여 구원받기를 사모하는 자가 많음으로 신자들은 주님께 영광을 돌렸다.[389]

1930년 1월 22-25일에는 김진문 전도사의 인도로 부흥회를 개최하였는데 신자들은 성령의 역사하심 가운데 많은 은혜를 받고 주님께 감사하였다. 동시에 성전 건축헌금으로 74원 80전을 드렸다.[390] 2월 14일 낮에는 김현식 전도사를 청하여 전도회를 개최, 남녀 백수십여 명에게 복음을 전한 결과 자원하여 믿기로 결심한 자가 28명이나 되었다.[391]

1931년 2월 6-8일 강송수 목사의 인도로 열린 부흥회에서 모든 신자는 큰 은혜를 받았으며 중생자 4명, 신결심자 18명을 얻었다. 집회 중에는 학습예식과 사무연회(사무총회)가 진행되었으며, 7일에는 신축 예배당 봉헌식도 거행되었다.[392] 신축 예배당은 337원의 헌금으로 82평 대지를 구입하여

387 "통신,"「활천」(1925년 2월호): 57.
388 "통신,"「활천」(1925년 4월호): 56.
389 "통신,"「활천」(1929년 10월호): 55-56.
390 "통신,"「활천」(1930년 4월호): 56.
391 "통신,"「활천」(1930년 5월호): 56.
392 "통신,"「활천」(1931년 4월호): 55.

와가 2동 5칸으로 아름답게 세워졌다.

11월 28일부터 12월 1일 아침까지는 강송수, 김경흡, 박현이를 청하여 대거전도회를 열고 매일 세 차례 집회하였는데 신자들이 큰 은혜를 받는 동시에 신구도자 13명을 얻었다.[393] 11월 16일부터 진행된 제9회 함흥지방회에서 간평교회는 "다년간 신자 가정에서 예배를 드리다가 337원의 경비로 성전 건축함. 신자 20명"임을 보고하였다.[394]

1932년 2월 17일 밤부터 20일 새벽까지 강송수 목사의 인도로 진행된 부흥회 결과 중생자 9명, 성결자 6명, 무기기도 작정자 9명, 성경 읽기 작정자 9명, 전도 작정자 8명, 헌신 작정자 11명, 헌금 작정자 8명, 십일조 작정자가 1명에 이르렀다.[395]

어포리교회의 지교회로 세워진 간평교회는 1934년 이후 총회록과 연회록 및 지방회록과 「활천」에서 그 이름을 찾아볼 수 없다. 이러한 사실은 간평교회가 교회로서의 역할을 실제적으로 하지 못한 것으로 판단된다. 하지만 1943년 12월 29일 일제에 의해 성결교회가 강제 해산될 당시 교회 폐지 명부에는 간평성결교회가 포함되어 있다.[396]

---

393 "통신," 「활천」(1932년 3월호): 56.

394 김진문, "제9회 함흥지방회기," 「활천」(1932년 2월호): 55.

395 "통신," 「활천」(1932년 4월호): 56.

396 "'포교소폐지계', 소화 18년(1943년) 12월 29일," 「조선총독부관보」 1944년 4월 5일 자[소화-5148호], 2-4면.

역대 교역자 주임 김진문(金進文, 1930[397]-1931[398])

박태주(朴泰胄, 1932[399]-1933[400])

여교역자 이신천(李信天, 1930[401]-1930)

손옥화(孫玉化, 1933[402]-1933)

---

397 "어포리교회 순회지," 조선야소교동양선교회성결교회 제2회 연회의사록부록(1930년), 51; "'포교담임자계', 동양선교회 간평성결교회 북청군 김진문, 소화 6년(1931년) 1월 28일,"「조선총독부관보」1931년 4월 18일 자[소화-1283호], 9면.

398 "어포리교회 지교회," 조선야소교동양선교회성결교회 제3회 연회의사록부록(1931년), 48.

399 "어포리교회 지교회," 조선야소교동양선교회성결교회 제4회 연회의사록부록(1932년), 44.

400 "간평교회 겸임," 조선야소교동양선교회성결교회 제1회 총회회록부록(1933년), 44.

401 "어포리교회 순회지," 조선야소교동양선교회성결교회 제2회 연회의사록부록(1930년), 51.

402 "간평교회 겸임," 조선야소교동양선교회성결교회 제1회 총회회록부록(1933년), 44.

니망지리성결교회 泥望只里聖潔教會

니망지리성결교회(함경남도 북청군 덕성면 니망지리 678[403])는 1923년 북청교회 신자들이 전도대를 조직하여 사방 12km 이내로 돌아다니며 각 촌에 전도한 결과 남녀 8-9명의 결신자를 얻어 북청교회 지교회로 설립되었다. 처음에는 예배당이 없어 많은 어려움을 겪었으나 신자들은 한마음으로 예배당 마련을 위해 열심히 기도하였다. 북청교회 부임교역자인 김형식 전도사는 북청교회의 순회지인 갑산, 하거서, 나하대, 니망지리교회를 섬겼는데 물심양면으로 쏟는 그의 헌신적 역사의 결과[404]로 순회지 교회마다 신자가 점점 증가하였다. 니망지리교회는 1928년 12월 5칸 1동과 대지 80여 평을 230원(100원은 김형식 전도사, 50원은 웃쓰 선교사, 나머지는 신자들의 헌금과 다른 교회 신자의 보조금)에 매수하였다. 12월 15-17일에는 김응조 목사와 주순

403 조선야소교동양선교회성결교회 제3회 연회의사록부록(1931년), 47. "'포교담임자계', 동양선교회 니망지리성결교회 북청군 원세성, 함경남도 북청군 덕성면 니망지리 678, 소화 6년(1931년) 1월 28일," 「조선총독부관보」 1931년 4월 18일 자 [소화-1283호], 9면.

404 "함남지방교세보고," 조선야소교동양선교회성결교회 제1회 연회의사록(1929년), 12.

진 전도사를 청하여 밤마다 전도회를 열었는데 시간마다 60-70명의 청중이 모였으며 결심자는 24명이었다. 17일 오전 12시에는 김응조 목사의 사회와 이문현 전도사의 설교가 있은 후 헌당식을 거행하였는데 400여 명이 모여 주님께 영광을 돌렸으며 교회 경종을 구입하기 위해 25원의 헌금을 드렸다.[405]

1931년 제9회 함흥지방회 때 니망지리교회는 교회 상황에 대해 "여름 이후로 집회열 왕성, 예배당 수선, 신자 증가 중에 있음(신자 20여 명 됨)"[406] 이라고 보고하였다. 제3회 연회 청진지방회 교세보고에서는 "남녀 15명, 유년 45명에 달하며 1930년 8월부터 조운경, 조명희, 주유식 세 청년이 열심히 출석하며 교회를 섬기는 중에 있음"이라고 보고하였다.[407]

1932년 봄에는 사귀병자 2명이 완쾌되는 신유의 이적이 나타났다.[408] 11월 14-19일 박태주 전도사를 청하여 개최한 부흥회에서는 큰 은혜가 임하였다. 부흥회 기간 중인 16일에는 이준수 목사의 인도로 추수감사예배를 드렸다.[409]

1932년에 열린 제4회 연회에서 니망지리교회는 "지난 한 해 동안 16-17명의 신자가 증가하여 현재 22명이 모이는 중이며 남녀 신자가 밤 시간을 이용하여 예배당을 수리하고 예배를 드리는 중"이라고 보고하였다.[410]

북청교회의 지교회로 창립된 니망지리교회는 전담하는 교역자 없이

---

405 "통신," 「활천」(1929년 2월호): 55-56.

406 김진문, "제9회 함흥지방회기," 「활천」(1932년 2월호): 54-55.

407 "청진지방회보고," 조선야소교동양선교회성결교회 제3회 연회의사록부록(1931년), 8.

408 "통신," 「활천」(1932년 6월호): 56.

409 "통신," 「활천」(1933년 2월호): 59.

410 "함흥지방교세보고," 조선야소교동양선교회성결교회 제4회 연회의사록(1932년), 7.

북청교회의 교역자가 순회하며 사역하였다.[411] 1934년 제2회 총회[412] 이후 니망지리교회는 연회록과 「활천」에서 기록을 찾아볼 수 없다. 실제로 1937년에 열린 제1회 조선야소교동양선교회성결교회 연회의 회의록부록[413]에는 니망지리교회가 누락되어 있는데 이를 통해 그 무렵 교회로서의 기능을 상실한 것으로 보인다.

하지만 1943년 12월 29일 성결교회가 일제에 의해 강제로 해산당할 당시 니망지리교회는 '니운지리성결교회'(泥雲只里聖潔敎會)로 잘못 표기된(오타) 채 폐지 교회 명부에 기록되어 있다.[414]

역대 교역자[415]	주임	김응조(金應祚, 1929)[416]
		원세성(元世性, 1930[417]-1932)
		이준수(李晙洙, 1932[418]-1933[419])
		조한수(趙漢壽, 1933[420]-1934[421])

411 "교역자임명기," 조선야소교동양선교회성결교회 제1회 연회의사록부록(1929년), 55.

412 조선야소교동양선교회성결교회 제2회 총회회록부록(1934년), 80.

413 조선야소교동양선교회성결교회 제1회 연회회의록부록(1937년), 41.

414 "'포교소폐지계', 소화 18년(1943년) 12월 29일," 「조선총독부관보」 1944년 4월 5일 자[소화-5148호], 2-4면.

415 니망지리성결교회는 북청교회의 지교회였으므로 북청교회 교역자가 겸임하고 순회하며 사역하였다.

416 조선야소교동양선교회성결교회 제1회 연회의사록부록(1929년), 55.

417 조선야소교동양선교회성결교회 제2회 연회의사록부록(1930년), 51; "통신," 「활천」(1929년 5월호): 55.

418 조선야소교동양선교회성결교회 제4회 연회의사록부록(1932년), 43.

419 조선야소교동양선교회성결교회 제1회 총회회록부록(1933년), 41.

420 조선야소교동양선교회성결교회 제1회 총회회록부록(1933년), 43.

421 조선야소교동양선교회성결교회 제2회 총회회록부록(1934년), 80.

양천성결교회 楊川聖潔敎會

양천성결교회(함경남도 북청군 양천면 중리 1377[422])는 평산교회가 1929년 10월[423] 양동(陽洞)에 순회지로 설립한 교회이다.[424] 양천교회는 1932년까지 평산교회의 교역자가 겸임하여 목회하였으며,[425] 이듬해인 1933년 제1회 총회부터는 신북청교회의 교역자가 겸임하여 사역하였다.

양천교회는 1929년 주님의 축복으로 평가 4칸 대지 60평을 매수하여 기쁨으로 예배를 드리게 되었다.[426] 설립예배 이후에는 감리목사의 순회 기간을 이용하여 전도회를 열고 300-400명의 대중에게 구원의 소식을 전하는 동시에 한 형제에게 학습예식을 행하였다.[427]

1930년 양천교회는 반종교파(反宗敎波, 일부 사회주의자들 – 필자 주)에

---

422 조선야소교동양선교회성결교회 제2회 연회의사록부록(1930년), 51.

423 조선야소교동양선교회성결교회 제1회 연회회의록부록(1937년), 41.

424 "성결교회 제1회 연회임명기," 조선야소교동양선교회성결교회 제1회 연회의사록(1929년), 56.

425 조선야소교동양선교회성결교회 제4회 연회의사록부록(1932년), 44.

426 "통신," 「활천」(1929년 6월호) 56.

427 "통신," 「활천」(1929년 10월호) 56.

게 다소간 방해를 받기도 했으나 김철진(金喆鎭) 같은 형제가 있어 흔들리지 않고 굳세게 버티어 나갔다. 김철진은 신앙 관계로 양천면 청년회원에서 제명처분 당하고 축출되었지만 조금도 흔들리지 않고 오히려 그들에게 "너희 회(모임)에서는 나의 이름이 제명되었으나 하늘나라 생명록에는 제명되지 않았으니 무한히 기쁜 일이다."[428]라고 간증하였다고 한다. 한편 감리목사의 순회 기간을 이용하여 열린 청신기도회와 구령회에서는 마귀의 역사도 있었으나 주님께서 결국 승리하게 하셨다. 이 기간에 세례식(3명)과 학습예식(3명)도 거행되었다.[429]

1931년 1월 29일부터 2월 1일까지 강송수 목사를 청하여 열린 부흥회에서 각 개인에게 큰 은혜가 임한 동시에 네 가정이 충만한 은혜를 받았다. 어떤 한 부부와 청년 두 사람은 제사 문제로 가정에서 내쫓기게 되었으나 집회를 통해 받은 큰 은혜로 말미암아 그 모든 시험과 핍박을 넉넉히 이겨낼 수 있었다. 동시에 부모가 여비 하라고 준 보리쌀 두 말까지 교회에 바쳤다. 집회 마지막 날에는 세례식(3명)과 직원 임명식이 거행되었다.[430] 반종교파의 소행으로 예배 처소에 피해가 적지 않았으나 양천교회 교우 일동은 더욱 빛을 나타내며 합력·노동하여 경종 1개를 구입하여 달았으며, 이유경 형제의 가정과 전남협, 전건종 형제의 가정은 모두 열심히 출석하며 교회를 위해 일하였다.[431]

1932년에 개최된 제9회 함흥지방회에서 양천교회는 "신자들의 신앙 독실, 이순식 씨의 열심, 신유의 역사도 있음, 재미있는 중에 전진함"이라고 보

---

428 "함남지방교세보고," 조선야소교동양선교회성결교회 제2회 연회의사록(1930년), 17.

429 "통신," 「활천」(1930년 9월호): 56.

430 "통신," 「활천」(1931년 3월호): 90.

431 "함남지방교세보고," 조선야소교동양선교회성결교회 제3회 연회의사록부록(1931년), 7.

고하였다.[432] 양천교회는 그동안 협소한 예배당으로 인해 곤란을 당해오다가 아름다운 새 예배당을 얻어 1932년 8월 30일에 헌당식을 거행하여 주님께 영광을 돌렸다. 이후 3일간 주영식 전도사의 인도로 전도회를 열고 많은 결심자를 얻었다.[433]

1939년 박동순 자매는 2,000여 원 상당의 논[畓]을 양천교회에 바쳤다.[434] 이후 양천교회는 1943년 12월 29일 성결교회가 일제에 의해 강제로 해산당할 때까지 북청군 양천면 지역에 복음을 전하였다.[435]

역대 교역자	주임	김영범(金永範, 1929[436]-1931[437])
		주영식(朱榮植, 1932[438]-1933)[439]
		이준수(李晙洙, 1933[440]-1934[441])
		박태주(朴泰胄, 1936[442]-1940[443])

432 김진문, "제9회 함흥지방회기,"「활천」(1932년 2월호): 54.

433 "통신,"「활천」(1932년 11월호): 55.

434 조선야소교동양선교회성결교회 제2회 연회회의록(1939년), 27.

435 "'포교소폐지계', 소화 18년(1943년) 12월 29일,"「조선총독부관보」 1944년 4월 5일 자[소화-5148호], 2-4면.

436 조선야소교동양선교회성결교회 제1회 연회의사록부록(1929년), 56.

437 조선야소교동양선교회성결교회 제3회 연회의사록(1931년), 48.

438 조선야소교동양선교회성결교회 제4회 연회의사록(1932년), 44.

439 "포교자거주지이전,"「조선총독부관보」 1933년 3월 18일 자[소화-1856호], 4-5면.

440 "양천교회 겸임," 조선야소교동양선교회성결교회 제1회 총회회록부록(1933년), 41.

441 "양천교회 겸임," 조선야소교동양선교회성결교회 제2회 총회회록부록(1934년), 70.

442 "'포교담임자변경계', 동양선교회 신북청성결교회 북청군 김영범-박태주, 소화 11년(1936년) 11월 1일,"「조선총독부관보」 1936년 12월 9일 자[소화-2972호], 5면; "평산·양천·신북청교회 겸임," 조선야소교동양선교회성결교회 제1회 연회회의록부록(1937년), 34.

전기찬(全基瓚, 1941[444]-1943)

여교역자 김명숙(金明淑, 1929[445]-1930[446])

손옥화(孫玉化, 1931[447]-1932[448])

송빙옥(宋氷玉, 1934[449]-1943[450])

443 "평산·양천·보청·예원리교회 겸임," 조선야소교동양선교회성결교회 제2회 연회회의록부록(1939년), 51.

444 조선야소교성결교회 제2회 연회록(1942년), 60.

445 조선야소교동양선교회성결교회 제1회 연회의사록부록(1929년), 56.

446 조선야소교동양선교회성결교회 제2회 연회의사록(1930년), 51; "통신," 「활천」(1930년 8월호): 56.

447 조선야소교동양선교회성결교회 제3회 연회의사록부록(1931년), 48.

448 조선야소교동양선교회성결교회 제4회 년회의사록부록(1932년), 44.

449 조선야소교동양선교회성결교회 제2회 총회회록부록(1934년), 77.

450 조선야소교성결교회 제2회 연회록(1942년), 31.(1941년까지는 신북청교회 전도부인으로 양천교회를 겸임하여 사역하였으나 1942년부터는 양천교회 전임 전도부인으로 사역하게 되었다 – 필자 주)

흥남성결교회 興南聖潔教會

흥남은 '함흥의 남쪽'이라는 의미이다. 본래 흥남은 함흥부 운전사(雲田社)라는 어촌마을이었으나 1914년 함흥군 운전면이 되었고, 1927년에 거대한 조선질소비료주식회사 공장이 들어서면서 급격히 발전한 지역이다. 1929년에는 부전강수력발전소(20만kW), 1935년에는 장진강 발전소(33만kW)가 완성되면서 북한 지역을 대표하는 공업 지역이 되었다. 흥남을 공업도시로 개발하기 위해 1928년 함경선이 개통되었는데 이 함경선으로 원산과 흥남, 함흥, 회령까지 연결되었다. 1930년에는 함주군 흥남면으로 개칭되었고 이듬해인 1931년에는 흥남읍으로 승격되었다. 흥남은 비록 읍이었지만 인구수가 14만여 명에 이르는, 이북 지역에서는 평양부와 청진부 다음가는 큰 도시였다.

흥남성결교회(함경남도 함주군 흥남읍 하덕리 21-2[451])는 1932년 4월 24-28일 함흥교회 직원들과 교우들의 후원과 강송수 목사의 인도하에 열린 대거전도회를 통해 100여 명의 청중에게 주님의 복음을 전한 결과 70여

451 조선야소교동양선교회성결교회 제1회 연회회의록부록(1937년), 41.

명이 믿기로 결심하고 40여 명이 주일예배에 참석함으로 설립되었다.[452] 설립 이후 이 교회는 '흥남성결교회', '흥남하덕리성결교회'[453] 또는 '하덕리성결교회'[454] 등으로 불리다가 1942년에는 교회 명칭을 '중앙성결교회'[455]로 변경하였다. 김진문 전도사가 첫 교역자로 사역하였다.[456]

흥남교회는 1933년 1월 21일에 서호진에 교회를 창립하고 직원 이하 신자 일동이 돌아가며 집회를 인도하였다.[457] 이렇게 설립된 서호진교회는 김진문 전도사가 겸임하며 사역하였다.[458] 흥남교회는 1월 28일부터 2월 1일까지 강송수 목사를 청하여 부흥회를 개최하고 풍성한 은혜를 받았으며 중생자 24명, 성결자 14명을 얻었다. 새로 믿기로 작정한 자도 많았다.[459] 8월부터는 구룡리 주민들에게 전도한 결과 장·유년을 합하여 30여 명씩 모여 예배를 드리는 가운데 구도자도 날로 증가하였으나 담임교역자가 없어 안타까운 상황이었다.[460] 10월 16-18일에는 이준수 목사와 박태주 전도사를 청하여 아동집회를 열어 어린이들이 많은 은혜를 받았다. 12월 10일에는 강송수 목사의 집례로 세례식(8명)과 학습예식(8명)을 거행하였다.[461]

---

452 "통신," 「활천」(1932년 8/9월호): 80; "'포교소설치계', 동양선교회 흥남성결교회 함주군, 함경남도 함주군 흥남읍 신상리, 소화 7년(1932년) 5월 20일," 「조선총독부관보」 1932년 7월 6일 자[소화-1648호], 4-5면.

453 조선야소교성결교회 제2회 연회록(1942년), 60.

454 조선야소교성결교회 제2회 연회록(1942년), 85.

455 "'포교소명칭변경계', 하덕리성결교회-중앙성결교회 함주군, 소화 17년(1942) 11월 6일," 「조선총독부관보」 1943년 2월 2일 자[소화-4799호], 2면.

456 조선야소교동양선교회성결교회 제1회 총회회록부록(1933년), 42; "'포교담임자계', 동양선교회 흥남성결교회 함주군 김진문, 소화 8년(1933년) 1월 30일," 「조선총독부관보」 1933년 3월 20일 자[소화-1857호], 6면.

457 "통신," 「활천」(1933년 6월호): 56.

458 조선야소교동양선교회성결교회 제1회 총회회록부록(1933년), 42.

459 "통신," 「활천」(1933년 4월호): 56.

460 "통신," 「활천」(1934년 10월호): 55.

461 "통신," 「활천」(1934년 2월호): 46.

1934년 4월 4일 밤부터 8일 밤까지 홍원교회 김종인 전도사를 청하여 개최한 부흥회에서는 신자들에게 큰 은혜가 임하였으며 중생자 13명, 기도하기로 작정한 자 22명, 신결심자 64명이 나왔다.[462] 한편 전도를 위해 조직된 '십만구령대'의 대원 일동은 촌락과 시내와 노방에서 외침으로 큰 승리를 맛보았다. 또한 '성전건축 기성회'를 조직하고 헌금하였는데 헌금 총액이 235원에 이르렀으며, '백일기도단'을 조직하고 십만 구령과 성전 건축과 교회 자립을 위해 열심히 기도하였다.[463]

1935년 1월 1일부터 5일간 이준수 목사와 박태주 목사의 인도로 부흥회를 개최한 결과 모든 신자가 큰 은혜를 받았으며 중생자 9명, 성결자 8명, 새 힘을 얻은 자 13명, 성경을 읽고 기도하기로 작정한 자 56명, 전도하기로 작정한 자 27명, 주일을 엄수하기로 작정한 자 10명, 결심자 103명, 월정헌금 작정자 4명이 나와 주님께 감사드렸다.[464]

2월 26일부터 3월 2일까지 전도회를 한 결과 많은 결심자와 회개자가 있었으며, 구룡리 지교회에서도 전도회를 한 결과 22명의 결심자가 나왔다. 흥남교회 주일학교에서도 전도회를 한 결과 학생들이 많은 은혜를 받았고, 이들은 노방에서와 실내에서 많은 사람에게 전도하였다.[465]

1936년 제3회 함남지방회 및 심령수양대회가 2월 19일부터 22일까지 흥남교회에서 개최되었다.[466] 4월 8일부터 13일까지는 강송수 목사의 인도로 매일 세 차례 집회를 개최하여 신자들이 풍성한 은혜를 받았고, 중생자 남녀 12명, 성결자 남녀 15명, 전도하기로 결심한 자 17명, 주일을 엄숙히 지

---

462 "통신," 「활천」(1934년 6월호): 54.

463 "통신," 「활천」(1934년 11월호): 55-56.

464 "통신," 「활천」(1935년 3월호): 55.

465 "통신," 「활천」(1935년 4월호): 55.

466 "제3회 함남지방회 및 심령수양대회 광고," 「활천」(1936년 2월호).

키기로 작정한 자 23명이 나왔다.[467] 흥남교회에서는 30년 동안 불치인 병자가 기도 중 완쾌되어 주님께 영광을 돌리기도 하였다.[468]

1938년 11월 14-20일에는 한성과 목사의 인도로 부흥회를 열고 매일 세 차례 모였는데 시간마다 은혜의 폭풍우가 사람들의 심령을 감동시켜 오순절적 각양 은혜가 임하였다. 이로 인해 인근 타교회의 신자들까지 참석하여 은혜를 받았으며 함흥산수정교회 음악대가 흥남 시가지를 돌아다니며 외친 결과 장내는 입추의 여지 없게 되었고 하늘에서 들려오는 복음의 소리는 모든 신자의 영혼을 소생시키기에 충분하였다.[469]

1939년에는 김진문 목사의 후임으로 강축수 전도사가 부임하였다. 장명준은 30원짜리 의자를, 안용국은 강대상 1좌를 하나님께 드렸다.[470]

10월 25-29일 강축수 신임 전도사의 인도로 열린 부흥회에서도 풍성한 은혜가 임하였다. 집회 마지막 날은 추수감사절로 지켰는데 감사헌금이 250원이나 되었다. 또한 교회 부채로 오랫동안 고통받아 오던 중 신구영 형제가 교역자를 은밀히 방문하여 채무를 정리하라고 일금 300원을 헌금함으로 하나님께 영광을 돌렸다.[471]

강축수 전도사는 1941년 4월 9일부터 5일간 진행된 제1회 북부연회에서 목사 안수를 받았다.[472] 1942년 후반기에는 교회 명칭을 '하덕리성결교회'에서 '중앙성결교회'로 변경하였다.[473]

---

467 "통신," 「활천」(1936년 6월호): 54.

468 조선야소교동양선교회성결교회 제1회 연회회의록(1937년), 22.

469 "통신," 「활천」(1939년 2월호): 52.

470 조선야소교동양선교회성결교회 제2회 연회회의록(1939년), 27.

471 "통신," 「활천」(1939년 12월호): 48.

472 "통신," 「활천」(1941년 5월호): 35.

473 "'포교소명칭변경계', 하덕리성결교회-중앙성결교회 함주군, 소화 17년(1942) 11월 6일," 「조선총독부관보」 1943년 2월 2일 자[소화-4799호], 2면.

중앙교회는 1943년 12월 29일 성결교회가 일제에 의해 강제로 해산당할 때까지 흥남읍 지역에 복음을 전하였다.[474]

역대 교역자	주임	김진문(金進文, 1931[475]-1939[476])
		강축수(姜丑洙, 1939[477]-1942[478])
	여교역자	이근숙(李槿淑, 1937[479]-1943[480])

---

474 "'포교소폐지계', 소화 18년(1943년) 12월 29일,"「조선총독부관보」 1944년 4월 5일 자[소화-5148호], 2-4면.

475 "성결교회 제3회 연회임명기," 조선야소교동양선교회성결교회 제3회 연회의사록부록(1931년), 48.

476 조선야소교동양선교회성결교회 제1회 연회회의록부록(1937년), 34.

477 조선야소교동양선교회성결교회 제2회 연회회의록부록(1939년), 53; "'포교담임자변경계', 동양선교회 흥남성결교회 함주군 김진문-강축수, 소화 15년(1940년) 6월 13일,"「조선총독부관보」 1940년 8월 9일 자[소화-4066호], 2면.

478 조선야소교성결교회 제2회 연회록(1942년), 60.

479 조선야소교동양선교회성결교회 제1회 연회회의록부록(1937년), 38.

480 조선야소교성결교회 제2회 연회록(1942년), 79.

혜산진성결교회 惠山鎭聖潔敎會

혜산진성결교회(함경남도 갑산군 혜산읍 혜산리 551[481])는 1931년 초부터 김형식 전도사를 파송하여 활동하는 가운데 신정 2정목 551번지의 가옥 6칸을 임시 예배당으로 정하고 5월 3일(주일) 오전 10시부터 11시 30분까지 유년주일학교 남녀 34명이 모여 창립예배를 드렸다. 복음을 들은 어린이들은 '다음 주일에는 부모님까지 인도하겠다.'라는 아름다운 작정을 함으로써 주님께 영광을 돌렸다.[482]

1932년 1월 27일부터 5일간 열린 소아부흥회에서 성령의 역사가 90여 명에 이르는 아동의 심령에 크게 임하고 신생자 20여 명을 얻었다.[483] 4월 20일에는 혜산진교회에서 20km 밖에 사는 어떤 사귀병자가 6년간 갖은 고생을 다하다가 교회로 찾아와 믿기를 작정하고 23-26일 주님께 간구한 결과 신유의 영광이 나타나 온전하게 되었다. 이로 인해 그녀의 남편까지 믿

---

481 조선야소교성결교회 제2회 연회록(1942년), 84.

482 "통신," 「활천」(1931년 6월호): 56. '통신'

483 "통신," 「활천」(1932년 5월호): 56.

기로 작정하였다.[484] 12월 6-12일에는 김형식 전도사의 인도로 부흥회가 열려 중생자 11명, 성결자 4명, 십일조 작정자 1명, 무기기도자 7명, 매주일 1명 이상 전도하기로 작정한 자 15명을 얻었다.[485]

1934년 1월 28일에 김형식 전도사가 평산교회로 이동하고[486] 2월 10일에 후임으로 유봉운 전도사가 부임하였다. 혜산진교회는 2월 12-18일 설립 이래 처음으로 1주일간 사경회를 열어 모든 신자가 많은 은혜를 받았다.[487] 그러나 유봉운 전도사가 지방회 결의로 3월 13일에 온성교회로 전임되는 바람에 1년여간 교역자 없이 지내며 많은 어려움을 겪었다.[488]

1935년 이정원 순회목사의 인도로 4일간 특별집회를 한 결과 신자들은 큰 은혜를 받았다. 이때 남자 2명, 여자 5명에게 세례를 베풀었으며, 남녀 집사 4명을 선택하여 교회를 인도하게 하였다.[489] 그러나 교회 운영상의 어려움이 많은 관계로 이정원 순회목사는 "혜산진교회를 폐지하고 교회 기물은 방매하여 지방회장에게로 보내고 교인들은 장로교회에 부치라."라고 결정하였다. 하지만 김유병(金裕丙)과 한회록(韓會綠)은 '내가 택한 자는 결단코 버리지 않겠다.'는 하나님의 말씀을 붙잡고 눈물로 기도하며 근근이 교회를 운영해 나갔다. 그러던 중 마침내 하나님의 허락하심으로 1936년 2월 회령에서 개최된 북부지방회에서 전기찬 전도사가 임명을 받아 2월 15일에 혜산진교회에 부임하였다.

전기찬 전도사의 인도로 2월 24일부터 3월 1일까지 1주일간 집회한 결과 결심자 6명을 얻고, 건축헌금 210원이 주님께 드려졌다. 전기찬 전도사

484 "통신," 「활천」(1932년 7월호): 56.
485 "통신," 「활천」(1933년 2월호): 59.
486 조선야소교동양선교회성결교회 제2회 총회회록부록(1934년), 71.
487 "통신," 「활천」(1934년 4월호): 48.
488 전기찬, "혜산진성결교회당신축기," 「활천」(1937년 3월호): 47-48.
489 "통신," 「활천」(1935년 8/9월호).

는 용기를 내어 5월 11일에 경성에 가서 여러 날 머물며 경기도, 충청남·북도, 안동 지역의 각 교회들을 방문하여 도움을 요청함으로써 눈물 섞인 사랑의 헌금을 받아가지고 6월 18일에 교회에 도착하였다. 교인들은 곧바로 27평의 예배당 건축을 시작하여 준공하였는데 총공사비는 556원이 들었다.

12월 23-27일에는 강송수 목사의 인도로 부흥회를 열고 매일 세 차례 집회하였는데 신자들이 큰 은혜를 받았으며 통회 자복하는 자가 다수에 이르렀다. 또한 성결자 1명, 중생자 6명, 새로 힘을 얻은 자 28명, 새로 주일 지키기로 결심한 자 11명, 십일조를 바치기로 작정한 자 3명, 매일 성경 읽기로 작정한 자 15명, 매일 전도하기로 결심한 자 5명, 교역자를 위해 기도하기로 작정한 자 27명, 가정예배를 드리기로 작정한 자 7명, 신결심자 30여 명을 얻어 주님께 영광을 드렸다. 부흥회 기간에는 3명의 입회식과 5명의 학습예식, 6명의 유아 헌아식 등 거룩한 예식까지 행해졌다. 27일 오후 1시에는 여러 장로교회 교역자와 교인, 미신자들까지 다수 참석한 가운데 영광의 헌당식이 성대하게 거행되었다.[490]

건축한 혜산진교회와 교우 일동

490 전기찬, "혜산진성결교회당신축기," 「활천」(1937년 3월호): 47-48.

惠山鎭聖潔敎會 (無順)

全基瓚 全正燮 李曦洙 全良燮 全泰福 金裕丙 韓月頊 韓星頊 柳應茂 宋聖翰 金永吉 金明浩 張在德 金錦龍 崔炳善 朴雲陽 崔得善 趙燦鎰

韓鐸洛 全應遠 全泰述 吳明浩 崔鳳河 金啓雲 金永淳 黃鎬燁 盧應熙 李得煥 朴僑華 金炯鍾 以上男信者 정치국 안복금 한종록 서덕현 리이화

박소사 황두숙 박하진 한재선 방창수 리마리아 양복동녀 리옥산월 김귀동녀 선우금순 정순자 민금섬 박애근 김상자 장일순 조나월 조금석 김이순

전송금 조봉춘 주순덕 송형선 김송만 전임절 최연옥 김순자 심동실 최철순 한송복 조금선 조금석 전한석 최금철 백봉녀 리순옥 전학절

전죽절 송형윤 이순옥 전정금 김수덕 안정옥 채복순 유복술 以上婦人信者

惠山鎭聖潔敎會 全基瓚 室人 閔金蟾 子 享範 〃 享天 〃 約翰 女 竹節 〃 蘇節 〃 敬福

惠山鎭聖潔敎會 職員一同

惠山鎭聖潔敎會 婦人會員一同

惠山鎭聖潔敎會 傳道會員一同

惠山鎭聖潔敎會 幼年主日學校

惠山鎭聖潔敎會 小天坪祈禱所

惠山鎭聖潔敎會 青林洞祈禱所

혜산진교회 성도 명부 및 소천평기도소·청림동기도소
"축성탄하신년 광고," 「활천」(1940년 1월호).

1938년 3월 22일부터 김영범 목사의 인도로 부흥회를 한 결과 큰 은혜가 내려 결심자 23명을 얻었으며 통회 자복하는 자가 많았다. 또한 교역자 주택 건축을 위한 헌금 200여 원이 모아졌다. 26일에는 3명의 세례식과 8명의 입회식, 10명의 학습예식이 있었으며 27일에는 전기찬 목사의 취임식이 있어 주님께 큰 영광을 돌렸다.[491]

1939년에는 보지 못하던 안복근 자매가 눈을 뜨는 신유의 은혜가 있었다. 부인회에서는 80원을 들여 풍금 1좌를 매입하였고 남전도회에서는 자

491 "통신," 「활천」(1938년 5월호): 52.

전거 1대를 구입하여 교역자에게 드려 전도하게 하였다. 또한 500여 원으로 남녀 교역자 주택을 건축하고 440여 원으로 예배당을 증축하였다. 김유병 집사는 신앙생활 10주년을 기념하여 40-50원을 들여 예배당 전체에 페인트를 칠하였다.[492]

혜산진교회는 1943년 12월 29일 성결교회가 일제에 의해 강제로 해산당할 때까지 혜산읍 지역에 복음을 전하였다.[493]

역대 교역자	주임	김형식(金亨式, 1931[494]-1934[495])
		유봉운(俞奉云, 1934[496])
		전기찬(全基瓚, 1936[497]-1942[498])
		김광빈(金光斌, 1942[499]-1943)
	여교역자	엄기순(嚴基順, 1942[500]-1943)

492 조선야소교동양선교회성결교회 제2회 연회회의록(1939년), 25.

493 "'포교소폐지계', 소화 18년(1943년) 12월 29일,"「조선총독부관보」1944년 4월 5일 자[소화-5148호], 2-4면.

494 조선야소교동양선교회성결교회 제3회 연회의사록부록(1931년), 48.

495 조선야소교동양선교회성결교회 제2회 총회회록부록(1934년), 71.

496 전기찬, "혜산진성결교회당신축기,"「활천」(1937년 3월호): 47-48; "통신,"「활천」(1935년 2월호): 55.

497 전기찬, "혜산진성결교회당신축기,"「활천」(1937년 3월호): 47-48.

498 조선야소교성결교회 제2회 연회록(1942년), 74.

499 조선야소교성결교회 제2회 연회록(1942년), 74.

500 조선야소교성결교회 제2회 연회록(1942년), 35.

홍원성결교회 洪原聖潔敎會

홍원 지역은 1914년 행정구역 조정으로 주익면(州翼面)이 되었으나 1936년에 홍원면으로 개칭되었고 1941년에는 읍으로 승격되었다. 여기서 말하는 '홍원성결교회'는 홍원군에 두 번째로 세워진 성결교회이다. 첫 번째로 설립된 '홍원성결교회'(함경남도 홍원군 용천면 동평리 442[501])는 1925년 6월 16일에 설립되었다. 설립 당시에는 홍원교회라고 불렸으나 동리의 이름을 따라 '동평리성결교회' 혹은 '용천성결교회'라고 불리다가[502] 1933년 조선야소교동양선교회성결교회 제1회 총회 때부터 '동평리성결교회'[503]로 교회 명칭이 변경되었다.

한편 회령교회에서 사역하던 김종인 전도사는 1933년 1월 5일[504] 홍원

---

501 조선야소교동양선교회성결교회 제1회 연회의사록부록(1929년), 56.

502 "'포교소명칭변경계', 용천성결교회 홍원성결교회 홍원군, 소화 2년(1927년) 8월 1일," 「조선총독부관보」 1927년 9월 30일 자[소화-228호], 7-8면.

503 조선야소교동양선교회성결교회 제1회 총회회록부록(1933년), 52; 조선야소교성결교회 제2회 연회록(1942년), 86.

504 "'포교담임자계', 동양선교회 홍원읍성결교회 홍원군 김종인, 소화 8년(1933년) 1월 5일," 「조선총독부관보」 1933년 3월 20일 자[소화-1857호], 6면.

군에 교회를 개척하고, '홍원성결교회'(함경남도 홍원군 주익면 동상리 31[505]) 라는 명칭을 사용하였다. 이로 인해 연구자들에게 혼선을 불러일으키기도 하였다. 1934년 7월 7일부터 5일간 김종인 전도사의 인도로 열린 특별심령 부흥회에서 참석자들은 큰 은혜를 받았다. 특별히 정대식은 30원 상당의 경종을 바침으로 주님께 감사하였다. 10월 7일에는 이준수 목사의 집례로 성찬과 세례식이 있었다.[506]

하지만 홍원교회(주익면 동상리)는 결국 교회로 세워지지 못하고 1937년 6월에 교회 폐지를 신고하였다.[507]

역대 교역자 주임 김종인(金宗仁, 1933[508]-1937[509])

505 조선야소교동양선교회성결교회 제1회 총회회록부록(1933년), 52.

506 "통신," 「활천」(1934년 11월호): 56.

507 "'포교소폐지계', 동양선교회 홍원군 김종인, 함경남도 홍원군 주익면 동상리 31, 소화 12년(1937년) 6월 25일," 「조선총독부관보」 1937년 9월 18일 자[소화-3205호], 6면.

508 "'포교담임자계', 동양선교회 홍원읍성결교회 홍원군 김종인, 함경남도 홍원군 주익면 동상리, 소화 8년(1933년) 1월 30일," 「조선총독부관보」 1933년 3월 20일 자[소화-1857호], 6면.

509 "'포교소폐지계', 동양선교회 홍원군 김종인, 함경남도 홍원군 주익면 동상리 31, 소화 12년(1937년) 6월 25일," 「조선총독부관보」 1937년 9월 18일 자[소화-3205호], 6면.

고원성결교회 高原聖潔敎會

고원군은 서쪽으로는 낭림산맥의 남단이 남북으로 뻗어 높은 산과 고개가 솟아 있고, 남쪽으로는 문천군과의 경계를 따라 전탄강이 흐르며, 하류에는 넓은 충적평야가 발달한 지역이다. 이 지역은 함경선과 평원선의 분기점으로 평안남도-함경남도-강원도를 잇는 교통의 요지이다.

3·1운동 당시 1만 5,000명이 참가한 네 차례의 격렬한 만세시위로 인해 사망자는 48명, 부상자는 150명, 투옥자는 252명이나 되었다. 고원성결교회가 개척될 당시 고원군에는 사찰 3개소가 있었고, 개신교는 장로교회 6개소가 있었으며 신자 수는 모두 124명이었다.

동양선교회 성결교회는 1932년 함경남도 고원군에 교회를 신설하기 위해 당시 경성성서학원 학생인 이유경 형제를 파송하였다. 8월 2일에 임지에 도착한 이유경은 고원읍 도정리 27번지 정도명의 집에 숙소를 정하고 개인전도와 대중전도에 매진한 결과 고원성결교회(함경남도 고원군 하발면 관덕리 86[510])가 설립되었다.[511]

---

510 조선야소교동양선교회성결교회 제1회 총회회록부록(1933년), 80.

511 "통신," 「활천」(1932년 8/9월호): 80.

1934년 7월 1일부터 5일간 조기함 전도사를 청하여 열린 부흥회에서 신자들은 전무후무한 큰 은혜를 받았다. 고원교회는 예배당이 없어서 큰 어려움을 당하였으나 주님의 축복으로 조히수 형제가 자신의 집을 팔아 고원읍내에 큰 집을 사서 산뜻하게 수리하고 경종까지 사서 달고 예배당으로 사용하도록 하였다.[512] 한편 동양선교회의 재정난으로 각 교회가 교역자의 생활비를 담당해줄 것(자급)을 요청해오자 전도부인의 생활비를 자급하였고, 교우들이 수백 원을 헌금하여 예배당을 매수함으로 어려운 시기를 당한 조선교회에 모범이 되었다.[513]

1935년 6월 28일에 경성성서학원을 졸업한 이유경 전도사[514]는 자치선언과 함께 자급을 작정하였다.[515] 이 전도사는 1937년 제1회 연회에서 목사안수를 받았다. 7월 24일 오전 11시에는 강송수 목사의 사회로 목사 취임식이 거행되었으며, 오후 3시에는 교회당 봉헌식이 거행되었다.[516]

1938년 10월 이유경 목사가 온성교회로 이동하고 서수라교회 이정활 목사가 고원교회 교역자로 부임하였다.[517] 그동안 여러 시험에 시달리던 고원교회는 1939년 새해를 맞으며 새로운 결심자들이 속출함으로 교회 부흥을 위해 열심히 기도하였다. 또한 교역자 주택 건축을 준비하기 위해 200여 원을 헌금하여 건축에 사용할 목재를 구입하고[518] 곧이어 분연히 일어나 헌금하여 보기 좋게 반양제(半洋製: 집의 반을 서양식으로 꾸민 것을 말한다 - 필자 주) 주택을 짓고 7월에 입주하였다.

---

512 "통신," 「활천」(1934년 8/9월호): 100.
513 "통신," 「활천」(1934년 12월호): 56.
514 "통신," 「활천」(1935년 7월호): 56.
515 "통신," 「활천」(1935년 11월호): 56.
516 "통신," 「활천」(1938년 10월호): 59.
517 "통신," 「활천」(1938년 11월호): 55.
518 "통신," 「활천」(1939년 5월호): 47.

신축한 남녀 교역자 주택
"통신," 「활천」(1939년 8/9월호): 70.

이 과정에서 남녀 신자들의 많은 노력이 있었다. 특별히 김명식 집사의 주선과 이만재 형제의 헌신이 컸다.[519] 교역자 주택을 건축하고 그 부채가 적지 않아 기도하던 중 여러 숨은 성도들의 도움을 받아 모든 부채를 어려움 없이 청산하였다. 또한 전도부인이 없어서 기도하던 중 하나님께서 김은겸 전도부인을 보내주심으로 온 교회가 기뻐하였다.[520]

1940년 1월 17일부터 5일간 이태수 전도사의 인도로 열린 부흥회에서 장·유년 신자 모두는 큰 은혜를 받았다.[521] 이정활 전도사는 1941년 4월 9일부터 5일간 경성신학교 대강당에서 열린 제1회 북부연회에서 목사 안수를 받았다.[522] 5월 4일에는 고원교회가 속한 원산구역의 장·유년 연합야외예배

519 "통신," 「활천」(1939년 8/9월호): 70.
520 "통신," 「활천」(1940년 10월호): 31.
521 "통신," 「활천」(1940년 4월호): 47.
522 "통신," 「활천」(1941년 5월호): 35.

가 재미있고 은혜가 충만한 가운데 진행되었다. 또한 1941년 5월 12-18일에는 1940년부터 시작된 원산구역 대사경회가 김창근 목사의 인도로 고원교회에서 열려 대성황을 이루었다.[523]

고원교회는 1943년 12월 29일 성결교회가 일제에 의해 강제로 해산당할 때까지 고원군 하발면 지역에 복음을 전하였다.[524]

역대 교역자	주임	이유경(李鎏經, 1932[525]-1938[526])
		이정활(李禎活, 1938[527]-1943[528])
	여교역자	박동순(朴東淳, 1941-1943[529])

523 "통신," 「활천」(1941년 7월호): 36.

524 "'포교소폐지계', 소화 18년(1943년) 12월 29일," 「조선총독부관보」 1944년 4월 5일 자[소화-5148호], 2-4면.

525 "통신," 「활천」(1932년 8/9월호): 80.

526 "통신," 「활천」(1938년 11월호): 55.

527 "통신," 「활천」(1938년 11월호): 55.

528 조선야소교성결교회 제2회 연회록(1942년), 74.

529 조선야소교성결교회 제2회 연회록(1942년), 81.

영흥성결교회 永興聖潔敎會

함경남도 영흥군은 낭림산맥이 북에서 남으로 뻗어 있는 고원 지대이다. 일제강점기에는 영흥면을 비롯하여 12개 면으로 편성되었으며 군청 소재지는 영흥면 삼사리였다. 영흥면은 1942년 읍으로 승격되었다.

영흥성결교회가 설립될 당시 영흥면은 소도시였으나 시내에는 이미 천주교, 장로교, 안식교, 개신교, 천도교 등이 있었고 각 교파들의 건물 위치나 규모도 상당히 컸다. 그중 천주교와 장로교회는 큰 예배당 건물을 가지고 있었으며 신자들도 많았다.[530] 영흥교회(함경남도 영흥읍 도랑리 67-4[531])는 1932년 6월 성서학원 수양생인 신래식 형제[532]를 파송하여 설립되었다. 7월 7일에 영흥에 도착한 신래식은 전력을 다해 호별전도와 노방전도를 한 결과 7월 17일[533] 3원짜리 세가(貰家, 셋집)를 얻어 장·유년 30여 명이

---

530 강축수, "영흥교회신축기," 「활천」(1935년 11월호): 45-46.
531 조선야소교동양선교회성결교회 제1회 총회회록부록(1933년), 52.
532 조선야소교동양선교회성결교회 제1회 총회회록부록(1933년), 44.
533 조선야소교동양선교회성결교회 제2회 총회회록부록(1934년), 80.

참석한 가운데 창립예배를 드렸다.[534]

1933년 12월 3-5일에는 전기찬 전도사를 청하여 부흥회를 열고 매일 세 차례 집회를 하였는데 모든 신자가 큰 은혜를 받았을 뿐만 아니라 새로 믿기로 결심한 자가 30명이나 되었다. 또한 자급을 위해 매삭 5원을 헌금하기로 하였다.[535]

영흥교회는 설립 이후 예배당이 없어서 예배 장소를 다섯 번이나 이전하는 가운데 세인들의 코웃음거리가 되었다. 하지만 이 같은 어려움 중에서도 가난한 교인들은 예배당 건축의 필요성을 느끼고 바닥을 눈물로 적시며 하나님께 부르짖어 기도하였다.[536] 1934년 강축수 전도사가 부임하여[537] 부흥회를 한 결과 풍성한 은혜가 내려졌다. 이때 김영원 부인집사는 셋집에서

1935년 신축된 영흥성결교회 예배당
"통신," 「활천」(1936년 5월호): 55.

---

534 "통신," 「활천」(1932년 10월호): 56.
534 "통신," 「활천」(1934년 2월호): 47.
536 강축수, "영흥교회신축기," 「활천」(1935년 11월호): 45-46.
537 "통신," 「활천」(1935년 2월호): 55.

사는 형편임에도 거금 300원을 헌금하였고, 김성진은 200원을, 하게완은 건평 20평의 가옥과 함께 50원을, 유철종은 50원을, 이선숙은 40원을 드렸다. 모두 640원의 헌금이 모아짐으로 영흥교회는 1935년 3월 5일 예배당 건축을 시작하였다.[538] 건축하는 가운데 본부의 보조와 함남지방회 교회들이 보내준 헌금이 큰 도움이 되었다. 그 결과 1935년 5월 1일 총경비 1,062원으로 양식 12칸 예배당과 주택까지 준공하였다.[539]

1935년 7월 6일부터 5일간 강송수 목사의 순회 기간를 이용하여 부흥회가 개최되었는데 매 집회마다 70-100명이 모여 풍성한 은혜를 받았으며 자신의 죄를 통회 자복하고 간증하였다. 특별히 감사한 일은 장로교인들이 집회에 참석하여 큰 은혜를 받은 것이다. 집회 결과 중생자 14명, 결심자 20명을 얻었다. 또한 성찬식과 학습예식을 행하고 자급도 매월 5원씩 실시하게 되었다.[540]

1936년 7월 13-15일에는 지방순회전도대 주최로 전도회를 열고 대원 조기함 목사와 오두환 장로의 인도로 호별 방문과 노방전도로 복음을 증거하였다. 낮에는 성별회로, 밤에는 구령회로 모였는데 120여 명이 참석하여 은혜를 받았으며 30명의 결심자를 얻었다.[541] 1937년 4월 이사회의 결정에 따라 강축수 전도사는 안변교회로 전임되고 이태수 전도사가 주임교역자로 부임하였다.[542]

1938년 3월 19일 저녁부터 5일간 불꽃의 사자 김진문 목사의 인도로 부흥회가 개최되어 매일 세 차례 집회를 하던 중 성령의 각양 역사로 인해 신

538 "통신," 「활천」(1935년 4월호): 55.

539 강축수, "영흥교회신축기," 「활천」(1935년 11월호): 45-46.

540 "통신," 「활천」(1935년 8/9월호): 82.

541 "통신," 「활천」(1936년 8/9월호): 90.

542 "통신," 「활천」(1937년 6월호): 58.

자들은 전무한 은혜를 받았으며 종도 구입하여 달았다. 이 부흥회에는 장로교회 교인들도 많이 참석하여 은혜를 나누고 정성을 다해 헌금해 주었다.[543] 결심자 가운데 차영율 형제는 열심히 예배에 출석하였다고 한다. 한편 영흥교회는 1939년 1km여 밖에 전도소를 두고 열심히 전도하였다.[544]

영흥교회는 1943년 12월 29일 성결교회가 일제에 의해 강제로 해산당할 때까지 영흥 지역에 복음을 전하였다.[545] 영흥군은 1977년 3월 이후 금야군으로 개칭되었다.

역대 교역자	주임	신래식(申來湜, 1932[546]-1934[547])
		강축수(姜丑洙, 1934[548]-1937[549])
		이태수(李泰洙, 1937[550]-1941[551])
		이준수(李峻洙, 1942[552]-1943)
	여교역자	이선숙(李宣淑, 1934[553])
		손옥화(孫玉花, 1934[554]-1936[555])

543 "통신," 「활천」(1938년 5월호): 52.

544 조선야소교동양선교회성결교회 제2회 연회회의록(1939년), 26.

545 "'포교소폐지계', 소화 18년(1943년) 12월 29일," 「조선총독부관보」 1944년 4월 5일 자[소화-5148호], 2-4면.

546 "통신," 「활천」(1932년 10월호): 56; 조선야소교동양선교회성결교회 제1회 총회회록부록(1933년), 44.

547 조선야소교동양선교회성결교회 제2회 총회회록부록(1934년), 73.

548 "통신," 「활천」(1935년 2월호): 55.

549 "통신," 「활천」(1937년 6월호): 58.

550 "통신," 「활천」(1937년 6월호): 58.

551 "통신," 「활천」(1941년 5월호): 35.

552 조선야소교성결교회 제2회 연회록(1942년), 59.

553 조선야소교동양선교회성결교회 제2회 총회회록부록(1934년), 77.

554 조선야소교동양선교회성결교회 제2회 총회회록부록(1934년), 76.

555 조선야소교동양선교회성결교회 제1회 연회회의록부록(1937년), 38.

원산성결교회 元山聖潔敎會

원산은 1930년대 초 조선 10대 도시 가운데 하나로, 가구는 1만 2,000호였고 인구가 6만여 명이었다. 일찍부터 각 교파가 선교에 힘써 원산 지역에는 많은 교인이 있었다. 강송수 순회목사가 이사회에서 원산에 성결교회 설립이 절실함을 주장하자 이사회는 강 목사의 의견을 수용하고 이곳에 개척을 추진하였다.

이에 따라 1931년 6월 26일 원산부 신흥리 2-5[556]에 조선 와가 10여 칸을 월 30원에 세로 얻어 성서학원을 막 졸업한 박현이 전도사[557]를 파송하여 교회 창립에 착수하였다.[558] 박현이 전도사는 힘을 다해 축호전도와 개인전도 그리고 노방전도를 하였으며, 그 결과 1931년 7월 5일에 창립예배를 드리게 되었는데 당일 참석자가 남자 13명, 여자 42명, 15-16세의 소아가 50-60명이나 되었다.[559] 원산성결교회(함경남도 원산부 상동 209[560])는 '원산

556 조선야소교동양선교회성결교회 제4회 연회의사록부록(1932년), 44.

557 박현이, "전지로 향하면서," 「활천」(1931년 7월호): 29-30.

558 이준수, "원산성결교회당 매수기," 「활천」(1937년 6월호): 48-49.

559 "통신," 「활천」(1931년 10월호): 55.

제1성결교회'[561] 또는 '원산남촌동성결교회[562]', '원산북촌동성결교회'[563]라고도 불렸다.

1932년 제9회 함흥지방회에서 박현이 전도사는 원산교회 상황에 대해 "창립된 지 3-4개월이지만 주의 축복이 크게 임함. 노방전도로 구도자가 많이 생김. 반종교 운동자와 천주교회 박해가 많음. 무기 청신기도자 10여 명, 월정헌금자 38명(남 13명, 여 12명, 성미 13명), 신자 66명, 주일학생 60여 명"[564]이라고 보고하였다. 한편 원산교회는 4월 7일에 개척된 안변교회를 위해 대거전도회를 열어 안변교회 설립을 지원하였다.

1932년 원산교회의 예배당 위치는 원산부 상리 1동 64번지, 전도사 주택은 남촌동 1번지, 전도부인 주택은 남산동 9번지였다.[565] 12월부터 장태환 형제가 파송을 받아 원산제2교회 개척에 착수하였을 때[566] 원산제1교회와 안변교회도 협력하였다.[567]

1933년 1월 원산제1교회와 원산제2교회의 신년연합성회가 원산제1교회에서 열렸다. 이명직 목사의 인도로 하루 세 차례 집회를 하였는데 시간마다 150-160명의 장년 신자들이 모여들었으며 집회 결과 원산제2교회는 결심자 200여 명을 얻었다. 이 가운데 교회에 출석하는 자가 장년이 46명이고 유년은 150여 명이며 주일학교 교사도 9명이나 되어 하나님께 영광을 돌렸다.[568]

---

560 "통신," 「활천」(1937년 1월호): 56.
561 조선야소교동양선교회성결교회 제1회 총회회록부록(1933년), 43.
561 조선야소교동양선교회성결교회 제2회 총회회록부록(1934년), 70.
563 조선야소교동양선교회성결교회 제2회 총회회록부록(1934년), 87.
564 김진문, "제9회 함흥지방회기," 「활천」(1932년 2월호): 54.
565 "통신," 「활천」(1932년 10월호): 55.
566 "통신," 「활천」(1933년 2월호): 59.
567 "통신," 「활천」(1933년 2월호): 60.
568 장태환, "원산제1교회 원산제2교회의 신년성회기," 「활천」(1933년 3월호): 58-59.

1934년 1월 6-12일에는 이건 목사를 초청하여 원산제2교회(본정교회)에서 신년성회를 개최하고 13-19일에는 남촌동교회(원산제1교회)에서 성회를 개최하여 참석자들이 큰 은혜를 받았다. 이 성회에서 남촌동교회는 신구도자를 40여 명 얻었는데 그중 신 모 씨의 가정은 전가귀도되어 성회 마지막 날 저녁에는 섬기던 우상을 들어내어 예배당으로 가져다가 없애버리기도 하였다. 이에 모든 신가가 크게 기뻐하며 주님께 영광을 드렸다.[569] 7월 8-12일에는 김경흡 전도사를 청하여 대전도회를 한 결과 신자들이 큰 은혜를 받았다. 특별히 감사한 것은 장로, 집사, 주일학교 교사 모두가 매주일 전도와 심방하기로 하고 원산에 있는 4만여 동포에게 순복음을 전하기로 결심한 일이었다.[570]

원산교회의 송계순(宋啓淳, 당시 한글로는 송게순으로 표기하였다 – 필자 주) 형제는 자신의 가사(家事)에도 불구하고 구령열을 견디지 못해 진남포, 황주, 사리원, 신천 등지에서 전도하여 많은 결심자를 얻었다.[571] 1936년 3월 26일에 부임한 이준수 목사는 4월 10일 밤 '예수 고난받으신 날 기념예배'를 엄숙히 거행하였는데 이러한 일은 교회 설립 이후 처음 보는 것으로서 신자들 모두가 큰 은혜를 받았다. 12일에는 부활주일로 지켰다.[572]

이준수 목사는 교회 설립 후 5년간 예배당이 없어 셋집으로 여섯 차례나 이전을 거듭하며 큰 어려움을 당하고 있는 상황을 중대히 여기고 5월 3-10일 부흥회를 열고 매일 세 차례 집회하며 열심히 기도하였다.[573] 6월 14일에는 '건축기성회'를 조직하고 "구하라 그러면 너희에게 주실 것이요"라

---

569 "통신," 「활천」(1934년 4월호) 47.
570 "통신," 「활천」(1934년 8/9월호): 100.
571 "통신," 「활천」(1934년 11월호): 55.
572 "통신," 「활천」(1936년 5월호): 56.
573 "통신," 「활천」(1936년 7월호): 58.

는 말씀을 믿고 온 교우가 한마음으로 예배당 문제를 위해 전심으로 기도하였다.

하나님께서는 이 기도에 응답해주셨다. 1936년 여름, 동양선교회 부총리 길보른과 우두수, 총무부원 허인수, 성결교회 이사 이명직, 최석모, 이건, 박현명 목사가 성결교회 헌법 수정을 위한 회의를 하기 위해 원산 명사십리에 모였다. 이 자리에서 강송수 순회목사가 원산교회 예배당 문제를 구체적으로 설명하자 이들은 미화 1,000달러를 지원하기로 결의하였다. 이 돈은 1933년 미국의 어느 한 여신도가 자기 남편의 별세를 기념하기 위해 중국에 예배당을 건축해달라고 동양선교회에 전달한 것으로, 그동안 여러 가지 사정으로 사용하지 않고 보관하고 있다가 그것을 원산교회 예배당 건축을 위해 사용하기로 결정한 것이다. 하지만 미화 1,000달러로는 신축을 하기에 불가능하여 이준수 목사는 예배당으로 사용할 수 있는 건물 매수를 추진하였다.[574] 그 결과 원산 중앙에 세워진 5,000여 원 상당의 대지 180평, 건평 70평의 조선식 와가 3채를 9월에 매수하였다.

9월 1-16일에는 이준수 목사의 인도로 새벽기도회를 진행하여 신자들이 많은 은혜를 받았으며, 16일 저녁부터 20일까지는 안변교회 김광빈 전도사의 인도로 부흥회를 열고 하루 세 차례 집회하며 큰 은혜를 받았다. 마지막 날에는 성전 수리를 위해 234원 50전의 헌금이 드려졌다.[575] 유민정 성도는 조선석유주식회사 공장장인 일본인 집에서 힘들게 일하면서도 건물 매수의 기쁜 소식을 듣고 1개월분 봉급 전부를 교회에 드렸다.[576]

12월 6일 주일은 추수감사예배로 드렸다. 무진회사에 근무하던 이덕성 청년은 입교 후 신실한 믿음생활을 하면서 자기의 비용으로 주보도 발행하

574 이준수, "원산성결교회당 매수기," 「활천」(1937년 6월호): 48-49.
575 "통신," 「활천」(1936년 11월호): 59.
576 "통신," 「활천」(1936년 11월호): 59.

고 주일학교 교재도 발간하여 학생들에게 유익을 끼쳤으며, 석유회사에 취직한 이봉천 형제는 교회를 위해 첫 달 봉급 전부를 드렸으며[577] 이어 등사판 1좌를 바쳤다.[578] 원산교회는 매수한 건물을 수리한 뒤 1936년 11월 23일 새 예배당(원산부 상동 209번지)으로 이전하였다.[579] 12월 31일부터 1937년 1월 2일까지는 노성구 전도사, 정재민 목사, 이규용 목사가 매일 밤 돌아가며 강연을 하였다.[580]

1937년 1월 11-17일에는 이준수 목사의 인도로 새벽기도회를 열고 큰 은혜를 받았다.[581] 3월 14일부터 21일 저녁까지 강송수 목사의 인도로 개최된 부흥회는 매일 세 차례 집회가 열렸으며 지역의 각 교파에서도 참석하여 큰 은혜를 받았다. 이때 중생자 17명, 성결자 15명을 얻었으며 기타 여러 은혜도 받았다.[582] 5월 2일에는 장·유년 연합으로 명사십리에 가서 야외예배를 드림으로 즐거운 시간을 가졌다. 10일부터 5일간은 밤마다 주일학교 직원수양회가 진행되었으며 6월 21일부터 3일간은 특별강연회가 있었다. 24-30일에는 이준수 목사의 인도로 밤마다 모여 베드로후서를 공부하였고, 7월 1-4일에는 '부활, 천당과 지옥, 영생, 재림과 우리의 준비' 등의 제목으로 특별강연회가 진행되었다. 7월 5일에는 창립 6주년 기념예배를 성대히 거행하고 세례식과 학습예식, 헌아식이 있었다. 영복 자매는 30여 원 상당의 책상 1좌를 교회 도서부에 기증하였으며 함병규, 김완규는 교회 입구를 아름답게 장식하였다.[583]

---

577 "통신," 「활천」(1937년 1월호): 56.
578 "통신," 「활천」(1937년 2월호): 57.
579 "통신," 「활천」(1937년 1월호): 56.
580 "통신," 「활천」(1937년 2월호): 57.
581 "통신," 「활천」(1937년 2월호): 57.
582 "통신," 「활천」(1937년 5월호): 63.
583 "통신," 「활천」(1937년 8/9월호): 100.

지방회 교육부 결의에 따라 9월 14일 저녁부터 17일 저녁까지 강축수 전도사와 이준수 목사의 인도로 유년주일학교 새벽기도회와 오전 강습회, 밤 동화회(구연동화 시간－필자 주)가 진행되었는데 마지막 날에는 많은 어린이가 눈물을 흘리며 회개하는 역사가 일어났다. 9월 26일 밤에는 함병규, 김인수, 신분옥, 정훈 등 4명의 집사 취임식이 있었고, 계속하여 청년주일예배로 모였다.[584] 11월 1일부터 1주일간은 김응조 목사 인도로 부흥회를 열고 큰 은혜를 받았으며 7일(주일)은 추수감사예배로 드렸다.[585]

1937년 12월 10일부터 1938년 1월 5일까지 주임교역자의 인도로 개최된 청신기도회에서는 많은 은혜가 나타났으며, 1월 1-5일에는 매일 밤 박한승, 김학수, 은경락, 전치규, 이수만이 인도하는 신년 전도 강연이 진행돼 큰 유익을 얻었다.[586]

1938년 3월 1-6일에는 김진문 목사의 인도로 부흥회가 열려 매일 세 차례 집회하는 중 놀라운 은혜가 나타나 회개자와 신결심자, 중생자와 성결의 은혜를 받은 자가 많았다. 또한 경종을 위해 드려진 헌금이 190여 원에 달하였다. 새로 결심한 최춘홍, 최기순, 이수자는 집에서 미신을 섬기던 모든 물건을 없애버렸다.[587] 9월 7-9일에는 제4회 함남지방회가 원산교회당에서 개최되었다. 회의를 마친 회원 일동은 함께 금강산을 등반하였다.[588] 9월 19-25일에는 김응조 목사의 인도로 부흥회를 열고 많은 은혜를 받았으며, 박주경, 변봉환, 이병하, 이유현 네 형제가 좋은 의자 3개를 교회에 기증하였다.[589]

---

584 "통신,"「활천」(1937년 11월호) 58.
585 "통신,"「활천」(1937년 12월호): 57.
586 "통신,"「활천」(1938년 2월호): 64.
587 "통신,"「활천」(1938년 6월호): 43.
588 "통신,"「활천」(1938년 12월호): 50.
589 "통신,"「활천」(1938년 12월호): 50.

1939년 1월 원산성결교회 교인 명부

"축성탄하신년 광고," 「활천」(1939년 1월호).

1939년 5월 8-14일에는 강송수 목사의 인도로 부흥회를 열고 매일 세 차례 모이는 중에 장로교회, 감리교회, 구세군, 동아기독교회, 마르다윌손 신학원, 구세병원 등에서도 참석하여 많은 은혜를 받고 놀라운 회개의 역사도 일어났다. 6월 7-10일에는 밤마다 전도강연회가 진행되었고[590] 10월 12-18일에는 김영범 목사의 인도로 부흥회를 열고 하루 세 차례 집회하며 큰 은혜를 받았다. 15일 오후에는 장·유년 연합으로 명승지인 무지치에 가서 즐거운 시간을 보냈다.[591]

590 "통신," 「활천」(1939년 7월호): 48.

1940년 1월 6일 원산교회 이리녀(李里女) 부인신자는 새벽기도회에 참석하기 위해 예배당으로 가는 길에 술에 취해 도랑에 빠져 죽게 된 사람을 발견하고 예배당에 모여 있던 7명의 신자와 함께 가서 생명을 살려냄으로써 함경남도지사로부터 상장과 금일봉을 받고 주님께 영광을 돌렸다. 청년회원들은 교회 발전을 위해 2월 18일부터 경상북도 군위읍성결교회 김영수 전도사를 청하여 부흥회를 개최하였는데 이때 결심자가 55명이나 되었다.[592] 원산교회 도서부에서는 4월 29일과 30일 밤 시간에 '기독교의 우주관'(원산중앙감리교회 박신오 전도사)과 '기독교의 인생관'(원산장로교회 강용률 전도사)에 관한 강연회를 가졌다.[593]

8월 5-10일에는 아동 하기성경학교가 진행되었다. 성경학교 교사 일동은 이준수 목사의 인솔하에 8월 12일 석왕사에 가서 하루 동안 즐거운 시간을 보냈다.[594] 12월 30일에는 교회 어르신들을 위한 경로회를 개최하였고, 31일 밤에는 전기현 목사의 설교로 망년예배를 드렸다.[595]

1941년 1월 1일 밤에는 한호석 선생의 설교로 신년예배를 드렸으며, 2월 19-23일에는 강송수 목사의 인도로 부흥회를 개최하고 큰 은혜를 받았다. 4월 9일 밤에는 함병규의 장로 장립식이 있었다.[596] 6월 12일 저녁부터 17일까지는 지방회 전도부에서 파송한 고원교회 이정활 목사의 인도로 전도회가 있었는데 결심자가 31명이나 되고 동화회도 있었다. 원산교회는 12km여 밖에 있는 신기리에 전도 처소를 두고 열심히 전도하였다.[597]

---

591 "통신," 「활천」(1939년 12월호): 47.
592 "통신," 「활천」(1940년 4월호): 46.
593 "통신," 「활천」(1940년 6월호): 38.
594 "통신," 「활천」(1940년 10월호): 32.
595 "통신," 「활천」(1941년 5월호): 37.
596 "통신," 「활천」(1941년 5월호): 37.
597 "통신," 「활천」(1941년 7월호): 40.

7월 6일에는 창립 10주년 기념식을 이준수 목사 사회로 거행하고 학습과 세례예식, 집사 취임식을 거행하였다. 7월 28일부터 진행된 하기성경학교에서도 많은 은혜가 있었으며 8월 2일에는 이준수 목사의 사회로 수료식을 행하였다.[598]

원산교회는 1943년 12월 29일 성결교회가 일제에 의해 강제로 해산당할 때까지 원산 지역에 복음을 전하였다.[599]

역대 교역자	주임	박현이(朴玄耳, 1931[600]–1934[601])
		박태주(朴泰胄, 1934[602]–1936[603])
		이준수(李峻洙, 1936[604]–1943[605])
	여교역자	임영숙(任英淑, 1932[606]–1936)
		강순경(姜順卿, 1937[607]–1943[608])

---

598 "통신," 「활천」(1941년 10월호): 24.

599 "'포교소폐지계', 소화 18년(1943년) 12월 29일," 「조선총독부관보」 1944년 4월 5일 자[소화-5148호], 2-4면.

600 박현이, "전지로 향하면서," 「활천」(1931년 7월호): 29-30.

601 조선야소교동양선교회성결교회 제2회 총회회록부록(1934년), 73.

602 "'포교담임자변경계', 동양선교회 원산성결교회 원산부 박현이-박태주, 함경남도 원산부 상리 1동, 소화 9년(1934년) 2월 26일," 「조선총독부관보」 1934년 7월 19일 자[소화-2257호], 3면; 조선야소교동양선교회성결교회 제2회 총회회록부록(1934년), 70.

603 "통신," 「활천」(1937년 6월호): 58.

604 "통신," 「활천」(1936년 5월호): 56.

605 조선야소교성결교회 제2회 연회록(1942년), 72.

606 조선야소교동양선교회성결교회 제4회 연회의사록부록(1932년), 44.

607 조선야소교동양선교회성결교회 제1회 연회회의록부록(1937년), 39.

608 조선야소교성결교회 제2회 연회록(1942년), 80.

원산제2성결교회 元山第二聖潔敎會

원산제2성결교회(함경남도 원산부 본정 5정목 110[609])는 성서학원에서 추기생(秋期生, 가을학기 학생)으로 재학 중이던 장태환을 1932년 12월에 파송하여 설립한 교회이다.[610] 장태환은 이전에 신양(身恙, 건강으로 인한 어려움)으로 고생하다가 주님의 능력으로 소생함을 받고 12월 15일부터 원산제2교회 개척에 착수하였다. 그는 21일까지 신개척 전도회를 개최하고 원산제1교회 및 안변교회와 협력하며 열심히 복음을 증거함으로 20여 명의 결심자를 얻었는데 결심자 중에는 철저한 회개의 열매를 맺는 자들까지 있어 많은 미신자의 마음을 움직였다.[611]

덕원군수의 부인 이추자와 믿음의 용사인 우민정은 원산제2교회의 토대가 되었다. 이들은 열정적인 신앙으로 물질과 시간을 내어 창립예배를 드리기 전부터 맹렬하게 일하였다. 원산제2교회의 예배당은 원산 지역 중앙에 있는 산의 위쪽에 자리하고 있었는데 이 집은 본래 조선 사람의 공회당

608 "통신," 「활천」(1933년 11월호): 49.

610 조선야소교동양선교회성결교회 제1회 총회회록부록(1933년), 45.

611 "통신," 「활천」(1933년 2월호): 59.

(共会堂)으로 사용되던 장소였으며, 또한 주민들이 와서 제사를 지내고 마당에 우상을 섬기는 단을 짓고 경배하던 곳이었다. 창립예배는 1932년 12월 25일 장년 구도자 35명이 참석한 가운데 드려졌다.

1933년 1월 6-12일에는 이명직 목사를 초청하여 원산제1교회와 원산제2교회의 신년연합성회가 개최되었다. 원산제1교회 박현이 전도사와 임영숙 전도부인 그리고 열심 있는 여러 직원의 민첩한 준비는 시작 전부터 모든 신자의 은혜의 문을 두드렸다. 하루 세 차례 진행된 이 연합성회에서 원산 지역의 각 교회 교역자와 신자들은 마치 이스라엘 백성이 광야에서 목말라 죽을 지경이 되었을 때 반석에서 샘물이 솟아나는 것을 보고 달려들던 것처럼 이명직 목사에 의해 터진 진리의 샘으로 모여들었다. 매 집회에 150-60명의 장년 신자가 모였으며 200명의 결심자,[612] 전가귀도된 10여 가정, 무

원산제2교회 창립 이후 1개월 만에 촬영한 신자 일동

"통신," 「활천」(1933년 2월호): 61.

---

612 장태환, "원산제1교회 원산제2교회의 신년성회기," 「활천」(1933년 3월호): 58-59.

기 새벽기도자 7명, 헌신자 4명을 얻었다. 집회 이후 신자들은 밤이면 구역예배를 드리러 다니느라 분주하였고, 주일예배에는 평균 장년 46명과 교사 9명, 유년 150여 명이 모여 기쁨으로 예배를 드렸다. 신자들은 배가운동을 시작하여 대대적인 전도를 벌였다. 신자들 가운데 중생하고 성결의 은혜를 받는 역사가 많이 일어났다. 원산제2교회 장태환 전도사의 사택 주소는 원산부 외와우동 52번지였다.[613]

5월 1-7일에는 김의용 전도사를 청하여 부흥회 겸 구령회를 열고 많은 은혜를 받았다. 장태환 전도사는 주거지를 원산부 대화정 46번지로 옮겼다.[614] 7월에는 백재흥 전도부인이 부임하여 함께 사역하게 되었고[615] 10월에는 원산부 영정 150번지에 있던 원산제2교회를 원산부 본정 5정목 110번지로 옮겨 '원산본정성결교회'로 교회 명칭을 변경하였다[616] 또한 '예배당 건축기성회'를 조직하고 9월 9일부터 매일 남녀 10여 명이 청신기도를 드렸는데 얼마 지나지 않아 170여 원이 저축되었다. 백재흥 전도부인은 건축비로 50원과 풍금 구입대로 25원을 드렸으며 청량리교회에서 건축비로 11원을 보내주어 감사함이 충만하였다.[617]

1934년 1월 6-12일에는 이건 목사를 청하여 부흥회를 개최, 모든 신자가 큰 은혜를 받았다.[618] 하지만 이후 원산제2교회에 관한 기록은 찾아볼 수 없다. 안타깝게도 원산제2교회(본정교회)는 교회로 세워지지 못한 것으로 보인다.

---

612 "통신," 「활천」(1933년 2월호): 61.

614 "통신," 「활천」(1933년 6월호): 56.

615 "통신," 「활천」(1933년 8/9월호): 83.

616 "통신," 「활천」(1933년 11월호): 49; 조선야소교동양선교회성결교회 제2회 총회회록부록(1934년), 87.

617 "통신," 「활천」(1933년 12월호): 48.

618 "통신," 「활천」(1934년 4월호): 47.

역대 교역자 주임 장태환(張台煥, 1932[619]–1934)
여교역자 백재흥(白再興,[620] 1933[621]–1934)

619 조선야소교동양선교회성결교회 제1회 총회회록부록(1933년), 45.
620 "통신," 「활천」(1933년 8/9월호): 83.
621 조선야소교동양선교회성결교회 제4회 연회의사록부록(1932년), 44.

산수정성결교회 山手町聖潔敎會

산수정성결교회(함경남도 함흥부 산수정 2정목 57[622])는 1932년 8월 2일 함경남도 함흥부 산수정 1정목 118번지에 함흥제2성결교회라는 이름으로 설립되었다.[623] 지방회에서는 1932년 7월 경성성서학원 수양생인 조기함 전도사[624]와 최하숙 전도부인[625]을 파송하여 교회를 설립하도록 하였다.

1934년 산수정교회 신자 일동은 특별헌금을 하여 10여 원을 들여 경종 특대호를 구입하고 종각까지 세워 주님께 감사드렸다. 9월 12일부터 5일간 이준수 목사와 박태주 목사를 청하여 전도회를 개최한 결과 결심자 53명을 얻었으며 신자 일동은 성전 건축을 위해 무시로 기도하였다.[626] 또한 1934년에 열린 제2회 총회에서는 교회 명칭을 '함흥제2성결교회'에서 '함흥산수정성결교회'로 변경하였다.[627]

---

622 조선야소교성결교회 제2회 연회록(1942년), 85.
623 조선야소교동양선교회성결교회 제1회 총회회록부록(1933년), 52.
624 조선야소교동양선교회성결교회 제1회 총회회록부록(1933년), 44.
625 조선야소교동양선교회성결교회 제1회 총회회록부록(1933년), 50.
625 "통신," 「활천」(1934년 11월호): 55.
627 조선야소교동양선교회성결교회 제2회 총회회록부록(1934년), 87.

1935년에는 장막전도대에서 사역하던[628] 이태수 전도사가 부임하였다.[629] 4월 18일부터 5일간 강송수 목사의 인도로 부흥회를 한 결과 신자들은 풍성한 은혜를 받았고 중생자 3명, 성결자 3명을 얻었으며 성경 연구, 개인전도, 기도에 열심을 품은 자와 십일조를 바치는 자도 있었다.[630] 8월 6-10일에는 이준수 목사를 청하여 유년부흥회를, 8월 25-29일에는 장년부흥회를 개최하여 모든 장·유년 신자가 풍성한 은혜를 받았다.[631]

咸興山手町聖潔教會

姜松洙 申泰·桀 金鎬運 李芝鎬
文錫龜 金鎬國 金鎬烈 李昌傑
李範璘 李根承 朴東厚 李範璟
申貞粢 朴明律 金楨勉 金益浩
李浩昌 朴鍾奎 李學鎬 李英浩
崔元燮 崔鐵仁 金昌華 李泰洙
됴진환 리마르다 리관화 리아지
김성희 김필순 김사랑 렴기숙
윤영순 리형숙 한만옥 전혜선
김혜실 리춘호 한택순 김하삼
조옥덕 김병선 김순녀 최순옥
반준석 김양순 김형순 황뢰뢰
전영애 전숙자 박재압 전신실
최하숙
婦人會一同
幼年主校一同
主님 오실날은 한해 더 갓가왓숩이다
아멘 (묵廿二20)

1936년 함흥산수정성결교회 교인 명부

"축성탄하신년 광고," 「활천」(1936년 1월호).

1937년 4월 제2회 이사회에서 이태수 전도사가 영흥교회로 임명되고 북부지방 순회이사인 강송수 목사가 새로 부임하였다.[632] 5월 19-23일 최석모

627 조선야소교동양선교회성결교회 제2회 총회회록부록(1934년), 74.

629 "통신," 「활천」(1934년 11월호): 56; "통신," 「활천」(1936년 7월호): 57.

629 "통신," 「활천」(1934년 11월호): 56.

631 "통신," 「활천」(1935년 10월호): 54.

632 "통신," 「활천」(1937년 6월호): 58.

목사의 인도로 부흥회가 열렸는데 첫 시간부터 신자들에게 은혜의 물결이 넘쳤다. 집회 결과 중생자와 성결자가 수십 명에 이르고 신결심자도 다수에 이르러 주님께 영광을 돌렸다.[633]

1938년 함경남도 지역에 유사 이래의 큰 수해가 일어났다. 이에 산수정 교회도 대지 1면이 무너지고 강송수 목사의 주택도 방 쪽 주초가 내려앉아 거액의 복구 비용이 필요하게 되었다.[634]

1939년 산수정교회는 기도에 열심하여 연중 무기 청신기도회 및 등산 기도회를 이어나갔다.[635] 11월 7-13일 한성과 목사의 인도로 개최된 부흥회는 매일 세 차례의 집회가 진행되었으며 성령의 역사가 개개인에게 나타나 중생의 은혜를 받은 자와 성결의 은혜를 받은 자와 신결심자가 다수에 이르렀다.[636]

1940년 여름에는 목사와 전도부인이 매년 혹서(酷暑, 심한 더위)에도 불구하고 사역을 계속함으로 신자들이 두 교역자에게 휴가를 주기로 하였다. 7월 28일부터 8월 4일까지는 조선군 선생의 인도로 전도집회가 열려 모든 신자에게 풍성한 은혜가 내렸으며 회개자도 다수에 이르렀다.[637]

1941년에는 예배당을 함경남도 함흥부 산수정 2정목 118에서 산수정 2정목 57로 옮겼다.[638] 10월 6-12일에는 이사장 이명직 목사의 순회 일정에 맞추어 부흥회가 있었다.[639]

---

633 "통신," 「활천」(1937년 6월호): 57.

634 "통신," 「활천」(1938년 10월호): 59.

635 조선야소교동양선교회성결교회 제2회 연회회의록(1939년), 26.

636 "통신," 「활천」(1939년 1월호): 53.

637 "통신," 「활천」(1940년 10월호): 32.

638 "'포교소소재지변경계', 동양선교회 산수정성결교회 함흥부-함흥부, 함경남도 함흥부 산수정 2정목 118에서 함경남도 함흥부 산수정 2정목 57로, 소화 16년(1941년) 11월 5일," 「조선총독부관보」 1942년 2월 9일 자[소화-4509호], 5면.

639 조선야소교성결교회 제2회 연회록(1942년), 25.

함흥산수정교회는 1943년 12월 29일 성결교회가 일제에 의해 강제로 해산당할 때까지 함경남도 함흥부 지역에 복음을 전하였다.[640]

해방 후 산수정교회가 재건되었는지는 확실하지 않지만 한국전쟁 당시 남하한 산수정교회 교인들의 증언에 따르면 당시 신자들은 매주일 모여 예배드리며 열심히 신앙생활을 했다고 한다. 1950년 6월 25일에 발생한 한국전쟁은 남북한 모두에게 동족상잔의 아픔을 가져다주었지만 그로 인해 해방 이후 오갈 수 없던 남북한의 길이 잠시나마 열리기도 하였다. 특히 1950년 11월 말, 압록강 지역까지 북진한 유엔군과 미10군단이 함흥과 흥남 지역으로 후퇴하는 해상 철수작전을 진행함에 따라 흥남에서 가까운 곳에 모여 있던 10여 만 명의 피난민이 흥남부두에서 군선(LST)을 타고 남한으로 내려오게 되었다. 이때 산수정교회(함흥제2교회)와 복부정교회(함흥제1교회) 신자 120여 명도 남하하였다.

남하한 산수정교회 신자들 중 이지호 전도사, 최경호 장로, 김순갑, 송창빈, 염기숙, 이성자, 이형숙, 이희덕, 조길환 등 9명은 1955년 4월 16일 산수정교회 재건을 목적으로 서울시 종로구 효제동 174-3에 모여 창립예배를 드렸다. 6월 19일에는 종로구 인의동 92번지(평양냉면)로 예배 장소를 이전하고 교회 명칭을 '기독교대한성결교회 종로교회'로 변경하였으며 이곳에서 김중환 목사와 이지호 전도사가 사역하였다.

1958년 4월 종로구 인의동 90-5로 예배당을 이전하고 1963년에는 신축 예배당(종로구 인의동 93)을 헌당하였다. 1983년 5월 1일, 현 위치(서울특별시 강남구 영동대로 118길 39, 삼성동)에 예배당을 신축하고 이전하여 입당하였으며 2000년 1월 1일 '삼성제일교회'로 교회 명칭을 변경하였다.[641] 현재 삼

---

640 "'포교소폐지계', 소화 18년(1943년) 12월 29일," 「조선총독부관보」 1944년 4월 5일 자[소화-5148호], 2-4면.

641 『삼성제일교회 60년의 이야기 행복한 동행』(서울: 삼명인쇄사, 2015), 14-16.

성제일교회는 윤성원 목사를 중심으로 온 교우가 남북한의 평화적 통일을 위해 그리고 통일 이후 함흥 지역에 산수정교회를 재건하기 위해 기도하며 준비하고 있다.

역대 교역자	주임	조기함(趙基諴. 1932[642]–1935)
		이태수(李泰洙, 1935[643]–1937[644])
		강송수(姜松洙, 1937[645]–1943[646])
	여교역자	최하숙(崔河淑, 1933[647]–1943[648])

642 조선야소교동양선교회성결교회 제1회 총회회록부록(1933년), 44.
643 "통신," 「활천」(1934년 11월호): 56; "통신," 「활천」(1936년 7월호) 57.
644 "통신," 「활천」(1937년 6월호): 58.
645 "통신," 「활천」(1937년 6월호): 58.
646 조선야소교성결교회 제2회 연회록(1942년), 72.
647 조선야소교동양선교회성결교회 제1회 총회회록부록(1933년), 50.
648 조선야소교성결교회 제2회 연회록(1942년), 79.

안변성결교회 安邊聖潔敎會

안변성결교회(함경남도 안변군 학성면 영춘리 80[649])가 설립된 배경에는 류기태 집사의 전도활동이 있었다. 1932년 1월 함흥도청에서 근무하다가 안변군청으로 전근한 류기태 집사는 안변 지역에 성결교회가 없음을 유감으로 생각하고 열심히 전도하였는데[650] 그 결과로 구도자가 일어나자 본부에서 4월 9일에 경성성서학원 수양생인 정긍섭 형제를 파송하여[651] 안변교회를 설립하였다.

창립예배는 초가 4칸을 세로 얻어[652] 4월 17일에 장년 7명과 유년 29명이 모여서 드렸다. 4월 17일 밤부터 24일 밤까지 원산교회와 협력하여 대거전도회를 열고 아침에는 청신기도회, 낮에는 개인전도와 심방 및 축호전도를 진행하였다. 집집마다 전도지를 배부한 후 오후 4-5시에는 악대를 선두에 세워 집회를 알리는 큰 광고판을 높이 들고 웅장하게 찬양을 부르며 길

---

649 조선야소교동양선교회성결교회 제1회 총회회록부록(1933년), 52.
650 "통신,"「활천」(1934년 1월호): 52.
651 "통신,"「활천」(1932년 5월호): 56.
652 "통신,"「활천」(1934년 1월호): 52.

거리를 순회하였다. 밤에는 80-100명의 무리에게 복음을 전하였는데 결심자가 93명이 나왔고 남녀 42명이 간증한 바에 따르면 그중 수십 명은 청신기도회까지 참석하여 죄를 회개하고 중생하였다고 한다. 그 결과로 주일예배 출석수가 장년만 60여 명이 되자[653] 본부에서는 곧 강나운 전도부인을 파송하여 협력사역을 하게 하였다.[654]

안변교회는 11월 15일에 유년추수감사일을 지내고 여기서 모인 감사헌금으로 하얼빈 동포를 도왔다. 11월 17-23일에는 강송수 목사의 인도로 부흥회를 열어 많은 은혜를 받았고 결심자 24명과 성결자 9명도 얻었다.[655] 또한 부흥회 기간 중인 21일에는 장년추수감사일로 모였는데 이때 드려진 60여 원의 감사헌금으로 경종을 구입하여 달았다. 12월에는 원산제1교회와 함께 원산제2교회(원산부 북촌동 28)를 개척하는 일에 협력하였다.[656]

안변교회의 개척 과정에 헌신한 류기태 집사는 계속해서 성전 건축을 위해서도 최선을 다하였다.[657] 이와 같이 정긍섭 전도사, 강나운 전도부인, 류기태 집사의 표리상응(表裏相應, 안팎에서 서로 손이 맞음)한 헌신과 사역의 결과 교회는 주님의 은혜 가운데에서 날로 왕성하게 되어 예배드리기가 힘들 만큼 예배당이 비좁아졌다.

그래서 교회 설립 1주년 만인 1933년 4월에 신자들은 힘을 다하여 각 방면의 개인 또는 단체의 도움을 받아 총공사비 689원으로 새로운 예배당을 기공하고 8월 20일에 경성성서학원 교수 이건 목사의 진행으로 헌당식을 거행하면서 넘치는 기쁨 가운데 감사와 영광을 주님께 돌렸다.[658]

---

653 "통신," 「활천」(1932년 6월호): 55.
654 "통신," 「활천」(1934년 1월호): 52.
655 "통신," 「활천」(1933년 3월호): 60.
656 "통신," 「활천」(1933년 2월호): 60.
657 "통신," 「활천」(1933년 4월호): 56.
658 "통신," 「활천」(1934년 1월호): 52; "통신," 「활천」(1933년 10월호): 47.

1934년 2월 25-28일에는 김경흡 전도사의 인도로 부흥회를 열고 모든 신자가 많은 은혜를 받았는데 새로 결심한 자가 5명, 회개자가 7명, 중생자가 5명, 성결자가 6명이나 되었다. 특별히 감사한 일은 송대윤이 자신이 운영하는 연초(담배) 소매상이 신앙생활에 옳지 못한 직업임을 깨닫고 과감하게 가게 문을 닫은 일이다. 또한 김원자는 38년 된 묵은 죄를 통회 자복하면서 가족 11명을 당일로 주님께 인도하고 감사헌금 11원을 바치며 주님께 영광을 돌렸다. 3월 26-28일 조양형 집사의 인도로 소아부흥회를 한 결과 성령의 불같은 역사로 회개자 16명, 중생자 15명, 성결자 11명이 나왔다.

5월 13일(주일)에는 안변의 명소인 굴등산에서 김경흡 전도사의 인도로 야외예배를 드렸는데 신자들이 큰 은혜를 받고 주님께 감사하였다. 안변교회는 부채로 힘들어하던 중 지방회장 강송수 목사의 주선으로 본부의 보조를 받아 채무를 정리하며 큰 기쁨으로 감사하였다. 5월 20일에는 박태주 목사의 집례로 조양형이 집사로 임명되었고 송대윤은 주일학교 부교장으로 취임하였다. 교회 창립을 위해 많이 수고하다가 동경에 간 류기태 집

신축한 안변예배당

"통신," 「활천」(1934년 1월호): 52.

사가 등사판을 후원하고, 또한 경성무교정교회에서 좋은 강대상을 후원해주어 온 교인이 감사를 드렸다.[659]

1935년 12월 8-10일에는 강송수 목사와 이정원 목사의 인도로 특별집회가 은혜롭게 열리고 박태주 목사의 인도하에 학습예식(4명)과 세례식(4명)이 거행되었다.[660] 1938년 1월 6-9일에는 이준수 목사의 인도로 아동부흥회와 주일학교 교사강습회, 장년기도회, 구령회가 진행되어 장·유년 모두 넘치는 은혜를 받았으며 사무연회까지 있어 주님께 영광을 돌렸다.[661]

1939년 2월 22-26일에는 신은천 전도사의 인도로 부흥회를 열어 신자들이 풍성한 은혜를 받았다.[662] 9월 7-9일에는 함남지방회가 안변교회에서 개최되었다.[663] 1940년 1월 8일부터 1주일간은 김원식 목사의 인도로 부흥회를 열어 모든 신자가 풍성한 은혜를 받았고, 마지막 날에는 사무연회로 모여 남녀 집사 7명을 임명하였다.[664]

안변교회는 1943년 12월 29일 성결교회가 일제에 의해 강제로 해산당할 때까지 안변군 지역에 복음을 전하였다.[665]

---

659 "통신," 「활천」(1934년 8/9월호): 98-99.

660 "통신," 「활천」(1936년 1월호): 58.

661 "통신," 「활천」(1938년 2월호): 64.

662 "통신," 「활천」(1939년 4월호): 49.

663 "통신," 「활천」(1939년 8/9월호): 70.

664 "통신," 「활천」(1940년 3월호): 45.

665 "'포교소폐지계', 소화 18년(1943년) 12월 29일," 「조선총독부관보」 1944년 4월 5일 자[소화-5148호], 2-4면.

역대 교역자 주임 정긍섭(鄭兢燮, 1932[666])

조승각(趙承珏, 1933[667])

김경흡(金庚洽, 1934[668]-1936)

강축수(姜丑洙, 1937[669]-1938)

김광빈(金光斌, 1939[670]-1940[671])

김영수(金英洙, 1940[672]-1943[673])

여교역자 강나운(姜羅雲, 1932-1933[674])

이제일(李第一, 1934[675]-1939[676])

---

666 조선야소교동양선교회성결교회 제4회 연회의사록부록(1932년), 44.

667 조선야소교동양선교회성결교회 제1회 총회회록부록(1933년), 43.

668 조선야소교동양선교회성결교회 제2회 총회회록부록(1934년), 71.

669 조선야소교동양선교회성결교회 제1회 연회회의록부록(1937년), 37.

670 조선야소교동양선교회성결교회 제2회 연회회의록부록(1939년), 52.

671 "통신,"「활천」(1940년 6월호): 37.

672 "통신,"「활천」(1940년 6월호): 37.

673 조선야소교성결교회 제2회 연회록(1942년), 77.

674 조선야소교동양선교회성결교회 제1회 총회회록부록(1933년), 47.

675 조선야소교동양선교회성결교회 제2회 총회회록부록(1934년), 76.

676 조선야소교동양선교회성결교회 제2회 연회회의록부록(1939년), 55.

신고산성결교회 新高山聖潔教會

신고산은 경원선이 지나는 도시 가운데 두 번째로 큰 도시로, 날로 발전하는 지역이었다. 신고산성결교회(함경남도 안변군 위익면 세포리 222[677])는 1936년 봄 함남지방회에서 이 지역에 개척을 결의하고 이 일을 안변교회에 위임하면서 시작되었다. 그러나 안변교회는 금전적 문제로 개척에 착수하지 못하였다. 6월 하순에 김광빈 전도사가 안변교회로 부임해온 이후 안변교회는 책임을 맡은 신고산교회 개척과 신고산 지역에 사는 영혼들을 위해 간절히 기도하기 시작하였다.

신고산교회의 개척은 김경실(金京實) 집사와 깊은 인연이 있다. 미국에서 살던 김경실은 4년 전 심장병으로 고통을 받다가 가장 유명한 의사에게 세 차례나 검사를 받은 결과 불치병 선고를 받고 요양을 위해 고국에 돌아와 경치 좋은 곳에서 지내게 되었다. 하지만 2년이 지나도록 조금도 차도가 없자 전국을 두루 다니는 생활을 하면서 부인이 미국에서 보내준 2만 원의

---

677 "'포교소설치계, 동양선교회 신고산성결교회 안변읍, 함경남도 안변군 위익면 세포리 222, 소화 12년(1937년) 1월 26일," 「조선총독부관보」 1937년 3월 9일 자 [소화-3042호], 3-5면.

금전(金錢)을 소진하였다. 그러다가 감리교회 이화춘(李和春) 목사를 만나 "신앙생활에 깊이 들어가면 그대의 영혼이 구원을 얻는 동시에 하나님의 권능으로 병이 나을 수 있다."라는 말을 듣고 이화춘 목사의 지도를 받기로 결심하였다. 이화춘 목사는 "그대가 속히 구원을 체험하려면 성결교회에 다녀야 할 터인데 여기서 안변교회가 제일 가까우니 그곳으로 가라."라고 말해주었다. 이 목사의 지도를 받고 그는 안변교회 주변에 있는 2,000여 원 하는 가옥을 구입하여 지내면서 교회에 열심히 출석하고 신앙생활에 전념하였다.

안변교회에서 부흥회가 열렸을 때 그는 해산(解産)의 애고(愛苦)를 경험하였다. 그의 낙망은 희망으로, 고통은 희락으로 변했고, 그의 심령은 구원의 만족과 기쁨으로 충만하게 되었다. 주님께서는 그의 육체의 병까지도 고쳐주셨다. 이 기쁨의 소식을 들은 부인이 남편을 만나보고 싶어 했기에 김경실은 9월 4일 미국으로 돌아가게 되었다. 그는 이때 김광빈 전도사를 만나 자신을 구원하신 주님의 은혜에 어떻게 보답해야 할까를 물었다. 김광빈 전도사는 신고산교회 개척 계획에 대해 말하였다. 김경실은 매월 예배당 세를 감당하고 신고산교회의 예배당 건축을 위해서도 힘쓰겠다고 약속하였다. 그는 떠난 지 1개월 반 만에 일금 100원을 보내왔다. 김광빈 전도사는 이 같은 사실을 순회이사 강송수 목사에게 보고하고 신고산교회 개척에 자원하였다. 이에 강송수 목사는 9월 15일 "5일 내로 신고산으로 전임하라."라는 통지를 보냈다. 김광빈 전도사는 9월 24일 신고산에 도착하였으나 신고산에는 전에 안변교회에서 수고하던 강학실 자매밖에 없었다. 강학실의 인도로 김 전도사는 3칸짜리 방을 4원에 얻고 1개월간 지냈는데 그 집이 팔리게 되자 다시 집을 구하지 않으면 안 될 형편이 되었다.

새로 얻은 가옥은 주님이 예비하시고 허락하신 곳이었다. 200명을 수용할 수 있는 이 가옥은 신고산에서 가장 중앙에 위치해 있었다. 집주인은 무당이었는데 1936년 봄에 굿을 하는 장소로 사용하려고 건축하였으나 관청에서 굿하는 것을 허가하지 않아 가옥을 속히 팔아야 하는 형편에 처하고 말았다. 사람들은 '무당의 집'이라 하여 무서워서 사지 않았고 결국 김 전도사가 이 가옥을 얻게 되었다.

주님께서는 가옥만 예비하신 것이 아니라 신자까지 예비하셨다. 문화당 인장포(印章鋪)를 하는 조기질(趙基質)은 믿기로 작정한 날부터 헌신적으로 교회 일을 하였다. 또한 철도국에서 20여 년간 일하던 이상실(李相實)은 지금까지 집 한 칸 없이 주색(酒色)에 금전을 허비하며 살았는데 교회에 입교한 뒤로 모든 주색을 온전히 끊었을 뿐만 아니라 믿은 날부터 예배에 빠져본 일이 없고 함께 일하는 청년 2명까지 인도하였다.

1936년 신고산신개척교회

김광빈, "신고산교회신개척보," 「활천」(1937년 2월호): 55-56.

11월 26일부터 29일까지는 성서학원의 가정방문전도대가 전도회를 개최하여 대성황을 이루었으며, 모든 신자가 은혜를 받고 신결심자 남녀 17명을 얻음으로 더욱 주님께 감사를 드렸다.[678]

---

678 김광빈, "신고산교회신개척보," 「활천」(1937년 2월호): 55-56.

新高山聖潔教會

金光斌 李翔翼 裵영애
李相實 金東善 楊부춘
趙基贊 李順熙 韓복실
金宗赫 白聖柱 文보금
朴漢明 白학운 黃태후
文炳華 朴성히 黃경숙
韓相印 李화실 宋정순
文敎鎬 金순애 李정목
石中素 金금옥 姜창숙
金在淵 金후복 金혜춘
崔能鉉 成분일 咸춘반

1938년 신고산교회 교우 명부

"축성탄하신년 광고," 「활천」(1938년 1월호).

1937년 2월 13일부터 1주일간 이준수 목사의 인도로 열린 부흥회에서 모든 신자는 통회 자복하며 풍성한 은혜를 받았고 새로 결심한 자들이 40여 명에 달하여 주님께 영광을 돌렸다.[679] 10월 4일 주일에는 신고산교회 창립 1주년 기념예배를 성황리에 드렸다. 이때 박한명이 결심하고 여러 사람에게 전도하여 구도자로 출석하는 자가 많게 되었다. 11월 첫 주일에는 추수감사 예배로 주님께 영광을 돌렸다. 김광빈 전도사는 1937년 12월 1일부터 5일까지 열린 제1회 연회에서 목사 안수를 받았다.[680] 12월 7-9일 이준수 목사의 인도로 열린 아동집회에서는 교회 개척 이래로 유년 전체가 처음 경험하는 큰 은혜가 내렸다.[681]

1938년 5월 첫 주일에는 자급 10원씩을 작정하였다. 또한 본부로부터 여교역자의 파송 통지를 받고 기쁨으로 여교역자 주택비를 부인회에서 담당하기로 하였다.[682]

---

678 "통신," 「활천」(1937년 4월호): 58.

680 "통신," 「활천」(1938년 1월호): 61.

681 "통신," 「활천」(1938년 1월호): 62.

682 "통신," 「활천」(1938년 6월호): 42-43.

1939년 2월 27일 밤부터 3월 5일까지는 흥남교회 김진문 목사를 청하여 매일 세 차례 집회를 하였는데 풍성한 은혜가 내려 신도들은 기쁨으로 충만하였다. 집회 결과 성결한 자 4명, 중생한 자 12명을 얻었으며 기도의 불길이 계속 타올랐다.[683] 11월 20일부터 5일간 이준수 목사의 인도로 열린 부흥회는 매일 네 차례 모여 모든 장·유년이 풍성한 은혜를 받았고, 마지막 날은 추수감사예배로 드렸다.[684]

1940년 5월 29일부터 6월 5일까지 김영수 전도사의 인도로 개최된 대전도회는 매일 밤 밀려드는 청중으로 말미암아 입추의 여지 없이 대성황을 이루었고 마지막 이틀간은 장소가 협소한 관계로 지역의 공회당을 사용하였다. 우천으로 어려움이 있었지만 마지막 날 밤에는 400-500명의 청중이 모여 큰 은혜를 받았다.[685]

신고산교회는 1943년 12월 29일 성결교회가 일제에 의해 강제로 해산당할 때까지 안변군 지역에 복음을 전하였다.[686]

역대 교역자	주임	김광빈(金光斌, 1936-1941[687])
		이준수(李峻洙, 1942[688]-1943)
	여교역자	이제일(李第一, 1938[689]-1939[690])
		김연후(金演厚, 1942[691]-1943)

---

683 "통신," 「활천」(1939년 5월호): 46.

684 "통신," 「활천」(1940년 2월호): 57.

685 "통신," 「활천」(1940년 8/9월호): 50.

686 "'포교소폐지계', 소화 18년(1943년) 12월 29일," 「조선총독부관보」 1944년 4월 5일 자[소화-5148호], 2-4면.

687 조선야소교성결교회 제2회 연회록(1942년), 58.

688 조선야소교성결교회 제2회 연회록(1942년), 59.

689 "통신," 「활천」(1938년 8/9월호): 53.

690 조선야소교동양선교회성결교회 제2회 연회회의록부록(1939년), 55.

691 조선야소교성결교회 제2회 연회록(1942년), 80.

용흥성결교회 竜興聖潔敎會

용흥성결교회(함경남도 함주군 흥남읍 용흥리 108[692])는 처음에 '본궁성결교회'라는 이름으로 설립되었으나 1940년에 '용흥성결교회'[693]로 교회 명칭을 변경하였다.

함흥 복부정성결교회(함흥제1성결교회)는 4km쯤 떨어져 있는 본궁에 1936년 5월부터 개척교회를 시작하여 활동하던 중 신자들이 30여 명이나 모이게 되었다. 오두환 장로는 본궁교회를 위해 상당한 물질을 희생해가면서 교우의 가정을 심방하여 예배를 인도하는 일에 주력하였다. 주님의 허락하심으로 홍원교회에서 사역하던 이주홍 전도사가 주임교역자로 부임하게 되자 복부정교회에서는 1937년 4월 이내로 본궁교회에 예배당 부지를 준비해주기로 작정하였다.[694]

본궁교회는 1937년 1월 23일부터 6일간 강송수 목사의 인도로 부흥회

692 조선야소교성결교회 제2회 연회록(1942년), 85.

693 "'포교소명칭변경계', 본궁성결교회-룡흥성결교회 함주군 흥남읍, 소화 15년(1940년) 2월 3일," 「조선총독부관보」 1940년 3월 18일 자[소화-3946호], 2면.

694 "통신," 「활천」(1937년 2월호): 58.

를 열었는데 첫 시간부터 부흥의 역사가 일어나 통회, 자복, 감사, 간증의 은혜가 임하였으며, 중생과 성결의 은혜를 체험한 자도 많았고 신결심자가 35명에 이르렀다.[695]

12월 2일부터 진행된 제1회 연회에서 맹필균 전도사가 주임전도사로 임명되어 새롭게 부임하였다.[696]

1940년 4월 20일부터 5일간 조한숙 목사를 청하여 신축한 예배당에서 매일 세 차례 집회를 진행하는 중에 시간마다 성령의 크신 역사가 임하여 모든 신자가 은혜를 받았으며 신결심자가 37명이나 되었고 낙심했다가 다시 돌아온 자도 있어 신자들은 하나님께 영광을 돌렸다.[697]

맹필균 전도사는 1941년 4월 9일부터 5일간 경성신학교 대강당에서 열린 제1회 북부연회에서 목사 안수를 받았다.[698] 하지만 맹필균 목사는 6월 23일에 휴직하고[699] 후임으로 김천호 전도사와 이부현 전도부인이 임명되어 사역하였다.[700]

용흥교회는 1943년 12월 29일 성결교회가 일제에 의해 강제로 해산당할 때까지 흥남읍 용흥리 지역에 복음을 전하였다.[701]

---

695 "통신," 「활천」(1937년 3월호): 56.

696 조선야소교동양선교회성결교회 제1회 연회회의록부록(1937년), 36.

697 "통신," 「활천」(1940년 6월호): 38.

698 "통신," 「활천」(1941년 5월호): 35.

699 조선야소교성결교회 제2회 연회록(1942년), 32.

700 조선야소교성결교회 제2회 연회록(1942년), 60.

701 "'포교소폐지계', 소화 18년(1943년) 12월 29일," 「조선총독부관보」 1944년 4월 5일 자[소화-5148호], 2-4면.

역대 교역자 주임 이주홍(李柱弘, 1936[702]-1937[703])
맹필균(孟必均, 1937[704]-1941[705])
김천호(金川鎬, 1942[706]-1943)
여교역자 안매자(安梅子, 1938[707])
이부현(李富鉉, 1942[708]-1943)

702 "통신," 「활천」(1937년 2월호): 58.
703 조선야소교동양선교회성결교회 제1회 연회회의록부록(1937년), 37.
704 조선야소교동양선교회성결교회 제1회 연회회의록부록(1937년), 36.
705 조선야소교성결교회 제2회 연회록(1942년), 32.
706 조선야소교성결교회 제2회 연회록(1942년), 60.
707 "통신," 「활천」(1938년 7월호): 53.
708 조선야소교성결교회 제2회 연회록(1942년), 60.

구룡성결교회 九竜聖潔教會

구룡성결교회(함경남도 함주군 흥남읍 구룡리 11[709])는 흥남교회의 전도로 세워진 교회이다. 1933년 8월부터 흥남교회는 구룡리 주민들을 위해 전도를 하였으며 그 결과 장·유년을 합해 30여 명이 모여 예배를 드리게 되었다. 구도자는 날로 증가하였으나 교역자가 없어 걱정이었다.[710]

구룡교회는 1935년 2월 마지막 주간에 전도회를 열고 전도하여 22명의 결심자를 얻었다.[711] 1936년 7월 1일부터 5일간은 강송수 목사의 인도로 매일 세 차례 집회를 하였는데 모든 신자가 풍성한 은혜를 받고 중생자 11명, 성결자 7명을 얻었다.[712]

1937년에는 김형식 전도사가 부임하였다.[713] 이듬해인 1938년 2월 23일

---

709 "'포교자거주지이전계', 동양선교회 청진부-함주군 김형식, 청진부 포항동 234에서 함경남도 함주군 흥남읍 구룡리 11로, 소화 15년(1940년) 1월 15일," 「조선총독부관보」 1940년 2월 14일 자[소화-3918호], 5-6면.

710 "통신," 「활천」(1934년 10월호): 55.

711 "통신," 「활천」(1935년 4월호): 55.

712 "통신," 「활천」(1936년 10월호): 58.

713 조선야소교동양선교회성결교회 제1회 연회회의록부록(1937년), 36.

부터 김형식 전도사의 인도로 부흥회가 열렸는데 첫 시간부터 오순절적 은혜가 모든 심령에 임하였으며 몇 달 전부터 기도 중이던 경종을 위해 120여 원의 헌금이 모아져 주님께 영광을 돌렸다.[714] 6월 29일부터 7월 3일까지는 김명순 전도사의 인도로 부흥사경회를 개최, 풍성한 은혜가 임하여 회개로부터 중생, 성결의 경험을 얻은 자가 많았다.[715]

1939년에는 매주일 예배 후 신도들이 총출동하여 축호전도를 하였다.[716] 김형식 전도사는 1941년 4월 9일부터 5일간 경성신학교 대강당에서 열린 제1회 북부연회에서 목사 안수를 받았다.[717] 1942년에 이정원 목사[718]와 이선숙 전도부인[719]이 부임하여 사역하였다.

구룡교회는 1943년 12월 29일 성결교회가 일제에 의해 강제로 해산당할 때까지 함주군 흥남읍 지역에 복음을 전하였다.[720]

역대 교역자	주임	김진문(金進文, 1933[721]-1936)
		김형식(金亨式. 1937[722]-1941)
		이정원(李禎源, 1942[723]-1943)
	여교역자	이선숙(李宣淑, 1942[724]-1943)

---

714 "통신," 「활천」(1938년 4월호): 51.

715 "통신," 「활천」(1938년 8/9월호): 80.

716 조선야소교동양선교회성결교회 제2회 연회회의록(1939년), 26.

717 "통신," 「활천」(1941년 5월호): 35.

718 조선야소교성결교회 제2회 연회록(1942년), 72.

719 조선야소교성결교회 제2회 연회록(1942년), 80.

720 "'포교소폐지계', 소화 18년(1943년) 12월 29일," 「조선총독부관보」 1944년 4월 5일 자[소화-5148호], 2-4면.

721 "구룡교회 설립을 위해 헌신하며 교역자가 없는 상황에서 겸임사역," 「활천」(1934년 10월호): 55.

722 조선야소교동양선교회성결교회 제1회 연회회의록부록(1937년), 36.

723 조선야소교성결교회 제2회 연회록(1942년), 72.

724 조선야소교성결교회 제2회 연회록(1942년), 80.

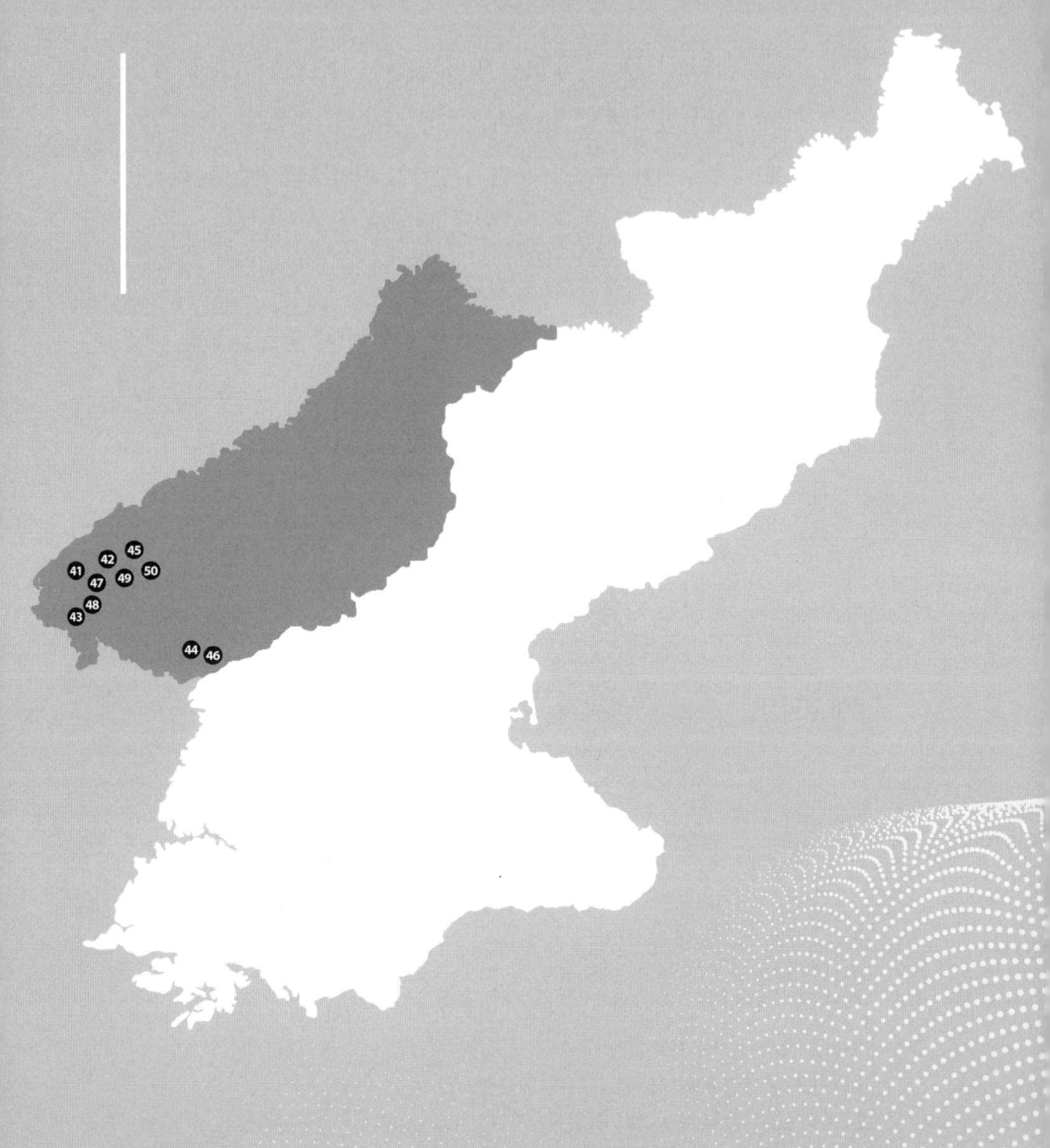

41 신의주서부성결교회
42 의주성결교회
43 양시성결교회
44 곽산성결교회
45 비현성결교회
46 고읍성결교회
47 신의주동부성결교회
48 법흥성결교회
49 마전동성결교회
50 민포동성결교회

평안북도 지역 교회

신의주서부성결교회(新義州西部聖潔教會)

의주성결교회(義州聖潔教會)

양시성결교회(楊市聖潔教會)

곽산성결교회(郭山聖潔教會)

비현성결교회(枇峴聖潔教會)

고읍성결교회(古邑聖潔教會)

신의주동부성결교회(新義州東部聖潔教會)

법흥성결교회(法興聖潔教會)

마전동성결교회(麻田洞聖潔教會)

민포동성결교회(敏浦洞聖潔教會)

신의주서부성결교회 新義州西部聖潔敎會

신의주는 인구가 2만 6,000명 이상인 대도시였다. 북한 지역 최대의 국경도시인 만큼 대안(對岸, 강 건너 쪽)과 중국 안동현(현 단둥)과의 왕래가 빈번하였고, 이에 따라 물화 교역에 대한 취체(取締, 단속)가 엄밀(嚴密)하였다. 사상이나 정치 방면의 단속도 그러했음으로 인심이 흉흉한 때가 많았다. 신의주성결교회(평안북도 신의주부 마륵동 196-2[1])가 설립될 당시 신의주 지역에는 장로교회 3개소, 안식교회 1개소, 천주교회 1개소가 있었다.[2]

평양교회(상수리교회) 개척을 위해 수고한 김제근 전도사가 1927년 4월 평안북도 신의주에 새로운 교회 개척을 위해 파송되었다.[3] 김 전도사는 진사정(眞沙町) 7정목 21번지에 있는 집을 세로 얻어 예배를 드리기 시작하였다. 창립예배 후 얼마 지나지 않아 평양에서 사역하던 류정희 전도부인이 신의주교회로 전임하여 두 사역자가 충성을 다해 헌신한 결과 교회가 날로

---

1 조선야소교동양선교회성결교회 제1회 연회회의록부록(1937년), 42.

2 이건, "국경 천막전도회기," 「활천」(1930년 7월호): 53-54.

3 "통신," 「활천」(1927년 5월호): 53-54; 이명직, 『약사』, 131.

신의주성결교회 신자 일동
"신의주성결교회 신자 일동," 「활천」(1929년 2월호).

부흥하여 주님께 영광을 돌렸다.[4] 신의주교회는 예배당이 협소한 관계로 신자 200명을 나누어 '신의주동부성결교회'를 설립하면서 교회 명칭을 '신의주서부성결교회'로 변경하였다. 이후에 '신의주 미륵동성결교회'로도 불렸다.

신의주교회는 창립된 지 1년 반밖에 되지 않았으나 출석 교인이 30-50명에 달하였다.[5] 또한 중국 안동현에까지 전도하여 지교회를 설립하였다.[6] 1929년에 열린 성결교회 제1회 연회의사록에는 안동현교회가 신의주교회의 순회지로 기록되어 있다.[7]

1930년 5월 14일 저녁부터 18일 저녁까지 5일간 '신의주 천막전도회'(동양선교회가 조직하여 전국을 다니며 대형 천막을 치고 전도하던 집회 – 필자

---

4 "신의주성결교회예배당신축기," 「활천」(1932년 3월호): 55.
5 조선야소교동양선교회성결교회 제1회 연회의사록(1929년), 10.
6 이명직, 『약사』, 131.
7 조선야소교동양선교회성결교회 제1회 연회의사록부록(1929년), 51.

주)가 열렸다. 천막전도대는 적당한 장소에 자리를 잡고 매일 저녁 8시 30분부터 집회를 시작하였는데 영혼의 기갈을 당한 무리가 집회 때마다 400-1,000명 모여들었다. 수많은 타교파 신자와 직원들도 참석하였다. 집회 시간에는 신생(중생)·성결·신유·재림 등 '사중복음의 약의(略義, 간략한 의미)'를 설명하고 청중에게 여러 차례 고성합송(高聲合誦, 큰 소리로 따라 외침)하게 하였다. 참석자 대부분이 신자들이었기에 집회는 구령회와 성별회로 진행되었으며, 밤마다 성결의 은혜를 받기 위해 손을 들고 기도하는 사람이 수십 명에 이르렀다.[8]

1930년 여름, 그동안 예배당으로 사용하던 집이 타인의 손에 넘어감에 따라 교회는 갑자기 집회소를 잃게 되었다. 그래서 시가지 구석(운정정 9번지)[9]에 위치한 신축 중인 가옥을 세로 얻어 교회당으로 꾸미고 예배를 드렸다. 그러나 그곳은 주변에 관청과 회사에서 근무하는 일본인 및 조선인들의 사택만 있었기에 집회, 특히 새벽기도회 때마다 그들로부터 심한 비난과 많은 방해를 받아 매우 부자유한 장소였다.[10]

교역자와 신자들이 예배당을 위해 간절하게 부르짖어 기도하는 가운데 신실하신 하나님께서는 1년이 못 되어 미국에서 사는 한 성도를 통해 4,000여 원의 거액을 보내주심으로써 기도에 응답하셨다. 또한 신도들이 가난한 형편에도 힘껏 헌금하여 총경비 4,366원으로 1931년 5월 12일 신의주 미륵동(彌勒洞) 196-2번지[11]에 대지 204평(평당 8원 50전)을 매수하고 8월 25

---

8 이건, "국경 천막전도회기," 「활천」(1930년 7월호): 53-54.

9 "'포교소소재지변경계', 동양선교회 신의주성결교회 신의주부-신의주부, 평안북도 신의주부 진사정 7정목 21에서 평안북도 신의주부 운정정 9로, 소화 5년(1930년) 11월 11일," 「조선총독부관보」 1931년 3월 14일 자[소화-1255호], 7면.

10 "신의주성결교회예배당신축기," 「활천」(1932년 3월호): 55.

11 "'포교소소재지변경계', 동양선교회 신의주성결교회 신의주부-신의주부, 평안북도 신의주부 운정정 9에서 평안북도 신의주부 미륵동 196-2로, 소화 11년(1936년)

일에 건축 공사에 착수하여 11월 10일에 준공(건평: 예배당 45평, 주택 14평)하고 11월 15일 낮 12시에 주임교역자의 사회로 봉헌식을 거행하였다. 본부에서는 최석모 목사가 참석하였다. 순서에 따라 교회 연혁보고, 건축보고, 축전과 축장 낭독 등이 있은 후 최석모 목사의 봉헌설교가 있었는데 이를 통해 모든 신도가 많은 은혜를 받았다. 최 목사는 저녁에도 "순교의 정신을 가지라"라는 제하의 설교를 행했는데 설교가 끝나자 신자 일동은 예배당이 떠나가게 기도하면서 무한한 은혜를 경험하였다.[12]

신의주교회는 1933년 6월부터 12월까지 매일 밤 기도회를 계속하는 가운데 성령의 불이 크게 임하여 역사하심으로 수백 명의 신자를 얻게 되어 1934년부터는 전 자치(교역자 생활비 지급과 교회 운영)를 실시하게 되었다.[13]

주일예배에 출석하는 장년 신자가 450명에 달하여 예배당이 협소했기에 940평을 매수하여 동부에 30평의 지교회를 건축, 200명을 분회(分會)하여 예배드리게 하고 '신의주동부교회'라 명칭하였다. 신의주교회는 '신의주서부교회'라 하였다.[14] 8월 10-19일에는 신의주서부교회에서 이건 목사를 청하여 신의주동부교회 증축 기념성회를 개최하였는데 이때 신자들은 오순절적 충만한 은혜를 받았다. 또한 감사헌금으로 250원을 드려 성회기념으로 특호 경종을 사서 달고 주님께 영광을 돌렸다.[15]

1935년 신의주서부교회와 신의주동부교회는 황주교회 예배당 건축을 위해 각각 100원을 헌금하여 보냄으로 건축에 많은 도움을 주었다.[16] 1937년에는 주일마다 예배에 출석하는 200여 명의 주일학생들이 창립 10주년을

11월 1일," 「조선총독부관보」 1936년 12월 9일 자[소화-2972호], 5면.

12 "신의주성결교회예배당신축기," 「활천」(1932년 3월호): 55.

13 조선야소교동양선교회성결교회 제1회 총회회록(1933년), 32.

14 조선야소교동양선교회성결교회 제2회 총회회록(1934년), 58.

15 "통신," 「활천」(1934년 10월호): 55.

16 "통신," 「활천」(1935년 6월호): 56.

기념해 70여 원을 들여 종각을 세웠다.[17]

1938년 가을에는 '처음오순절부흥회'(초대교회 오순절 성령강림)를 목표하고 성서학원 교수인 박현명 목사를 청하여 9월 12일부터 18일까지 신앙부흥대회를 개최하였다. 매일 세 차례 열린 이 집회에는 예배당이 터질 정도로 입추의 여지 없이 모여들어 은혜를 받았다. 참석자들은 '조석좌담회'(아침과 저녁 좌담회)에 참석하고 오전 사경회에는 신약 중 성도들의 심령을 은혜의 최고봉으로 이끄는 바울의 골로새서를 공부함으로 주님 안에서 충만한 은혜를 받았다.[18]

신의주서부교회는 1939년 6월경 민포동에 어떤 학교의 집을 얻어 신개척한 결과 유년주일학생 80여 명과 장년 40-50명이 모여 주일마다 예배를 드리게 되었다.[19] 여름에는 새로 개척한 민포동 지교회당 신건축 경비를 위해 2,000원의 헌금이 모아졌는데 이는 기적의 역사였다. 9월부터는 매일 새벽에 은혜의 집회를 앞두고 준비기도회를 시작하였다. 11월 20일부터 1주일간은 이건 목사의 인도로 부흥회를 열고 매일 세 차례 모였는데 성령의 놀라운 역사로 모든 회중이 풍성한 은혜를 받았다. 12월 10일(주일)에는 남녀 23명의 입회식과 성찬식이 있어 주님께 영광을 돌렸다.[20]

이후 신의주서부교회는 1943년 12월 29일 성결교회가 일제에 의해 강제로 해산당할 때까지 신의주 지역에 복음을 전하였다.[21] 신의주서부교회는 해방과 함께 교회를 재건하는 과정에서 예배당 문제로 크게 곤란을 당하여 주택에서 오랫동안 예배를 드리다가 예배당 건물을 다시 찾게 되었

17 조선야소교동양선교회성결교회 제1회 연회회의록(1937년), 20.

18 "통신," 「활천」(1938년 11월호): 55.

19 조선야소교동양선교회성결교회 제2회 연회회의록(1939년), 29.

20 "통신," 「활천」(1940년 2월호): 56.

21 "'포교소폐지계', 소화 18년(1943년) 12월 29일," 「조선총독부관보」 1944년 4월 5일자[소화-5148호], 2-4면.

다.[22] 1946년 3월에는 장이초 목사와 신도 60여 명[23]이 모여 예배를 드리다가 새롭게 부흥하여 1947년에는 150명까지 신자가 증가하였으나 사정에 의해 장이초 목사가 전근을 가게 되자 모이는 수가 100명 내외가 되었다. 그러나 그 후로도 질적인 부흥이 이루어졌다고 한다. 신의주동부교회의 최헌 목사가 겸임 사역하였으며, 백동수 전도부인도 사역하였다고 전해진다.[24]

역대 교역자 주임 김제근(金濟根, 1927[25]-1931[26])
한성과(韓聖果, 1931[27]-1934[28])
김성달(金成達, 1935[29]-1936[30])
황성택(黃聖澤, 1936[31]-1940[32])

---

22 "이북교회소식," 「활천」(1947년 10월호): 34-36.

23 "이성봉목사와 서북교회소식," 「활천」(1946년 4월호): 36-37.

24 "이북교회소식," 「활천」(1947년 10월호): 34-46.

25 "통신," 「활천」(1927년 5월호): 53-54; 이명직, 『약사』, 131.

26 "통신(2)," 「활천」(1931년 8/9월호): 79; "'포교담임자변경계', 동양선교회 신의주성결교회 신의주부 김제근-한성과, 소화 8년(1933년) 1월 10일," 「조선총독부관보」 1933년 4월 20일 자[소화-1882호], 10면.

27 "통신(2)," 「활천」(1931년 8/9월호): 79; "'포교담임자변경계', 동양선교회 신의주성결교회 신의주부 김제근-한성과, 소화 8년(1933년) 1월 10일," 「조선총독부관보」 1933년 4월 20일 자[소화-1882호], 10면.

28 조선야소교동양선교회성결교회 제1회 총회회록(1933년), 43; 조선야소교동양선교회성결교회 제2회 총회회록부록(1934년), 71.

29 "조선야소교동양선교회성결교회 제3회 각지방회의사촬요(1) 임명기," 「활천」(1935년 5월호): 54.

30 조선야소교동양선교회성결교회 제1회 연회회의록부록(1937년), 37.

31 "통신," 「활천」(1936년 12월호): 55; 조선야소교동양선교회성결교회 제1회 연회회의록부록(1937년), 34.

32 조선야소교동양선교회성결교회 제2회 연회회의록부록(1939년), 57.

한성과(韓聖果, 1941[33]-1943[34])
장이초(張利初, 1945-1946[35])
최헌(崔獻, 1946-1947[36])
여교역자 류정희(柳貞姬, 1927[37]-1930[38])
김숙자(金淑子, 1931[39]-1932)
김소순(金小順, 1932[40]-1937[41]
최경애(崔敬愛, 1937[42]-1940[43])
최애주(崔愛主, 1942[44]-1943)
백동수(1947[45])

33 "통신," 「활천」(1941년 6월호): 31.
34 조선야소교성결교회 제2회 연회록(1942년), 60.
35 "이성봉목사와 서북교회소식," 「활천」(1946년 4월호): 36-37.
36 "이북교회소식," 「활천」(1947년 10월호): 34-36.
37 "신의주성결교회예배당 신축기," 「활천」(1932년 3월호): 55.
38 조선야소교동양선교회성결교회 제1회 연회의사록부록(1929년), 57.
39 "통신," 「활천」(1931년 10월호): 56.
40 조선야소교동양선교회성결교회 제4회 연회의사록(1932년), 48.
41 조선야소교동양선교회성결교회 제1회 연회회의록부록(1937년), 39; "통신," 「활천」(1938년 1월호): 61.
42 조선야소교동양선교회성결교회 제1회 연회회의록부록(1937년), 39; "통신," 「활천」(1938년 1월호): 61.
43 조선야소교동양선교회성결교회 제2회 연회회의록부록(1939년), 56.
44 "송본애주(松本愛主)," 조선야소교성결교회 제2회 연회록(1942년), 60.
45 "이북교회소식," 「활천」(1947년 10월호): 34-36.

의주성결교회 義州聖潔敎會

의주성결교회(평안북도 의주군 의주읍 동부동 150-1[46])는 1932년 7월[47] 성서학원에서 수양 중이던 문학열 형제를 파송하여 설립한 교회이다. 의주교회 개척을 위해 파송 받은 문학열 형제의 열정적인 사역으로 그해 10월 장년 신자만 평균 40여 명, 미신자까지 합하면 평균 60-70명이 모였다. 특별히 의주의 일류 부랑자들이 주님께 돌아옴으로 인해 사람들은 주님의 크신 권능을 칭송하게 되었다. 또한 주님께서 차기주 자매의 마음을 열어주셔서 차 자매는 자신의 전 재산으로 150명가량을 수용할 만한 집(의주읍 홍서동 110)을 사서 교회에 바치고 더 큰 영광을 주님께 돌렸다.[48]

1934년 3월 21-25일에는 봉천교회 황성택 전도사를 청하여 부흥회를 열었는데 저녁 집회에 300여 명씩 모여들었다. 이 부흥회에서 중생자 17명, 성결자 13명을 얻어 신자들은 큰 영광을 주님께 돌렸다.[49] 10월 22일부터 1주일간

---

46 조선야소교성결교회 제2회 연회록(1942년), 86.

47 조선야소교동양선교회성결교회 제1회 총회회록(1933년), 37, 44.

48 "통신," 「활천」(1932년 11월호): 55.

49 "통신," 「활천」(1934년 5월호): 55.

열린 부흥회에서는 중생자 10명, 성결자 15명을 얻은 것을 비롯, 특별헌금이 50여 원이나 모아졌다. 특히 이몽은은 부흥회 비용을 전담하였고, 이신행은 자신이 별세할 때에 전 재산을 교회에 바치기로 작정하였다.[50]

김성달 전도사는 1936년 10월 부흥회 준비를 위해 '대산'이라는 산에 가서 5일간 기도하는 중에 신명기 7장 20절 말씀을 계시 받고 김영균 전도사를 청하여 10월 12일부터 1주일간 집회를 개최하였다. 이때 교회 창립 이래 처음으로 부흥의 역사가 임하여 주님께 영광을 돌렸다. 집회에는 200-1,000명이 회집하였으며 난치병을 비롯하여 여러 가지 질병으로 고통받고 있던 사람들이 치유받는 신유의 역사가 일어났다. 성령의 불이 맹렬하게 임하였으며 장로교인과 감리교인들도 참석하여 은혜를 받고, 예배당 건축을 위해 1,000여 원을 헌금하였다.[51]

1938년 8월 11일부터 1주일간은 이건 목사의 인도로 매일 세 차례 집회가 진행되어 모두가 넘치는 은혜를 받았다. 이 집회에는 새벽기도회에 80여 명, 낮 공부에 100여 명, 밤 부흥회에 300여 명이 모였으며, 3가정이 전가귀도되었고 감사헌금은 320여 원에 달하였다.[52]

1939년 5월 16일부터 27일까지 이성봉 목사를 청하여 집회하였는데 믿음의 열심이 가라앉은 집사들과 신도들의 심령에 흡족한 은혜가 임하였다. 특히 감사한 일은 시국 문제로 심령이 눌려 은퇴했던 교역자 여러 명이 새 힘을 얻은 일과 장로교회 형제자매들이 교회를 구별하지 않고 한 덩어리로 녹아져 주님만 위해 살기로 결단한 일이었다. 예배당이 협소하여 조금이라도 늦게 오면 밖에서 예배를 드릴 수밖에 없었으나 대부분 집으로 돌아가지 않고 끝까지 주님의 말씀을 사모하였다. 예배당 증축을 위해 900여 원

---

50 "통신," 「활천」(1934년 12월호): 55.

51 "통신," 「활천」(1937년 1월호): 56.

52 "통신," 「활천」(1938년 10월호): 59.

의 헌금이 모아졌기에 신자들은 주님의 이적을 찬송하였다. 이철 자매는 자신이 극진히 아끼던 보석과 금반지를 빼어 바치기도 하였다. 집회 중 하루는 신유집회로 진행하였는데 여러 명의 병자가 치료받아 감사의 간증을 하였고 신결심자 30여 명, 「활천」 신구독자 14명, 매일 정오기도를 작정한 자 200여 명을 얻었다.[53] 9월 10-18일에는 한성과 목사를 초청하여 추기수양회를 열었는데 영적 기갈을 느끼던 많은 심령이 첫 집회부터 모여들어 예배당에 들어오지 못하고 문밖까지 서서 듣는 이들이 무수하였다. 하나님의 말씀은 신자들에게 신앙의 새로운 각오를 다지게 하였다.[54]

의주교회는 500여 원을 들여 300-400명을 수용할 수 있도록 예배당을 증축하였다. 또한 만주국 구운성에 교회를 새로 개척하고 만주인 가옥

구의주성결교회 사경회원 일동
"통신," 「활천」(1938년 10월호): 59.

53 이성봉, "부흥사회순회약보," 「활천」(1939년 5월호): 35-36.
54 "통신," 「활천」(1940년 1월호): 48.

여러 칸을 세로 얻어 남녀 30-40명이 예배드렸는데 특별히 집세 1년분과 경종 구입비 100원을 기부한 이가 있어 주님께 영광을 돌렸다.[55]

의주교회는 1943년 12월 29일 성결교회가 일제에 의해 강제로 해산당할 때까지 의주 지역에 복음을 전하였다. 1945년 해방과 함께 의주교회는 재건되었으며 구의주교회(정식 명칭은 '의주성결교회'이나 '신의주성결교회'가 설립된 후 구별하기 위해 '의주성결교회'를 '구의주성결교회'라고 불렀다 – 필자 주)에서는 1946년 이용선 목사와 신도 50명이 모여 예배를 드렸다.[56]

1946년 3월 1일 발생한 폭동으로 교회 내부 일부가 파괴되었으나 150여 명이 모여 계속 예배를 드렸다. 시국의 변동으로 월남한 자가 40명이나 되어 타격을 받았지만 건축을 위한 준비도 계속하였다. 1947년 이용선 목사가 소련특무사령부에 적발되어 부득이 월남하게 됨에 따라 이후 이봉녀 전도부인이 교회를 섬겼다.[57]

역대 교역자	주임	문학열(文學悅, 1932[58]-1934)
		장서철(張瑞哲, 1934[59]-1935[60])
		김성달(金成達, 1936[61]-1943[62])

55 조선야소교동양선교회성결교회 제2회 연회회의록(1939년), 28-29.
56 "이성봉목사와 서북교회소식,"「활천」(1946년 4월호): 36-37.
57 "이북교회소식,"「활천」(1947년 10월호): 34-36.
58 "통신,"「활천」(1932년 11월호): 55.
59 "'포교담임자변경계', 소화 9년(1934년) 8월 30일,"「조선총독부관보」 1934년 12월 18일 자[소화-2382호], 5면; 조선야소교동양선교회성결교회 제2회 총회회록부록(1934년), 72.
60 "통신,"「활천」(1935년 10월호): 54.
61 "통신,"「활천」(1937년 1월호): 56; 조선야소교동양선교회성결교회 제1회 연회회의록부록(1937년), 37.
62 조선야소교성결교회 제2회 연회록(1942년), 74.

이용선(李龍善, 1945[63]-1947[64])
이봉녀 전도부인(1947[65])
여교역자 한경덕(韓景德, 1932[66]-1933)
허승열(許昇烈, 1937[67])
김영대(金英大, 1940[68]-1943[69])

63 "이성봉목사와 서북교회소식," 「활천」(1946년 4월호): 36-37.
64 "이북교회소식," 「활천」(1947년 10월호): 34-36.
65 "이북교회소식," 「활천」(1947년 10월호): 34-36.
66 조선야소교동양선교회성결교회 제1회 총회회록(1933년), 50.
67 조선야소교동양선교회성결교회 제1회 연회회의록부록(1937년), 40.
68 "통신," 「활천」(1940년 11월호): 33.
69 조선야소교성결교회 제2회 연회록(1942년), 82.

양시성결교회 楊市聖潔敎會

양시성결교회(평안북도 용천군 양하면 시동동 100[70])는 1932년 7월에 성서학원 수양생이던 김현준을 파송하여[71] 설립한 교회이다. 김현준은 12월 12일 양시로 장소를 정하고 매일 밤 집회를 열어 사람들에게 복음을 전하였다. 그 가운데 복음을 받아들이는 장년들이 생겨나기 시작하였고 유년은 70여 명에 달하게 되어[72] 1933년 1월 20일에 창립예배를 드렸다. 창립예배 후 공식적인 교회의 명칭을 '양시성결교회'[73]라 하였으나 동시에 지역 이름을 따라 '용천성결교회'라고도 불렀다.

교역자인 김현준은 1933년 11월 30일 신의주교회에서 원순경과 결혼하였다.[74] 하지만 김현준이 신학 공부를 중지함에 따라[75] 목회 사역을 계속할

70 "통신," 「활천」(1933년 2월호): 60.

71 조선야소교동양선교회성결교회 제1회 총회회록부록(1933년), 44.

72 "통신," 「활천」(1933년 2월호): 60.

73 조선야소교동양선교회성결교회 제1회 총회회록부록(1933년), 53.

74 "통신," 「활천」(1934년 1월호): 53.

75 조선야소교동양선교회성결교회 제2회 총회회록부록(1934년), 78.

1932년 12월에 설립한 양시교회(100일 기념사진)
「활천」(1933년 7월호).

수 없었기에 지방회에서는 임시교역자로 황경찬 전도사를 파송하였다.[76]

1934년부터는 오덕삼 전도사[77]와 이연홍 전도부인[78]이 부임하여 사역하였다. 오덕삼 전도사는 2월 14일부터 18일까지 부흥회를 개최하여 신자 모두가 큰 은혜와 기쁨을 얻었으며 결심자 20여 명, 신중생자 16명, 신성결자 12명을 얻었다.[79]

1935년 최기반 집사가 대고(큰북) 하나를 바치고, 또 한 자매는 나팔 하나를 바침으로 노방전도에 많은 도움을 주었다.[80]

---

76 "통신," 「활천」(1933년 4월호): 55.
77 "통신," 「활천」(1934년 4월호): 48.
78 "통신," 「활천」(1935년 2월호): 55.
79 "통신," 「활천」(1934년 4월호): 48.
80 "통신," 「활천」(1935년 1월호): 56.

平北楊市聖潔敎會

男子部 (無順)

吳德三 崔允熙 韓四晋
韓道植 白應三 李泰運
金桂三 崔在榮 崔允信

女子部 (無順)

류애신 리복만 정옥근
김혜관 안덕옥 김명애
최긔반 당명옥 최성실
최성덕 김덕의 리은경
김봉일 한경복 한봉일
최신행 박구항 소선화

1935년 양시성결교회 교인 명부

「활천」(1935년 1월호).

1936년 「조선총독부관보」[81]에는 용천성결교회가 폐지되었다는 기록이 있으나 이는 '1936년의 성결교회 분열 사건'[82]을 수습하는 과정에 관련한 기록이다. 총회록과 연회록에 양시교회와 용천교회의 설립 일자가 동일하게 기록되어 있는 것으로 보아 용천교회의 폐지 기록은 두 개의 이름으로 불리던 교회 명칭을 '양시성결교회'(평안북도 용천군 양하면 시동동 14)로 통일한 것으로 판단된다.

1936년 오덕삼 목사는 진지동교회로 이동하고[83] 후임으로 신대균 목

81 "'포교소폐지계', 동양선교회 용천성결교회 용천군, 평안북도 용천군 양하면 시동동 100, 소화 11년(1936년) 6월 13일," 「조선총독부관보」 1936년 7월 3일 자[소화-2841호], 5면.

82 이 사건에 관한 기록은 다음 일간지에 기록되어 있다. 「조선중앙일보」, 소화 11년(1936년) 8월 2일 자, 일요일 4면; 「매일신보」, 소화 11년(1936년) 12월 2일 자, 수요일 5면.

83 "통신," 「활천」(1936년 10월호): 56; 조선야소교동양선교회성결교회 제1회 연회회의록부록(1937년), 35.

사가 7월 16일[84]에 부임, 이어서 이메례 전도부인[85]도 부임하여 사역하였다. 8월에는 이명직 목사의 인도로 1주일간 집회가 있었고 10월에는 김영균 전도사가 5일간 집회를 인도함으로 큰 은혜가 임하였다.

1937년 3월 1일부터 이건 목사를 초청하여 신년부흥회를 열었는데 매 집회에 180-220명이 모여 하나님께 영광을 돌렸다.[86] 또한 6월 25일부터 30일까지 6일간은 매일 세 차례 천막전도대의 집회가 열려 신자 일동이 큰 은혜를 받았다.[87]

1940년 3월 18-24일 1주일 동안에는 황성택 목사를 초빙하여 부흥회를 열고 모든 신자가 풍성한 은혜를 받았다. 특히 감사한 일은 백행우 집사가 풍금이 없음을 매우 유감으로 생각하여 200여 원 상당의 풍금 1좌를 바친 일이다. 9월 11일부터 17일까지 1주일간은 '동만(東滿, 중국 만주 지역)의 화염(火焰)의 사자' 조승각(趙承珏) 목사를 청하여 추기부흥회를 열었는데 첫 집회부터 대성황을 이루어 신자들이 각양의 은혜를 충만히 받았으며 신결심자도 있었다.[88]

1939년 봄 김영수 전도사를 청하여 진행한 집회에서는 300여 원의 헌금이 모아졌다. 한편 총공사비 400여 원으로 예배당 12평을 증축하였는데 이 일에 교역자와 신자들이 아침부터 밤까지 수고한 결과로 300-400명을 수용할 수 있는 크고 아름다운 예배당이 되었다.[89] 당시 양시교회는 50-60명이 모여 예배를 드리고 있었다.[90]

---

84 "통신," 「활천」(1937년 5월호): 50-52.

85 조선야소교동양선교회성결교회 제1회 연회회의록부록(1937년), 40.

86 "통신," 「활천」(1937년 5월호): 50-52.

87 김영균, "천막전도대출전기," 「활천」(1937년 8/9월호): 83.

88 "통신," 「활천」(1940년 11월호): 33.

89 조선야소교동양선교회성결교회 제2회 연회회의록(1939년), 28.

90 조선야소교동양선교회성결교회 제2회 연회회의록(1939년), 27.

1941년 1월 1일부터 1주일간 김홍순 목사의 인도로 진행된 신년부흥회에서는 타교회 신자들까지 많이 동참하여 풍성한 은혜를 받았다. 양시교회는 1941년 표어를 "장·유년이 같이 힘쓰자"로 정하고 장·유년이 합심하여 배가운동에 전심전력하기로 하였다.[91]

이후 양시교회는 1943년 12월 29일 성결교회가 일제에 의해 강제로 해산당할 때까지 평북 용천군 지역에 복음을 전하였다.[92] 양시교회는 해방과 함께 교회를 재건하고 1946년 김상운 목사와 신도 100여 명이 모여 매주일 기쁨으로 예배를 드렸다.[93]

1947년에는 김상운 목사가 사역하는 가운데 하나님의 축복으로 양시면에서 제일 좋은 위치에 있는 예배당을 매수하여 부흥하였으며, 장·유년을 합하여 300여 명이 매주일 예배드린 것으로 전해진다.[94]

역대 교역자 주임 김현준(金賢濬, 1932[95]–1933)
황경찬(黃景燦, 1933[96])
오덕삼(吳德三, 1934[97]–1936[98])
신대균(申大均, 1936[99]–1939[100])

---

91 "통신," 「활천」(1941년 3월호): 37.

92 "'포교소폐지계', 소화 18년(1943년) 12월 29일," 「조선총독부관보」 1944년 4월 5일자[소화-5148호], 2-4면.

93 "이성봉목사와 서북교회소식," 「활천」(1946년 4월호): 36-37.

94 이용선, "이북교회소식," 「활천」(1947년 10월호): 34-36.

95 조선야소교동양선교회성결교회 제1일회 총회회록부록(1933년), 44.

96 "통신," 「활천」(1933년 4월호): 55.

97 "통신," 「활천」(1934년 4월호): 48.

98 "통신," 「활천」(1936년 10월호): 56; 조선야소교동양선교회성결교회 제1회 연회회의록부록(1937년), 35.

99 "통신," 「활천」(1937년 5월호): 50-52.

100 조선야소교동양선교회성결교회 제2회 연회회의록부록(1939년), 52.

김홍순(金鴻淳, 1940[101]–1941)

김상운(金相雲, 1942[102]–1943)

여교역자 이연홍(李蓮紅, 1935[103]–1936)

이메례(李袂禮 1937[104]–1939[105])

101 "통신,"「활천」(1940년 11월호): 33.

102 조선야소교성결교회 제2회 연회록(1942년), 74.

103 "통신,"「활천」(1935년 2월호): 55.

104 조선야소교동양선교회성결교회 제1회 연회회의록부록(1937년), 40.

105 조선야소교동양선교회성결교회 제2회 연회회의록부록(1939년), 56.

곽산성결교회 郭山聖潔敎會

곽산면은 본래 곽산군 군면(郡面)이었으나 1913년 정주군과 합병된 이후 곽산군청이 있던 지역이므로 곽산면으로 개칭되었다. 면 소재지는 염호동이었다. 곽산면은 중앙부에 조산(造山, 128m)이라 불리는 낮은 산과 남쪽으로 남산(南山, 122m)이 있는 100m 내외의 구릉 지역으로 이루어졌다. 당시 인구는 9,000여 명이었고, 곽산면 중앙으로 경의선이 통과하여 교통이 편리하였다.

곽산성결교회(평안북도 정주군 곽산면 조산동 537) 설립을 위해 파송된 길익선 형제는 1932년 9월 7일에 곽산에 도착하여 곽산면 조산동(造山洞) 537번지에 있는 박승훈(朴承勳) 여인숙을 임시 숙소로 정하고 이 지역의 영혼과 주님의 뜻을 위해 간곡히 기도하는 가운데 교회 설립을 준비하였다.[106]

하지만 길익선 형제가 교회 설립 준비 과정에서 사임함으로써[107] 곽산

106 "통신," 「활천」(1932년 10월호): 77.

107 조선야소교동양선교회성결교회 제1회 총회회록부록(1933년), 45.

교회는 온전히 세워지지 못하고 결국 1936년 1월 6일에 교회 폐지를 신고하였다.[108]

역대 교역자 주임 길익선(吉益善, 1932[109]-1933[110])

108 "'포교소폐지계', 소화 11년(1936년) 1월 6일," 「조선총독부관보」 1936년 3월 4일자[소화-2740호], 3면.

109 "통신," 「활천」(1932년 8/9월호): 80.

110 조선야소교동양선교회성결교회 제1회 총회회록부록(1933년), 45.

비현성결교회 枇峴聖潔敎會

비현성결교회(평안북도 의성군 비현면 해마동 350-1[111])는 1933년 김광준 전도사[112]가 파송되어 설립한 교회이다. 김광준 전도사는 경의선 비현역 앞[113]에 건축비 180원 30전을 들여 초가 12칸 목조로 예배당을 건축하였다.[114] 설립 이후 10월에 만주국 봉천에서 사역하던 장서철 전도사가 후임으로 부임하였다.[115]

1937년 7월 1-5일 비현에서 천막전도대가 열렸는데 이때 모여든 1,300여 명의 청중에게 은혜의 비가 흡족히 내렸다. 수십 년간 주류업에 종사하던 한 형제는 성령의 맹렬한 감동을 받아 그 일을 그만둘 것을 결심, 10원을 헌금하고 청신기도회에 참석하여 죄를 자복하는 간증을 하였다. 이것이 도

---

111 "'포교소설치계', 동양선교회 비현성결교회 의성군, 평안북도 의성군 비현면 해마동, 소화 8년(1933년) 10월 15일," 「조선총독부관보」 1934년 1월 6일 자[소화-2094호], 4-5면.

112 조선야소교동양선교회성결교회 제1회 총회회록부록(1933년), 43.

113 조선야소교동양선교회성결교회 제1회 연회회의록부록(1937년), 42.

114 조선야소교동양선교회성결교회 제2회 총회회록(1934년), 51.

115 "통신," 「활천」(1933년 11월호): 47.

화선이 되어 교회뿐 아니라 비현 지역사회가 크게 놀라고[116] 또한 비현교회는 5개월간 청신기도회를 지속하여 많은 은혜를 받았다.[117]

서부지방 성경학교 재학생이던 김숙인 자매는 교회와 주일학교에서 충성하던 중 26세를 일기로 11월 20일에 친정에서 세상을 떠났다. 그녀는 숨지는 순간까지 전도하였고 "100원은 신의주동부교회에, 400원은 비현교회에 헌금한다."라는 유언을 남김으로 온 교우가 그녀의 죽음을 추도하고 슬퍼하였으며, 그녀의 신앙을 간증하여 주님께 영광을 돌렸다.[118]

1937년부터 비현교회 문이호 전도사는 경의선 비현역에서 8km 밖에 있는 용천군 법흥동에 가서 전도활동을 하였는데 그 지역의 신실한 청년 다수가 결신자가 되어 '법흥동성결교회'가 설립되었다.[119]

비현교회는 1937년 가을에 큰 수해가 나서 많은 어려움을 겪던 중에 전국에 있는 여러 교회로부터 구제품과 위문금을 받아[120] 침수되고 파괴된 예배당 20여 평을 총공사비 400여 원을 들여 신축하고 주님께 영광을 돌렸다.[121]

1939년 당시 비현교회에는 80여 명이 출석하고 있었다.[122] 1월 30일부터 1주일간 안동현교회 김홍순 목사의 인도로 개최된 부흥회에서는 첫 시간부터 외치는 말씀에 불붙는 성령의 역사가 맹렬하게 나타나 회개의 열매와 성령의 열매가 시간마다 계속되고 감사헌금이 150여 원이나 드려졌다. 마지막

---

116 김영균, "천막전도대 출전기," 「활천」(1937년 8/9월호): 83.

117 조선야소교동양선교회성결교회 제1회 연회회의록(1937년), 19.

118 "통신," 「활천」(1938년 1월호): 62.

119 조선야소교동양선교회성결교회 제1회 연회회의록(1937년), 19; "통신," 「활천」(1938년 2월호): 65.

120 "통신," 「활천」(1938년 1월호): 60.

121 조선야소교동양선교회성결교회 제1회 연회회의록(1937년), 19.

122 조선야소교동양선교회성결교회 제2회 연회회의록(1939년), 27.

날 간증회에 모인 참석자들은 실로 지상천국을 이룬 듯 오순절적 희락에 취하여 주님께 영광을 돌렸다.[123]

1940년 봄에는 경성성서학원을 졸업한 정운학 전도사가 후임으로 부임하였다.[124] 정 전도사는 신안주교회를 겸임하여 사역하였다.[125] 1941년 1월 18일에는 이사장 이명직 목사가 순회차 방문하였다.[126]

비현교회는 1943년 12월 29일 성결교회가 일제에 의해 강제로 해산당할 때까지 평안북도 의성군 비현면 지역에 복음을 전하였다.[127] 해방과 함께 비현교회는 교회를 재건하고 문이호 목사를 중심으로 신도 90명[128]이 모였다. 1947년에는 비현교회에 여러 가지 어려운 일이 많았으나 목회 경험이 많은 서부교구장 문이호 목사가 난관들을 돌파하여 장년만 100명이 함께 진리의 싸움을 계속하였다.[129]

역대 교역자	주임	김광준(金光俊, 1933[130])
		장서철(張瑞哲, 1933[131]-1934)
		문이호(文履浩, 1934[132]-1939)
		김병채(金炳采, 1939[133]-1940)

---

123 "통신," 「활천」(1939년 3월호): 51.

124 "통신," 「활천」(1940년 5월호): 38.

125 "통신," 「활천」(1941년 1월호): 37.

126 조선야소교성결교회 제2회 연회록(1942년), 23.

127 "'포교소폐지계', 소화 18년(1943년) 12월 29일," 「조선총독부관보」 1944년 4월 5일 자[소화-5148호], 2-4면.

128 "이성봉목사와 서북교회소식," 「활천」(1946년 4월호): 36-37.

129 "이북교회소식," 「활천」(1947년 10월호): 34-36.

130 조선야소교동양선교회성결교회 제1회 총회회록부록(1933년), 43.

131 "통신," 「활천」(1933년 11월호): 47.

132 조선야소교동양선교회성결교회 제2회 총회회록부록(1934년), 74.

133 조선야소교동양선교회성결교회 제2회 연회회의록부록(1939년), 53.

정운학(鄭雲鶴, 1940[134]-1942)

김명현(金明顯, 1942[135]-1943)

문이호(文履浩, 1945[136]-1947[137])

여교역자 장성은(張聖恩, 1941[138])

배성운(裴聖運, 1942[139])

134 "통신," 「활천」(1940년 5월호): 38.

135 조선야소교성결교회 제2회 연회록(1942년), 75.

136 "이성봉목사와 서북교회소식," 「활천」(1946년 4월호): 36-37.

137 "이북교회소식," 「활천」(1947년 10월호): 34-36.

138 조선야소교성결교회 제2회 연회록(1942년), 31.

139 조선야소교성결교회 제2회 연회록(1942년), 81.

고읍성결교회 古邑聖潔敎會

고읍성결교회(평안북도 정주군 갈산면 광동동 1173-1[140])는 1934년[141] 서부지방회의 신개척 결정에 따라 문학열 전도사[142]를 파송하여 고읍역 앞[143]에 예배 장소를 정하고 설립되었다.

고읍교회는 1935년 발생한 수해로 예배당이 무너지는 피해를 당하였다. 그러나 본부의 보조금 500원, 서부지방회를 중심으로 전국 각 교회가 보내온 수백 원의 헌금 그리고 고읍교회 신자들의 노력이 더해져서 총경비 1,300여 원으로 10월에 예배당을 준공하고 넘치는 기쁨으로 주님께 영광을 돌리며 헌금해준 각 교회에 감사의 마음을 전하였다.[144]

1935년 9월 문학열 전도사가 사면되고[145] 후임으로 함석진 전도사가 부임하여 사역하였다. 함석진 전도사는 1941년 4월 9일부터 5일간 경성신학

---

140 조선야소교성결교회 제2회 연회록(1942년), 87.

141 조선야소교동양선교회성결교회 제2회 총회회록부록(1934년), 88.

142 "통신," 「활천」(1934년 4월호): 56.

143 조선야소교동양선교회성결교회 제1회 연회회의록부록(1937년), 42.

144 "통신," 「활천」(1936년 6월호): 54.

145 "통신," 「활천」(1935년 10월호): 54.

1935년 신건축된 고읍성결교회
"통신," 「활천」(1936년 6월호): 53.

교 대강당에서 열린 제1회 북부연회에서 목사 안수를 받고[146] 곧이어 만주국 퇴자(堆子)로 사역지를 이동하였다.[147] 1942년 1월 19일에는 이사장 이명직 목사가 교회 순회차 고읍교회를 방문하였다.[148]

고읍교회는 1943년 12월 29일 성결교회가 일제에 의해 강제로 해산당할 때까지 정주군 갈산면 지역에 복음을 전하였다.[149]

146 "통신," 「활천」(1941년 5월호): 35.

147 "통신," 「활천」(1941년 7월호): 37.

148 조선야소교성결교회 제2회 연회록(1942년), 23.

149 "'포교소폐지계', 소화 18년(1943년) 12월 29일," 「조선총독부관보」 1944년 4월 5일 자[소화-5148호], 2-4면.

역대 교역자	주임	문학열(文學悅, 1934[150]–1935)
		함석진(咸錫珍, 1935–1941)
		김명현(金明顯, 1942[151]–1943)
	여교역자	박경복(朴景福, 1936–1937[152])

150 “통신,” 「활천」(1935년 10월호): 54.

151 “비현교회 주임이며 고읍교회를 치리하였다,” 조선야소교성결교회 제2회 연회록(1942년), 61.

152 조선야소교동양선교회성결교회 제1회 연회회의록부록(1937년), 39.

신의주동부성결교회 新義州東部聖潔教會

신의주동부성결교회(평안북도 신의주부 초음정 14[153])는 '신의주제2성결교회'[154] 또는 '신의주초음정성결교회'[155]로도 불렸다. 1932년 12월 이건 목사를 청하여 진행된 특별집회에서는 성령의 역사가 일어났다. 이때 한성과 전도사가 성령의 인도하심에 따라 돌발적으로 신의주성결교회 제2예배당 설립을 목적하고 헌금하자는 제안을 했는데 그 결과 900원이 모아져 신의주제2교회(동부교회) 설립이 시작되었다.

1933년 당시 신의주성결교회(서부교회)는 주일예배에 출석하는 장년 신자가 450명에 이르렀으나 예배당이 협소하여 많은 어려움이 있었다. 한성과 전도사는 신의주제2교회 예배당 부지 940평을 매수하여 1933년 5월에 예배당 건축공사를 시작하고, 7월 하순에 30평의 예배당을 준공하였다. 8월 2일에는 이건 목사의 집례로 성대히 봉헌식이 거행되어 하나님께 무한

153 조선야소교동양선교회성결교회 제1회 연회회의록부록(1937년), 42.

154 "통신," 「활천」(1933년 11월호): 57.

155 조선야소교성결교회 제2회 연회록(1942년), 86.

한 영광을 돌렸다.[156] 한성과 전도사는 신의주제2교회에 신자 200명을 분회하여 '신의주동부성결교회'라 하고 신의주성결교회는 '신의주서부성결교회'라고 하였다.[157]

신의주성결교회(서부교회)는 1934년 8월 10일부터 19일까지 이건 목사를 청하여 '신의주동부교회 증축 기념성회'를 '신의주동부·서부교회 연합하기성회'로 개최하였다. 신자들은 이 성회에서 오순절적 충만한 은혜를 받고 감사헌금으로 250원을 드렸으며 성회를 기념하여 특호 경종을 사서 달았다.[158]

신의주동부교회는 1935년 4월부터 최애주 전도부인의 생활비를 자급하기로 결정하였다.[159] 또한 신의주동부·서부교회는 황주교회의 교회당 건

1934년 동부교회 증축 기념 신의주동·서교회 하기연합성회
"통신," 「활천」(1934년 10월호): 55; "하기연합성회 사진," 「활천」(1934년 11월호): 56.

156 "통신 51면 계속," 「활천」(1933년 11월호): 57.
157 조선야소교동양선교회성결교회 제2회 총회회록(1934년), 58.
158 "통신," 「활천」(1934년 10월호): 55.
159 "통신," 「활천」(1935년 4월호): 55.

축을 위해 건축비로 100원을 헌금하여 보냈다.[160]

한성과 전도사는 1936년 3월 17일부터 22일까지 경성에서 열린 심령수양대회에서 목사 안수를 받았다.[161] 신의주동부교회에는 새로운 교역자로 이성봉 목사가 부임하였다. 4월 13-20일에 열린 '신임(부임) 기념부흥회'에서는 매일 세 차례 집회가 진행되었으며 놀라운 부흥이 일어나 낮 사경회에는 300여 명, 밤 집회에는 700-800명이 구름같이 모여들었고 다수의 중생자, 성결자와 130여 명의 결심자를 얻었다. 마지막 날(20일) 밤에는 신구도자 환영예배로 드렸는데 구도자 70여 명이 참석하여 신자 300여 명과 함께 기쁨을 나누었다.[162]

1937년 10월 15일부터 25일까지 11일간 경북 군위교회 김영수(金英洙) 전도사를 청하여 성회를 개최했는데 죄를 회개하고 돌아온 자가 23명, 구도자와 결심자가 203명이나 되었다.[163] 또한 주일학교에 출석하는 어린이는

1937년 신축된 신의주동부성결교회 예배당 경관
"통신," 「활천」(1938년 4월호).

160 "통신," 「활천」(1935년 6월호): 56.
161 "통신," 「활천」(1936년 4월호).
162 "통신," 「활천」(1936년 5월호): 56.
163 "신의주동교회 심령부흥성회기," 「활천」(1937년 1월호): 61-62.

400여 명에 이르렀다.[164]

신의주동부교회는 1937년 부지 200여 평을 7,000여 원에 매수하고 총 공사비 2만 4,000여 원을 들여 2층으로 된 예배당을 신축하였다. 이 예배당은 성결교회의 교시(橋矢, 길잡이로 삼는 가르침)요, 조선의 교계에 손꼽힐 만큼 훌륭한 대건물로 주님께 영광을 돌렸다.[165]

1937년 12월 2일에 열린 제1회 연회에서 이성봉 목사는 경성 신수정교회 주임 및 전선부흥사(전 조선부흥사)로 전임되고 김유연 목사가 부임하였다.[166]

1938년 4월 12일부터 대전 김창근 목사를 청하여 개최된 부흥회는 1주일간 진행될 예정이었으나 은혜가 풍성히 임하여 3일을 더 연장하였다. 집회 헌금이 2,000원에 달하고 신결심자도 다수를 얻어 주님께 영광을 돌렸다.[167] 8월 18일부터 1주일간은 이건 목사의 인도로 부흥회가 열렸는데 밤 집회에는 1,000여 명이 모여 전에 없는 대성황을 이루었다. 이때 이오규, 정의근, 이기배 등 3명의 장로 안수식도 거행되었다.[168]

1939년 당시 신의주동부교회에는 350여 명이 출석하고 있었으며 많은 신자가 하루도 빠짐없이 매일 조천기도회로 모여 예배하였다.[169] 남녀 교역자의 자급 100여 원을 지불하고 건축 부채 1만 7,000원 가운데 6,000여 원을 상환하였으며 여전도인 1명의 사역을 위해 부인회에서 매월 30원씩 지급하였다.[170] 또한 마전동에 있는 가옥 수십 평을 1,000여 원에 매수하여 500여

---

164 조선야소교동양선교회성결교회 제1회 연회회의록(1937년), 20.
165 조선야소교동양선교회성결교회 제1회 연회회의록부록(1937년), 19.
166 조선야소교동양선교회성결교회 제1회 연회회의록부록(1937년), 34.
167 "통신," 「활천」(1938년 6월호): 43.
168 "통신," 「활천」(1938년 11월호): 55-56.
169 조선야소교동양선교회성결교회 제2회 연회회의록(1939년), 27.
170 조선야소교동양선교회성결교회 제2회 연회회의록(1939년), 28.

원을 들여 수리하고 지교회를 설립하였는데 이곳에 많은 신자들이 모여 예배를 드렸다.[171]

신의주동부교회 신자들은 1만여 원이나 되는 거액의 건축 부채를 감당하면서도 한층 더 열심을 내어 150여 원을 들여 예배당 정문을 세우고, 한 그루에 7원씩 하는 향목(香木) 15주를 사서 정원에 심는 등 예배당을 아름답게 꾸몄다. 신구도자인 김노수(金魯秀)는 60여 원 하는 진유종(眞鍮鐘, 강대상에 놓는 예배 시작을 알리는 종 – 필자 주) 1개와 60여 원 하는 강대상을 하나님께 바쳤고, 역시 신구도자인 이락영은 200여 원 상당의 풍금을 바쳤다. 또한 김원경 집사는 200여 원을 들여 종각을 세웠고, 어떤 자매는 무명으로 150원을 바쳤으며, 박원근 집사는 고급 성찬기 4조를 56원에 사서 바쳤고, 이기백 장로는 100여 원을 들여 예배당 출입문을 세웠다. 김성용 자매는 시계 1개를 바쳤는데 이 모든 것이 기적과도 같은 일이므로 주님께 영광을 돌렸다.[172]

1941년 1월 15일에는 이사장 이명직 목사의 순회예배가 있었다.[173] 신의주동부교회(신의주초음정교회)는 1943년 12월 29일 성결교회가 일제에 의해 강제로 해산당할 때까지 신의주 지역에 복음을 전하였다.[174]

1945년 해방과 함께 신의주동부교회는 최헌 목사를 중심으로 예배당을 재건하고 부흥회를 한 결과 첫사랑을 찾아 돌아오는 사람들이 구름같이 모여들었다.[175]

---

171 조선야소교동양선교회성결교회 제2회 연회회의록(1939년), 29; "통신," 「활천」(1940년 1월호): 47.

172 "통신," 「활천」(1940년 1월호): 47.

173 조선야소교성결교회 제2회 연회록(1942년), 22.

174 "'포교소폐지계', 소화 18년(1943년) 12월 29일," 「조선총독부관보」 1944년 4월 5일 자[소화-5148호], 2-4면.

175 "이성봉목사와 서북교회소식," 「활천」(1946년 4월호): 36-37.

1947년 주일예배 참석 인원은 200여 명에 이르렀으며 다난한 시국에도 부흥을 이루었다. 신의주동부교회는 교회당을 대수리하고 15m가 넘는 쇠 종각을 세웠다. 당시 최헌 목사와 최애주, 박영애 전도부인이 시무하였다.[176]

역대 교역자	주임	한성과(韓聖果, 1935[177]-1936[178])
		이성봉(李聖鳳, 1936[179]-1937[180])
		김유연(金有淵, 1937[181]-1941[182])
		한성과(韓聖果, 1941[183]-1942[184])
		최헌(崔獻, 1945[185]-1947[186])
	여교역자	최애주(崔愛主, 1932[187]-1947[188])
		박춘화(朴春和, 1941[189])
		이메례(李妹禮, 1942[190])
		박영애(朴永愛, 1947[191])

176 "이북교회소식," 「활천」(1947년 10월호): 34-36.
177 "성결교회 제3회 각지방회의사촬요(1)," 「활천」(1935년 4월호): 54.
178 "통신," 「활천」(1936년 4월호).
179 "통신," 「활천」(1936년 5월호): 56.
180 조선야소교동양선교회성결교회 제1회 연회회의록부록(1937년), 34.
181 조선야소교동양선교회성결교회 제1회 연회회의록부록(1937년), 34.
182 조선야소교성결교회 제2회 연회록(1942년), 31.
183 조선야소교성결교회 제2회 연회록(1942년), 31.
184 조선야소교성결교회 제2회 연회록(1942년), 60.
185 "이성봉목사와 서북교회소식," 「활천」(1946년 4월호): 36-37.
186 "이북교회소식," 「활천」(1947년 10월호): 34-36.
187 "성결교회 제3회 각지방회의사촬요(1)," 「활천」(1935년 4월호): 54.
188 "이북교회소식," 「활천」(1947년 10월호): 34-36.
189 조선야소교성결교회 제2회 연회록(1942년), 35.
190 조선야소교성결교회 제2회 연회록(1942년), 81.
191 "이북교회소식," 「활천」(1947년 10월호): 34-36.

법흥성결교회 法興聖潔教會

평안북도 용천군 동하면 법흥리는 경의선이 지나는 비현역에서 8km쯤 떨어져 있는 동리로, 이 지역은 위치의 혜택을 힘입어 일찍부터 문화 사조를 받아들였고 이로 인해 사람들은 교육에 대한 관심이 높았다. 1935년경부터 지방 유지 청년들은 문맹퇴치의 깃발을 높이 들고 '법흥의숙'(法興義塾)을 설립하여 운영하였다. 법흥의숙은 설립 이후 5-6년간 지역 청년들의 끊임없는 노력과 아낌없는 봉사로 교육계에 공헌한 바가 컸다. 그러나 안타깝게 사정에 의해 학교의 운영이 어려워졌다.[192]

1937년부터 비현교회 문이호 전도사가 법흥리를 오가며 열심히 전도를 한 결과 법흥리에서 중심적 역할을 하던 청년 다수가 신앙생활을 결심하게 되었고 법흥성결교회(평안북도 용천군 동하면 법흥동 137[193])가 설립되었다.[194]

교회 설립을 준비하며 가장 우선시한 문제는 예배드릴 장소를 구하는

---

192 김여순, "축복 중의 법흥교회," 「활천」(1940년 3월호): 34-35.

193 조선야소교성결교회 제2회 연회록(1942년), 87.

194 조선야소교동양선교회성결교회 제1회 연회회의록(1937년), 19; "통신," 「활천」(1938년 2월호): 65.

일이었다. 이를 위해 문이호 전도사와 신자들은 기도에 힘썼다. 그런데 하나님의 경륜 가운데 놀라운 일이 일어났다. 비어 있던 법흥의숙을 법흥교회 예배당으로 무상 사용하게 된 것이다.

1937년 6월 6일[195] 신자들은 법흥의숙 간판을 떼어낸 후 '법흥성결교회'로 바꾸어 달았다. 그러고 나서 비현교회 문이호 전도사의 사회로 〈예수 십자가에 흘린 피로써〉를 함께 불렀는데 이것이 법흥교회의 첫 예배였다. 법흥교회는 신개척된 교회였지만 주일예배에 50여 명이나 출석하였다. 신자들은 성경을 애독하고 전도와 기도와 헌금도 열심히 하였다.[196]

신개척된 법흥동성결교회 직원 일동
"통신," 「활천」(1938년 2월호): 65.

설립예배를 드린 이후 문이호 전도사는 10km나 떨어져 있는 비현리와 법흥리를 오가며 열심히 법흥의 양들을 먹였다.[197] 문 전도사는 비현교회와 법흥교회를 겸임하였고, 이 일에 양시교회 신대균 전도사도 함께하였다. 토

195 조선야소교동양선교회성결교회 제1회 연회회의록부록(1937년), 42.
196 조선야소교동양선교회성결교회 제1회 연회회의록(1937년), 19.
197 조선야소교동양선교회성결교회 제1회 연회회의록부록(1937년), 37.

요일이면 비현교회와 양시교회의 노경애(盧敬愛) 전도부인과 이메례 전도부인을 비롯한 신도들까지 와서 노방전도를 하고 물심을 다해 2년 동안이나 섬김으로 법흥교회는 제법 교회답게 되었다. 본부 이사회에서는 교역자의 주재가 필요하다고 여기고 상주교회에서 사역하고 있던 차진학 전도사[198]를 1938년 5월에 법흥교회로 파송하였다.[199]

1938년 9월 14일부터 18일까지 김홍순 목사를 청하여 집회를 열고 매일 세 차례 모이는 가운데 모든 신자가 풍성한 은혜를 받았다. 야간 구령회에는 300-400명이 모여 복음을 들었고 구도자도 다수 있어 주님께 감사와 영광을 돌렸다.[200]

그동안 전도부인이 없어 오랫동안 기도하던 중 1939년 7월 4일에 장성은 전도부인이 파송되었다. 7월 24일 저녁부터 1주일간 장성은 전도부인의 인도로 매일 세 차례 '부인심령사경회'가 열리자 잠자고 시들고 지쳐 있던 심령들이 뉘우치고 마치 오순절교회를 연상케 하는 부흥이 임했다. 곧이어 황성택 목사와 신대균 목사의 인도로 3일간 부흥회가 진행되어 은혜의 역사가 나타났다.[201]

1939년에는 유년 70여 명과 장년 60여 명이 모이는 교회가 되었다. 하지만 예배당은 아직까지 지방 공동(소유) 건물이었다. 신자 일동은 예배당 마련을 위해 합심하여 주님께 기도하던 중 예배당 문제를 논의하기 위해 멀리 평양에서 사역하는 문이호 전도사를 모셔왔다. 11월 8일 지방 인사들과 학교 관계자들이 함께 모여 건물에 대해 의논한 결과 시가 5,000-6,000원에 달하는 건평 40여 평과 목조 와가 및 기구 일체를 법흥교회 명의로 무

198 조선야소교동양선교회성결교회 제2회 연회회의록부록(1939년), 53.

199 김여순, "축복 중의 법흥교회," 「활천」(1940년 3월호): 34-35.

200 "통신," 「활천」(1938년 11월호): 56.

201 "통신," 「활천」(1939년 10월호): 48.

상양여(無償讓與)하기로 결정하였다. 오직 하나님의 은혜였다. 교우들은 기쁨을 이기지 못하여 문이호 전도사의 인도하에 11월 13일부터 16일까지 4일간 하루 세 차례 모여 집회를 열었고 그 결과 부흥의 불길이 일어났다. 마지막 집회에서는 다수의 신자들이 간증하여 주님께 큰 영광을 돌렸다.[202]

백종업(白宗業) 집사는 교회에서 여러 봉사활동을 해오던 중 60여 원 상당의 1호종 1개를 바쳤다. 1940년 1월 17일에는 사무연회와 학습예식, 성찬식, 입회식, 유년주일학교 졸업식이 거행되어 주님께 감사와 영광을 돌렸다.[203] 1942년 1월 17일에는 이사장 이명직 목사의 순회예배가 있었다.[204]

법흥교회는 1943년 12월 29일 성결교회가 일제에 의해 강제로 해산당할 때까지 용천군 동하면 지역에 복음을 전하였다.[205]

역대 교역자	주임	문이호(文履浩, 1937[206]-1938)
		차진학(車鎭學, 1938[207]-1941)
		김상운(金相雲, 1942[208]-1943)
	여교역자	장성은(張聖恩, 1939[209]-1941[210])
		최인숙(崔仁淑, 1941[211]-1943[212])

---

202 "김여순, 축복 중의 법흥교회," 「활천」(1940년 3월호): 34-35.

203 "통신," 「활천」(1940년 4월호): 47.

204 조선야소교성결교회 제2회 연회록(1942년), 23.

205 "'포교소폐지계', 소화 18년(1943년) 12월 29일," 「조선총독부관보」 1944년 4월 5일 자[소화-5148호], 2-4면.

206 조선야소교동양선교회성결교회 제1회 연회회의록부록(1937년), 37.

207 김여순, "축복 중의 법흥교회," 「활천」(1940년 3월호): 34-35; 조선야소교동양선교회성결교회 제2회 연회회의록부록(1939년), 53.

208 조선야소교성결교회 제2회 연회록(1942년), 61.

209 "통신," 「활천」(1939년 10월호): 48.

210 조선야소교성결교회 제2회 연회록(1942년), 31.

211 "통신," 「활천」(1941년 6월호): 31.

212 조선야소교성결교회 제2회 연회록(1942년), 82.

마전동성결교회 麻田洞聖潔敎會

마전동성결교회(평안북도 의주군 광성면 마전동 440-제1구 236호[213])는 신의주동부교회의 전도활동으로 구도자를 얻어 1937년 9월[214] 평안북도 의주군 광성면 마전동 408[215]에 신의주동부교회 지교회로 설립되었다. 신의주동부교회 이성봉 목사는 마전동교회를 겸임하여 사역하였다.[216] 그러다 같은 해 김유연 목사가 후임으로 부임하였다. 1939년에 신의주동부교회는 1,000여

213 "'포교소소재지변경계', 동양선교회 마전동성결교회 의주군-의주군, 평안북도 의주군 광성면 마전동 408에서 평안북도 의주군 광성면 마전동 440-제1구 236호로, 소화 14년(1939년) 8월 20일,"「조선총독부관보」 1939년 12월 11일 자[소화-3868호], 5면.

214 "'포교소설치계', 동양선교회 마전동성결교회 의주군, 소화 12년(1937년) 9월 20일,"「조선총독부관보」 1937년 10월 30일 자[소화-3239호], 9면.

215 "'포교소소재지변경계', 동양선교회 마전동성결교회 의주군-의주군, 평안북도 의주군 광성면 마전동 408에서 평안북도 의주군 광성면 마전동 440-제1구 236호로, 소화 14년(1939년) 8월 20일,"「조선총독부관보」 1939년 12월 11일 자[소화-3868호], 5면.

216 "'포교담임자선정계', 동양선교회 마전동성결교회 의주군 이성봉, 소화 12년(1937년) 9월 20일,"「조선총독부관보」 1937년 10월 30일 자[소화-3239호], 9면.

원을 들여 마전동 440-제1구 236호[217]의 가옥 수십 평을 매수하고 500여 원을 들여 수리하고 복음을 전함으로 많은 신자들이 모여 예배하게 되었다.[218]

1940년에는 김병미 전도사가 주임으로 부임하였다.[219] 하지만 마전동교회는 신의주동부교회의 헌신적인 후원이 있었음에도 교회로 세워지지 못하였다. 그 근거로 1942년에 열린 제2회 연회록 임명기와 주소록에 마전동교회에 관한 기록이 삭제되어 있는 것을 들 수 있다.[220]

역대 교역자 주임 이성봉(李聖鳳, 1937[221])
김유연(金有淵, 1937[222]-1940[223])
김병미(金炳采, 1940[224]-1941)

217 "'포교소소재지변경계', 동양선교회 마전동성결교회 의주군-의주군, 평안북도 의주군 광성면 마전동 408에서 평안북도 의주군 광성면 마전동 440-제1구 236호로, 소화 14년(1939년) 8월 20일,"「조선총독부관보」 1939년 12월 11일 자[소화-3868호], 5면.

218 조선야소교동양선교회성결교회 제2회 연회회의록(1939년), 29; "통신,"「활천」(1940년 1월호): 47.

219 "통신,"「활천」(1940년 6월호): 37.

220 "서부지방 평북구역 참고," 조선야소교성결교회 제2회 연회록(1942년), 86-87.

221 조선야소교동양선교회성결교회 제1회 연회회의록부록(1937년), 34.

222 조선야소교동양선교회성결교회 제1회 연회회의록부록(1937년), 34.

223 조선야소교동양선교회성결교회 제2회 연회회의록부록(1939년), 51.

224 "통신,"「활천」(1940년 6월호): 37.

민포동성결교회 敏浦洞聖潔敎會

신의주서부교회의 황성택 목사와 신자들은 1939년 6월경 민포동에 있는 어떤 학교의 집을 얻어 민포동성결교회(평안북도 의주군 광성면 민포리 176[225])를 신개척하였고 이곳에서 유년주일학생 80여 명과 장년 40-50명이 모여 예배드렸다.[226] 또한 신의주서부교회에서는 1939년 11월 20일부터 1주일간 이건 목사의 인도로 부흥회를 열어 매일 세 차례 모였는데 성령의 놀라운 역사로 모든 회중이 풍성한 은혜를 받았으며 1938년 여름에 개척한 민포동교회 예배당 신건축 경비를 위해 2,000원을 헌금하였다.[227]

1939년 12월 11일 오후 1시에는 민포동교회 신축 낙성식이 성대하게 거행되어 인근 각 교회에서 수백 명이 참석하였다. 본부에서는 이사 이건 목사가 참석하여 "교회당은 만국인의 기도하는 집이라"는 주제로 간단한 설

---

225 "'포교소설치계', 동양선교회 민포동성결교회 의주군, 평안북도 의주군 광성면 민포리 176, 소화 14년(1939년) 10월 20일,"「조선총독부관보」1939년 12월 13일 자 [소화-3870호], 5면.

226 조선야소교동양선교회성결교회 제2회 연회회의록(1939년), 29.

227 조선야소교동양선교회성결교회 제2회 연회회의록(1939년), 29; "통신,"「활천」(1940년 2월호): 56.

교를 하였다. 이후 신의주서부교회와 민포동교회를 겸임하여 사역하던 황성택 목사의 "주의 도우심으로 난관 중에서 무사히 진행된 감격의 경과보고"가 있었고 내빈 축사가 이어졌다.[228]

1940년 봄에는 경성성서학원을 졸업한 조의현 전도사가 부임하였으며[229] 1941년 1월 12일에는 이사장 이명직 목사가 민포동교회를 순회차 방문하였다.[230]

하지만 민포동교회는 결국 교회로 세워지지 못하고 1942년 제2회 연회록의 서부지방 교회 명부에서 제외되었다.[231]

역대 교역자	주임	황성택(黃聖澤, 1939[232]–1940)
		조의현(趙儀鉉, 1940[233]–1941)

228 "통신," 「활천」(1940년 2월호): 56–57.

229 "통신," 「활천」(1940년 5월호): 38.

230 조선야소교성결교회 제2회 연회록(1942년), 22.

231 조선야소교성결교회 제2회 연회록(1942년), 86–87.

232 조선야소교동양선교회성결교회 제2회 연회회의록부록(1939년), 51.

233 "통신," 「활천」(1940년 5월호): 38.

51 진남포성결교회
52 평양성결교회
53 교구정성결교회
54 암정성결교회
55 대동성결교회
56 선교리성결교회
57 신안주성결교회
58 숙천성결교회
59 용화성결교회
60 희천성결교회
61 평동성결교회
62 진지동성결교회

평안남도 지역 교회

진남포성결교회(鎭南浦聖潔教會)

평양성결교회(平壤聖潔教會)

교구정성결교회(橋口町聖潔教會)

암정성결교회(岩町聖潔教會)

대동성결교회(大同聖潔教會)

선교리성결교회(船橋里聖潔教會)

신안주성결교회(新安州聖潔教會)

숙천성결교회(肅川聖潔教會)

용화성결교회(龍花聖潔教會)

희천성결교회(熙川聖潔教會)

평동성결교회(平東聖潔教會)

진지동성결교회(眞池洞聖潔教會)

진남포성결교회 鎭南浦聖潔敎會

동양선교회가 조선에 '급진적 성결운동'(사중복음)을 위해 1907년 5월 30일 '염곡복음전도관'을 세운 후 1주년을 맞아 1908년 5월 강태온, 김혁준 전도사를 진남포에 파송하여 두 번째로 세운 복음전도관이 진남포복음전도관이다.[1]

19세기 말 진남포항은 평안남도 용강군에 둘러싸인 평안남도의 하나뿐인 항구로 삼화면에 속했으며 중남포, 남포 등의 이름을 가진 조그마한 어장이었다. 그러나 1894년 청일전쟁 당시 일본 해군이 드나들게 되면서 용정리(고패동), 후포리(뒷개), 비석리(비석거리), 역전리(새장거리) 일대가 각광을 받았다. 일본은 강화도조약을 체결하고 부산, 원산, 인천 등을 개항시킨 뒤 목포와 진남포를 개항장으로 지정하고 해관(海關, 항구에 설치한 관청)을 설치하였다. 1904년 러일전쟁 때 진남포는 일본의 군사기지로 군수품 수송의 핵심 항구가 되었고, 1910년 진남포부가 됨에 따라 이 지역의 인구가 비약적으로 증가하였다. 또한 진남포항은 일본의 도쿄, 오사카, 나가사키와

1 이명직, 『약사』, 56-57.

중국의 대련, 청도, 상해를 연결하는 주요 항로였으며 신의주, 인천, 군산, 목포, 부산을 잇는 연안 항로의 기착지인 동시에 어선까지 드나드는 조선 북부의 중요한 항구가 되었다.

복음전도관이 설립될 당시 진남포의 인구는 1만 1,400여 명으로 이 가운데 조선인이 8,100여 명, 일본인이 2,900여 명, 그 밖의 외국인이 400여 명이었다. 조선인 가운데 토박이는 매우 적었다.[2] 진남포에는 조선과 일본의 장사치들이 뒤섞여 서로 속이고 속는 일이 많은 까닭에 인심이 사나워 복음전도가 어려운 곳이었다.

진남포에서의 개신교 선교는 1896년 북장로회 선교부가 노정장로교회를 설립함으로써 시작되었다. 이듬해인 1897년에는 비석리장로교회가 세워졌고 1907년까지 모두 6개의 장로교회가 설립되었다. 또한 감리교회도 1894년에 선교활동을 시작하여 신흥리, 억양기리, 비석리 등에 교회를 설립하였으며, 1900년에는 진남포 인근의 용강군과 강서군에도 교회를 설립하였다.[3]

이처럼 장로교와 감리교 두 교파가 교세를 크게 확장하고 있는 가운데 동양선교회는 10여 년 늦은 1908년 5월에야 진남포복음전도관을 설립하였다.[4] 그러나 첫 번째 교회는 1년 만에 폐지되고 만다. 동양선교회는 1911년 또다시 김혁준, 김두엽 전도사를 파송하여 복음전도관을 설립하고 전도활동을 하였으나 이 역시 실패하게 된다.

이처럼 진남포복음전도관이 연이어 실패한 것은 무엇보다 파송한 교역자들이 개척 사역에 대한 경험이 부족했기 때문이다. 게다가 그들은 고향 집이 진남포에서 가까운 곳에 위치해 있었기에 집에 가서 사사로운 일로 시

---

2 홍만춘, 『진남포반백년사』(서울: 알파문화사, 1987), 97-102.

3 기독교대백과사전편찬위원회, 『기독교대백과사전(14)』(서울: 기독교문사), 371-72.

4 이응호, 『한국성결교회사 1·2』(서울: 성결문화사, 1992), 372.

간을 많이 허비하며 전도에 전력하지 않았다. 또한 서울과 같이 번화한 곳에서 살며 전도하기를 소망하였기에 마음으로 힘써 일하지 않았다. 결국 진남포에는 이후 20여 년간 성결교회가 세워지지 못하였다. 하지만 진남포는 지리상으로나 성결교회 배치상 중요한 지역이었다. 이런 이유로 동양선교회는 1929년 4월에 박정훈 전도사[5]를 파송하여 진남포복음전도관의 전통을 이은 진남포성결교회[6]를 세 번째로 설립하였다.[7]

진남포교회는 1929년 4월 7일 주일부터 비석리 142번지[8]에서 구도자 8명과 그 외에 20여 명이 모여 기쁨으로 설립예배를 드렸다. 이날 밤에는 구도자 7명을 더 얻어서 30여 명이 예배를 드렸으며 다음 날인 8일부터 11일까지 이건 목사를 청하여 대거전도회를 밤마다 열고 30-40명에게 구원의 소식을 전하는 가운데 결심자 13명을 얻음으로 교회가 세워졌다.[9] 6월 15-21일에는 또다시 이건 목사와 김용자 전도부인의 인도로 고패동 중앙에 천막을 치고 매일 밤 대거전도회를 개최하여 1,300여 명에게 복음을 전하였는데 그 가운데 믿기로 결심한 자 32명을 얻었다.[10] 동양선교회는 8월에 성서학원을 졸업한 김옥헌을 전도부인으로 파송하여 진남포교회에서 사역하게 하였다.[11]

1930년 1월, 개척자인 박정훈 목사는 건강이 악화되어 사역을 감당할 수 없게 되자 사직하였다. 이에 동양선교회는 성서학원 학생인 안형수 형제

---

5 조선야소교동양선교회성결교회 제1회 연회의사록부록(1929년), 59.

6 조선야소교동양선교회성결교회 제2회 총회회록부록(1934년), 81.

7 이명직, 『약사』, 56-57.

8 조선야소교동양선교회성결교회 제1회 연회의사록부록(1929년), 59.

9 "통신," 「활천」(1929년 5월호): 54.

10 "통신," 「활천」(1929년 8월호): 56.

11 "통신," 「활천」(1929년 8월호): 55.

를 임시로 파송하였다가[12] 8월에 정문성 전도사를 파송하였다. 그는 성서학원을 졸업한 김충애(金忠愛)와 결혼한 후 아내와 협력하여 사역하였다.[13]

1931년 4월 20-24일 곽재근 목사의 인도로 개최된 특별부흥회에서는 매일 세 차례 집회를 통해 신자들이 놀라운 은혜를 받았으며 중생자 7명, 성결자 9명, 신결심자 11명을 얻었다. 또한 이 기간에 3명에게 세례예식이 행해졌다.[14] 5월 11일에는 소화공원에 가서 장·유년 야외연합예배를 드리며 주님께 영광을 돌렸고, 5월 14-16일에는 남녀 직원들의 인도로 소아부흥회를 개최, 성령의 역사로 말미암아 모든 아동의 심령에 큰 은혜가 임하였다.[15]

7월 16일부터 20일까지는 서선(조선의 서부 지역)순회전도대를 청하여 특별대전도회를 열고 매일 아침과 저녁으로 모여 모두가 큰 은혜를 받았으며, 새로 믿기로 결심한 자가 10명이나 되었다.[16] 9월 1-3일에는 성서학원 수양생 박문익 형제를 청하여 주일학교 특별집회를 열었는데 장·유년의 심령에 많은 은혜가 임하였고, 9월 7-12일에는 진남포부 부내 6리에 가서 밤마다 노방전도를 하여 결심자 12명을 얻었으며, 9월 24-26일에는 부내에 있는 비석리기도소에서 기도회를 열고 밤마다 복음을 전하여 결심자 7명을 얻었다.[17] 10월 14일부터 20일까지 변남성 목사의 인도로 열린 부흥회에는 성령의 크신 역사가 임하여 중생자 12명, 성결자 10명, 결심자 19명을 얻었다. 또한 세례예식(7명)과 학습예식(10명)도 행해졌다.[18]

1932년 1월 21일부터 24일까지 남녀 교역자의 인도로 진행된 소아부흥

12 조선야소교동양선교회성결교회 제2회 연회의사록부록(1930년), 55.
13 "통신," 「활천」(1930년 8월호): 56.
14 "통신," 「활천」(1931년 6월호): 56.
15 "통신," 「활천」(1931년 7월호): 56.
16 "통신," 「활천」(1931년 10월호): 55.
17 "통신," 「활천」(1931년 11월호): 56.
18 "통신," 「활천」(1931년 12월호): 56.

회에서는 모든 아동의 심령에 큰 은혜가 임하였고, 28일부터 31일까지 비석리기도소에서 진행된 소아부흥회에도 큰 은혜가 임하였다.[19] 6월 8-12일에는 장막전도대의 전도집회가 진남포에서 개최되었는데 참석자는 1,200-3,500명에 달하였고 그 가운데 결심자가 253명, 성결자가 79명이나 되었다.[20]

1932년 진남포성결교회 신자들의 사진
"진남포성결교회 신자들," 「활천」(1932년 12월호).

1937년 진남포교회는 여러 가지 어려운 일(1936년 성결교회의 첫 분열 시 진남포교회가 분열 그룹인 '하나님의 교회'에 참여한 일을 말한다 – 필자 주)이 있었음에도 몇몇 신자들이 모여 집회를 계속하였다. 그러다가 10월부터는 예배 처소까지 새로 준비하였으며 이정애 전도부인의 인도로 특별집회를 열어 모두가 풍성한 은혜를 받았다. 새로 결심한 자도 10여 명이나 되었다.[21]

1938년 10월경에는 3,600원으로 예배당(평안남도 진남포부 비석정 148-

19 "통신," 「활천」(1932년 3월호): 57.
20 "통신," 「활천」(1932년 7월호): 56.
21 "통신," 「활천」(1937년 12월호): 57.

1[22])을 매수하였다. 당시 재적수는 70여 명, 출석수는 50명이었다. 진남포교회는 구역을 정하여 각 구역에 구역장을 두고 전도와 심방을 하게 하였으며 매월 말에는 교회에 보고하게 하였다.[23] 12월 15일부터 1주일 동안 강태즙(姜泰楫) 목사의 인도로 부흥회를 열고 매일 세 차례 모여 신자들이 풍성한 은혜를 받았다.[24]

鎭南浦聖潔教會

年復年復興 (하박국三〇二一)

韓儆信 韓就燮 韓重根 姜東植 李洙載 吳秉湜 韓養根 明周鏞 金薇潤 金龍鳳 申永大 明周鼎 姜敬晶 劉春子 張善道 韓深盜 閔英月

韓重憐 李炳煥 嚴宗昌 張石萬 呂昌順 張琴鳳 林應善 朴德仁 安永實 尹炳善 全炳德 鄭正化 金利俊 郭鳳必 崔玉葉 金元淑 李天和

姜順泰 崔硏河 文壽昌 李榮玉 崔蓮葉 韓俊煥 金壽煥 林俊 閔永善 洪明周 安相休 韓貞萬 金仁淑 朴景子 李成女 朴沈和 李亨愛

金周日 李順學 林尙燦 方順女 申順心 金元善 孫陰全 金奉女 崔基洙 元成仁 張炳熙

1941년 진남포성결교회 신자 명부

"축성탄하신년 광고," 「활천」(1941년 1월호).

1941년 1월 진남포교회의 주임 오덕삼 목사는 진지동에 주재하며 진남포교회 치리목사로 임명되었다.[25] 5월 21일부터 한보순 목사의 인도로 부흥

22 "'포교소소재지변경계', 1939년 3월 15일 평안남도 진남포부 신흥리 58에서 평안남도 진남포부 비석정 148-1로," 「조선총독부관보」 1939년 6월 26일 자[소화-3728호], 4면; 조선야소교성결교회 제2회 연회록(1942년), 87.

23 조선야소교동양선교회성결교회 제2회 연회회의록(1939년), 30.

24 "통신," 「활천」(1939년 2월호): 51.

25 "통신," 「활천」(1941년 1월호): 37.

회가 열렸는데 성령의 역사가 맹렬하게 임하여 신자 모두 큰 은혜를 받았고, 장로교회와 감리교회에서도 다수가 참석하여 큰 은혜 속에서 주님께 영광을 돌렸다.[26]

이후 진남포교회는 1943년 12월 29일 성결교회가 일제에 의해 강제로 해산당할 때까지 진남포 지역에 복음을 전하였다.[27] 1945년 해방과 함께 진남포교회는 교회 재건을 위해 혼신의 노력을 다하였다. 기록에 따르면 1946년에는 교역자 박용현 목사와 90여 명의 신도들이 열심 있는 믿음생활을 하였으며,[28] 1947년에는 월남하는 신자들이 속출하는 가운데 박용현 목사가 수고하고 있었다고 한다.[29]

역대 교역자 주임 강태온(姜泰溫, 1908[30])
김혁준(金赫濬, 1911[31])
박정훈(朴貞薰, 1929[32]-1930[33])
정문성(鄭文星, 1930[34]-1932)
오계식(吳癸植, 1932[35]-1934[36])

26 "통신," 「활천」(1941년 7월호): 36.
27 "'포교소폐지계', 소화 18년(1943년) 12월 29일," 「조선총독부관보」 1944년 4월 5일 자[소화-5148호], 2-4면.
28 "이성봉목사와 서북교회소식," 「활천」(1946년 4월호): 36-37.
29 "이북교회소식," 「활천」(1947년 10월호): 34-36.
30 이명직, 『약사』, 57.
31 이명직, 『약사』, 57.
32 조선야소교동양선교회성결교회 제1회 연회의사록부록(1929년), 59.
33 "통신," 「활천」(1930년 1월호): 56.
34 "통신," 「활천」(1930년 8월호): 56.
35 조선야소교동양선교회성결교회 제4회 연회의사록부록(1932년), 48; "포교담임자변경계," 「조선총독부관보」 1933년 6월 23일 자[소화-1935호], 5면.
36 조선야소교동양선교회성결교회 제2회 총회회록부록(1934년), 70.

오만식(吳萬植, 1939[37]-1940)

오덕삼(吳德三, 1940[38]-1941)

이성수(李聖壽, 1941[39]-1943)

박용현(朴龍賢, 1945-1947[40])

부임 김혁준(金赫濬, 1908[41])

김두엽(金斗燁, 1911[42])

여교역자 최홍은(崔鴻恩, 1910[43])

김옥헌(金玉軒, 1929[44]-1930[45])

한경신(韓儆信, 1932[46]-1939[47])

박원영(朴瑗永, 1942[48]-1943)

---

37 "포교담임자변경계," 「조선총독부관보」 1939년 6월 23일 자[소화-3726호], 10면.

38 조선야소교동양선교회성결교회 제2회 연회회의록부록(1939년), 51; "통신," 「활천」(1941년 1월호): 37.

39 조선야소교성결교회 제2회 연회록(1942년), 31.

40 "이북교회소식," 「활천」(1947년 10월호): 34-36.

41 이명직, 『약사』, 57.

42 이명직, 『약사』, 57.

43 이명직, 『약사』, 57.

44 "통신," 「활천」(1929년 8월호): 55.

45 조선야소교동양선교회성결교회 제2회 연회의사록부록(1930년), 55.

46 조선야소교동양선교회성결교회 제4회 연회의사록부록(1932년), 48.

47 조선야소교동양선교회성결교회 제2회 연회회의록부록(1939년), 54.

48 조선야소교성결교회 제2회 연회록(1942년), 61.

평양성결교회 平壤聖潔敎會

평양성결교회(평안남도 평양부 상수리 127[49])는 '평양제1성결교회' 또는 '평양 상수리교회'로도 불렸다. 성결교회의 서선지방 전도는 평양에서부터 시작되었다.[50] 평양은 인구 10만 명을 가진 조선 제2의 도시이며 무엇보다 예수교의 도시로 유명하였다.[51] 평양에 오는 이들은 누구든지 높직한 언덕 위에 있는 예배당과 사방팔면(四方八面)에서 울려오는 주일의 종소리를 들었다. 경성보다 인구는 3분의 1밖에 되지 않았지만 평양 시내에는 장로교회, 감리교회, 천주교회, 성공회, 안식교 등 예배당이 25-26개소나 있었으며 어느 교회든지 교인들로 가득했다. 주일에는 상점 대부분이 문을 닫고 남녀노유(男女老幼)가 성경책을 든 채 삼삼오오 무리지어 각처 예배당으로 들어갔다. 이러한 광경은 경성 어디서도 보지 못하는 것이었다. 또한 수십 개나 되는 대·중·소학교는 대부분 교회가 운영하는 곳이었고, 우뚝우뚝 솟은 연통

49 조선야소교동양선교회성결교회 제1회 연회의사록부록(1929년), 58.
50 이건, "서선 전도에 대한 우리교회의 새 사명," 「활천」(1930년 8월호): 10-11.
51 이명직, 『약사』, 125.

으로 연기를 내는 각종 공장은 거의 예수교인의 사업장이었다.[52]

동양선교회는 함경북도 회령과 함경남도 원산, 강원도 강릉, 평안남도 평양, 경상북도 상주, 전라남도 목포 이상 6곳에 새로 교회를 설립하기로 결정하고[53] 평양성결교회 설립을 위해 1925년 6월 이건 전도사를 주임으로, 김제근 전도사를 부임으로 파송하였다. 그리고 상수리 적당한 위치에 큼직한 집 한 채를 월세로 얻었다. 하지만 평양의 장로교회나 감리교회에는 상대가 되지 못했다. 그 교회들은 10여 만 원씩을 들여 건축한 벽돌 양식 교회당에 이미 700-800명, 적어도 수백 명씩 모이고 있었다. 주일이나 삼일(수요일)에는 사방에서 들려오는 교회 종소리로 성 내외가 진동하였다.[54]

이건, 김제근 전도사는 1925년 8월 26일까지 예배당 수리를 마치고 30일 주일부터 예배를 드리기 시작하였는데 당일 출석자는 남녀 22명이었

동양선교회 평양성결교회원 일동

"동양선교회 평양교회원 일동," 「활천」(1926년 7월호).

---

52 "서선장막전도기," 「활천」(1927년 8월호): 46-48.

53 "소식," 「활천」(1925년 7월호): 56.

54 이명직, 『약사』, 125; "신개척의 면면담, 일인대일장설교(평양 김제근 씨 담)," 「활천」(1926년 5월호): 53.

다.[55] 평양교회는 주님의 특별하신 축복으로 1925년 말 장년 48명, 주일학생 70명이 출석하였다.[56]

1926년 2월 8-14일에 진행된 청신기도회를 통해서는 어느 보통학교 교사의 전 가족 10여 명이 주님께로 돌아왔다.[57] 7월 6-10일에는 교회 정원에 천막을 치고 이명직 목사와 최석모 목사가 내려와 대거전도회를 열었다. 매일 밤 참석한 청중은 500-1,000명에 달하였으며 결심자도 100여 명에 이르렀다. 매일 오전 10시에 열린 성별회에서도 성령의 놀라운 능력이 나타나 모든 신자가 많은 은혜를 받았다. 9일 오후 3시에는 능라도강(대동강)에서 5명에게 세례를 베풀었으며, 10일에는 7명에게 집사 임명식을 거행하였다.[58] 9월 26일부터 10월 2일까지 개최된 청신기도회에서 신자들은 많은 은혜를 받았으며, 이 중 자기가 저지른 죄로 인해 크게 애통함으로 사죄의 평안을 받은 자도 있어 신자들은 기쁨으로 주님께 영광을 돌렸다.[59]

1928년 4월 22일에는 황재학, 김재곤을 집사로 세웠다. 5월 27일에는 남녀 11명에게 학습예식을 행하였으며, 6월 23일에는 남녀 14명에게 세례를 베풀었다. 6월 24일(주일) 거행된 제2회 성찬식에는 남녀 41명이 경건하게 참예하였다.[60] 차츰 교인들이 증가하여 100여 명에 달하자 예배 장소가 협소하여 곤란을 당하였다. 그러던 중 주님의 응답하심을 받아 대지 94평(평안남도 평양부 상수리 127)을 1,800원에 매수하고 예배당을 새롭게 건축하게 되었다. 이 예배당은 미국 시카고에 사는 한 자매가 사망한 동생을 기념하

---

55 "소식," 「활천」(1925년 10월호): 56.

56 "소식," 「활천」(1926년 1월호): 54.

57 "소식," 「활천」(1926년 3월호): 23.

58 "통신," 「활천」(1927년 8월호): 56.

59 "통신," 「활천」(1927년 12월호): 55.

60 "통신(2)," 「활천」(1928년 8월호).

기 위한 헌금으로 건축되었다.[61]

평양교회는 7월 17일부터 부흥회를 준비하며 새벽기도회를 시작하였고 27일부터 30일까지 이명직 목사를 청하여 부흥회를 열고 많은 은혜를 받았다. 28일에는 신축 예배당 헌당식을 거행하여 주님께 영광을 돌렸다. 헌당식 당일에 성도 송기준은 40여 원에 이르는 경종 1개를, 웃쓰 목사(선교사)는 강대상을, 강신성 자매는 강대상 의자 1개와 시계 1개를 기부하였으며, 그 외에도 신자들이 신축 예배당 부속설비를 위해 250여 원을 헌금하였다. 12월 2일에는 추수감사회로 모여 예배를 드리는 중 신축 예배당 부채를 위한 헌금을 하여 70여 원이 모아졌다. 12월 16일에는 8명에게 학습예식을 행하고 송기준 성도의 집사 임명식이 있었다.[62]

신축 동양선교회성결교회 평양예배당

"신설 동양선교회성결교회 평양예배당," 「활천」(1929년 1월호).

61 이명직, 『약사』, 125; 조선야소교동양선교회성결교회 제1회 연회의사록(1929년), 10.

62 "통신," 「활천」(1929년 2월호): 56.

테트 교수는 1932년 12월 8일부터 1933년 2월 하순까지 약 3개월간 평양교회에 개설된 서부지방 성경학교에서 교수하였다.[63]

1933년 9월 9일에 평양교회 변남성 목사의 주택이 화재로 전소되었다. 이웃에 있는 양말공장에서 발화된 불이 옮겨 붙었기 때문이다.[64] 변남성 목사가 목회하던 1933년 7월에는 전도부인의 이동과 관련한 여러 유언비어로 인해 1934년 초까지 교회 내에 어려움이 있었다.[65] 평양부 부내 5개소 성결교회는 7월 16일 오후 8시에 상수리교회(평양교회)에 모여 직원연합회를 조직하였다.[66]

1940년 평양교회 도직원회 조직 기념사진
"통신," 「활천」(1940년 8/9월호): 48.

1935년 3월 11-17일에는 서부지방회가 평양부 상수리교회 예배당에서 개최되었다.[67] 이듬해인 1936년 1월 21일 오후 7시에는 서부지방 성경학

---

63 "통신," 「활천」(1933년 1월호): 61.
64 "통신," 「활천」(1933년 11월호): 47.
65 이명직, "평양교회 분규에 대하야," 「활천」(1934년 4월호): 1-2.
66 "통신," 「활천」(1934년 10월호): 53.

교 제1회 졸업식(4년제)이 거행되었는데 졸업생은 박정배, 최진신, 박은영이었다.[68]

성결교회의 첫 분열: 하나님의 교회

동양선교회는 1921년부터 킬보른(Ernest Albert Kilbourne, 1865-1928)을 총리로 파송하여 서울에 주재시키면서 조선인 자문기관인 '고문회'를 두기로 하고 초대 고문으로 이명직, 이명헌, 뿌릭스 부인(선교사)을 추대하였다. 한편 조선인 교역자들은 1921년부터 매년 수양회 기간을 이용해 정식 회의는 아니지만 '교역자 간담회'로 모였다. 1924년에는 공식적인 '전국교역자회'를 조직하였으며 감독제를 폐지하고 '이사회'를 두었다.

1929년에는 '연회'가 조직되어 제1회 연회가 개최되었다. 이는 국내 교역자들이 보다 주체적으로 정치에 참여하는 계기가 되었고 전자치(全自治) 운동으로 이어졌다. 1930년대 들어서면서 교회 수가 크게 증가하고 조선인 교역자 수가 늘어남에 따라 조선인 교역자의 역할과 책임도 더욱 증대되었다. 이에 따라 지금까지의 선교사 중심의 중앙집권적 정치제도에서 벗어나려는 의식이 확산되었고, 1932년 3월 26일 제4회 연회에서 마침내 '자치선언'을 하게 되었다. 전자치운동은 이명직 목사(1890-1973)를 중심으로 힘 있게 추진되었다.

1933년 4월 12일에는 제1회 총회를 소집하여 이명직 목사를 총회장, 곽재근 목사를 부총회장으로 선출하였으며 총회가 교회 통치의 최고회의임을 선언하였다. 또한 이사를 선출하고 임기 중이라도 이사를 개선할 권한이 있음을 헌법에 포함시켰다. 선교사들은 일반 조선인 교역자와 동등한

---

67 "조선야소교동양선교회성결교회 제3회 각지방회의사촬요(1)," 「활천」(1935년 5월호): 54.

68 "통신," 「활천」(1936년 2월호): 53.

자격의 총회 회원으로 참석하며 과거와 같은 절대 권력을 사용할 수 없게 되었다. 이에 따라 조선인 교역자와 선교사 간에 주도권을 둘러싼 갈등이 심화되었다.

1934년 4월 23일에 개회된 제2회 총회에서도 이명직 목사가 총회장으로 선출되었다. 하지만 동양선교회 총본부는 제1회 총회에서 결의한 이사 선출권을 수용하지 않고 조선인 교역자의 정치적 자치에 반대하며 자치가 시기상조임을 강조하고 시기를 기다릴 것을 요구하였다. 또한 이사회를 장악하고 1935년에 열릴 예정이던 제3회 총회를 허락하지 않았다. 그러나 조선인 교역자들의 자치와 자립운동은 계속되었고 1935년 8월 22일에 6개 지방 순회목사들과 조선인 이사들이 다시 모여 재차 '자치'를 선언하며 우선 남(男)교역자에게 전자급(全自給)을 실시할 것을 결의하고 전국 교회에 선언하였다. 이명직 목사는 「활천」 1935년 8/9월호에 "전자치와 우리의 각오"라는 글을 싣기도 하였다. 이러한 일련의 일들로 인해 이명직, 최석모, 곽재근, 이상철 목사가 9월부로 상무이사에서 해임되었다. 특히 이명직 목사는 이사뿐 아니라 「활천」 편집인과 중부지방 순회목사직에서 경질되었다. 이후 새로운 「활천」 편집인으로 임명된 허인수(Paul. E. Haines, 1891-1960) 선교사는 자치·자립에 관련된 글이 「활천」에 실리지 못하도록 통제하며 1935년 11월부터 1936년 말까지 거의 매호마다 조선인 교역자에 대한 악평 섞인 글과 조선인의 자치 노력을 비판하는 논조의 글을 실었다.

이 같은 어수선한 상황에서 1936년 3월 24일 제3회 총회가 개회되었다. 그런데 총회장 선거에서 개혁과 자치를 강조해온 신진그룹의 지지를 받은 서부지방회장 변남성 목사(1901-39)가 무기명 투표를 통해 제3대 총회장으로 선출되는 이변이 일어났다. 이 일은 조선인 교역자들의 내면에 자리하고 있던 기득권에 대한 불만과 갈등이 표출된 것이다. 그동안 자치운동을 주도해온 이명직 목사와 중앙대의원들에게 이 사건은 큰 충격이었다. 제3대 총회장 선출이 제1대와 제2대 총회장 선출과 동일한 방식으로 치러졌음에도 불구하고 이명직 목사를 중심으로 한 이사회는 크게 불만을 표출하였다. 제2대 총회장인 이명직 목사는 합법적으로 당선된 변남성 목사를 인정하지 않고 이전의 임원과 중앙 세력과 함께 총회를 진행하던 중 선교사들에게 제3회 총회에 대한 무효화 선언을 요청하였다. 그는 과거처럼 선교사 중심의 이사회 체제로 돌아갈 것을 약속하였고 선교사들은 이명직 목사의 요청을 수용하여 제3회 총회 무효를 선언하였다. 이명직 목사는 일순간에 그동안 자신이 주도하던 자치운동의 방향과는 정반대되는 태도를 취하였다. 즉 정치체제를 다시 감독정치로 환원하여 선교사 중심의 이사회 체계로 만들고 총회를 대신하여 이사회를 최고의 집권(의사결정) 기관으로 정한 것이다.

이명직 목사는 또한 선교사들의 직접적인 개입과 영향으로부터 자립·자치하고 동양선교회의 본질적인 교회(동양선교회가 조선 선교를 시작할 당시의 '교파주의 배격, 오직 성경만을 절대 기준으로 삼는 교회'를 의미한다 – 필자 주)를 원하던 교역자들을 '선교사 반대파', '불순분자'라고 하여 징계하였다. 총회장으로 선출된 변남성 목사는 목사직에서 파면되었고, 곽재근 목사는 비밀누설이라는 죄목으로 6개월 정직 처분을 받았으며, 서재철, 김광원, 송태용 전도사는 전도사직에서 면직 처분되었다.

이 일은 성결교회의 첫 분열로 이어졌다. 이명직 목사의 태도와 조처에 반대하는 교역자들과 교회 대표자들은 1936년 7월 12일에 평양상수리교회에서 회합하여 '하나님의 교회'를 창립하기로 결의하고 선언문을 작성하여 발표하였다.[69]

69 이한복, "1936년 '하나님의 교회' 분립 사건과 「활천」의 보도 내용과 태도에서 얻는 역사적 교훈," 「활천」(2022년 9월호): 52-56.

〈하나님의 교회 선언문〉[70]

하나님의 교회는 하나님의 경륜(經綸)의 중심이요 목적인 유일의 존재이다. 이것을 그 독생자 예수 그리스도로 말미암아 성취(成就)하시나니 저에게 속한 모든 성도들은 다만 그 보이신 성서의 진리 그대로 믿으며 행하는 바가 곧 이 경륜의 실현(實現)으로 되어야 하는 것이다. 그런고로 우리는 이 하나님의 성지(聖旨)를 준행하면서 하나님의 교회의 정신을 자(玆)에 선언함.

一. 하나님의 교회는 그 명칭을 하나님께서 성서에 보이심에 의한 것임.

二. 하나님의 교회는 성서상 원래 단일성(單一性) 존재이매 이 진리대로 모든 성도들이 주 안에서 하나가 되어야 할 것을 주장함.

三. 하나님의 교회는 신앙개조(信仰個條)를 제정(制定)치 않고 단순히 성서를 신앙의 기준으로 함.

四. 하나님의 교회는 정치적 통제기관(統制機關)을 두지 않으며 또한 성서 이외에 법규를 세우지 않고 각 개교회가 다만 교회의 머리이신 그리스도의 통치에 직속(直屬)하여 성서를 유일의 정칙(政則)으로 함.

五. 하나님의 교회는 각 개교회의 협동을 요하는 주의 사업에 대하여는 호상연합(互相聯合)하여 행함.

이 같은 내용의 선언문은 급진적 성결운동(사중복음) 단체인 '만국성결연맹'의 헌장(Constitution) 내용과 일치한다. 만국성결연맹의 헌장 제1조는 "만국성결연맹(International Holiness Union)은 교회 법인이 아니고, 기독교 신자들의 형제연맹(fraternal union)"임을 표방하고 있다. 또한 "교회 조직에 반대하지 않고 모든 믿는 자들 사이에서 깊은 영성을 발전시키기 위해 계획"되었음을 밝히고 있다. 연맹의 표어(Motto)는 "본질적인 것에는 일치를, 비본질적인 것에는 자유를, 모든 일에는 자애를"이었다.[71] 즉 하나님의

---

70 오대용 목사 편저, 『생명의 면류관(生命의 冕旒冠)』(서울: 대한 하나님교단 출판부, 1972), 79-80.

71 이한복, "Constitution & By-laws 1897, Constitution, Art. Ⅰ," 『한국성결교회 형성

교회에 속한 교회와 교역자들은 헌법이나 규칙을 만들기보다는 성경을 교회정치의 근간으로 하고 중앙 집중의 정치제도를 거부하며 교회 상호간의 수평적인 협동을 존중했다. 하나님의 교회는 한국전쟁 이후 정남수를 중심으로 미국 나사렛교단과 협력하며 현재의 나사렛성결교회가 되었다. 하지만 하나님의 교회에 속했던 상당수의 교회와 교역자들은 나사렛성결교회에 속하지 않고 '대한예수교장로교회 한신 측'에 속해 있으며 과거 성결교회였음을 기억하고 있다.

성결교회 분립에 참여한 교회는 목포교회·평택교회·인광리교회·청량리교회·창신동교회·홍제원교회·매양교회·사리원교회·평양교회(상수리교회)·진남포교회·대두리교회·양시교회 등이었고 교역자는 곽재근·변남성·김승만·오계식·송태용·서재철·김광원·김정기·정희열·이태석·안형주 등이었다. 1936년 11월 25-29일 평양상수리교회에서 열린 '하나님의 교회 제1회 공의회'는 새 교단인 '하나님의 교회'를 창립하고 변남성 목사를 제1대 총회장으로 선출하였다.

이 일은 사회적으로도 적지 않은 반향을 불러일으킨 사건으로 당시 일간지들은 그 내용을 상세하게 보도하고 있다. 보도된 기사를 현대어로 바꾸어 간략하게 소개하면 다음과 같다.

진남포성결교회 동양선교회를 탈퇴, 이사회와 총회와의 대립으로 교회 내의 추태 폭로

요사이 각 종교계에 파쟁으로 말미암아 아름답지 못한 내부의 가지각색의 추태를 드러내는 동시에 금전의 세력과 권력을 남용하며 인종을 차별하는 등 종교 교리에 벗어나는 행동을 감행하여 종교의 타락상을 여실히 나타내고 있

사』(부천: 서울신학대학교, 2016), 57-58에서 재인용.

는 이때에 근일 진남포성결교회에서도 이 불법한 본부를 향하여 반기를 들었다. (중략) 당시 출석하였던 총리 카우만 부인은 원만하게 해결되기를 발언하였으나 웬일인지 그 다음부터 부총리 킬보른 씨의 선언에서는 그와 반대로 총회를 걷어치우고 감독정치로 한다는 강경한 선언과 총회를 계속하더라도 감독정치에 응한다면 허하리라는 선언이 있었고 동시에 총회장으로 선출된 평양상수리교회 변남성 목사가 면직까지 되면서 이 사건이 더욱 확대되었다고 한다. (중략) 본부 '이사'라는 극히 적은 수의 사람이 지방 대표 60여 명의 총회원을 무시하고 4-5년간 실시해온 교회헌법을 무시함은 불가한 일이라고 생각한다."

—「조선중앙일보」[72]

동양선교회 본부와 절연(絕緣)코 독자적 교회 창건, 명칭 '하나님의 교회' 교도(教徒) 만여 명(萬余名), 평양서 혁신파(革新波) 총회

조선에 기독교가 들어온 지 1세기라는 세월이 경과하는 사이에 수십만의 교도를 포용하기까지 발달을 보게 되었으나 전도사업의 개척자인 서양 사람들의 전통적 교회 행정이 조선의 현실과 합치되지 못하는 일이 있어서 각지 교회에서는 순전한 조선 사람의 손으로 교회를 창립하려는 기운이 은연중에 대두되고 있는 중, '기독교 도시'라는 이름이 붙은 평양에서 그 첫 소리가 울렸다. 평양부 상수리에 있는 동양선교회 성결교회에서는 금년 3월에 경성에서 열린 제3회 총회에서 교도들의 지지로 변남성 목사를 회장으로 선거한 후 교회를 혁신하려고 한측 경성에 있는 동교회 본부의 서양 선교사 허○○ 씨 등과 대립이 격화되어 변 목사는 파면까지 되었다 한다. 그리고 상수리교회 건물을 교회와 전연 관계없는 평양 부내 서문통(西門通) 한형보(韓亨補) 씨에게 5,700원을 받고 방매한 것을 6,800원에 다시 매수하는 동시에 '전조선성결교회'에 격문을 보내 동지 규합에 착수한 결과 경성의 신당리·청량리·숭인정·전남 목포·

72 「조선중앙일보」, 소화 11년(1936년) 8월 2일 자, 일요일 4면.

경기 평택·평북 양시교회 등을 비롯하여 각지 18개 교회의 1만여 명 교도를 얻어가지고 성결교회와는 물론 서양인 선교사업과는 관계를 끊고 명칭을 '하나님의 교회'라고 개칭한 후 순전한 조선 사람의 힘으로 새로운 교회를 창립하게 된 것이라 한다.

—「매일신보」[73]

이명직 목사는 그동안 조선 교역자들의 자치운동을 주도적으로 추진하며 이사회와 선교사들과 거리를 두었으나 변남성 목사가 제3대 총회장에 선출되자 태도를 바꾸어 돌연 선교사 편에 섬으로써 선교사들의 재신임을 얻게 되었다. 이에 따라 상무이사로 임명되고 동시에 경질되었던 「활천」 편집인(주간)직에 복귀한다. 이명직 목사는 「활천」의 편집인으로 복귀하며 다음과 같은 글을 싣는다. 그 내용의 일부를 현대어로 바꾸어 소개하면 다음과 같다.

그러나 법의 정신은 간담회니 교역자회니 연회니 총회니 하더라도 감독정치의 중심 정신은 언제든지 서 있었다. 이는 동양선교회의 정체인 까닭이다. 그런데 여기에 대하여 오해된 사상을 품은 이도 약간 있었던 줄로 생각된다. 그것은 곧 공화정치로 생각하였던 것이다. 그러나 감독정치나 공화정치나 그 내용을 보면 차이점은 이것이다. 공화라 하면 각 교회 당회가 능히 교역자를 청빙하여 세운다는 의미이겠고, 감독이라 하면 교역자를 교회가 자립(自立, 스스로 청빙)하지 못하고 파송을 받는 것이다. 그러므로 우리 동양선교회는 창립 30년간 파송제를 사용하여 왔으니 감독정치의 제도 그대로 실시된 것이요, 하등의 변화도 없었던 것이다. 또 감독제도는 교회를 통치하는 데 매우 필요한 제도인 줄로 생각한다. 또는 감독이라든지 감독을 대표하는 이사라든지 위원이라든지 이는 누구든지 자천하여 될 것이 아니요, 선거로 될 것인데 당분간은 총

---

73 「매일신보」, 소화 11년(1936년) 12월 2일 자, 수요일 5면.

본부가 임명한다 하여도 필경에는 그 선거권을 우리 조선인에게 줄 것만은 명약관화(明若觀火, 불을 보는 것처럼 분명함)의 일이다.[74]

이명직 목사의 이 같은 입장과 태도는 교권 기득권자로서의 이중적 태도를 보여준다.

동양선교회는 1936년 3월 30일에 변남성 목사를 파직하고[75] 박형순 목사를 상수리교회 교역자로 임명한다. 이후 6월 13일 상수리교회를 평양부 상수리 127로 이전하여 교회 회복을 위해 노력하지만[76] 8월 25일 결국 상수리교회를 폐지하고[77] 1937년 7월 31일에 박형순 목사를 사리원교회 교역자로 파송한다.

이성봉 목사는 「활천」 1946년 8월 15일호 '서북교회소식'을 통해 해방 이후 평양상수리교회가 다시 설립되어 최병률 전도사와 신도 80여 명이 모이고 있다고 전하였다.[78]

---

74 주간(이명직), "헌법발표에 대하야(憲法發表에 對하야)," 「활천」(1936년 10월호): 1.

75 "'포교소폐지계', 동양선교회 평양부 변남성 평안남도 평양부 상수리 127, 소화 11년(1936년) 3월 30일," 「조선총독부관보」 1936년 6월 3일 자[소화-2815호], 13면.

76 "'포교소소재지변경계', 동양선교회 평양성결교회 평양부-평양부, 평안남도 평양부 상수리 127, 소화 11년(1936년) 6월 13일," 「조선총독부관보」 1936년 7월 24일 자[소화-2859호], 6면.

77 "'포교소폐지계', 동양선교회 평양성결교회 평양부, 평안남도 평양부 상수리 127, 소화 11년(1936년) 8월 26일," 「조선총독부관보」 1936년 9월 24일 자[소화-2911호], 7면.

78 "이성봉목사와 서북교회소식," 「활천」(1946년 8월호): 36-37.

역대 교역자[79] 주임 이건(李鍵, 1925-1930[80])

변남성(邊南星, 1930[81]-1936[82])

박형순(朴瑩淳, 1936[83]-1936[84])

부임 김제근(金濟根, 1925-1927)

함석진(咸錫珍, 1928-1929[85])

여교역자 류정희(柳貞姬, 1924-1927)[86]

곽진근(郭鎭根, 1927-1929)[87]

김용자(金蓉子, 1929[88]-1933[89])

---

79 이명직, 『약사』, 115.

80 조선야소교동양선교회성결교회 제2회 연회의사록부록(1930년), 54; 이건, "서선 전도에 대한 우리교회의 새 사명," 「활천」(1930년 8월호): 10-11.

81 "'포교담임자변경계', 동양선교회 평양성결교회 평양부 이건-변남성, 평안남도 평양부 상수리 33, 소화 5년(1930년) 7월 21일," 「조선총독부관보」 1930년 12월 9일 자[소화-1181호], 4면.

82 "'포교담임자변경계', 동양선교회 평양성결교회 평양부 변남성-박형순, 평안남도 평양부 상수리 127, 소화 11년(1936년) 3월 31일," 「조선총독부관보」 1936년 6월 3일 자[소화-2815호], 12면.

83 "'포교담임자변경계', 동양선교회 평양성결교회 평양부 변남성-박형순, 평안남도 평양부 상수리 127, 소화 11년(1936년) 3월 31일," 「조선총독부관보」 1936년 6월 3일 자[소화-2815호], 12면.

84 "'포교자거주지이전계', 동양선교회 평양부-봉산군 박영순, 평안남도 평양부 상수리 127에서 황해도 봉산군 사리원읍 북리 4로, 소화 12년(1937년) 7월 31일," 「조선총독부관보」 1937년 9월 9일 자[소화-3197호], 7면.

85 조선야소교동양선교회성결교회 제1회 연회의사록부록(1929년), 58.

86 "통신," 「활천」(1926년 10월호) 57.

87 "축성탄하신년 광고 통신," 「활천」(1928년 1월호).

88 조선야소교동양선교회성결교회 제1회 연회의사록부록(1929년), 59.

89 조선야소교동양선교회성결교회 제2회 총회회록부록(1934년), 47.

교구정성결교회 橋口町聖潔教會

교구정성결교회(평안남도 평양부 교구정 17-4[90])는 평양외성(平壤外城)의 신개척을 위해[91] 신의주교회에서 사역하던[92] 김제근 전도사를 파송하여[93] 세운 교회이다. 교구정교회는 '평양제2성결교회', '평양유정성결교회'로도 불렸다. 김제근 전도사는 1931년 8월 20일경[94] 평양부 유정 87번지[95]에 있는 16칸 집을 세로 얻어 9월 첫 주일(6일)에 10여 명의 신자와 함께 창립예배를 드렸다. 이튿날(9월 7일)부터 5일간 대거전도회를 연 결과 80여 명의 구도자를 얻었는데 그들 가운데 교회에 출석한 사람이 45명이나 되었다.

1932년 1월 6일에는 60여 원의 헌금으로 경종을 구입하여 달았다. 신자 중에 10여 명이 열심히 전도하여 결심자를 많이 얻었으며, 한 자매는 토요일과 주일 그리고 월요일을 주님을 위해 바쳤다. 평양제2교회는 교회의 부흥

90 조선야소교성결교회 제2회 연회록(1942년), 87.
91 "통신(二)," 「활천」(1931년 8/9월호): 79.
92 조선야소교동양선교회성결교회 제2회 연회의사록부록(1930년), 54.
93 "통신(二)," 「활천」(1931년 8/9월호): 79.
94 조선야소교동양선교회성결교회 제4회 연회의사록(1932년), 17-18.
95 조선야소교동양선교회성결교회 제4회 연회의사록부록(1932년), 48.

을 위해 4개월마다 부흥회를 열기로 작정하고 40-50명의 신도들이 열심히 출석하여 주님께 영광을 돌리는 가운데 5-6명은 예배당을 떠나지 않고 열심히 기도하였다.[96] 10월 17-23일에는 변남성 목사를 청하여 부흥회를 열었는데 각 교파의 신도 다수가 출석하여 풍성한 은혜를 받는 동시에 신구도자 5명을 얻었다.[97] 교회 설립을 위해 헌신하던 김제근 전도사는 겸이포교회로 이동하고 후임으로 조정헌 전도사가 부임하였다.[98]

1934년 제2회 총회에서 '평양유정성결교회'로 교회 명칭을 변경하였다.[99] 1935년 7월 9-14일에는 안형주 목사의 인도로 매일 세 차례 집회가 열려 신자들이 풍성한 은혜를 받았다.[100]

1937년 평양교구정교회 신자 일동
"통신," 「활천」(1937년 7월호): 57.

96 조선야소교동양선교회성결교회 제4회 연회의사록(1932년), 17-18.
97 "통신," 「활천」(1933년 2월호): 59.
98 조선야소교동양선교회성결교회 제4회 연회의사록(1932년), 48.
99 조선야소교동양선교회성결교회 제2회 총회회록부록(1934년), 87.
100 "통신," 「활천」(1935년 10월호): 55.

유정교회의 정용현 전도사는 1936년 3월 17-22일 경성에서 열린 심령 수양대회에서 목사 안수를 받았다.[101] 또한 1936년 평양부 교구정 17-4번지[102]에 있는 교회당을 800여 원의 헌금으로 매수하고[103] 이전하여 교회 명칭을 '평양교구정성결교회'[104]로 변경하였다.

1937년 정용현 목사는 사리원교회로 전임되고 교구정교회는 순회이사 박영순 목사가 임시로 겸임 사역하게 되었다.[105] 그러다가 4월 초에 열린 제2회 이사회에서 조창문 전도사가 평양교구정교회 주임으로 임명되어 부임하였다.[106]

새로 부임한 조창문 전도사는 5월 12일부터 5일간 부흥회를 개최하였다. 이 부흥회에는 남녀 신도들과 타교파 신자들까지 참석하여 풍성한 은혜를 받았고 새로 믿기로 결심한 자도 수십여 명에 달하였다. 또한 철야기도와 노방전도에 전력하는 신자들도 있어 부흥의 불이 계속 타올랐다. 5월 16일에는 장년 교우와 주일학생들이 함께 교회에서 4km쯤 떨어져 있는 쑥섬에 가서 야외예배를 드렸다.[107]

1939년 조창문 전도사는 숙천교회로 전임되고[108] 후임으로 문이호 전도사가 부임하였다.[109] 1939년 9월 5일에는 부인회를 조직하였는데 회원은 30여 명이었고 회원들은 주일마다 성미를 드렸다.[110]

---

101 「활천」(1936년 4월호).

102 조선야소교성결교회 제2회 연회록(1942년), 87.

103 조선야소교동양선교회성결교회 제1회 연회회의록(1937년), 19.

104 "통신," 「활천」(1937년 2월호): 57; 조선야소교동양선교회성결교회 제1회 연회회의록(1937년), 19; 조선야소교동양선교회성결교회 제1회 연회회의록(1937년), 42.

105 "통신," 「활천」(1937년 2월호): 57.

106 "통신," 「활천」(1937년 6월호): 58.

107 "통신," 「활천」(1937년 7월호): 57.

108 조선야소교동양선교회성결교회 제2회 연회회의록부록(1939년), 53.

109 조선야소교동양선교회성결교회 제2회 연회회의록부록(1939년), 54.

1939년 10월 19일부터 사리원교회 강태즙 목사의 인도로 부흥회가 열렸는데 전하는 말씀이 힘이 있고 은혜로워서 회개하며 헌신한 자가 많이 나왔으며 감사헌금도 300여 원에 이르렀다. 부흥회의 열매로 신자들은 개인전도와 새벽기도에 열심을 내었다.[111] 문이호 전도사는 1941년 4월 9일부터 5일간 경성신학교 대강당에서 열린 제1회 북부연회에서 목사 안수를 받았다.[112]

교구정교회는 1943년 12월 29일 성결교회가 일제에 의해 강제로 해산당할 때까지 평양 지역에 복음을 전하였다.[113] 1945년 해방이 되자 교구정교회는 예배당을 재건하고 이은실 전도부인과 신도들이 모여 예배를 드린 것으로 전해진다.[114]

역대 교역자 주임 김제근(金濟根, 1931[115]-1932[116])
조정헌(曺正憲, 1932[117]-1933[118])
정용현(鄭龍鉉, 1933[119]-1937[120])
조창문(趙昌文, 1937[121]-1939[122])

---

110 조선야소교동양선교회성결교회 제2회 연회회의록(1939년), 29.

111 "통신," 「활천」(1939년 12월호): 47.

112 "통신," 「활천」(1941년 5월호): 35.

113 "'포교소폐지계', 소화 18년(1943년) 12월 29일," 「조선총독부관보」 1944년 4월 5일 자[소화-5148호], 2-4면.

114 "이성봉목사와 서북교회소식," 「활천」(1946년 4월호): 36-37.

115 "통신(二)," 「활천」(1931년 8/9월호): 79.

116 조선야소교동양선교회성결교회 제1회 총회회록부록(1933년), 42.

117 조선야소교동양선교회성결교회 제4회 연회의사록부록(1932년), 48.

118 조선야소교동양선교회성결교회 제1회 총회회록부록(1933년), 43.

119 조선야소교동양선교회성결교회 제1회 총회회록부록(1933년), 43.

120 "통신," 「활천」(1937년 2월호): 57.

121 조선야소교동양선교회성결교회 제1회 연회회의록부록(1937년), 36.

122 조선야소교동양선교회성결교회 제2회 연회회의록부록(1939년), 53.

문이호(文履浩, 1939[123]-1943[124])

여교역자 김종낭(金宗娘, 1933[125]-1934[126])

김소순(金小順, 1934[127]-1939[128])

이은실(李恩實, 1946[129])

123 조선야소교동양선교회성결교회 제2회 연회회의록부록(1939년), 54.

124 조선야소교성결교회 제2회 연회록(1942년), 75.

125 조선야소교동양선교회성결교회 제1회 총회회록부록(1933년), 49.

126 조선야소교동양선교회성결교회 제2회 총회회록부록(1934년), 77.

127 조선야소교동양선교회성결교회 제2회 총회회록부록(1934년), 76.

128 조선야소교동양선교회성결교회 제2회 연회회의록부록(1939년), 55.

129 "이성봉목사와 서북교회소식," 「활천」(1946년 4월호): 36-37.

암정성결교회 岩町聖潔敎會

평양암정성결교회(평안남도 평양부 암정 15-1[130])는 '평양제3성결교회'라고도 불렸는데[131] 1931년 11월 2일[132]에 배신환 목사[133]를 파송하여 설립하였다. 1932년 5월 19-23일 평양 암정에서 열린 장막전도회에는 4,000-8,000명이 몰려들었으며 그 가운데 결심자가 85명, 타락 중에서 돌아온 자가 27명, 흡족한 은혜를 받은 자가 377명이나 되었다.[134]

1934년 평양부 부내 5개 교회는 7월 16일 저녁 8시에 상수리교회(평양제1교회)에 모여 직원연합회(평신도회)를 조직하였다.[135] 10월에 배신환 목사가 일본 동경교회로 파송된 후[136] 1936년 4월에 후임으로 정긍섭 전도사가

130 "'포교소소재지변경계', 동양선교회 암정성결교회 평양부-평양부, 평안남도 평양부 암정 15-1, 소화 11년(1936년) 5월 19일," 「조선총독부관보」 1936년 7월 24일자[소화-2859호], 6면.

131 조선야소교동양선교회성결교회 제4회 연회의사록부록(1932년), 48.

132 조선야소교동양선교회성결교회 제1회 연회회의록부록(1937년), 42.

133 조선야소교동양선교회성결교회 제4회 연회의사록부록(1932년), 48.

134 "통신," 「활천」(1932년 7월호): 56.

135 "통신," 「활천」(1934년 10월호): 54.

136 "통신," 「활천」(1934년 10월호): 53.

평양암정성결교회 신자 일동(1933년 4월 23일)

부임하였다.[137] 1936년 10월 21일부터 11월 1일까지 이건 목사와 태애도 선생(선교사, 성서학원 교수)의 인도로 매일 네 차례 집회를 하였는데 다른 교파 사람들도 많이 참석하여 시간마다 풍성한 은혜를 받았고 신결심자 30여 명도 얻었다.[138]

1937년 2월 11일부터 1주일간 이성봉 목사의 인도로 개최된 부흥사경회에서는 성령의 역사가 맹렬하여 시간마다 은혜가 나타났고 타교파 교인들도 다수 참석하여 은혜를 받았다. 새벽 집회에는 80여 명, 낮 공부회에는 200여 명, 저녁에는 700여 명씩 모여드는 바람에 예배당 안으로 들어갈 수가 없어서 100여 명은 마당에서 말씀을 들었으며 집회 중 흉악한 죄를 회개자복하는 자가 많았다. 집회 결과 신결심자가 121명, 중생자가 39명, 성결의

---

137 "통신," 「활천」(1936년 8/9월호): 90; "'포교담임자변경계', 동양선교회 암정성결교회 평양부 배신환-정긍섭, 소화 11년(1936년) 5월 19일," 「조선총독부관보」 1936년 9월 24일 자[소화-2911호], 6면.

138 "통신," 「활천」(1937년 1월호): 55.

은혜를 받은 자가 100명, 십일조 작정자가 24명이나 되었다.[139]

집회를 마친 뒤 정긍섭 전도사는 호남 금산교회로 전임되었으며[140] 그 뒤를 이어 천막전도대에서 사역하던 김영균 전도사가 부임하였으나[141] 다음 해인 1938년에 다시 조치원교회로 전임되었다.[142] 이후 교회는 마귀의 역사로 위급한 지경에 빠졌다. 그러나 후임으로 온 황경찬 전도사가 암정교회와 교구정교회를 겸임하며[143] 열심으로 사역한 결과 교회가 다시 부흥하기 시작하였다. 황경찬 전도사는 남 집사 4명, 여 집사 여러 명을 임명하여 직원회를 조직하였다.[144]

1939년 9월 7일 밤부터 9일까지는 암정교회에서 서부지방회가 개최되었다.[145] 1940년 6월 10일에 평양에 있는 3개의 성결교회 직원들이 암정교회에 모여 '도직원회'를 조직하였는데 회원은 남녀 32명이었고, 첫 사업으로 각 교회에서 3일씩 전도 집회를 하되 직원들이 간증 겸 설교를 순차로 인도하기로 하였다.[146]

또한 암정교회에서는 음력 6월 24일부터 3일간 전도회를 개최하였는데 이때 남녀 결심자가 33명에 이르렀다.[147] 암정교회는 1943년 12월 29일 성결교회가 일제에 의해 강제로 해산당할 때까지 평양 지역에 복음을 전하였다.[148]

---

139 "통신," 「활천」(1937년 4월호): 58.

140 조선야소교동양선교회성결교회 제1회 연회회의록부록(1937년), 36.

141 "통신," 「활천」(1937년 11월호): 57.

142 "통신," 「활천」(1938년 7월호): 53.

143 "통신," 「활천」(1938년 11월호): 55.

144 조선야소교동양선교회성결교회 제2회 연회회의록부록(1939년), 30.

145 "통신," 「활천」(1939년 8/9월호): 71.

146 "통신," 「활천」(1940년 8/9월호): 48-49.

147 "통신," 「활천」(1940년 8/9월호): 48.

148 "'포교소폐지계', 소화 18년(1943년) 12월 29일," 「조선총독부관보」 1944년 4월 5

암정교회는 1945년 8월 15일 해방과 함께 교회를 재건하고 1946년 3월에 최창도 목사를 중심으로 신도 50여 명이 매주일 모여 예배드렸다고 전해진다.[149]

역대 교역자 주임 배신환(裵信煥, 1931[150]-1934[151])
정긍섭(鄭兢燮. 1936[152]-1937[153])
김영균(金永均, 1937[154]-1938[155])
이용선(李龍善, 1938[156])
황경찬(黃景燦, 1938[157]-1941[158])
오덕삼(吳德三, 1942[159]-1943)

일 자[소화-5148호], 2-4면.

149 "이성봉목사와 서북교회소식," 「활천」(1946년 4월호): 35.

150 조선야소교동양선교회성결교회 제4회 연회의사록부록(1932년), 48.

151 "통신," 「활천」(1934년 10월호): 53.

152 "통신," 「활천」(1936년 8/9월호): 90; "'포교담임자변경계', 동양선교회 암정성결교회 평양부 배신환·정긍섭, 소화 11년(1936년) 5월 19일," 「조선총독부관보」 1936년 9월 24일 자[소화-2911호], 6면.

153 조선야소교동양선교회성결교회 제1회 연회회의록부록(1937년), 36; "통신," 「활천」(1937년 11월호): 57.

154 조선야소교동양선교회성결교회 제1회 연회회의록부록(1937년), 35; "통신," 「활천」(1937년 11월호): 57.

155 "통신," 「활천」(1938년 7월호): 53.

156 "통신," 「활천」(1938년 7월호): 53.

157 "통신," 「활천」(1938년 11월호): 55.

158 "통신," 「활천」(1941년 5월호): 35.

159 조선야소교성결교회 제2회 연회록(1942년), 73.

여교역자 최경애(崔敬愛, 1932[160]-1936[161])
이연홍(李蓮紅, 1936[162]-1939[163])
이진화(李眞化, 1940[164])
김옥진(金玉眞, 1940[165]-1941[166])

160 조선야소교동양선교회성결교회 제1회 총회회록부록(1933년), 50.
161 조선야소교동양선교회성결교회 제1회 연회회의록부록(1937년), 39.
162 조선야소교동양선교회성결교회 제1회 연회회의록부록(1937년), 40.
163 '조선야소교동양선교회성결교회 제2회 연회회의록부록(1939년), 56.
164 "통신," 「활천」(1938년 7월호): 53.
165 "통신," 「활천」(1940년 11월호): 33.
166 조선야소교성결교회 제2회 연회록(1942년), 81.

대동성결교회 大同聖潔教會

대동성결교회(평안남도 평양부 인흥리 129[167])는 당시 성서학원에 재학 중이던 이용선을 파송하여 설립하였다. 이용선은 수십 일간 예배당을 준비하는 일을 진행하다 1932년 7월 24일에 '기림리성결교회'라는 이름으로 창립예배를 드렸다.[168] 1941년에는 교회 명칭을 '서평양성결교회'라고 변경하였으나 교회를 이전하게 되면서 다시 '대동성결교회'로 명칭을 변경하였다.[169]

설립 당시 평양에는 30여 개의 개신교회가 있었으며 성결교회도 5개가 있었다. 기림리교회는 서평양역 바로 뒤편에 위치하였다. 교회 주변에는 2,000호 정도의 집이 있었고 주변에는 3개의 장로교회와 1개 기도소가 자리하고 있었다. 처음에는 3칸 방을 세로 얻어 살림집을 겸하여 예배당으로 사용하였으나 비좁은 예배당으로 인해 많은 어려움이 있어 수개월 후에 큰길

---

167 "'포교소소재지변경계', 평안남도 평양부 기림리 180에서 평안남도 평양부 인흥리 129로, 소화 16년(1941년) 12월 3일," 「조선총독부관보」 1941년 12월 16일 자[소화-4469호], 6면.

168 이용선, "평양부 기림리성결교회예배당건축기," 「활천」(1934년 4월호): 52.

169 "'포교소명칭변경계', 서평양성결교회-대동성결교회, 소화 16년(1941년) 12월 2일," 「조선총독부관보」 1941년 12월 16일 자[소화-4469호], 6면.

1932년 7월 24일 창립예배 기념 기림리성결교회 신자 일동

"사진설명," 「활천」(1933년 6월호): 57.

가 주변으로 이사하였다.

성서학원에 재학 중이던 이용선은 1933년 봄 학기 개학으로 인해 교회를 떠날 수밖에 없었는데 때마침 이 지역 장로교회 신자로서 경성성서학원에 입학하고 집에 머물고 있던 이병주에게 방학 때까지 임시로 목회를 대리하게 하였다.[170] 5월 초순에는 이진화 전도부인[171]까지 파송되어 합심으로 동역하였다.

1933년 7월 22일 평양부에 있는 5개 성결교회 장·유년이 연합하여 평양제1교회(평양성결교회)에서 기림리교회 설립 1주년 기념전도회를 가졌으며, 다음 날(23일)에는 모란봉 아래에 있는 기자림 송림(松林)에서 장·유년 수백여 명이 기념예배를 드리며 주님께 영광을 돌렸다.

비좁은 예배당으로 많은 어려움을 겪던 기림리교회 교역자와 신자들

170 이용선, "평양부 기림리성결교회예배당건축기," 「활천」(1934년 4월호): 52.

171 조선야소교동양선교회성결교회 제1회 총회회록부록(1933년), 50.

은 주님께 기도하는 가운데 7월 11일 밤 건축을 위해 500여 원을 헌금하고 본부에도 보조를 요청하였다. 또한 개인과 선교사들을 찾아가 도움을 요청하여 총 800여 원으로 건축을 시작하였다. 대지 81평에 36평의 일본식 기와를 사용한 'ㄱ' 자 예배당을 건축하여 24평은 예배당으로 사용하고, 12평은 남녀 교역자의 주택으로 임시 사용하였다. 공사비는 총 1,640원 10전이 들었다. 경성성서학원의 여자부 교수인 테이트 선생은 80원짜리 경종을 헌물해주었다. 마침내 12월 3일 평양의 각 교회 교역자들과 수백 명의 신도가 참석한 가운데 변남성 목사의 사회로 헌당예배를 드림으로 주님께 무한한 감사와 영광을 돌렸다.[172]

1935년 기림리교회는 성령의 역사로 날로 부흥하는 가운데 80여 원의 풍금을 구입하였고, 김기순 자매는 신유의 권능으로 사귀병에서 나음 받은 것을 감사하여 예배당에 시계를 드렸다. 박문익 전도사가 인도한 소아부흥

1933년 12월 3일 평양기림리성결교회 헌당식 기념
"평양기림리교회 헌당식 기념," 「활천」(1934년 8/9월호): 99.

172 이용선, "평양부 기림리성결교회예배당건축기," 「활천」(1934년 4월호): 52.

회에서는 100-250명이 모여 은혜를 받았다.[173] 또한 음력 정월 1일에서 7일까지 한성과 전도사의 인도로 부흥회를 한 결과 모든 신자가 풍성한 은혜를 받았으며 중생자 22명, 성결자 18명을 얻었다. 받은 은혜에 감사하여 금반지를 주님께 바친 자매도 있었다.[174]

1937년 5월 24일부터 8일간은 이성봉 목사의 인도로 천막전도회가 진행되어 평양에 있는 여러 교회 신자들에게 많은 은혜를 끼쳤다. 새벽에는 70-200명, 오전 공부에는 90-500명, 밤에는 500-2,200명이 모였고, 신결심자는 157명에 이르렀다. 건축을 위해 드린 헌금도 812원이나 되었다. 마지막 날에는 간증회와 신유회가 있어 주님께 영광을 돌렸다.[175] 이용선 전도사는 1937년 제1회 연회에서 목사 안수를 받았다.[176]

1938년 1월 31일부터 2월 6일까지 조창문 전도사를 청하여 개최한 부흥사경회에서 신자들은 풍성한 은혜를 받았다. 곧이어 4월 11-17일 김영균 목사의 인도로 열린 부흥사경회에서도 풍성한 은혜가 임하였다. 연이은 2회의 집회를 통해 회개자, 중생자, 성결자가 다수 있었다.[177] 이용선 목사는 암정교회를 겸임하며 사역하였다.[178] 10월 17일부터 23일까지는 한성과 목사의 인도로 부흥사경회가 개최되어 신자들이 풍성한 은혜를 받았으며, 인근 각 교회 신자들까지 참석하여 은혜를 받았다.[179]

1939년 3월 17일부터 6일간은 박현명 목사의 인도로 매일 세 차례 집회가 열렸으며 집회 때마다 풍성한 은혜가 임하였다[180] 또한 10월 2-8일 김흥

---

173 "통신," 「활천」(1935년 2월호): 55-56.
174 "통신," 「활천」(1935년 4월호): 55.
175 "통신," 「활천」(1937년 7월호): 57.
176 "통신," 「활천」(1938년 1월호): 61.
177 "통신," 「활천」(1938년 6월호): 42.
178 "통신," 「활천」(1938년 7월호): 53.
179 "통신," 「활천」(1938년 12월호): 51.

순 목사의 인도로 진행된 부흥회에서는 신자들 가운데 중생의 은혜와 성결의 은혜를 받은 자가 많았으며, 인근 각 교회에서도 다수가 참석하여 성황을 이루었다.[181]

1940년 3월 4일부터 10일까지 오덕삼 목사를 청하여 진행된 부흥회에서 모든 신자는 큰 은혜를 받았으며, 예배당 건축을 위해 3,200원을 헌금하여 하나님께 영광을 돌렸다.[182] 기림리교회는 1941년에 교회 명칭을 '서평양성결교회'로 변경하였는데[183] 곧이어 예배당을 평안남도 평양부 기림리 180에서 평안남도 평양부 인흥리 129번지로 이전함[184]에 따라 '대동성결교회'로 변경하였다.[185]

대동교회는 1943년 12월 29일 성결교회가 일제에 의해 강제로 해산당할 때까지 평양 지역에 복음을 전하였다. 대동교회는 1945년 해방과 함께 교회를 재건하고 1946년 김홍순 목사를 중심으로 신도 80여 명이 모여 예배를 드렸다.[186] 기록에 따르면 교회가 날로 부흥하여 매주 십일조헌금을 시행하게 되어 남녀 교역자 세 가정에 매삭 2만여 원의 경비를 쓰고도 여유가 있어 예배당을 수리하였다고 한다. 정진경 전도사가 월남하여 수양 중이라 전도부인이 수고하였고, 김홍순 목사는 여러 곳에서 부흥회를 인도하던 중

---

180 "통신," 「활천」(1939년 5월호): 46.

181 "통신," 「활천」(1939년 12월호): 47.

182 "통신," 「활천」(1940년 5월호): 38.

183 "'포교소명칭변경계', 소화 16년(1941년) 7월 12일," 「조선총독부관보」 1941년 12월 16일 자[소화-4469호], 6면.

184 "'포교소소재지변경계', 평안남도 평양부 기림리 180에서 평안남도 평양부 인흥리 129로, 소화 16년(1941년) 12월 3일," 「조선총독부관보」 1941년 12월 16일 자[소화-4469호], 6면.

185 "'포교소명칭변경계', 서평양성결교회-대동성결교회, 소화 16년(1941년) 12월 2일," 「조선총독부관보」 1941년 12월 16일 자[소화-4469호], 6면.

186 "이성봉목사와 서북교회소식," 「활천」(1946년 4월호): 36-37.

언론의 자유를 무시하는 적색분자들의 무도한 탄압으로 반동분자라는 죄명이 씌워져 1947년 4월부터 징역 2년을 언도받아 진남포 감옥에서 복역하였다.[187]

역대 교역자	주임	이용선(李龍善, 1932[188]-1943[189])
		김홍순(金鴻淳, 1945[190]-1947[191])
	전도사	정진경(鄭晉慶, 1946-1947[192])
	여교역자	이진화(李眞化. 1933[193]-1936[194])
		허승열(許昇烈, 1938[195]-1943[196])
		이름을 알 수 없는 전도부인(1947[197])

---

187 "이북교회소식," 「활천」(1947년 10월호): 34-36.

188 "사진설명," 「활천」(1933년 6월호): 57; 조선야소교동양선교회성결교회 제1회 총회회록부록(1933년), 44.

189 조선야소교성결교회 제2회 연회록(1942년), 74.

190 "이성봉목사와 서북교회소식," 「활천」(1946년 4월호): 36-37.

191 "이북교회소식," 「활천」(1947년 10월호): 34-36.

192 "이북교회소식," 「활천」(1947년 10월호): 34-36.

193 조선야소교동양선교회성결교회 제1회 총회회록부록(1933년), 50.

194 "통신," 「활천」(1936년 1월호): 58.

195 조선야소교동양선교회성결교회 제1회 연회회의록(1937년), 56.

196 조선야소교성결교회 제2회 연회록(1942년), 81.

197 "이북교회소식," 「활천」(1947년 10월호): 34-36.

선교리성결교회 船橋里聖潔敎會

선교리성결교회(평안남도 평양부 선교리 238[198])는 1932년 평양부 선교리에 문창호 형제를 파송하여 설립한 교회이다. 6월 6일 임지에 도착한 문창호 형제는 곧바로 개인전도에 착수하였다. 처음에는 예배 처소가 준비되어 있지 않아 결심자를 어디로 오라고 할까 고민하였으나 담대한 믿음으로 나아가는 가운데 주님의 섭리로 어떤 부인이 자신의 주택을 예배 처소로 내어주었다. 그리하여 6월 12일 장년 12명, 소아 5명과 함께 창립예배를 드렸다. 다음 주일(19일)부터는 새로 결심하고 은혜를 사모하는 윤흥일(尹興逸) 형제의 집에서 기쁨으로 예배를 드렸다. 7월이 되자 저녁 집회에 소아까지 70여 명이 모여 예배를 드리게 되었다. 예배에 참석한 사람들 가운데는 새로운 결심자도 있고, 4-5년 혹은 10여 년 전에 믿음생활을 하다가 타락한 사람도 있었다. 7월 13일 밤부터 5일간은 감리목사와 세 교회의 신자들이 총출동하여 옥외 구령회를 열고 큰 은혜를 받았다.[199]

---

198 조선야소교동양선교회성결교회 제1회 총회회록부록(1933년), 53.

199 "통신," 「활천」(1932년 8/9월호): 80.

선교리교회는 문창호 형제가 2년여 동안 열심히 사역하였으나 신학 공부를 중지하는 바람에[200] 이후 교회로 세워지지 못하였다. 결국 선교리교회는 1936년 1월 6일에 포교소 폐지를 신고하였다.[201]

역대 교역자 주임 문창호(文昌浩, 1932[202]-1934[203])

200 조선야소교동양선교회성결교회 제2회 총회회록부록(1934년), 78.

201 "'포교소폐지계', 동양선교회 선교리성결교회 평양부, 소화 11년(1936년) 1월 6일," 「조선총독부관보」 1936년 3월 4일 자[소화-2740호], 3면,

202 "통신," 「활천」(1932년 8/9월호): 80; 조선야소교동양선교회성결교회 제1회 총회회록부록(1933년), 45.

203 조선야소교동양선교회성결교회 제2회 총회회록부록(1934년), 78.

신안주성결교회 新安州聖潔敎會

신안주는 경성에서 의주까지 연결되는 경의선의 주요 역으로 1,000여 호가 사는 소도시였으나 발전성을 가지고 있는 지역이었다.[204] 1931년 12월 31일부터 1932년 1월 4일까지 평양제1성결교회(평양상수리교회)에서 열린 제4회 평양지방회는 신안주에 교회를 신개척하기로 결의하였다.[205] 이에 김창희 전도사가 파송되었고[206] 1932년 4월[207]에 신안주성결교회(평안남도 안주군 신안주면 원흥리 78-1[208])가 설립되었다.

평남 신안주교회는 개척 이후 점점 진보하던 중 1932년 5월 15일에 58명이 모여 산상예배를 드렸는데 신자들의 심령에 큰 은혜가 임하였다. 5월 24-28일에는 김창희 전도사의 인도로 특별전도회를 열고 결심자 18명을 얻었다.[209] 7월 25-29일에도 김창희 전도사의 인도로 부흥회를 열고 많은 은

---

204 이명직, "평남지역순회보고," 「활천」(1941년 10월호): 20.

205 한성과, "뎨四회 평양지방회긔," 「활천」(1932년 3월호): 53.

206 조선야소교동양선교회성결교회 제4회 연회의사록부록(1932년), 48.

207 조선야소교동양선교회성결교회 제1회 총회회록부록(1933년), 53.

208 조선야소교동양선교회성결교회 제1회 총회회록부록(1933년), 53.

209 "통신," 「활천」(1932년 8/9월호): 80.

혜를 받았다. 9월 21일부터 24일까지는 박문익 전도사를 청하여 특별전도회를 열고 매일 세 차례 모여 큰 은혜를 받았으며 여러 명의 청년이 회개하고 주님께로 돌아오는 역사도 있었다.[210] 11월 22-27일 배신환 목사를 청하여 개최한 부흥회에서는 일반이 큰 은혜를 받는 가운데 중생자 13명, 성결자 5명, 신결심자 6명을 얻었으며, 신자 전체가 전도에 열심을 내기로 작정하였다.[211]

1933년 2월 5-7일 박문익 전도사를 청하여 열린 소아부흥회에서 모든 아동은 큰 은혜를 받았으며 12명의 중생자를 얻었다. 또한 장년에게까지 은혜가 임하였다.[212] 5월 14-17에도 박문익 전도사의 인도로 전도회를 열고 결심자를 얻었다.[213]

1934년 10월 15일에 열린 소아부흥회를 통해 아동들은 많은 은혜를 받았다. 신안주교회 부속 봉학리기도소[214]에서는 11월 23-25일에 부흥회를 열었는데 저녁에는 40-50명씩 모였고 새로 믿기로 결심한 자도 수십 명이나 되었다.[215] 12월 1-6일에는 정용현 전도사를 청하여 부흥회를 열고 매일 세 차례 집회하였는데 거듭남과 성결의 은혜를 받은 자가 30여 명이요, 새로 믿기로 결심한 자도 6명에 이르렀다. 또한 경종 구입을 위해 13원이 헌금되었으며 전도하기 위해 시간을 드리기로 작정한 자도 여러 명이 있어 신자들은 크게 기뻐하며 하나님께 영광을 돌렸다.[216]

---

210 "통신," 「활천」(1932년 11월호): 55.

211 "통신," 「활천」(1933년 1월호): 62.

212 "통신," 「활천」(1933년 4월호): 56.

213 "통신," 「활천」(1933년 7월호): 56.

214 "봉학리교회(鳳鶴里教會)," 조선야소교동양선교회성결교회 제2회 총회회록부록(1934년), 88.

215 "통신," 「활천」(1934년 2월호): 46.

216 "통신," 「활천」(1934년 2월호): 47.

1938년 4월 26일부터 4일간은 봉천교회 박영애 선생을 초빙하여 매일 세 차례 집회하였는데 성령의 맹렬한 역사로 인하여 청중은 모든 죄를 통회 자복한 후 풍성한 은혜를 받았다. 그 결과 중생자 6명, 성결자 4명, 결심자 10명을 얻어 주님께 영광을 돌렸다.[217]

1939년 1월 10일부터 6일간 평양기림리교회 이용선 목사의 인도로 특별 부흥회가 열려 매일 세 차례 집회가 진행되었으며, 장로교회 신자들도 매시간 다수 참석하였다. 이 집회에서는 성령의 맹렬한 역사로 모든 죄악을 통회하는 큰 은혜가 임하였고 그 결과 중생자 5명, 성결자 2명을 비롯하여 매일 열심히 성경을 읽고 기도하며 개인전도하기로 결심한 자가 많았다.[218] 신안주교회는 안주읍 용흥리(龍興里)에 초가 4칸을 매수하고 기도소로 삼아 매주 목요일마다 집회를 인도하였다. 이때 신병으로 고통 중에 있던 김봉림 형제가 기도로 완치되었다.[219]

1940년 2월 11-15일에는 김창희 전도사의 인도로 신년기도회가 개최되었는데 매 집회마다 성령의 역사가 일어나 장·유년 신자들이 과거 1년간 지은 죄악을 회개 자복한 후 풍성한 은혜를 받고 주님께 감사와 영광을 돌렸다.[220]

1941년 그동안 사역하던 김창희 전도사가 사면되고 비현교회 정운학 전도사가 신안주교회를 겸임하여 사역하게 되었다.[221] 1941년 당시 신안주교회는 설립된 지 8-9년이 되었음에도 신자가 10명 이내에 불과하여 교역자도 주재하지 못하고 김지봉(金芝鳳) 집사가 중심이 되어 나아가는 중에

---

217 "통신," 「활천」(1938년 6월호): 42.

218 "통신," 「활천」(1939년 3월호): 51.

219 조선야소교동양선교회성결교회 제2회 연회회의록(1939년), 29.

220 "통신," 「활천」(1940년 5월호): 47.

221 "통신," 「활천」(1941년 1월호): 37.

있었다.[222]

신안주교회는 1943년 12월 29일 성결교회가 일제에 의해 강제로 해산 당할 때까지 신안주 지역에 복음을 전하였다.[223]

역대 교역자	주임	김창희(金昌熙, 1932[224]-1940[225])
		정운학(鄭雲鶴, 1941[226]-1942[227])
	여교역자	차영숙(車永淑, 1933-1934[228])
		이연홍(李蓮紅, 1936[229]-1939[230])

---

222 이명직, "평남지역순회보고," 「활천」(1941년 10월호): 20.

223 "'포교소폐지계', 소화 18년(1943년) 12월 29일," 「조선총독부관보」 1944년 4월 5일 자[소화-5148호], 2-4면.

224 조선야소교동양선교회성결교회 제4회 연회의사록부록(1932년), 48.

225 "통신," 「활천」(1941년 1월호): 37.

226 "통신," 「활천」(1941년 1월호): 37.

227 조선야소교성결교회 제2회 연회록(1942년), 33.

228 조선야소교동양선교회성결교회 제2회 총회회록부록(1934년), 77.

229 조선야소교동양선교회성결교회 제1회 연회회의록부록(1937년), 40.

230 조선야소교동양선교회성결교회 제2회 연회회의록부록(1939년), 56.

숙천성결교회 肅川聖潔敎會

숙천성결교회(평안남도 평원군 숙천면 관전리 24[231])는 1933년 6월 24일 본부에서 파송된[232] 신원식 전도사에 의해 세워졌다. 신원식 전도사는 숙천역 앞[233]에 400여 원을 들여 50여 평의 예배당을 건축하고[234] 개척에 착수하여 장년 11명, 유년 31명이 모인 가운데 첫 예배를 드렸다.[235] '전선(全鮮)순회천막전도대'는 숙천교회의 전도활동을 지원하기 위해 여덟 번의 집회를 열고 결심자 30명과 성결자 10명, 회개하고 돌아온 자 5명을 얻었다.[236]

1937년에는 차기주 전도부인이 파송되어 동역하였으며[237] 1938년에는 신원식 전도사의 후임으로 조창문 전도사가 부임하였다.[238] 1939년에는 전

231 조선야소교성결교회 제2회 연회록(1942년), 87.

232 "'포교담임자선정계', 동양선교회 숙천성결교회 평원군 신원식, 소화 8년(1933년) 9월 5일," 「조선총독부관보」 1934년 3월 17일 자[소화-2154호], 4면.

233 조선야소교동양선교회성결교회 제2회 총회회록부록(1934년), 88.

234 조선야소교동양선교회성결교회 제2회 총회회록(1934년), 51.

235 "통신," 「활천」(1933년 7월호): 56.

236 조선야소교동양선교회성결교회 제2회 총회회록(1934년), 54.

237 조선야소교동양선교회성결교회 제1회 연회회의록부록(1937년), 37.

238 "통신," 「활천」(1938년 11월호): 55.

도부인이 없었기에 일반 신자들이 열심히 심방하고 전도했으며 그 결과 신자 수가 점점 증가하였다. 또한 신유의 이적으로 45세의 부인이 완치되고 18세 된 소년의 열병과 노부인의 반신불수 병이 완치되는 역사가 일어나 모두 주님께 영광을 돌렸다.[239] 1941년 조창문 전도사는 4월 9일부터 5일간 경성신학교 대강당에서 진행된 제1회 북부연회에서 목사 안수를 받았다.[240]

이후 숙천교회는 1943년 12월 29일 성결교회가 일제에 의해 강제로 해산당할 때까지 숙천면 지역에 복음을 전하였다.[241]

역대 교역자	주임	신원식(申元湜, 1933[242]-1938[243])
		조창문(趙昌文, 1938[244]-1943[245])
	여교역자	차기주(車基住, 1937[246]-1938[247])

239 조선야소교동양선교회성결교회 제2회 연회회의록(1939년), 30.

240 "통신," 「활천」(1941년 5월호): 35.

241 "'포교소폐지계', 소화 18년(1943년) 12월 29일," 「조선총독부관보」 1944년 4월 5일 자[소화-5148호], 2-4면.

242 "'포교담임자선정계', 동양선교회 숙천성결교회 평원군 신원식, 소화 8년(1933년) 9월 5일," 「조선총독부관보」 1934년 3월 17일 자[소화-2154호], 4면.

243 "통신," 「활천」(1938년 11월호): 55.

244 "통신," 「활천」(1938년 11월호): 55.

245 조선야소교성결교회 제2회 연회록(1942년), 75.

246 조선야소교동양선교회성결교회 제1회 연회회의록부록(1937년), 37.

247 조선야소교동양선교회성결교회 제2회 연회회의록(1939년), 30.

용화성결교회 龍花聖潔敎會

용화성결교회(평안남도 안주군 용화면 봉학리 484[248])는 1934년에 설립되었다. 1934년 제2회 총회록에는 '봉학리성결교회'(鳳鶴里聖潔敎會)라고 기록되어 있다.[249]

하지만 용화교회(봉학리교회)는 설립된 이후 교회로 세워지지 못했다. 1936년 1월 6일 교회 폐지를 신고했다는 내용만 남아 있을 뿐 용화교회에 대한 기록은 더 이상 찾아볼 수 없다.[250]

---

248 "'포교소설치계', 동양선교회 룡화성결교회 안주군, 평안남도 안주군 용화면 봉학리 484, 소화 9년(1934년) 4월 4일," 「조선총독부관보」 1934년 7월 19일 자[소화-2257호], 6면.

249 조선야소교동양선교회성결교회 제2회 총회회록부록(1934년), 81.

250 "'포교소폐지계', 동양선교회 룡화성결교회 안주군, 평안남도 안주군 용화면 봉학리 484, 소화 11년(1936년) 1월 6일," 「조선총독부관보」 1936년 3월 4일 자[소화-2740호], 3면.

희천성결교회 熙川聖潔敎會

희천성결교회(평안남도 희천군 동창면 창동 309[251])는 신안주교회 김창희 전도사에 의해 시작되었다. 김창희 전도사는 1939년 1월 26일부터 4일 동안 제1회 신개척 전도회를 인도하였는데 매 집회마다 성령의 큰 역사가 임하였다. 특히 1월 29일(주일)에는 신자 18명이 모여 예배하던 중 풍성한 은혜가 임하여 중생자 4명, 결심자 5명이 나왔고 이에 모두 감사와 영광을 주님께 돌렸다.[252] 2월 20일부터 5일간은 심산유곡(深山幽谷)에 있는 영혼들을 심방하여 전도지 200여 장을 배포하고 제2회 신개척 전도회를 열어 매일 세 차례 집회를 하였는데 오순절과 같은 역사가 일어나 26명의 신자들이 죄를 통회하며 자복하였다. 또한 참석자들의 심령에 큰 변화가 일어나 중생자 5명, 성결자 3명, 결심자 21명이 나왔다. 최대규는 자기 주택의 5칸을 임시 집회 장소로 허락해주었고 이후 이곳에서 매주일 장익용 속장의 인도하에 집회가 열려 큰 은혜를 받았다.[253]

251 조선야소교성결교회 제2회 연회록(1942년), 87.

252 "통신," 「활천」(1939년 4월호): 41.

253 "통신," 「활천」(1940년 5월호): 47.

1940년에는 상해에 살고 있는 고(故) 한염산의 가정에서 자신들의 고향인 희천에 교회를 설립해달라고 다액의 자금을 성결교회 본부에 보내옴에 따라 희천성결교회를 설립하게 되었다. 신안주교회는 주일마다 희천교회를 순회하며 예배를 인도하였고 그곳에 많은 은혜가 나타났다.[254]

하지만 희천교회는 지속되지 못하고 1942년 6월 24일에 교회 폐지를 신고하였다.[255]

역대 교역자	주임	김창희(金昌熙, 1939[256])
		장익선(張益善, 1942[257])

254 "통신," 「활천」(1940년 10월호): 51.

255 "'포교소폐지계', 동양선교회 희천성결교회 희천군, 평안남도 희천군 동창면 창동, 소화 17년(1942년) 6월 24일," 「조선총독부관보」 1942년 9월 4일 자[소화-4682호], 2면.

256 "희천교회 설립과 겸임사역," 조선야소교동양선교회성결교회 제2회 연회회의록부록(1939년), 53.

257 조선야소교성결교회 제2회 연회록(1942년), 78.

평동성결교회 平東聖潔敎會

평동성결교회(평안남도 평양부 신리 235-3[258])는 서부지방회 평남구역에 있는 평양부 부내 교회 3곳이 협력하여 1941년 10월 30일[259]에 설립한 교회이다.[260] 설립 이후 조보찬 전도사가 주임교역자로 사역하였다.[261]

평동교회는 1943년 12월 29일 성결교회가 일제에 의해 강제로 해산당할 때까지 평양 지역에 복음을 전하였다.[262]

역대 교역자 주임 조보찬(趙宝贊, 1941-1943[263])

258 조선야소교성결교회 제2회 연회록(1942년), 26.

259 조선야소교성결교회 제2회 연회록(1942년), 26.

260 조선야소교성결교회 제2회 연회록(1942년), 8.

261 조선야소교성결교회 제2회 연회록(1942년), 61, 77.

262 "'포교소폐지계', 소화 18년(1943년) 12월 29일," 「조선총독부관보」 1944년 4월 5일 자[소화-5148호], 2-4면.

263 조선야소교성결교회 제2회 연회록(1942년), 61; 조선야소교성결교회 제2회 연회록(1942년), 77.

진지동성결교회 眞池洞聖潔敎會

진지동성결교회(평안남도 용강군 지운면 진지리 289-23[264])는 1930년 진지동 역 앞[265]에 '성결교회'로 설립되었으나 부득이한 사정으로 '성서교회'가 되

서부지방에서 인수한 진지동교회당
"통신," 「활천」(1934년 12월호): 54.

264 조선야소교성결교회 제2회 연회록(1942년), 87.
265 조선야소교동양선교회성결교회 제1회 연회회의록부록(1937년), 42.

었다가 1934년 7월 17일[266]에 서부지방회에서 다시 인수하고 장막전도대원으로 활동한 경험이 있는[267] 황경찬 전도사를 파송하여[268] 9월 13일에 '진지동성결교회'라는 간판을 걸고 1935년 3월 3일 오계식 목사의 인도로 22명의 신도 일동이 입회식과 성찬식을 행하였다.[269]

1936년 8월 황경찬 전도사는 신천교회로 이동하고 양시교회에서 사역하던 오덕삼 전도사가 후임으로 부임하였다.[270] 1937년 2월 23일부터 1주일간 한성과 목사의 인도로 부흥회가 열려 풍성한 은혜가 임하였으며 당시 새로 결심한 자가 40여 명이나 되고 교회는 날로 부흥하였다.[271] 오덕삼 전도사는 1937년에 열린 제1회 연회에서 목사 안수를 받았다.[272]

1938년 8월 1-7일에는 이건 목사의 순회 집회가 있었고[273] 총독부 용강금화시험장에서 근무 중이던 나기원(羅基瑗) 장로가 지방회에서 시무 허락을 받아 당회가 조직되었다.[274] 1940년 12월 오덕삼 목사는 진지동에 주재하면서 진남포교회 치리목사로 임명되었으며[275] 1942년에는 정동국 목사가 부임하여 사역하였다.[276]

이후 진지동교회는 1943년 12월 29일 성결교회가 일제에 의해 강제로 해산당할 때까지 평안남도 용강군 지역에 복음을 전하였다.[277] 해방과 함께

---

266 "통신,"「활천」(1934년 10월호): 53.
267 조선야소교동양선교회성결교회 제1회 총회회록부록(1933년), 46.
268 "통신,"「활천」(1935년 6월호): 56.
269 "통신,"「활천」(1935년 4월호): 55.
270 "통신,"「활천」(1936년 10월호): 56.
271 "통신,"「활천」(1937년 4월호): 57.
272 "통신,"「활천」(1938년 1월호): 61.
273 "통신,"「활천」(1938년 8/9월호): 3.
274 "통신,"「활천」(1938년 11월호): 55.
275 "통신,"「활천」(1941년 1월호): 37.
276 조선야소교성결교회 제2회 연회록(1942년), 73.
277 "'포교소폐지계', 소화 18년(1943년) 12월 29일,"「조선총독부관보」 1944년 4월 5

진지동교회는 교회를 재건하고 1946년 강태즙 목사와 함께 신도 50여 명이 모여 예배를 드렸다.[278] 1947년에는 장원초 목사의 별세로 목자 없이 고생을 하기도 했지만 후임으로 장이초 목사가 오면서 주려 있던 심령들이 배부름을 얻고 70-80명이 함께 기쁨으로 예배드렸다고 전해진다.[279]

역대 교역자	주임	황경찬(黃景燦, 1935[280]-1936[281])
		오덕삼(吳德三, 1936[282]-1941[283])
		정동국(鄭東國, 1942[284]-1943)
		강태즙(姜泰楫, 1945-1946[285])
		장원초(張元初, 1946[286])
		장이초(張利初, 1947[287])
	여교역자	이정애(李正愛, 1935-1937[288])
		김옥진(金玉眞, 1942[289]-1943)

일 자[소화-5148호], 2-4면.

278 "이성봉목사와 서북교회소식," 「활천」(1946년 4월호): 36-37.

279 "이북교회소식," 「활천」(1947년 10월호): 34-36.

280 "통신," 「활천」(1935년 6월호): 56.

281 "통신," 「활천」(1936년 10월호): 56.

282 "통신," 「활천」(1936년 10월호): 56.

283 "통신," 「활천」(1941년 1월호): 37.

284 조선야소교성결교회 제2회 연회록(1942년), 73.

285 "이성봉목사와 서북교회소식," 「활천」(1946년 4월호): 36-37.

286 "이북교회소식," 「활천」(1947년 10월호): 34-36.

287 "이북교회소식," 「활천」(1947년 10월호): 34-36.

288 조선야소교동양선교회성결교회 제1회 연회회의록부록(1937년), 40.

289 조선야소교성결교회 제2회 연회록(1942년), 81.

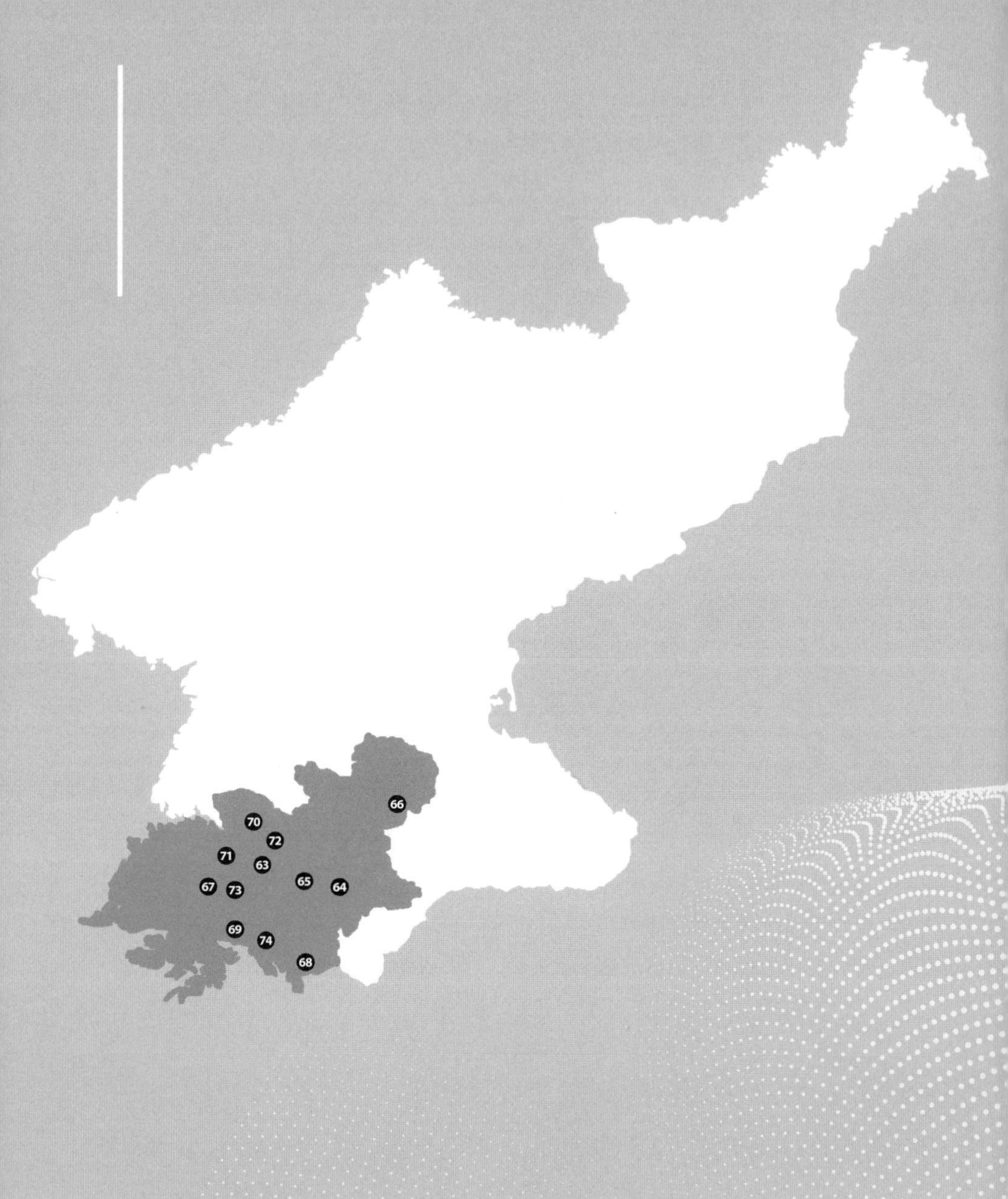
63 사리원성결교회
64 매양성결교회
65 신막성결교회
66 곡산성결교회
67 신천성결교회
68 연안성결교회
69 해주성결교회
70 겸이포성결교회
71 재령성결교회
72 황주성결교회
73 문화성결교회
74 해주항성결교회

황해도 지역 교회

사리원성결교회(沙里院聖潔敎會)

매양성결교회(梅楊聖潔敎會)

신막성결교회(新幕聖潔敎會)

곡산성결교회(谷山聖潔敎會)

신천성결교회(信川聖潔敎會)

연안성결교회(延安聖潔敎會)

해주성결교회(海州聖潔敎會)

겸이포성결교회(兼二浦聖潔敎會)

재령성결교회(載寧聖潔敎會)

황주성결교회(黃州聖潔敎會)

문화성결교회(文化聖潔敎會)

해주항성결교회(海州港聖潔敎會)

사리원성결교회 沙里院聖潔敎會

사리원은 경성에서 신의주로 향하는 경의선 철도와 국도가 지나가고, 황해선(黃海線, 해주에서 옹진을 잇는 철도)·장연선(長淵線, 황해도 사리원과 장연을 잇는 철도)의 기점이기도 하여 주변 지역으로 통하는 도로가 발달한, 황해도 북부지방의 교통 중심지였다. 또한 주변 지역 농산물의 집산지로서 경제 중심지이기도 했는데 1926년 당시 사리원시장은 함경북도 길주시장과 더불어 북한 지역에서 거래 규모가 가장 큰 시장으로 꼽혔다. 1912년에는 봉산군의 군청이 사리원으로 이전하고 1931년에는 사리원읍으로 승격하면서 행정 중심지가 되었다.

1926년 사리원성결교회가 설립될 당시 사리원 지역에는 서부교회(1897),[1] 대원리교회(1914),[2] 동부교회(1923)[3] 등 3개의 장로교회와 1개의 감

1 한국기독교역사연구소·북한교회사집필위원회, "황해도 봉산군 사리원면 북리," 『북한교회사』(서울: 한국기독교역사연구소, 1996), 548.

2 한국기독교역사연구소·북한교회사집필위원회, "황해도 봉산군 사리원읍 대원리," 『북한교회사』, 533.

3 한국기독교역사연구소·북한교회사집필위원회, "황해도 봉산군 사리원읍 북리," 『북한교회사』, 536.

리교회(1920)[4]가 세워져 있었다. 사리원의 인구는 1만 3,700여 명이었고 그 가운데 조선인은 1만 2,300여 명, 일본인은 1,400여 명이었다.

동양선교회는 그동안 황해도 지역에서의 신개척을 준비하며 기도해 오던 가운데[5] 1926년 6월 25일에 경성성서학원을 졸업한[6] 이준수 전도사를 주임으로, 변남성 전도사를 부임으로 8월에 파송하여 사리원에 교회를 개척하였는데 이것이 바로 황해도 최초의 성결교회인 '사리원성결교회'이다.[7] 사리원교회는 황해도 봉산군 사리원면 북리 4번지[8]를 세로 얻어 예배당으로 사용하였다. 때마침 인천성결교회의 김석현 집사가 인천상업은행에서 근무하다 사리원상업은행으로 전근되어 사리원교회에 출석하며 교회에 큰 힘을 보태주었다.[9] 또한 1926년 연회의 결정에 따라 7월부터 활동을 시작한 시장전도대원의 주재지가 사리원이었고, 이들은 사리원 지역에서부터 전도 활동을 시작하며 사리원교회 설립을 지원하였다.[10]

1926년 11월 28일 저녁 사리원교회 신개척 감사예배회를 열고 하나님께 감사와 영광을 돌리는 가운데 감사헌금이 30원이나 되었다.[11] 12월 20일 저녁 7시에는 성탄 기념예배회를 열어 일편단심으로 구주의 탄생을 기념하기 위해 단순한 순서로 예배를 드리며 하나님께 무한한 영광을 돌렸고, 26일 오전 10시에는 유년주일학교 시상식을 거행하였다.[12]

---

4 한국기독교역사연구소·북한교회사집필위원회, "황해도 봉산군 사리원읍 북리," 『북한교회사』, 536.
5 "통신," 「활천」(1926년 8월호): 56.
6 "통신," 「활천」(1926년 8월호): 56.
7 이명직, 『약사』, 129.
8 조선야소교동양선교회성결교회 제1회 연회의사록부록(1929년), 59.
9 이명직, 『약사』, 129.
10 "통신," 「활천」(1926년 8월호): 56.
11 "통신," 「활천」(1927년 1월호): 57.
12 "통신," 「활천」(1927년 2월호): 55.

祝聖誕賀新年

沙里院聖潔敎會
金錫鉉
(朝鮮商業銀行支店)

新年의標語
네가임의엇엇다함도아니오온
젼히일우웟다함도아니라오직
그리스도에서나를취하신뜻을
내가취하랴고다참칠하노라
(빌三○十二)

黃海道沙里院聖潔敎會(無順)
張泰東 張貞仁 安承守 安熙鳳 金棟厦 金貞福 金萬福
洪洞植 梁在元 趙聖瑞 白俊基 全浩俊 咸悌英

祝聖誕賀新年

黃海道沙里院聖潔敎會
林鍾綸
金英洙

京義線沙里院聖潔敎會
邊南星
並室人

黃海道沙里院聖潔敎會
李晙洙 金玉川
金德順 李柱熙

黃海道沙里院聖潔敎會
丁奎洞

사리원성결교회의 다수 광고

“축성탄하신년 광고,” 「활천」(1928년 1월호).

祝聖誕賀新年

黃海道沙里院東部長老敎會
張弘範 崔鎭淳 李貞淳 鄭致祥 鄭在元 李啓亨
張致鳳 李春華 李근화 高신욱 金영보 李제헌

沙里院美監理敎會
黃致憲
李泰烈

祝聖誕賀新年

沙里院美監理敎會經營
鳳巖幼稚園
李永姬
吳明德

京義線沙里院
東西有名賣藥
各種販賣商會
東洋藥舘
主 盧成雲
蔣景鎬
(平壤日新堂藥房黃海道支店)

沙里院聖潔敎會
尹宗林
(朝鮮商業銀行支店)

沙里院聖潔敎會
金貞弼
(朝鮮商業銀行支店)

장로교·감리교의 협찬 광고

“축성탄하신년 광고,” 「활천」(1928년 1월호).

사리원교회 이준수 전도사는 개척 첫해부터 매년 「활천」 1월호에 교회 이름으로 '축성탄하신년' 후원 광고를 내었는데 매우 이례적으로 여러 개의 광고를 내었고 특히 사리원 지역의 장로교회와 감리교회의 찬조 광고까지 실었다. 1927년 1월 10-12일에 진행한 소아전도회에서는 새로 믿기로 결심한 자를 42명이나 얻었다. 또 2월 3-7일에는 특별집회를 열어 임종륜 전도사의 인도로 새벽기도회를, 이준수 전도사의 인도로 저녁 전도회를 진행하면서 큰 은혜가 교회 안팎으로 임하였다.[13] 교회에 성실히 출석하던 학생 10여 명은 1927년에 다니던 학교를 졸업하고 각기 취직이 되어 사리원을 떠나게 되었는데 교회를 사랑하는 마음으로 5원어치의 기념품을 구입하여 교회에 보내줌으로써 4월 3일에 열린 유년주일학교 제1회 졸업식(졸업생 1명)과 제2회 시상식에서 사용하였다.[14]

7월 25-29일에는 이명직 목사를 청하여 장막전도대의 사리원 집회를 열었는데 오전 10시 기도회는 이건 목사가 인도하고 오후 5시부터는 장막전도대원들이 소아집회를 재미있게 인도한 결과로 100여 명의 신입 학생을 얻었다. 저녁 7시부터는 큰북을 치고 나팔을 불며 사리원 시내를 당당하게 행진하였는데 이것은 사리원 지역에서 한 번도 본 적 없는 전도 방법이었기에 많은 사람의 관심을 끌었다. 매일 장막 안에는 입추의 여지 없이 1,000명 이상의 군중이 들어왔고 장막 밖에도 말씀을 듣기 원하는 수백 명의 사람들이 모여들었다. 설교 시간에는 비교적 정숙하였으며 결심자는 매일 30명이 넘어 모두 160명이나 되었다. 장로교회와 감리교회에서 믿다가 낙심한 자 중 다시 회개하고 돌아온 이들도 많았다.[15]

1927년 9월 11일 주일에는 창립 1주년 기념예배를 드림으로써 큰 영광

13 "통신," 「활천」(1927년 4월호): 56.

14 "통신," 「활천」(1927년 5월호): 55.

15 이명직, "서선장막전도기," 「활천」(1927년 8월호): 45-46.

을 주님께 돌렸고 동시에 20여 원의 월정헌금과 집사 1명의 위임식, 예배당 헌당식, 남녀 7명의 학습문답이 진행되었다.[16] 9월 30일에는 설립 이래 첫 직원회로 모여 토론의 시간을 가졌다. 9월 30일부터 10월 1일까지는 '양조품 품평회' 기간을 이용하여 장로교회와 감리교회가 연합대전도회를 개최하고 시장전도대원 20여 명이 지원활동의 일환으로 노방설교, 전도지 배포, 개인전도 등을 성공적으로 진행해주었다. 10월 1일부터 1개월간은 청신기도회를 열어 많은 신자들이 은혜를 받았고, 10월 5일 밤에는 제1회 간증대회를 열어 주님께 영광을 돌렸다. 또한 11월 2-6일에는 이건 목사를 청하여 심령부흥회를 열고 청신기도회, 오전 사경회, 밤 구령회 등으로 모였는데 참석한 이들에게 큰 은혜가 임하였고 새로 믿기로 결심한 자가 15명이나 되었다.[17] 12월 25일 밤에는 성탄 기념예배회를 드리며 주님께 영광을 돌렸고 26일 밤에는 유년주일학교 시상식과 사무연회가 있었는데 사무연회의 특별한 일은 매월 10원씩 자급하기로 한 것이다.[18]

1928년 5월 1일 이준수 전도사가 함흥교회로 이동하고[19] 후임으로 변남성 전도사가 주임[20]으로 사역하게 되었다. 5월 25-31일에는 청신기도회를 열고 많은 은혜를 받았다. 6월 3일 주일에는 이건 감리목사의 집례하에 세례식(남녀 5명)과 학습예식(남녀 10명)과 성찬식(참례자 남녀 20명)이 은혜 가운데 진행되었으며 그날 저녁부터 6일 저녁까지 대전도회가 열려 그곳에

---

16 "통신," 「활천」(1927년 11월호): 56.

17 "통신," 「활천」(1927년 12월호): 55-56.

18 "통신," 「활천」(1928년 3월호): 55.

19 "'포교자거주지이전계', 동양선교회 봉산군-함흥군 리준수, 황해도 봉산군 사리원면 북리 38에서 함경남도 함흥군 함흥면 풍양리 72로, 소화 3년(1928년) 5월 1일," 「조선총독부관보」 1928년 7월 5일 자[소화-455호], 7면.

20 "'포교담임자변경계', 동양선교회 사리원성결교회 봉산군 리준수-변남성, 황해도 봉산군 사리원면 북리 4, 소화 3년(1928년) 5월 1일," 「조선총독부관보」 1928년 7월 5일 자[소화-455호], 7면.

참석한 100여 명이 큰 은혜를 받고 주님께 영광을 돌렸다. 또한 대전도회에서 새로 믿기로 결심한 자가 9명이나 되었다.[21]

사리원교회는 창립 2주년을 기념하여 100여 원 하는 아름다운 경종과 90여 원 하는 풍금을 구입하고 9월 23일에 창립 2주년 기념예배회로 모였는데 이날 이건 목사가 "년 부년 부흥"('해를 거듭할수록 부흥'이라는 의미이다 – 필자 주)이라는 설교를 하여 300여 명의 청중이 큰 은혜를 받았다.[22]

11월 18일(주일)에는 추수감사주일로 지키며 온 성도가 30원에 달하는 헌금을 드렸다. 12월 23일(주일)에는 이건 목사의 집례로 남녀 5명이 세례를 받았으며 민병순, 변준식, 김준일 3명이 새롭게 집사로 세워져 기존 집사인 김석현, 유원규, 최덕화 3명과 더불어 직분을 맡게 되었다. 또 이날 교회 관내를 3구역으로 나누고 각 구역에 남녀 1명씩 구역장을 두어 매주 1회 구역회로 모이게 하였다. 12월 30일에는 유년주일학교와 장년주일학교의 시상식이 있었는데 인상적이게도 이 시상식에서 70세 정도 되는 노인이 출석 1등상을 받았다. 또한 시상식을 기념해 30여 원의 교회 비치용 성경을 마련했다.[23]

1929년 1월 6일(주일)에는 그동안 30여 명의 회원을 둔 '성경연구회'에 개근한 12명과 성적 우수자 9명에게 시상을 하였고 또한 1년을 2기로 나누어 성경을 공부하기로 하였다.[24] 3월에는 '재령북율성결교회'(재녕군 북율면 동신흥리)를 지교회로 설립하였다.[25]

사리원교회는 그동안 세를 얻어 예배당으로 사용해왔으나 돌연히 그 집이 헐리게 되면서 큰 어려움을 겪었는데 이에 열심히 기도하던 중 1930

---

21 "통신(2)," 「활천」(1928년 7월호).

22 "통신," 「활천」(1928년 12월호): 54.

23 "통신," 「활천」(1929년 2월호): 55.

24 "통신," 「활천」(1929년 2월호): 55.

25 조선야소교동양선교회성결교회 제4회 연회의사록(1932년), 48; "통신," 「활천」(1938년 11월호): 56.

사리원성결교회 창립 2주년 기념사진(1928년 9월 23일)
이명직, 『약사』(129).

년에 본부 보조금 3,450원과 신자들의 열정적 헌금 420원, 도합 3,870원으로 사리원 북리 48번지에 있는 대지 313평과 30개의 방이 있는 와가 4채를 매입하여 예배당 30평과 남녀 교역자의 주택으로 수리하였다.[26] 변남성 목사는 1930년 7월에 평양지방 감리목사 겸 상수리교회(평양교회) 주임으로 이동하고[27] 후임으로 안형주 전도사가 부임하였다.[28] 1930년 12월 11일에는

---

26 조선야소교동양선교회성결교회 제2회 연회의사록(1930년), 21.

27 "통신," 「활천」(1930년 8월호): 56; 이명직, 『약사』, 129; "통신," 「활천」(1930년 8월호): 56; "'포교담임자변경계', 동양선교회 평양성결교회 평양부 리건-변남성, 평안남도 평양부 상수리 33, 소화 5년(1930년) 7월 21일," 「조선총독부관보」 1930년 12월 9일 자[소화-1181호], 4면.

28 "통신," 「활천」(1930년 8월호): 56; "'포교담임자변경계', 동양선교회 사리원성결교회 봉산군 변남성-안형주, 황해도 봉산군 사리원면 북리 4, 소화 5년(1930년) 10월 9일," 「조선총독부관보」 1931년 2월 2일 자[소화-1221호], 5면.

1927년 6월부터 사리원교회에서 사역하던[29] 이유겸 전도부인이 65세의 일기로 별세하였다.[30]

1933년 제1회 총회에서 목사 안수[31]를 받은 안형주 목사는 1936년 변남성 목사와 함께 성결교회의 자치와 자립·개혁을 바라는 '하나님의 교회'[32] 창립에 참여했다가 '동양선교회 성결교회와의 교리불합(敎理不合)'이라는 이유로 12월에 사면되었다.[33] 이사회는 상황을 수습하기 위해 평양교구정교회 정용현 목사를 사리원교회로 파송하였다.[34]

1938년 서부지방회에서 결의된 '사리원구역 연합전도회'가 8월 31일 밤부터 재령북율교회에서 시작되었다. 대원은 강태즙, 함석진, 김상운, 송계순, 김기삼이었고 집회는 매일 세 차례, 새벽기도회와 오전 사경회와 밤 전도회로 모였는데 교회마다 큰 은혜가 임했고 많은 구도자를 얻었다. 집회의 순서는 재령북율교회, 겸이포교회, 사리원교회, 신천교회, 해주교회였고 각 교회마다 5일간 집회하여 9월 26일에 마쳤다. 믿기로 결심한 자의 수는 겸이포교회 70명이 최고였고 헌금은 신천교회 60여 원이 최고였다. 결심자는 총 174명이었다. 호열자(콜레라) 유행으로 비상시국이었으나 집회는 아무 어려움 없이 잘 진행되었다.[35]

1941년 성결교회 이사장 이명직 목사는 황해구역 순회 일정으로 6월 24일(토) 비가 내리는 가운데 사리원교회를 방문하였다. 그는 강태즙 목사

---

29 "통신," 「활천」(1927년 7월호): 55.

30 조선야소교동양선교회성결교회 제3회 연회의사록(1931년), 39.

31 조선야소교동양선교회성결교회 제1회 총회회록(1933년), 41.

32 성결교회 최초의 분립 사건인 '하나님의 교회'에 관한 내용은 "평양성결교회"(평양상수리교회)를 참고하라.

33 "통신," 「활천」(1937년 2월호): 57.

34 "통신," 「활천」(1937년 2월호): 57.

35 "통신," 「활천」(1938년 11월호): 56.

와 직원들의 환영을 받고 오후 8시 30분부터 집회를 인도했는데 이날 모인 인원은 50여 명이었고 다음 날인 25일(주일) 오전 11시 예배에는 60여 명이 모여 은혜를 받았다.

이명직 목사는 '하나님의 교회 분열 사건과 사리원교회'에 대해 이렇게 평가하였다. "사리원교회는 천하가 다 아는 바와 같이 폐역(廢役)이 일어나 크게 소요스러웠던 적이 있다. 교회는 건물만 남고 집물(什物)을 모두 약탈 당하였다. 신자는 정 집사 등 6-7명이 남았을 뿐 그 외에는 유혹을 받아 전부 변절되고 말았다. 그때의 형편으로 말하면 사리원교회는 아주 재흥(再興, 새로 일어남)의 여망이 없을 줄로 생각한 사람도 있었다. 그러나 정의의 하나님이 계시고 충성스러운 수명(數名)의 직원이 남아 있었기에 이것이 싹이 되어 금일(今日)에는 완전히 회복된 것을 보고 주님께 감사하고 영광을 돌린다."[36]

1942년 5월 24일에는 이명직 이사장의 순회예배가 있었다.[37] 사리원교회는 1943년 12월 29일 성결교회가 일제에 의해 강제로 해산당할 때까지 사리원 지역에 복음을 전하였다.[38]

해방과 함께 사리원교회는 교회를 재건하였다. 기록에 따르면 1946년 4월에는 이천영 목사를 중심으로 신자 60여 명이 모이고 있었고,[39] 1947년 10월에는 이천영 목사의 월남 뒤 강태즙 목사가 목회하고 있었다고 한다.[40]

---

36 목야(이명직), "황해구역순회기(黃海區域巡廻記)," 「활천」(1941년 7월호): 25-26.

37 조선야소교성결교회 제2회 연회록(1942년), 24.

38 "'포교소폐지계', 소화 18년(1943년) 12월 29일," 「조선총독부관보」 1944년 4월 5일자[소화-5148호], 2-4면.

39 "이성봉목사와 서북교회소식," 「활천」(1946년 4월호): 36-37.

40 "이북교회소식," 「활천」(1947년 10월호): 34-36.

역대 교역자	주임	이준수(李晙洙, 1926-1928)[41]
		변남성(邊南星, 1928[42]-1930[43])
		안형주(安衡住, 1930[44]-1936[45])
		정용현(鄭龍鉉, 1937[46])
		강태즙(姜泰楫, 1937[47]-1943[48])
		이천영(李泉泳, 1945[49]-1947[50])
		강태즙(姜泰楫, 1947[51]-1950[52])
	부임	변남성(邊南星, 1926-1928)[53]
		박용성(朴龍成, 1931[54]-1932[55])
	여교역자	이유겸(李柔謙, 1927[56]-1930[57])

41 이명직, 『약사』, 129.

42 "'포교담임자변경계', 동양선교회 사리원성결교회 봉산군 리준수-변남성, 황해도 봉산군 사리원면 북리 4, 소화 3년(1928년) 5월 1일," 「조선총독부관보」 1928년 7월 5일 자[소화-455호], 7면.

43 이명직, 『약사』, 129; 조선야소교동양선교회성결교회 제2회 연회의사록부록(1930년), 55.

44 조선야소교동양선교회성결교회 제2회 연회의사록부록(1930년), 48.

45 "통신, 본 단체와 교리불합(敎理不合)이라는 이유로 12월부로 사면되었다." 「활천」(1937년 2월호): 57.

46 "통신," 「활천」(1937년 2월호): 57.

47 조선야소교동양선교회성결교회 제1회 연회회의록부록(1937년), 34; "통신, 신막교회 겸임," 「활천」(1938년 7월호): 53.

48 조선야소교성결교회 제2회 연회록(1942년), 73.

49 "이성봉목사와 서북교회소식," 「활천」(1946년 4월호): 36-37.

50 "이북교회소식," 「활천」(1947년 10월호): 34-36.

51 "이북교회소식," 「활천」(1947년 10월호): 34-36.

52 강태즙 목사는 1950년 한국전쟁 시 남하하였다 – 필자 주.

53 이명직, 『약사』, 129.

54 "통신," 「활천」(1931년 5월호): 56.

55 조선야소교동양선교회성결교회 제4회 연회의사록(1932년), 48.

56 "통신," 「활천」(1927년 7월호): 55; 이명직, 『약사』, 129.

57 조선야소교동양선교회성결교회 제3회 연회의사록(1931년), 39.

최익신(崔益信, 1931[58])

고명남(高明男, 1933[59]-1934[60])

유애신(柳愛信, 1937[61])

김종낭(金宗娘, 1937[62]-1939[63])

58 "통신,"「활천」(1931년 5월호): 56.

59 "통신,"「활천」(1933년 11월호): 48.

60 조선야소교동양선교회성결교회 제2회 연회회의록부록(1939년), 76.

61 조선야소교동양선교회성결교회 제1회 연회회의록부록(1937년), 40.

62 조선야소교동양선교회성결교회 제1회 연회회의록부록(1937년), 39.

63 조선야소교동양선교회성결교회 제2회 연회회의록부록(1939년), 56.

매양성결교회 梅楊聖潔敎會

서부지방회(지방회장 변남성 목사)는 1932년 한 해 동안 11개 지역에 신개척을 하였는데 그중 매양성결교회(황해도 서흥군 매양면 녹안리 340[64])는 신막교회와 더불어 황해도 서흥군에 설립된 교회였다. 어느 일본인 형제가 와가 10여 칸을 주님께 바침으로써 자유롭게 예배할 수 있는 공간이 마련되었다. 예배당 부지는 준비되었으나 건축비가 없었기에 매양교회는 이를 해결하기 위해 열심히 활동하였다.[65]

1934년 2월 26일부터 3월 4일까지 정용현 전도사를 청하여 부흥회를 개최하고 중생자 26명, 신결심자 24명, 학습예식을 받은 자 11명을 얻었다.[66] 1935년 2월 13일부터 5일간 변남성 목사의 인도로 열린 부흥회에는 영적 기갈을 느끼는 사람들이 시간마다 입추의 여지 없이 모여들어 중생자가

---

64 "'포교소설치계', 동양선교회 매양성결교회 서흥군, 황해도 서흥군 매양면 녹안리 340, 소화 8년(1933년) 1월 5일,"「조선총독부관보」 1933년 2월 15일 자[소화-1829호], 6-8면.

65 조선야소교동양선교회성결교회 제1회 총회회록(1933년), 32.

66 "통신,"「활천」(1934년 3월호): 55.

15명, 신결심자가 23명, 성결자가 9명이나 되었다.[67] 1936년에는 김상운 전도사가 부임하여 사역하였고[68] 오형률 집사는 자신의 산림 8,970평을 주님을 사랑하는 마음으로 교회에 드렸다.[69]

하지만 안타깝게 매양교회는 교회로 세워지지 못하고 1940년 3월에 폐지되었다.[70]

역대 교역자 주임 김상운(金相雲, 1936[71]-1936[72])

67 "통신," 「활천」(1935년 4월호): 56.

68 "'포교담임자선정계', 동양선교회 매양성결교회 서흥군 김상운, 황해도 서흥군 매양면 녹안리 340, 소화 11년(1936년) 11월 1일," 「조선총독부관보」 1936년 12월 26일 자[소화-2986호], 9면.

69 "통신," 「활천」(1936년 2월호): 55.

70 "'포교소폐지계', 동양선교회 매양성결교회 서흥군, 황해도 서흥군 매양면 녹안리 340, 소화 15년(1940년) 3월 13일," 「조선총독부관보」 1940년 6월 21일 자[소화-4024호], 4면.

71 "'포교담임자선정계', 동양선교회 매양성결교회 서흥군 김상운, 황해도 서흥군 매양면 녹안리 340, 소화 11년(1936년) 11월 1일," 「조선총독부관보」 1936년 12월 26일 자[소화-2986호], 9면.

72 조선야소교동양선교회성결교회 제1회 연회회의록부록(1937년), 35.

신막성결교회 新幕聖潔敎會

신막성결교회(황해도 서흥군 화회면 신막리 223[73])는 정용현 전도사[74]가 파송되면서 1932년 4월에 설립되었다. 설립 이후 수백 명의 결심자가 나오고 수십 명의 신자들이 온전한 믿음을 품게 되면서 주님께 큰 영광을 돌렸다. 예배당의 설비가 제대로 갖춰지지 않아 어려움을 겪었지만 이를 안타깝게 여긴 문광삼 형제가 자기 집에 있던 풍금을 교회에 바쳤고 박순범 형제는 집에 있는 시계를, 경성에 사는 유응선 여사는 경종을 드렸다. 1932년 10월 29일부터 11월 2일까지 열린 장막전도회에서는 신성결자 20명, 신중생자 19명, 신결심자 30여 명을 얻었다.[75]

서부지방회(지방회장 변남성 목사)는 1932년 한 해 동안 11개 지역에 신개척을 하였으며 그 가운데 황해도 서흥군에는 매양교회와 신막교회가 설립되었다. 신막교회는 예배당 부지가 준비되었지만 건축비가 없어 신자들

---

73 조선야소교동양선교회성결교회 제1회 총회회록부록(1933년), 53.

74 조선야소교동양선교회성결교회 제4회 연회의사록부록(1932년), 48.

75 "통신," 「활천」(1933년 1월호): 61.

이 한마음으로 기도하며 노력하였다.[76]

1933년에는 조정헌 전도사[77]가 후임으로 부임하여 사역하였으나 9월 13일에 개인 사정으로 사직하게 되면서[78] 이후 1935-1937년에 김상운 전도사[79]가 매양교회와 함께 겸임으로 사역하였고, 1938년부터는 사리원교회 강태즙 목사가 겸임으로[80] 사역하였다. 신막교회는 1940년 3월에 폐지되었다.[81]

역대 교역자	주임	정용현(鄭龍鉉, 1932[82])
		조정헌(曺正憲, 1933[83])
		김상운(金相雲, 1935-1937[84])
		강태즙(姜泰楫, 1938[85]-1939[86])
	여교역자	고명남(高命男, 1933[87])

76 조선야소교동양선교회성결교회 제1회 총회회록(1933년), 32.
77 조선야소교동양선교회성결교회 제1회 총회회록부록(1933년), 43.
78 "통신," 「활천」(1933년 1월호): 61.
79 "통신," 「활천」(1937년 6월호): 58.
80 "통신," 「활천」(1938년 7월호): 53.
81 "'포교소폐지계', 동양선교회 신막성결교회 서흥군, 황해도 서흥군 화회면 신막리 223, 소화 15년(1940년) 3월 13일," 「조선총독부관보」 1940년 6월 21일 자[소화-4024호], 4면.
82 조선야소교동양선교회성결교회 제4회 연회의사록부록(1932년), 48.
83 조선야소교동양선교회성결교회 제1회 총회회록부록(1933년), 43; "통신," 「활천」(1933년 1월호): 61.
84 "통신," 「활천」(1937년 6월호): 58.
85 "통신," 「활천」(1938년 7월호): 53.
86 조선야소교동양선교회성결교회 제2회 연회회의록부록(1939년), 51.
87 조선야소교동양선교회성결교회 제1회 총회회록부록(1933년), 49.

곡산성결교회 谷山聖潔敎會

곡산성결교회(황해도 곡산군 곡산읍 남천리 100[88])는 1932년 7월 1일 김명현 전도사[89]가 곡산읍으로 파송되면서 설립되었다.[90] 설립 이후 곡산교회에 관한 기록은 찾아볼 수 없다. 곡산교회는 결국 교회로 세워지지 못하고 1941년 10월 21일에 교회 폐지를 신고하였다.[91]

역대 교역자 주임 김명현(金明顯, 1932[92]–1934[93])

---

88 조선야소교동양선교회성결교회 제1회 총회회록부록(1933년), 53.

89 "'포교담임자계', 동양선교회 곡산성결교회 곡산읍 금명현, 소화 8년(1933년) 2월 1일," 「조선총독부관보」 1933년 4월 20일 자[소화-1882호], 10면.

90 조선야소교동양선교회성결교회 제1회 총회회록부록(1933년), 46; "'포교소설치계', 동양선교회 곡산성결교회 곡산군, 황해도 곡산군 곡산읍 남천리 100, 소화 7년(1932년) 9월 27일," 「조선총독부관보」 1932년 10월 28일 자[소화-1743호], 4-5면.

91 "'포교소폐지계', 동양선교회 곡산성결교회 곡산군, 황해도 곡산군 곡산면 남천리 100, 소화 16년(1941년) 10월 21일," 「조선총독부관보」 1941년 12월 15일 자[소화-4468호], 5면.

92 조선야소교동양선교회성결교회 제1회 총회회록부록(1933년), 46.

93 조선야소교동양선교회성결교회 제1회 총회회록부록(1933년), 74.

신천성결교회 信川聖潔敎會

함흥교회의 한치국 장로와 원산교회의 송계순 장로는 바쁜 가정일에도 불구하고 영혼 구원에 대한 열정을 못 견디어 자신들의 생애를 전도하는 일에 바치고 조선 서부지방인 진남포, 황주, 사리원, 신천 등지에 가서 전도하였다.[94] 특히 신천에서는 두 장로가 가가호호 방문하면서 전도한 결과 신결심자가 76명 나왔으며 많은 사람이 우상 섬기는 일을 버리고 성경과 찬송가를 준비해 예배당에 출석하였다. 이에 따라 1932년 7월에 경성성서학원의 수양생인 신대균이 파송되어[95] 1933년 1월 신천성결교회(황해도 신천군 신천읍 척서리 260[96])가 설립되었다.[97]

1933년 신천교회는 예배당 부지가 있었지만 건축비가 없어 신자들이 한마음으로 기도했는데[98] 하나님의 응답하심으로 총경비 315원을 들여 12

94 "통신," 「활천」(1934년 11월호): 55.

95 조선야소교동양선교회성결교회 제1회 총회회록부록(1933년), 45.

96 조선야소교동양선교회성결교회 제1회 총회회록부록(1933년), 53.

97 "통신," 「활천」(1934년 12월호): 56.

98 조선야소교동양선교회성결교회 제1회 총회회록(1933년), 32.

평의 예배당을 건축하였다.[99] 또한 전선(조선)장막전도대가 신천에서 집회를 열 때 5,000여 명이 참석하였고 그중 새로 믿기를 결심한 자가 100명, 신생(중생)자가 195명, 성결자가 169명, 타락 중에서 돌아온 자가 6명이었다.[100] 신천교회는 개척된 지 1년도 되지 않아 80-90명의 신자와 100여 명의 유년 학생이 모였고 교회당을 매수하게 된 데다 100여 원으로 경종까지 구입하게 되어 이를 감사하였다.[101]

1936년 11월 신천교회는 12km쯤 떨어져 있는 문화면에 '문화성결교회'를 지교회로 개척하여 6칸 초가와 종각을 신축하였는데 이곳에서 남녀 신자 30여 명이 주일마다 기쁨으로 예배드렸다.[102]

1937년 신대균 목사의 후임으로 김상운 목사와 조덕조 전도부인이 부임하였고 그들은 지교회인 문화교회도 겸하여 섬겼다.[103]

1939년 제2회 연회에서는 신천교회에 대해 "순복음의 진리를 선명하게 증거하며 대부흥 중에 있으며 교회 직원들은 일치 협력하여 교회를 위해 물질과 마음을 다해 힘써 헌신하며 영혼을 불쌍히 여겨 전도하는 일과 비바람과 추위와 풍우한설(風雨寒雪)에도 불구하고 새벽마다 출석하여 기도하는 일에 열심하여 주님께 영광을 돌리고 있다."[104]라고 보고되었다.

1941년 5월 22일에 이사장 이명직 목사는 황해구역을 순회하기 위해 신천교회를 방문하였다.[105] 1942년 신천교회는 대지 92평을 1만 3,000원에

---

99 조선야소교동양선교회성결교회 제2회 총회회록(1934년), 51.

100 "전선순회천막전도대보고(全鮮巡回天幕傳道隊報告)," 조선야소교동양선교회성결교회 제2회 총회회록(1934년), 54.

101 조선야소교동양선교회성결교회 제2회 총회회록(1934년), 58.

102 조선야소교동양선교회성결교회 제1회 연회회의록(1937년), 19.

103 "김상운(金相雲) 목사 신천교회 문화교회 겸임," 조선야소교동양선교회성결교회 제1회 연회회의록부록(1937년), 35.

104 조선야소교동양선교회성결교회 제2회 연회회의록(1939년), 31.

105 목야(이명직), "황해구역순회기," 「활천」(1941년 7월호): 24.

매입하고 47평의 반양식 예배당을 총경비 7,000여 원을 들여 신축하였다.[106] 김상운 목사의 후임으로 김기석 목사가 부임하여[107] 사역하던 중 1943년 12월 29일 성결교회가 일제에 의해 강제로 해산당하는 일이 발생하였다.[108] 그러나 해방이 이뤄진 1945년에 김기석 목사는 신천교회를 재건하고 1946년 3월에 신도 80여 명이 모여 예배를 드리기 시작하였다.[109] 이후 김기석 목사가 월남하여 성도들이 목자 없이 지내고 있던 터에 1947년 임광수 전도사가 부임하면서 양적으로나 질적으로 큰 부흥을 이루었고 인근 지역에도 지교회를 세워 많은 영혼을 전도하였다고 전해진다.[110]

신천군 일대는 한국전쟁 기간 중 좌우익의 충돌이 가장 심하던 지역으로 1950년 10-12월에 3만 5,000여 명의 민간인이 피해를 당하였는데 일명 '신천 민간인 학살 사건'이 그것이다.

역대 교역자 주임 신대균(申大均, 1932[111]-1936[112])
김상운(金相雲, 1937[113]-1942[114])
김기석(金己石, 1942[115]-1947[116])

---

106 조선야소교성결교회 제2회 연회록(1942년), 52.
107 조선야소교성결교회 제2회 연회록(1942년), 61, 75.
108 "'포교소폐지계', 소화 18년(1943년) 12월 29일," 「조선총독부관보」 1944년 4월 5일 자[소화-5148호], 2-4면.
109 "이성봉목사와 서북교회소식," 「활천」(1946년 4월호): 36-37.
110 "이북교회소식," 「활천」(1947년 10월호): 34-36.
111 조선야소교동양선교회성결교회 제1회 총회회록부록(1933년), 45; 조선야소교동양선교회성결교회 제2회 총회회록부록(1934년), 73.
112 조선야소교동양선교회성결교회 제1회 연회회의록부록(1937년), 35.
113 조선야소교동양선교회성결교회 제1회 연회회의록부록(1937년), 35.
114 조선야소교성결교회 제2회 연회록(1942년), 52.
115 조선야소교성결교회 제2회 연회록(1942년), 75.
116 "이북교회소식," 「활천」(1947년 10월호): 34-36.

임광수(1947[117])

여교역자 이근직(李槿植, 1932-1934[118])

조덕조(趙德祚, 1937[119]-1939[120])

이용순(李龍順, 1941[121])

117 "이북교회소식," 「활천」(1947년 10월호): 34-36.

118 조선야소교동양선교회성결교회 제2회 총회회록부록(1934년), 76.

119 조선야소교동양선교회성결교회 제1회 연회회의록부록(1937년), 38.

120 조선야소교동양선교회성결교회 제2회 연회회의록부록(1939년), 55.

121 "소화 16년(1941년) 5월 1일, 이용순(李龍順) 전도부인, 죽산-신천," 조선야소교성결교회 제2회 연회록(1942년), 31.

연안성결교회 延安聖潔教會

연안성결교회(황해도 연백군 연안면 모정리 63[122])는 성서학원에 재학 중이던 이봉권 형제가 1932년 7월에 연안에 파송되어 복음을 전하는 가운데 수개월 동안 악전고투하며 수십 명의 구도자를 얻은 끝에 10월 창립예배를 드렸

「활천」 1933년 4월호에 실린 연안성결교회 신자 일동

122 "'포교담임자계', 소화 8년(1933년) 1월 5일," 「조선총독부관보」 1933년 2월 15일자[소화-1829호], 7면; 조선야소교동양선교회성결교회 제1회 총회회록부록(1933년), 53.

다. 이후 주님의 은혜로 구도자가 점차 증가하였으며, 교회 설립 4개월 만인 1933년 2월에는 수십 명의 신자가 모이는 교회로 성장하였다.

더욱이 주님의 허락하심으로 말미암아 예배당 부지 400여 평을 구입하게 됨으로써 주님께 영광을 돌렸다. 모든 신자는 충만한 기쁨으로 주님께 감사드리며 예배당이 건축될 때까지 기도회를 계속하기로 작정하고 건축을 위한 헌금도 시작하였다.[123]

1933년 11월 이봉권 전도사의 후임으로 김상운 전도사가 부임하였다.[124] 1934년 11월 21일부터 5일간 안형수 목사의 인도로 부흥회가 열려 모두 큰 은혜를 받았다.[125] 그러나 연안교회는 이후로 점점 부진해지다가 결국 폐지되었다. 그러던 중 경성 아현교회에 출석하던 한병겸(韓秉謙) 집사가 1938년에 연안군청 토목과로 전근해 와서 이곳에 성결교회가 없음을 안타깝게 여기고 교회 설립을 위해 노력, 새롭게 '연안성결교회'(황해도 연백군 연안읍 관천리 195[126])가 설립되었다. 한병겸 집사는 자신의 집을 개방하여 예배를 드리다가 1940년 3월 첫 주일에 창립예배를 드렸고, 이 연안교회는 해주교회의 지교회가 되었다. 이후 교회가 부흥하고 구도자가 증가하자 한 집사는 자신의 주택 전체를 수리하여 예배당으로 사용하였다.[127]

1940년 7월 1일부터 1주일간 해주교회 김기삼 목사의 인도로 부흥사경회를 개최하였는데 장마 기간임에도 불구하고 만원을 이루었고 이 중 결심자가 42명이나 되었다. 또 헌금이 362원 모여 부채가 거의 정리되었다.[128] 주

---

123 "사진설명," 「활천」(1933년 4월호): 57; 조선야소교동양선교회성결교회 제1회 총회회록(1933년), 32.

124 "통신," 「활천」(1934년 1월호): 53.

125 "통신," 「활천」(1935년 1월호): 56.

126 조선야소교성결교회 제2회 연회록(1942년), 88.

127 "통신," 「활천」(1940년 5월호): 39.

128 "통신," 「활천」(1940년 8/9월호): 49.

일학교도 매주일 100여 명씩 모였으며 세례를 받은 자(2명)와 학습 받은 자(14명)도 나왔다.[129]

1941년 5월 20-21일(화-수)에는 황해구역을 순회하던 이명직 목사가 연안교회를 방문하여 집회를 열었는데 50여 명이 참석하고 그중 신결심자가 5명이나 나오는 은혜가 있었다. 당시 연안교회는 세례교인이 10여 명이고, 한병겸 집사의 모교회인 경성 아현교회로부터 도움을 받고 있었으며, 100여 명을 수용할 수 있는 건물 1동을 매수하여 예배를 드리고 있었다. 직장일로 바쁜 한 집사가 교역자도 없이 단독 활동으로 이만한 결과를 낸 것은 참으로 놀라운 은혜의 역사였다.[130]

연안교회는 1943년 12월 29일 성결교회가 일제에 의해 강제로 해산당할 때까지 연안읍 지역에 복음을 전하였다.[131] 1945년 해방이 이뤄지면서 교회가 재건되었고 1946년 3월에는 신도 100여 명이 윤철한 목사를 중심으로

1946년 한보순 목사 사역 중 연안성결교회 음악대

129 “통신,” 「활천」(1940년 10월호): 51.

130 목야(이명직), “황해구역순회기,” 「활천」(1941년 7월호): 24.

131 “‘포교소폐지계’, 소화 18년(1943년) 12월 29일,” 「조선총독부관보」 1944년 4월 5일 자[소화-5148호], 2-4면.

매주일 모여 예배를 드렸다고 전해진다.[132]

이후 1946년에 한보순 목사가 부임하여 목회하는 중 교회가 부흥하여 200여 명이 주일마다 모여 예배를 드렸다. 예배당이 비좁아 많은 어려움을 겪는 가운데 1950년 6월 26일부터 예배당 신축을 시작하기로 계획하였으나 하루 전날 한국전쟁이 발발함에 따라 신축 공사는 첫 삽도 뜨지 못하고 말았다. 한보순 목사는 1951년 1·4후퇴 시기에 상당수의 연안교회 신자들과 함께 인천으로 남하하였다.

남하한 연안교회 성도들은 한 목사를 중심으로 모여 예배를 시작하였고 그 결과 '인천 금곡성결교회'가 개척되었다. 남하한 연안교회 교인 가운데 한 사람이 조종남 박사이다.[133]

역대 교역자	주임	이봉권(李鳳權, 1932[134]-1933)
		김상운(金相雲, 1934[135]-1936[136])
		김규섭(金奎燮, 1942[137])
		김교일(金敎一, 1942[138]-1943)
		윤철한(尹哲漢, 1945-1946[139])
		한보순(韓寶淳, 1947-1951[140])
	여교역자	차인숙(且仁淑, 1942[141]-1943)

132 "이성봉목사와 서북교회소식,"「활천」(1946년 4월호): 36.

133 한보순(韓寶淳) 목사의 자녀 한문근 목사(장로교 은퇴 원로목사)의 2023년 4월 14일 증언.

134 조선야소교동양선교회성결교회 제1회 총회회록부록(1933년), 45.

135 "통신,"「활천」(1934년 1월호): 53.

136 조선야소교동양선교회성결교회 제1회 연회회의록부록(1937년), 35.

137 조선야소교성결교회 제2회 연회록(1942년), 76.

138 조선야소교성결교회 제2회 연회록(1942년), 35.

139 "이성봉목사와 서북교회소식,"「활천」(1946년 4월호): 36.

140 한문근 목사(장로교 은퇴 원로목사)의 증언.

141 조선야소교성결교회 제2회 연회록(1942년), 83.

해주성결교회 海州聖潔敎會

한 영혼이라도 멸망치 않고 구원 얻기를 간절히 원하시는 하나님께서는 죄악 가운데서 아무 소망 없이 탄식과 걱정하는 마음으로 날마다 쓰라림의 생애를 보내고 있는 3만여 명에 이르는 영혼을 연휼(憐恤, 불쌍히 여겨 안타까워하심)히 여기심으로 1932년 4월[142]에 해주성결교회를 개척하도록 박문익 형제를 보내셨다.[143]

박문익 형제는 약 45일 동안 구도자를 얻기 위해 눈물과 땀을 흘려가며 개인전도와 호구 방문전도를 열심히 했는데, 어려운 과정도 많았지만 조금도 낙심하지 않고 용기 내어 힘쓴 결과 6월 21일에 와가 7칸(황해남도 해주군 해주부 남욱정 350[144])을 세로 얻고 장년 남자 3명, 여자 3명, 유아 3명이 모여 창립예배를 드렸다.[145]

---

142 김홍순, "해주성결교회성전신축기," 「활천」(1936년 8/9월호): 73-76.

143 "통신," 「활천」(1932년 7월호): 55.

144 조선야소교동양선교회성결교회 제1회 총회회록부록(1933년), 53.

145 김홍순, "해주성결교회성전신축기," 「활천」(1936년 8/9월호): 73-76.

개척과 함께 6월 24-27일[146]에 본부의 전선순회장막전도대가 와서 장막전도회를 열었고 집회마다 1,000여 명이 모여 풍족한 은혜를 받는 가운데[147] 결심자 20명, 중생자 20명, 성결자 5명을 얻었다.[148] 이 전도회가 폐한 후에 본부에서는 신앙의 용장인 여교역자 고영선 전도부인을 파송하였다. 고영선 전도부인과 박문익 전도사는 몹시 더운 날씨에도 불구하고 비지땀을 흘려가며 신결심자와 구도자를 방문하였고 그 결과 교회 출석 인원은 30여 명이 되었다. 이후 구도자가 증가하여 불과 6개월이 되기도 전에 장년 신자가 50여 명이 되고 신자들의 믿음이 점차 성숙하였다. 유년의 경우 예배당이 터질 듯 많이 모여 앉을 곳이 없었기에 일어서서 예배드리고 성경을 공부하는 어린이들도 있었다. 1932년 12월 14일에 창립자인 박문익 전도사는 이동하고 후임으로 김홍순 전도사가 부임하였다.

해주교회는 예배당이 너무 좁아서 신자를 더 이상 수용할 수 없었고 점잖은 사람들은 옹색한 예배당에 들어와서 예배를 드리려 하지 않았다. 설상가상으로 예배당 앞에 대로가 있어서 마차와 자동차가 연락부절(連絡不絕)하였기에 그 소음으로 예배를 드리기가 어려웠다.

그래서 모든 신자와 주일학교 어린이들은 매일 아침마다 모여 주님께 힘써 간구하였다. 특히 낮 12시에 사이렌이 울릴 때는 하던 일을 멈추고 합심하여 기도하기로 하고 실행하였는데, 어떤 유년 학생들은 오정 사이렌이 울릴 때 공부하는 중 기도하다가 선생님에게 책망받기도 했지만 기도를 계속하였다. 1933년 1월 1일부터는 예배당 건축을 위해 매주일 얼마씩 드리기로 작정하고 실행하였다.[149]

---

146 "통신," 「활천」(1932년 7월호): 55.

147 김홍순, "해주성결교회성전신축기," 「활천」(1936년 8/9월호): 73-76.

148 "통신," 「활천」(1932년 7월호): 55.

149 김홍순, "해주성결교회성전신축기," 「활천」(1936년 8/9월호): 73-76.

해주교회는 자비로 전선순회장막전도대를 초청하여 1933년 6월 21-27일에 부흥회를 열고 충만한 은혜를 받았으며 중생자 30여 명과 성결자 40여 명을 얻었다. 또한 해주교회 신자들과 두 감리교회 신자들이 800여 원의 예배당 건축헌금을 드렸다.[150]

김홍순 전도사와 신자들은 합심하여 하나님께 적당한 교회 위치를 정해주시기를 기도하였는데 하나님께서는 1934년 3월에 해주에서 경치가 가장 좋고 교회 위치로 적당한 쌍목정(雙木亭) 옆에 있는 토지(황해도 해주군 해주부 동영정 192[151]) 469평을 구입하게 하셨다.

1935년 4월에 믿음으로 모든 신자가 괭이와 삽을 들고 예배당 터 닦기를 시작하였다. 이어 제2차로 건축헌금을 드렸고, 1935년 5월 5일 건평 30평을 1,700원에 건축하기로 건축업자와 계약하였다. 김종낭 전도부인은 부족

1935년에 신축된 해주교회당
"통신," 「활천」(1936년 7월호): 57.

150 "통신," 「활천」(1933년 8/9월호): 83.
151 조선야소교성결교회 제2회 연회록(1942년), 88.

한 건축비 모금을 위해 서부지방 각 교회를 순회하였고 읍내에서는 신자들이 책보를 만들어서 기부금을 얻으려고 활동하며 열심히 주님께 간구하는 가운데 하나님의 은혜로 예배당이 준공되었다.

1935년 11월 16일에는 허인수 선교사와 슬레터 선교사의 사회로 신축 예배당 헌당식을 성대하게 거행하였다. 헌당식에 이어 신천교회 신대균 전도사를 청하여 특별집회를 열었는데 매일 밤 300명씩 모여 큰 은혜를 받고 신결심자도 많이 얻었다.[152]

1938년 2월 14-20일에는 전선부흥사업을 맡은 이성봉 목사의 집회가 개최되어 신결심자 51명, 중생자 20명, 성결자 31명, 「활천」 신구독자 8명이 나왔으며, 더욱 감사한 일은 교회 채무가 400여 원이었는데 어떤 무명의 성도가 300원을 드림으로써 모두 청산하게 된 일이었다.[153]

1939년 2월 26-31일에는 경성성서학원 교수인 이건 목사를 청하여 신춘특별부흥회를 열고 신자들 모두 큰 은혜를 받았다.[154] 또한 해주교회는 해주 남산 밑 오신리에 가서 전도한 후 기도소를 신설하여 기도회를 갖고 그곳이 지교회로 세워지기를 기도하였다.[155]

1940년 10월 17-22일에는 6일간 김영수(金英洙) 전도사를 청하여 부흥회를 열고, 26-31일에는 이명직 목사를 청하여 부흥사경회를 열었다. 연이어서 두 번의 성회를 열게 된 것이 해주교회로서는 획기적인 일인 만큼 시내 각 교파를 망라하여 큰 은혜를 받았다. 이후 김기삼 목사의 취임식도 성대히 거행되었다.[156]

---

152 김홍순, "해주성결교회성전신축기," 「활천」(1936년 8/9월호): 73-76.
153 이성봉, "부흥사업순회약보(2)," 「활천」(1938년 4월호): 42.
154 "통신," 「활천」(1939년 3월호): 50.
155 조선야소교동양선교회성결교회 제2회 연회회의록(1939년), 33.
156 "통신," 「활천」(1940년 1월호): 47.

1941년 5월 21일 이사장 이명직 목사가 황해구역 순회차 해주교회를 방문하자 70여 명이 함께 모여 예배를 드렸다.[157] 해주교회는 해주항에 성결교회가 없어 유감으로 생각하며 기도했는데 하나님의 섭리로 8월 중순에 7칸의 'ㄱ' 자 가옥을 매수하여 교회당으로 수리하고 9월 7일(주일)에 주임 교역자의 사회로 창립예배를 성대하게 드려 하나님께 영광을 돌렸다.[158]

10월 23일부터 1주일간 김홍순 목사를 초청하여 개최한 부흥회에서는 성령의 놀라운 역사로 모든 신자가 풍성한 은혜를 받았고 집회의 열매로 30여 명의 신구도자를 얻었으며 해주항 지교회 설립을 위한 헌금이 400원 모였다.[159]

해주교회는 1943년 12월 29일 성결교회가 일제에 의해 강제로 해산당할 때까지 해주읍 지역에 복음을 전하였다.[160] 1945년 해방과 함께 해주교회는 최학철 목사를 중심으로 예배당 문을 다시 열고 예배의 부흥을 다시금 크게 경험하였다. 1946년 3월에 최학철 목사와 신도 200여 명이 모였음이 전해진다.[161]

---

157 목야(이명직), "황해구역순회기," 「활천」(1941년 7월호): 24.

158 "통신," 「활천」(1941년 12월호): 22.

159 "통신," 「활천」(1941년 12월호): 22.

160 "'포교소폐지계', 소화 18년(1943년) 12월 29일," 「조선총독부관보」 1944년 4월 5일 자[소화-5148호], 2-4면.

161 "이성봉목사와 서북교회소식," 「활천」(1946년 4월호): 37.

역대 교역자 주임 박문익(朴文翼, 1932[162])

김홍순(金鴻淳, 1932[163]–1935[164])

김기삼(金琪三, 1938[165]–1941[166])

최학철(崔鶴哲, 1941[167]–1946[168])

여교역자 고영선(高永善, 1932[169]–1934[170])

---

162 "통신," 「활천」(1932년 7월호): 55.

163 "통신," 「활천」(1933년 1월호): 61; 김홍순, "해주성결교회성전신축기," 「활천」(1936년 8/9월호): 73-76.

164 김홍순, "해주성결교회성전신축기," 「활천」(1936년 8/9월호): 73-76.

165 "사리원 구역 연합전도회," 「활천」(1938년 11월호): 56.

166 목야(이명직), "황해구역순회기," 「활천」(1941년 7월호): 24.

167 목야(이명직), "황해구역순회기," 「활천」(1941년 7월호): 24.

168 "이성봉목사와 서북교회소식," 「활천」(1946년 4월호): 37.

169 조선야소교동양선교회성결교회 제1회 총회회록부록(1933년), 49; 김홍순, "해주성결교회성전신축기," 「활천」(1936년 8/9월호): 73-76.

170 조선야소교동양선교회성결교회 제2회 총회회록부록(1934년), 77.

겸이포성결교회 兼二浦聖潔敎會

겸이포성결교회(황해북도 황주군 겸이포읍 본정 78[171])는 1932년 7월 김제근 전도사의 파송과 함께 설립되었다. 김제근 전도사가 1933년 11월 28일 휴직하자[172] 1934년 2월 이사회는 그를 전도사직에서 해임하였다.[173] 후임 교역자로는 나병주 전도사가 임명되었고[174] 뒤이어 최헌 전도사가 부임하여 사역하였다.[175]

1938년 서부지방회의 결의에 따라 '사리원구역 연합전도회'가 8월 31일 밤부터 시작되었는데 첫 장소는 재령북율교회였다. 대원은 강태집, 함석진, 김상운, 송계순, 김기삼 등이었다. 집회 참석자들은 매일 새벽기도회, 오전 사경회, 밤 전도회로 세 차례 모이고 노방전도활동을 하였다. 특별집회를 기다리고 갈망했던 만큼 교회마다 큰 은혜가 임했고 많은 구도자가 있었

171 조선야소교동양선교회성결교회 제1회 총회회록부록(1933년), 53.

172 "통신," 「활천」(1934년 1월호): 53.

173 "통신," 「활천」(1934년 3월호): 44.

174 "통신," 「활천」(1934년 1월호): 52.

175 조선야소교동양선교회성결교회 제2회 총회회록부록(1934년), 74.

다. 집회는 재령북율교회, 겸이포교회, 사리원교회, 신천교회, 해주교회 순서로 진행되었으며 각 교회마다 5일씩 집회하여 9월 26일에 마쳤다. 호열자(콜레라)가 유행인 비상시국이었지만 집회는 아무런 어려움 없이 잘 진행되었다.[176]

겸이포교회는 창립된 지 6-7년에 교세가 부진하여 1939년 11월 8일까지 예배를 드리고 폐지한다는 의미로 교역자도 떠났지만 남은 신자인 노권충, 홍관의, 이학수가 각각 100원씩, 총 300원을 헌금으로 모아놓고 교회당 건축을 위해 기도하며 교회 재건을 위해 노력하였다.[177] 1940년 겸이포교회는 예배당이 없어 홍의관 집사의 집에서 예배를 드렸으며, 신자들이 열심히 기도하던 중 9월 4일부터 강태즙 목사의 인도로 집회를 열어 모두 흡족한 은혜를 받았다.[178] 새 힘을 얻은 신자들은 각 지역의 믿음의 형제들로부터 도움을 받아 겸이포에서 가장 좋은 장소를 매수, 5월 11일(주일)부터 새 예배당에서 예배드리게 되었다. 이로 인해 새로 믿는 신자가 날로 늘어나 교회가 다시 소생하게 되었다.[179]

5월 26일(월) 이사장 이명직 목사가 황해구역 순회차 겸이포교회를 방문할 당시 예배드린 인원은 50여 명이었다. 전임 교역자는 없었지만 매주일 30여 명이 모여 예배하는 가운데 교회가 부흥해갔다.[180]

겸이포교회는 1943년 12월 29일 성결교회가 일제에 의해 강제로 해산당할 때까지 겸이포읍 지역에 복음을 전하였으며,[181] 1945년 해방과 함께 교

---

176 "통신," 「활천」(1938년 11월호): 56.

177 "통신," 「활천」(1940년 8/9월호): 50.

178 "통신," 「활천」(1940년 10월호): 51.

179 "통신," 「활천」(1941년 6월호): 33.

180 목야(이명직), "황해구역순회기," 「활천」(1941년 7월호): 26.

181 "'포교소폐지계', 소화 18년(1943년) 12월 29일," 「조선총독부관보」 1944년 4월 5일 자[소화-5148호], 2-4면.

회를 재건하고 1946년 3월에 신자 20여 명이 모여 예배를 드렸다고 전해진다.[182]

역대 교역자 주임 김제근(金濟根, 1932[183]-1933[184])
나병주(1934[185])
최헌(崔獻, 1934[186])
김병채(金炳采, 1942[187])

182 "이성봉목사와 서북교회소식," 「활천」(1946년 4월호): 36-37.
183 조선야소교동양선교회성결교회 제1회 총회회록부록(1933년), 42.
184 "통신," 「활천」(1934년 1월호): 53.
185 "통신," 「활천」(1934년 1월호): 52.
186 조선야소교동양선교회성결교회 제2회 총회회록부록(1934년), 74.
187 조선야소교성결교회 제2회 연회록(1942년), 76.

재령성결교회 載寧聖潔教會

재령성결교회가 개척될 당시 재령군 북율면에는 1,700여 호가 모여 살고 있었다. 이곳에는 이미 4개의 장로교회가 매우 큰 예배당과 수백 명의 신자와 소학교까지 운영하고 있었다.[188] 재령교회(황해남도 재령군 북율면 동신흥리 170)는 1929년 3월에 사리원교회 신자들이 재령군 북율면 신흥리에서 전도하는 가운데 장년만 남자 20명, 여자 10명, 총 30명을 얻은 뒤 예배 처소를 얻기 위해 눈물로 기도하여[189] 10월에 설립한 곳이다.[190]

왕래하는 도로가 매우 불편하였음에도 집회 때마다 신자들은 원근을 불문하고 열심히 모였다. 또한 주일학교 인원도 많았는데 교회에 다니기 전 유행가만 부르던 아이들이 이제는 모두 찬송가를 부르게 되었다.[191] 처음에는 '재령신흥성결교회'[192] 또는 '북율성결교회'라고 불렸으나 1934년 제

188 조선야소교동양선교회성결교회 제2회 연회회의록(1939년), 31.
189 조선야소교동양선교회성결교회 제2회 연회의사록(1930년), 16.
190 조선야소교동양선교회성결교회 제1회 총회회록부록(1933년), 53.
191 조선야소교동양선교회성결교회 제3회 연회의사록(1931년), 9.
192 조선야소교동양선교회성결교회 제3회 연회의사록(1931년), 9.

2회 총회 시에 '재령성결교회'로 명칭이 변경되었다.[193]

1937년 재령교회는 새벽마다 예배당에 모여 열심히 기도하는 가운데 예배당이 비좁을 만큼 부흥하게 되었다. 11월 13-17일에는 평양암정교회 김영균 목사를 청하여 부흥회를 열었는데 매 집회에 400-500명이 모여 많은 은혜를 받았고 장로교인도 다수 참석하였다. 나흘째 밤, 교회 신건축을 위한 헌금 시간에는 김학주 집사가 150원을 헌금하고 신자들이 최선을 다해 헌금한 결과 총 600원이 모아졌다. 이 헌금으로 대지 117평을 구입하고 김영균 목사의 주선으로 제1회 연회 시에 건축보조금 500원을 지원해달라는 청원서를 제출함으로써 지원을 받게 되어 모든 신자가 분연(奮然)히 일어나 총공사비 2,700원을 들여 25평의 예배당을 신축하였다.[194]

1937년 신축한 재령북율교회 예배당
"통신," 「활천」(1938년 11월호): 46.

1937년 12월 19-23일에 성진교회 김선희 전도부인의 인도로 부인사경회가 열려 매일 세 차례 모여 큰 은혜를 받았는데 특별히 감사한 것은 낙심 중에 있던 여러 명의 부인들이 돌아오고, 회개하여 중생의 은혜를 받은 자

193 조선야소교동양선교회성결교회 제2회 총회회록부록(1934년), 87.
194 조선야소교동양선교회성결교회 제2회 연회회의록(1939년), 31.

가 많고 성미를 작정한 신자들도 다수이며 「기쁜소식」[195]을 보기로 작정한 자가 11명이나 되었다는 점이다.[196]

1938년 2월 8-13일에 이성봉 목사의 인도로 부흥회가 대성황을 이룬 가운데 결심자 62명, 중생자 28명, 성결자 23명이 나왔으며 「활천」과 「기쁜소식」 구독 작정자가 78명에 이르고, 난치병 환자가 나음을 받는 신유의 은혜도 나타났다.[197] 또한 서부지방회에서 결의한 '사리원구역 연합전도회'가 8월 31일 밤 재령북율교회에서 시작되었는데 '대원'(사리원구역에서 교회를 담임하고 있는 교역자들로 집회를 인도한 사람들을 말한다. 현대어로는 '위원'이라고 할 수 있다 – 필자 주)은 강태흡, 함석진, 김상운, 송계순, 김기삼 등이었고 집회는 새벽기도회, 오전 사경회, 밤 전도회로 매일 세 차례 진행되었다. 각 교회마다 특별집회를 기다리고 갈망하였던 만큼 큰 은혜가 임하여 많은 구도자를 얻었다. 집회는 재령북율교회, 겸이포교회, 사리원교회, 신천교회, 해주교회 순서로 교회마다 5일씩 집회하여 9월 26일에 마쳤다. 호열자(콜레라)가 유행하는 비상시국이었으나 집회는 아무런 어려움 없이 진행이 되었다.[198]

재령북율교회는 1939년에 교역자들을 위한 주택 5칸 84평을 매수하였으며[199] 8월 7-13일 1주일 동안 평양교구정교회 문이호 전도사를 청하여 부흥회를 개최하였다. 특별히 감사한 것은 타락한 자가 많이 돌아오고 신결심자가 15명이나 되며 세례와 학습인 수도 증가하였다는 점이다. 그동안 전도부인이 없어 많은 어려움이 있었지만 부흥회를 통해 은혜받은 부인 중 8

---

195 「기쁜소식」은 1934년부터 성결교회 여성들을 위해 출판한 잡지(기관지)이다 – 필자 주.

196 "통신," 「활천」(1938년 2월호): 65.

197 "통신," 「활천」(1938년 4월호): 58.

198 "통신," 「활천」(1938년 11월호): 56.

199 조선야소교동양선교회성결교회 제2회 연회회의록(1939년), 31.

명을 선정하여 구역 심방과 전도에 주력하기로 하였다.[200]

1941년 5월 25일에는 이사장 이명직 목사가 황해구역 순회 일정으로 재령북율교회를 방문하여 저녁에 70-80명의 신자가 참석한 가운데 예배를 인도하였다.[201] 7월 29일부터 1주일간 조창문 목사를 초청하여 부흥회를 열었는데 성령의 놀라운 역사가 임하여 신결심자가 많이 나왔고, 신자 일동이 일치단결하여 죽도록 충성하겠다는 다짐을 굳게 하였으며, 특별히 믿음에서 떠난 송영학이 회개하고 돌아와 주님께 영광을 돌렸다.[202]

재령북율교회는 1943년 12월 29일 성결교회가 일제에 의해 강제로 해산당할 때까지 재령군 지역에 복음을 전하였다.[203] 재령북율교회는 해방과 함께 교회를 재건하고 1946년에는 송계순 전도사와 함께 신도 50여 명이 모여 매주일 기쁨으로 예배를 드렸다.[204] 1947년에는 송계순 장로의 열정적인 활동으로 교회가 계속 부흥하여 농촌임에도 60-70명이 모여 주님께 영광을 돌렸다고 전해진다.[205]

역대 교역자 주임 최헌(崔獻, 1932[206]-1934[207])
송계순(宋啓淳, 1934[208]-1947[209])

200 "통신," 「활천」(1939년 10월호): 68.

201 "통신," 「활천」(1941년 7월호): 34.

202 "통신," 「활천」(1941년 10월호): 24.

203 "'포교소폐지계', 소화 18년(1943년) 12월 29일," 「조선총독부관보」 1944년 4월 5일 자[소화-5148호], 2-4면.

204 "이성봉목사와 서북교회소식," 「활천」(1946년 4월호): 36-37.

205 "이북교회소식," 「활천」(1947년 10월): 34-36.

206 조선야소교동양선교회성결교회 제1회 총회회록부록(1933년), 46.

207 조선야소교동양선교회성결교회 제2회 총회회록부록(1934년), 74.

208 송계순, "재녕북율교회당건축기," 「활천」(1938년 11월호): 45-47; 조선야소교성결교회 제2회 연회록(1942년), 77.

209 "이북교회소식," 「활천」(1947년 10월호): 34-36.

황주성결교회 黃州聖潔敎會

황해도 황주읍에서는 성결교회의 사중복음(중생, 성결, 재림, 신유)이 교회가 설립되기도 전부터 동양선교회의 시장전도대를 통해 전해졌다. 시장전도대는 1929년 황주읍과 황주삼거리에서 3,000여 명에게 복음을 전하여 결심자 30명을 얻었으며[210] 1930년에는 1,556명에게 복음을 전하여 결심자 40여 명을 얻었다.[211]

황주성결교회(황해도 황주군 황주읍 벽성리 40[212])는 1933년 이른 봄에 박문익 전도사가 파송되면서[213] 설립을 추진하였으나 11월 4일에야 예배 처소를 정하였다. 이후 5일간 대전도회를 진행한 뒤 11월 12일에 장년 남자 22명, 여자 11명과 유년 200여 명이 모인 가운데 창립예배를 드렸다.[214]

---

210 조선야소교동양선교회성결교회 제1회 연회의사록(1929년), 22.

211 조선야소교동양선교회성결교회 제2회 연회의사록(1930년), 13.

212 "'포교소설치계', 동양선교회 황주성결교회 황주군, 황해도 황주군 황주읍 벽성리 40, 소화 8년(1933년) 11월 5일," 「조선총독부관보」 1934년 1월 6일 자[소화-2094호], 5면.

213 조선야소교동양선교회성결교회 제1회 총회회록부록(1933년), 43; "통신," 「활천」(1933년 7월호): 55.

1934년에는 박문익 전도사의 후임으로 황경찬 전도사가 부임하여 사역하였다.[215] 황경찬 전도사의 부임과 함께 순회전도대는 3월 8-11일에 전도 집회를 열어 40여 명의 신결심자를 얻었으며 3월 26-31일에는 소아부흥회를 큰 은혜 가운데 진행하였다. 특별히 사리원교회에 출석하는 김준일 성도는 황주교회 예배당 건축을 위해 90여 평의 부지를 드렸다.[216] 1935년에 신의주동부교회와 신의주서부교회가 건축비로 100원을 헌금하여 보내줌으로써 건축에 힘을 보태주었다.[217]

1936년에는 함석진 전도사가 부임하여 사역하였다.[218] 하지만 황주교회는 교회로 세워지지 못하고 1941년 10월에 결국 교회 폐지를 신고하였다.[219]

역대 교역자	주임	박문익(朴文翼, 1933[220]-1934)
		황경찬(黃景燦, 1934[221])
		함석진(咸錫珍, 1936[222])
	여교역자	차기주(車基柱, 1934[223])

---

214 "통신," 「활천」(1934년 1월호): 51.
215 "통신," 「활천」(1934년 1월호): 52.
216 "통신," 「활천」(1934년 3월호): 55.
217 "통신," 「활천」(1935년 6월호): 56.
218 "'포교담임자변경계', 동양선교회 황주성결교회 황주군 박문익-함석진, 소화 11년(1936년) 11월 1일," 「조선총독부관보」 1936년 12월 26일 자[소화-2986호], 9-10면.
219 "'포교소폐지계', 동양선교회 황주성결교회 황주군, 황해도 황주군 황주면 벽성리 40, 소화 16년(1941년) 10월 21일," 「조선총독부관보」 1941년 12월 15일 자[소화-4468호], 5면.
220 조선야소교동양선교회성결교회 제1회 총회회록부록(1933년), 43.
221 "통신," 「활천」(1934년 1월호): 52.
222 "'포교담임자변경계', 동양선교회 황주성결교회 황주군 박문익-함석진', 소화 11년(1936년) 11월 1일," 「조선총독부관보」 1936년 12월 26일 자[소화-2986호], 9-10면.
223 조선야소교동양선교회성결교회 제2회 총회회록부록(1934년), 76.

문화성결교회 文化聖潔教會

문화성결교회(황해도 신천군 문화면 서정리 159[224])는 신계동(申啓東) 장로의 열심과 헌신 속에서 1936년 10월 신천교회의 지교회[225]로 세워졌다.[226] 과거에는 이 지역이 군청 소재지였으나 신천과 통합되면서 읍민 300여 가구가 사는 지역이 되었다.[227] 1937년 11월 4일에는 창립 1주년 기념예배를 성황리에 드려 주님께 영광을 돌렸다.[228]

1938년 2월 14일부터 1주일간 강태즙 목사의 인도로 부흥회가 은혜롭게 열렸는데 특별히 감사한 것은, 처음에는 집회를 힐난하며 "방청석에 앉아야지." 하고 큰 소리로 말하던 몇 명의 구도자 청년들이 말씀을 듣던 중에 견딜 수 없는 성령의 감동을 경험하고 통회 자복하여 양과 같이 순한 신자가 된 일이었다. 또한 수년간 정신병으로 고통받으며 많은 재산을 허비

---

224 조선야소교성결교회 제2회 연회록(1942년), 88.

225 "통신,"「활천」(1938년 1월호): 61-62.

226 목야(이명직), "황해구역순회기,"「활천」(1941년 7월호): 25.

227 목야(이명직), "황해구역순회기,"「활천」(1941년 7월호): 25.

228 "통신,"「활천」(1938년 1월호): 61-62.

한 김필선이라는 부인은 집회에서 안수기도를 받고 완전히 나음을 받게 되었다.[229]

문화교회는 설립 당시 초가 6칸을 짓고 예배드렸는데 날로 증가하는 신자의 수[230]로 공간이 협소하여 많은 어려움을 겪던 중 1940년 가을에 4칸을 증축하여[231] 150여 명을 수용할 수 있게 되었다.[232]

이사장 이명직 목사는 1941년 5월 23일(금)에 황해구역 순회 일정으로 문화교회를 방문하였다. 문화교회는 창립 이후 신천교회 교역자가 1년에 수차례 순회하는 것 외에는 교역자 파송이 없었지만 교인들은 꾸준하게 신앙생활을 열심히 하였다.[233] 그리하여 1943년 12월 29일 성결교회가 일제에 의해 강제로 해산당할 때까지 신천군 문화면 지역에 복음을 전하였다.[234]

1945년 해방과 함께 예배당을 재건하고 김기석 목사와 신도 50명이 모여 매주 예배를 드렸으며[235] 1947년에는 교역자가 없는 가운데 직원들이 열심히 예배를 인도하며 매주일 40-50명이 모였다고 전해진다.[236]

---

229 "통신," 「활천」(1938년 4월호): 50.

230 "통신," 「활천」(1938년 1월호): 61-62.

231 조선야소교동양선교회성결교회 제2회 연회회의록(1939년), 31.

232 목야(이명직), "황해구역순회기," 「활천」(1941년 7월호): 25.

233 목야(이명직), "황해구역순회기," 「활천」(1941년 7월호): 25.

234 "'포교소폐지계', 소화 18년(1943년) 12월 29일," 「조선총독부관보」 1944년 4월 5일 자[소화-5148호], 2-4면.

235 "이성봉목사와 서북교회소식," 「활천」(1946년 4월호): 36-37.

236 "이북교회소식," 「활천」(1947년 10월호): 34-36.

역대 교역자 주임 김상운(金相雲, 1936[237]-1939[238])

김기석(金己石, 1942[239]-1943)

김기석(金己石, 1945-1946[240])

여교역자 조덕조(趙德祚, 1939[241])

237 "신천교회와 문화교회 겸임," 조선야소교동양선교회성결교회 제1회 연회회의록부록(1937년), 35.

238 "신천교회와 문화교회 겸임," 조선야소교동양선교회성결교회 제2회 연회회의록부록(1939년), 51.

239 "신천교회와 문화교회 치리," 조선야소교성결교회 제2회 연회록(1942년), 52.

240 "이성봉목사와 서북교회소식," 「활천」(1946년 4월호): 36-37.

241 "신천교회와 문화교회 겸임," 조선야소교동양선교회성결교회 제2회 연회회의록부록(1939년), 55.

해주항성결교회 海州港聖潔敎會

해주항성결교회(황해도 해주부 동애리 96[242])는 해주항에 성결교회가 없는 것을 아쉬워하던 해주교회 최학철 전도사의 열성으로[243] 1941년 8월 2일[244]에 설립되었다. 해주항교회는 7칸의 'ㄱ' 자 집을 매수하여 예배당으로 수리하고 9월 7일(주일)에 최학철 전도사의 사회로 창립예배를 성대하게 드리며 하나님께 영광을 돌렸다.

창립한 지 불과 3개월 만에 남녀 40여 명이 주일마다 모여 예배를 드리게 되었고 부채는 기도 가운데 주님의 은혜로 해주항교회의 집회를 통해 모두 청산하였다.[245] 해주항교회는 해주교회의 주임교역자인 최학철 전도사가 겸임하며 사역하였다.[246]

---

242 조선야소교성결교회 제2회 연회록(1942년), 26.

243 조선야소교성결교회 제2회 연회록(1942년), 8.

244 조선야소교성결교회 제2회 연회록(1942년), 26; "'포교소설치계', 동양선교회 해주항성결교회 해주부, 황해남도 해주부 동애리 96, 소화 16년(1941년) 8월 23일," 「조선총독부관보」 1941년 11월 13일 자[소화-4441호], 9면.

245 "통신," 「활천」(1941년 12월호): 22.

246 조선야소교성결교회 제2회 연회록(1942년), 62.

해주항교회는 1943년 12월 29일 성결교회가 일제에 의해 강제로 해산 당할 때까지 해주항 주변 지역에 복음을 전하였다.[247]

역대 교역자 주임 최학철(崔鶴哲, 1941[248]-1943[249])

247 "'포교소폐지계', 소화 18년(1943년) 12월 29일," 「조선총독부관보」 1944년 4월 5일 자[소화-5148호], 2-4면.

248 조선야소교성결교회 제2회 연회록(1942년), 8.

249 조선야소교성결교회 제2회 연회록(1942년), 62.

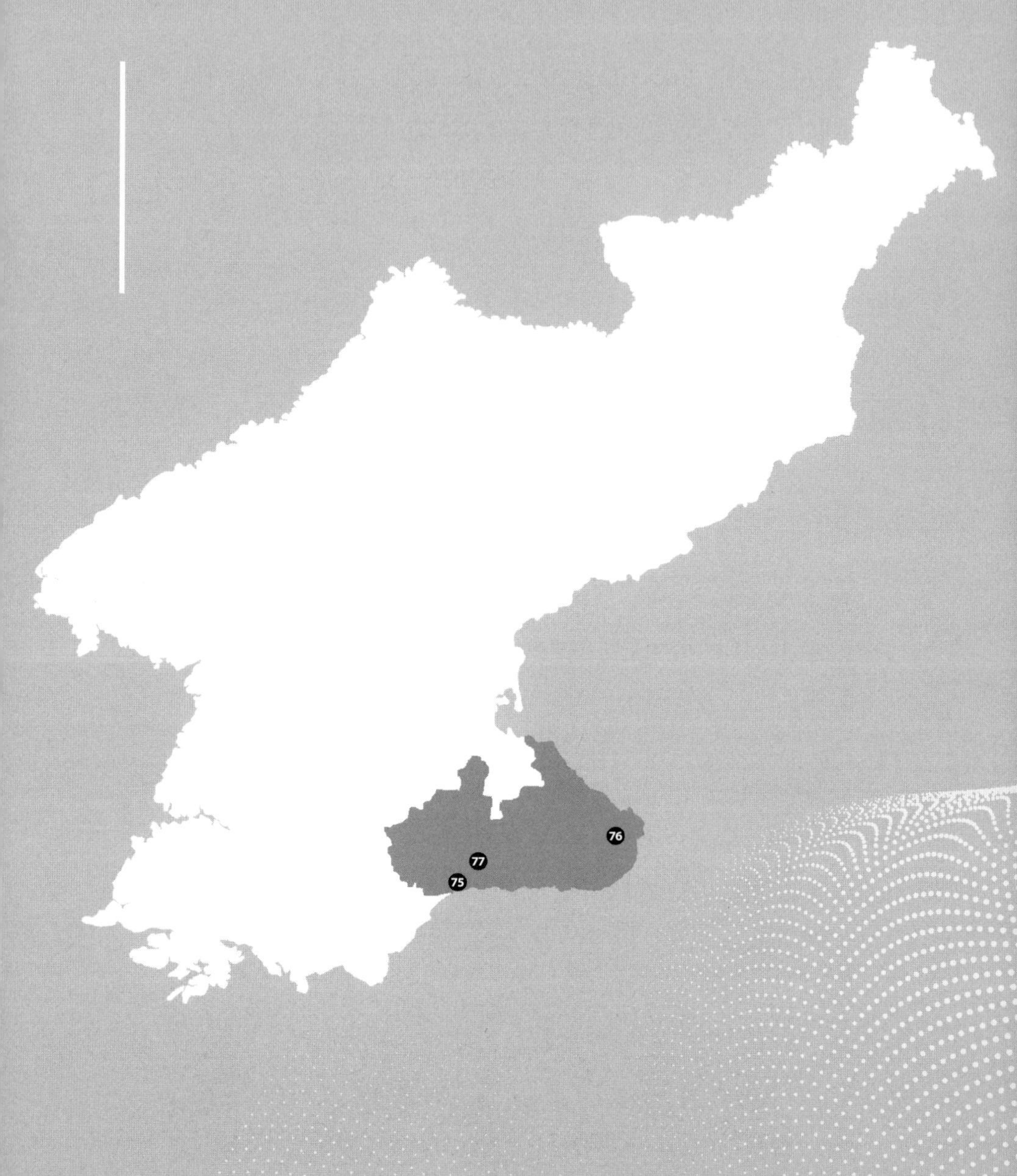

75 복계성결교회 76 외금강성결교회 77 평강성결교회

강원도 지역 교회

복계성결교회(福溪聖潔敎會)

외금강성결교회(外金剛聖潔敎會)

평강성결교회(平康聖潔敎會)

복계성결교회 福溪聖潔敎會

복계성결교회(강원도 평강군 평강면 복계리,[1] 경원선 복계역전[2])는 1931년에 철원교회의 신자 박덕기(朴德基) 형제가 복계로 이사한 후 열심히 전도하여 신자 40여 명을 얻으면서 철원교회의 지교회로 설립한 곳이다. 주일예배에 장년 20여 명과 유년 50여 명이 모였다.[3] 11월 30일부터 12월 2일까지 이사철 목사를 청하여 특별집회를 열었는데 성령의 역사로 자기 죄를 통회 자복하고 중생의 은혜를 받은 자가 7명, 신결심자가 5명이었다. 또한 30여 명의 신자와 50여 명의 유년주일학생들은 "말씀을 먹여줄 영혼의 목자(교역자)를 속히 보내주옵소서."라고 쉬지 않고 간구하였다.[4]

1932년 2월 김명현 집사를 청하여 개최한 소아부흥회에서 아동 70여 명의 심령에 큰 은혜가 임하였다.[5] 이사회는 5월에 성서학원 수양생인 김의

---

1 "'포교소설치계', 동양선교회 복계성결교회 평강군, 소화 8년(1933년) 1월 5일," 「조선총독부관보」 1933년 3월 18일 자[소화-1856호], 5-6면.

2 조선야소교동양선교회성결교회 제1회 총회회록부록(1933년), 54.

3 조선야소교동양선교회성결교회 제4회 연회의사록(1932년), 19.

4 "통신," 「활천」(1932년 1월호): 60.

5 "통신," 「활천」(1932년 3월호): 57.

용 형제를 복계교회의 임시교역자로 파송하였다.[6] 이어 1933년에는 웅기 교회에서 사역하던[7] 박홍선 전도부인이 부임하여[8] 협력사역을 하였다. 그 동안 예배당이 없어 많은 어려움을 겪던 터였는데 하나님의 은혜로 헌금 1,000원을 모아 9월 1일부터 공사를 시작,[9] 55평의 예배당을 건축하였다.[10]

1934년 김의용 전도사는 춘천교회 신개척을 위해 박홍선 전도부인과 함께 파송되었고[11] 후임 교역자로 김규섭 전도사가 부임하여[12] 사역하였다. 하지만 안타깝게도 복계교회는 교회로 세워지지 못하고 1936년 1월 6일에 교회 폐지를 신고하였다.[13]

역대 교역자	주임	김의용(金義湧, 1932[14]-1934[15])
		김규섭(金奎燮, 1934[16]-1935)
	여교역자	박홍선(朴洪善, 1933[17]-1934[18])

6 조선야소교동양선교회성결교회 제4회 연회의사록(1932년), 45; "통신," 「활천」(1932년 5월호): 56.

7 "통신," 「활천」(1933년 1월호): 61.

8 조선야소교동양선교회성결교회 제1회 총회회록부록(1933년), 47.

9 "통신," 「활천」(1933년 10월호): 47.

10 조선야소교동양선교회성결교회 제2회 총회회록부록(1934년), 51.

11 "통신," 「활천」(1934년 8/9월호): 98.

12 조선야소교동양선교회성결교회 제2회 총회회록부록(1934년), 74.

13 "'포교소폐지계', 동양선교회 복계성결교회 평강군, 소화 11년(1936년) 1월 6일," 「조선총독부관보」 1936년 3월 4일 자[소화-2740호], 3면.

14 조선야소교동양선교회성결교회 제4회 연회의사록(1932년), 45; "통신," 「활천」(1932년 5월호): 56.

15 "통신," 「활천」(1934년 8/9월호): 98.

16 조선야소교동양선교회성결교회 제2회 총회회록부록(1934년), 74.

17 조선야소교동양선교회성결교회 제1회 총회회록부록(1933년), 47.

18 조선야소교동양선교회성결교회 제2회 총회회록부록(1934년), 75.

외금강성결교회 外金剛聖潔教會

외금강성결교회(강원도 회양군 장양면 장주리 273[19])는 1933년 중부지방회가 강원도 외금강에 교회를 신설하기로 결의하고, 아현교회의 전영후 전도사를 파송하여 설립을 추진한 교회이다.[20] 그러나 안타깝게도 외금강교회는 교회로 세워지지 못하였고 이후 어떠한 기록도 남아 있지 않다. 단지 조선총독부 자료에 포교소 폐지 신고 내용이 기록되어 있어[21] 외금강교회가 설립 직후 폐지되었음을 알 수 있다.

역대 교역자 주임 전영후(田永厚, 1933[22])

---

19 "통신," 「활천」(1933년 8/9월호): 83.

20 "통신," 「활천」(1933년 8/9월호): 82.

21 "'포교소폐지계', 동양선교회 외금강성결교회 강원도 회양군 장양면 장주리 273, 소화 8년(1933년) 7월 1일," 「조선총독부관보」 1936년 7월 2일 자[소화-2840호], 5면.

22 "통신," 「활천」(1933년 8/9월호): 82.

평강성결교회 平康聖潔敎會

평강성결교회(강원도 평강군 평강면 연변리 375[23])는 1932년 4월 복계교회의 기도소 모임이 점차 독립하고, 김의용 전도사와 박홍선 전도부인이 충성된 사역을 통해 구도자 10여 명을 얻으면서 시작되었다. 처음에는 예배당이 없어서 큰 어려움을 겪었으나 하나님의 크신 은혜로 6칸을 세로 얻어[24] 1933년 9월 14일에 창립예배를 드렸다.[25]

교회의 기초를 놓은 김의용 전도사와 박홍선 전도부인은 함께 춘천으로 전임되었고 후임 교역자로 김규섭 전도사가 부임하였다. 김 전도사는 10여 명의 신자들과 함께 열심히 간구하여 하나님의 크신 은혜로 400여 평의 부지와 10여 칸의 가옥을 750원에 매수하고 이를 예배당으로 수리하려고 했으나 사역지를 옮기게 되었다.[26] 후임으로 조정현 목사, 유건신 전도부

23 조선야소교성결교회 제2회 연회록(1942년), 91.

24 김규섭, "평강교회개척기(平康敎會開拓記)," 「활천」(1937년 2월호): 54.

25 "통신," 「활천」(1933년 10월호): 47.

26 김규섭, "평강교회개척기," 「활천」(1937년 2월호): 54.

1937년 평강교회 신자 일동
김규섭, "평강교회개척기," 「활천」(1937년 2월호): 54.

인이 파송을 받아 사역하였다.[27] 조정현 목사는 600여 원을 들여 대수리를 시작하였지만 곧이어 개인 사정으로 휴직하게 되었고 뒤이어 1935년 10월에 장막전도대원이던 박문익 전도사가 평강교회를 겸임하여 사역하였다.[28] 1936년 6월 26일[29]에 김규섭 전도사가 주임교역자로 부임하여 예배당 수리를 마치고 10여 명의 신자와 함께 간구하던 중 11월 18-22일 5일간 신은천 전도사를 청하여 부흥회를 열었다. 집회마다 20여 명이 출석하여 많은 은혜를 받았고 중생자가 4명(남 2, 여 2), 신결심자가 14명(남 9, 여 5) 나왔다.[30]

이처럼 강원도 평강군 평강면 지역에 열심히 복음을 전하던 평강교회

---

27 "성결교회 제3회 각지방회의사촬요(1)," 「활천」(1935년 5월호): 53.

28 "통신," 「활천」(1935년 10월호): 54.

29 "'포교담임자변경계', 동양선교회 평강성결교회 평강군 조정현-김규섭, 소화 11년(1936년) 6월 26일," 「조선총독부관보」 1936년 7월 21일 자[소화-2856호], 3면.

30 김규섭, "평강교회개척기," 「활천」(1937년 2월호): 54.

는 안타깝게도 1943년 3월 6일에 교회 폐지를 신고하였다.[31]

역대 교역자	주임	김의용(金義湧, 1933[32])
		김규섭(金奎爕, 1934[33])
		조정현(趙正顯, 1935[34])
		박문익(朴文翼, 1935[35])
		김규섭(金奎爕, 1936[36]–1938[37])
		박봉진(朴鳳鎭, 1941[38]–1942[39])
	여교역자	박홍선(朴洪先, 1933[40])
		유건신(柳建信, 1935[41])

31 "'포교소폐지계', 동양선교회 평강성결교회 평강군, 소화 18년(1943년) 3월 6일," 「조선총독부관보」 1943년 4월 30일 자[소화-4870호], 7면.

32 김규섭, "평강교회개척기," 「활천」(1937년 2월호): 54.

33 김규섭, "평강교회개척기," 「활천」(1937년 2월호): 54.

34 "성결교회 제3회 각지방회의사촬요(1)," 「활천」(1935년 5월호): 53.

35 "통신," 「활천」(1935년 10월호): 54.

36 조선야소교동양선교회성결교회 제1회 연회회의록부록(1937년), 37.

37 조선야소교동양선교회성결교회 제2회 연회회의록부록(1939년), 54.

38 조선야소교성결교회 제2회 연회록(1942년), 31.

39 "철원교회 박봉진 목사가 평강교회를 겸임 치리," 조선야소교성결교회 제2회 연회록(1942년), 64.

40 김규섭, "평강교회개척기," 「활천」(1937년 2월호): 54.

41 "성결교회 제3회 각지방회의사촬요(1)," 「활천」(1935년 5월호): 53.

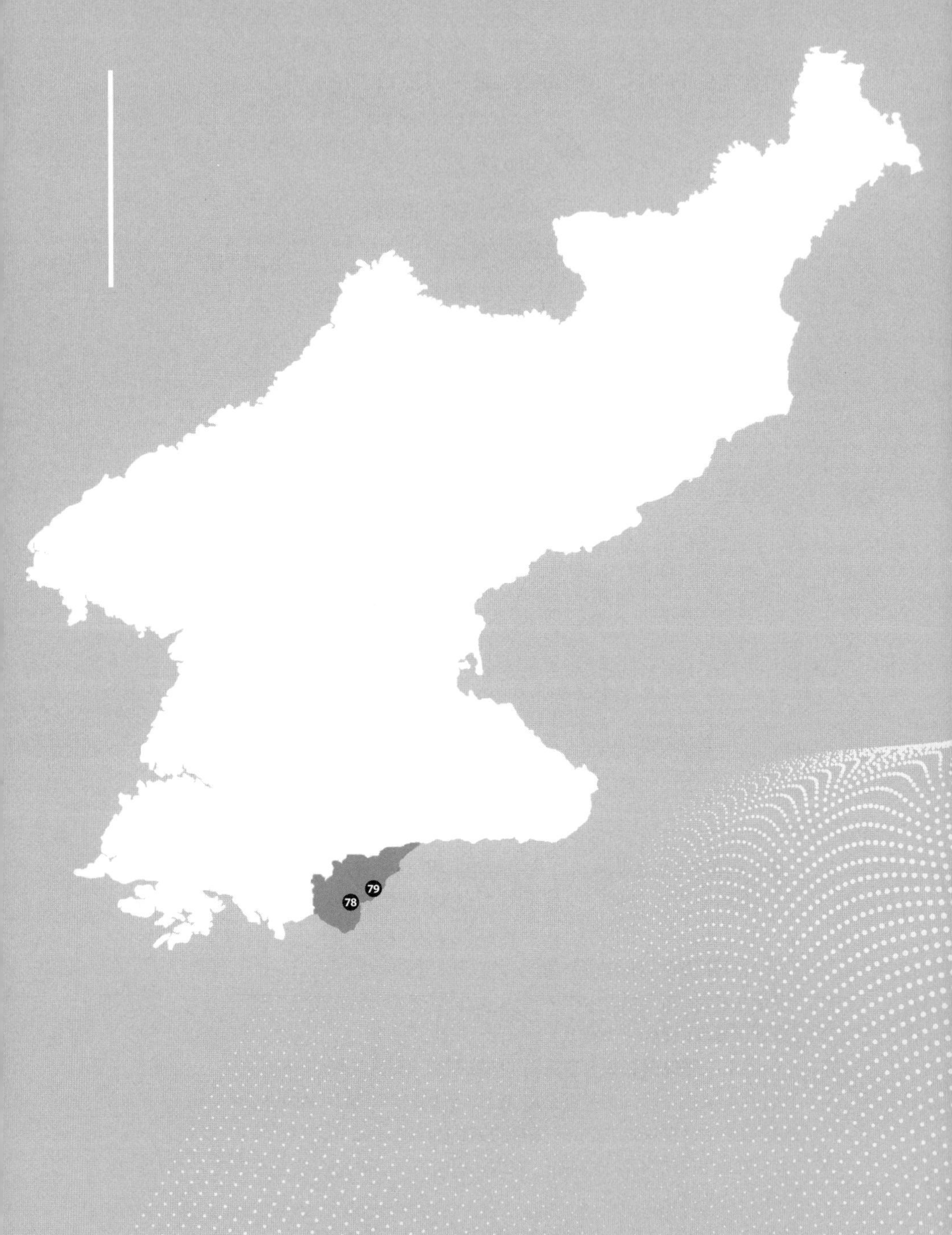
79
78
78 개성성결교회
79 대원리성결교회

경기도 지역 교회

개성성결교회(開城聖潔敎會)

대원리성결교회(大院里聖潔敎會)

개성성결교회 開城聖潔教會

개성은 옛 고려의 수도로 문화 유적이 많은 도시였다. 개신교 선교가 시작될 당시 사람들은 이곳을 개성이라기보다 '송도'(松都)라고 불렀다. 동쪽은 장단군, 서·남·북쪽은 개풍군으로 둘러싸여 있고, 인삼으로 유명했으며, 경기도의 3대읍 가운데 가장 큰 상업도시였는데 당시 인구는 5-6만 명이었다.

개성 지역의 개신교 선교는 윤치호(尹致昊)의 요청으로 미국 남감리회 선교사인 클라렌스 리드(Clarence Reid, 李德)와 콜리어(C. T. Collyer, 高永福)가 1897년 내한하면서 시작되었다. 특히 개성에 정착한 콜리어는 열심히 선교 사역을 펼쳤다. 그 열매로 1898년 9월에는 남부교회, 1901년 9월에는 북부교회가 설립되었으며 구세군도 전도활동에 참여하게 되었다.[1]

동양선교회는 1909년 5월에 전략적으로 강태온과 김두엽 두 전도사를 파송하여 '개성(송도)복음전도관'을 설립하고 10여 년 동안 개성을 중심으

---

1 김진형, 『초기한국감리교회 북한교회사』(서울: 기독교대한감리회 서부연회, 밀알기획, 1997), 279-85.

로 사방 12km 안에 있는 마을에서 가가호호 방문하여 복음을 증거하였다.[2] 개성복음전도관이 집회를 열고 복음을 전할 때 참석자 중에는 감리교인들과 구세군 교인들도 있었다. 이처럼 개성복음전도관은 초기부터 이들 교회들과 연합하여 사역하곤 하였다. 1910년 개성을 방문한 길보른과 토머스는 이 지역 교회들의 연합집회에서 설교하기도 하였다.[3]

하지만 처음 개척된 개성교회는 1923년 3월에 장년 신자 20여 명과 주일학생 60여 명을 남감리교회에 양여(讓與)하고 교회를 폐지하였다. 여교역자인 이유겸과 허순성은 개성교회의 열매라고 할 수 있다.[4]

1923년 남감리교회로 양여된 개성성결교회
「활천」(1923년 4월호).

이후 1932년 7월 이창선 전도사[5]가 파송되면서 개성교회 신개척이 두 번째로 추진되었다. 이 전도사의 열심 있는 전도활동으로 10여 명의 신자가

---

2 이명직, 『약사』, 58-59; "소식," 「활천」(1923년 5월호): 50.

3 "Our Visit to Songdo," *EM*(DEC. 1910), 3.

4 이명직, 『약사』, 58-9; "통신," 「활천」(1923년 5월호): 50.

5 조선야소교동양선교회성결교회 제1회 총회회록부록(1933년), 44.

생겼고 이들은 동본정(東本町) 192번지를 예배 장소로 정해 창립예배를 드렸다.[6]

1933년 2월 2-5일에 대원리교회 신은천 형제의 인도로 부흥회가 열렸는데 그 결과 중생자 7명과 성결자 5명, 결심자 17명이 나왔고 구도자 중에는 첩과의 생활을 청산한 사람, 사귀병에서 고침받은 사람, 30여 년간 앓던 고질병을 고친 사람, 우상을 버린 사람, 전가귀도된 집이 5가정이나 되었다.[7] 또한 요양 중 사망한 고(故) 김기하(金基夏) 전도사의 유족들은 고인의 생애와 임종 직전까지의 간곡한 전도에 감화되어 모두 믿기로 작정하고 개성교회에 출석하게 되었다. 이뿐 아니라 고인의 유지를 따라 8원 50전 하는 괘종시계 1개를 교회에 봉헌하고 9월 안에 100여 원 하는 풍금도 구입하여 교회에 바치기로 작정하였다. 이 소식을 들은 한 신자는 성령의 감동을 받아 자기가 타고 다니던 좋은 자전거를 교회에 드렸다.[8]

개성교회는 개성부 동본정 192번지에서 개성부 지정 106번지로 이전하였다.[9] 12월 2-10일에는 최석모 목사와 신은천 전도사를 청하여 부흥회를 열었는데 중생과 성결의 은혜를 받은 사람이 17명, 새로 믿기로 결심한 사람이 21명이나 되었고, 예배당 건축을 위한 헌금이 총 235원 모여 부지를 매수하기로 하였다.[10]

개성교회는 1934년 6월 4일에 개성부 동본정 86번지 3호[11] 집을 사서 이사하였다.[12] 9월 6일부터 5일간 전선순회장막전도대의 집회가 열려 청신

---

6 "통신," 「활천」(1932년 10월호): 56.
7 "통신," 「활천」(1933년 3월호): 60.
8 "통신," 「활천」(1933년 8/9월호): 83.
9 조선야소교동양선교회성결교회 제1회 총회회록부록(1933년), 55.
10 "통신," 「활천」(1934년 3월호): 44.
11 조선야소교동양선교회성결교회 제2회 총회회록부록(1934년), 83.
12 "통신," 「활천」(1934년 8/9월호): 99.

기도회, 성별회, 전도회로 하루에 세 차례 모였고 여기서 새로 믿기로 결심한 사람이 72명이었다.[13]

또한 11월 28일부터 5일간 차창선 목사의 인도로 부흥회가 열려 중생자 6명, 성결자 3명이 나오고 감사와 회개를 위해 헌금을 드린 사람도 있었다.[14] 12월 25일부터 5일간 백재흥 전도부인의 인도로 열린 소아부흥회에서는 죄를 통회하고 은혜에 감사하여 가락지를 드린 사람이 3명, 새로 결심한 사람이 15명이나 되었다.[15]

1937년 5월 25일부터 5일간 천막전도대의 개성집회가 매일 밤 500-600명이 모인 가운데 성황리에 진행되었는데 결심자가 40여 명이나 되었고 특

開城聖潔敎會

朴亨圭 李眞化 金英珪 秦柄允 金眞元 白仁卿

白禮卿 金恩愛 禹福點 朴承姬 金永昭

李承永 金英淑 李漢鄕 朴胤熙 安마리아

1938년 개성성결교회 주요 교인 명부

「활천」(1938년 1월호).

13 "전선순회장막전도순회기," 「활천」(1934년 11월): 38-39.

14 "통신," 「활천」(1935년 1월호): 56.

15 "통신," 「활천」(1935년 2월호): 55.

별히 감리교인이 많이 참석하여 은혜를 받았다.[16] 1939년에는 5,000여 원의 예산으로 예배당을 신축하였는데,[17] 박형규 목사가 부족한 경비를 충당하기 위해 큰 수고를 하였다.[18]

개성교회는 1943년 12월 29일 성결교회가 일제에 의해 강제로 해산당할 때까지 개성 지역에 복음을 전하였다.[19] 해방 이후 1947년 12월에 개성교회의 신자인 이재근은 '신학교유지재단 기성회'에 거액의 토지를 기부하였다.

이와 관련한 소식은 1948년 2월에 발행된 「활천」의 "진전하는 신학교 유지운동"에 다음과 같이 소개되고 있다. "개성교회 이재근 씨는 50만 원 정도 하는 토성(경기도 개풍군 중서면 토성리[20])에 소재한 토지 1만 5,000평을 1947년 12월에 경성신학교유지재단 기성회에 바쳤다. 이재근 씨는 개성 사직동에서 평안철물공장을 운영하는데 부모님 때부터 개성성결교회를 많이 도왔으며 그의 맏형 이재홍 씨는 신학교 재건 당시에 5,000원을 경성신학교에 직접 찾아가서 바쳤다."[21]

이처럼 개성교회는 해방 이후에도 교단과 신학교 재건을 위해 큰 역할을 감당하였다.

역대 교역자[22] 주임 강태온(姜泰溫, 1909-1916)
김상준(金相濬, 1916-1917)[23]

---

16 "천막전도대출전기," 「활천」(1937년 8/9월호): 81.

17 조선야소교동양선교회성결교회 제2회 연회회의록(1939년), 41.

18 "통신," 「활천」(1940년 2월호).

19 "'포교소폐지계', 소화 18년(1943년) 12월 29일," 「조선총독부관보」 1944년 4월 5일자[소화-5148호], 2-4면.

20 필자의 주.

21 "전진하는 신학교 유지운동," 「활천」(1948년 2월호).

22 이명직, 『약사』, 59.

23 이명직, 『약사』, 145.

박형순(朴鎣淳, 1917[24]-1918)
배선표(裵善杓, 1918[25]-1922)
사병식(史秉植, 1922)
이창선(李昌善, 1932[26]-1936[27])
박형규(朴亨圭, 1936[28]-1943[29])

부임 김두엽(金斗燁, 1909-1911)
이명직(李明稙, 1911-1914)
이명헌(李明憲, 1912)
노경모(盧景謨, 1914-1915)
박형순(朴鎣淳, 1915-1916)
손갑종(孫甲鍾, 1917-1919)
김성곤(金聖昆, 1920-1921)
사병식(史秉植, 1921)
유택윤(兪澤潤, 1935[30])

여교역자 최홍은(崔鴻恩, 1910)
이유겸(李柔謙, 1913-1914)
허순성(許順成, 1914-1915)
백신영(白信永, 1917-1919)
장사라(張士羅, 1920-1921)

---

24 "'포교담임자변경계', 동양선교회복음전도관 개성군 김상준-박영순, 경기도 개성군 송도면 경정 202, 대정 6년(1917년) 11월 20일," 「조선총독부관보」 1918년 1월 19일 자[대정-1634호], 4면.

25 "'포교담임자변경계', 동양선교회복음전도관 개성군 박형순-배선표, 경기도 개성군 송도면 경정, 대정 7년(1918년) 10월 15일," 「조선총독부관보」 1918년 11월 14일 자[대정-11881호], 8면.

26 조선야소교동양선교회성결교회 제1회 총회회록부록(1933년), 44.

27 조선야소교동양선교회성결교회 제2회 연회회의록(1939년), 53.

28 조선야소교동양선교회성결교회 제1회 연회회의록부록(1937년), 34.

29 조선야소교성결교회 제2회 연회록(1942년), 72.

30 "통신," 「활천」(1935년 11월호): 55.

강나운(姜羅雲, 1921-1922)

고이대(高利大, 1933[31])

백재흥(白再興, 1935[32])

이진화(李眞化, 1937[33]-1938)[34]

민예식(閔禮植, 1941[35])

김명숙(金明淑, 1942[36]-1943)

---

31 조선야소교동양선교회성결교회 제1회 총회회록부록(1933년), 51.

32 "통신,"「활천」(1935년 10월호): 54.

33 조선야소교동양선교회성결교회 제1회 연회회의록부록(1937년), 39.

34 "통신,"「활천」(1938년 7월호).

35 조선야소교성결교회 제2회 연회록(1942년), 31.

36 조선야소교성결교회 제2회 연회록(1942년), 63.

대원리성결교회 大院里聖潔教會

대원리성결교회(북한 관할 지역, 경기도 장단군 진서면 대원리 151[37])는 대원리 기도소[38]로 운영되다가 1932년 7월 24일에 교회로 설립되었다.[39] 1932년 9월부터 11월까지 경성성서학원에서 1학기 공부를 마친 신은천 형제가 구령열에 불타 성경 한 권만 가지고 무보수로 경기도 장단군 진서면 대원리라는 곳에 가서 3칸 방을 얻어 순복음(사중복음)을 전했는데, 한 달쯤 지나 결심자가 170여 명이나 되자 방이 비좁아 나무 아래에서 예배를 드리게 되었다.

하루는 예배 시간에 비가 내려 사람들은 흩어지고 신은천 형제는 엎드려 기도하였다. 점점 굵어지는 빗줄기 속에서 신 형제와 어느 노부인만 남아 기도하고 있었다. 가난한 그 부인은 아끼고 아껴 주머니에 감추어둔 돈 1원을 꺼내며 "이것을 가지고 예배당을 건축하자."라며 "하나님께 바친다."라고 말하였다. 신은천 형제는 그 헌금을 감사하게 받고서 다시 신자들을 모아 열심히 복음을 전하였다. 이 같은 신 형제의 전도활동에 많은 사람이

37 조선야소교동양선교회성결교회 제1회 총회회록(1933년), 55.

38 조선야소교동양선교회성결교회 제1회 총회회록(1933년), 12.

39 조선야소교동양선교회성결교회 제1회 총회회록부록(1933년), 55.

크게 감동하였고 그중 임병식은 예배당 부지로 쓰라며 반 일경(약 1,500평)을 바쳤다. 또한 홍순정, 한석윤, 한봉수, 지부성, 지두성, 장명옥, 윤창성은 예배당 건축에 필요한 돈을 전부 부담하기로 하였다.

1933년 6월 4일에 예배당 건축이 시작되었다. 70여 명의 신자가 열심을 내어 헌신적으로 활동한 결과 공사비 246원 70전을 들여 초가 10칸의 예배당을 건축하고 7월 2일에 헌당식을 거행하며 하나님께 영광을 돌렸다.[40]

1934년 제2회 총회에서 신은천 형제가 정주 전도사로 임명되었다.[41] 9월에는 신자 일동이 맥추의 십일조를 바쳐 30원 하는 경종을 구입하고 주님께 영광을 돌렸다.[42]

1933년에 신축한 대원리성결교회 예배당
"통신," 「활천」(1933년 11월호): 49.

---

40 "통신," 「활천」(1933년 11월호): 49.
41 "통신," 「활천」(1935년 2월호): 55.
42 "통신," 「활천」(1934년 10월호): 53.

이후 대원리교회는 1936년에 개성교회의 박형규 목사가 겸임하여 목회하였고[43] 1939년까지 유지되었다.[44] 1942년에 열린 제2회 연회 기록에 대원리교회에 관한 내용이 빠져 있지만[45] 1943년 12월 29일 일제에 의해 강제로 해산당한 성결교회 명부에 들어 있음을 볼 때 교회의 명맥을 유지하고 있었던 것으로 보인다. 이와 같이 대원리교회는 장단군 대원리 지역에 복음을 전하였다.[46]

역대 교역자	주임	신은천(申銀天, 1932[47]-1936[48])
		박형규(朴亨圭, 1936[49]-1939[50])

43 "'포교담임자선정계', 동양선교회 대원리성결교회 장단군 박형규, 소화 11년(1936년) 10월 10일," 「조선총독부관보」 1936년 11월 18일 자[소화-2955호], 6면.

44 조선야소교동양선교회성결교회 제2회 연회회의록(1939년), 41.

45 조선야소교성결교회 제2회 연회록(1942년).

46 "'포교소폐지계', 소화 18년(1943년) 12월 29일," 「조선총독부관보」 1944년 4월 5일 자[소화-5148호], 2-4면.

47 "통신," 「활천」(1933년 11월호): 49.

48 "통신," 「활천」(1933년 11월호): 49.

49 "'포교담임자선정계', 동양선교회 대원리성결교회 장단군 박형규, 소화 11년(1936년) 10월 10일," 「조선총독부관보」 1936년 11월 18일 자[소화-2955호], 6면.

50 조선야소교동양선교회성결교회 제2회 연회회의록(1939년), 41.

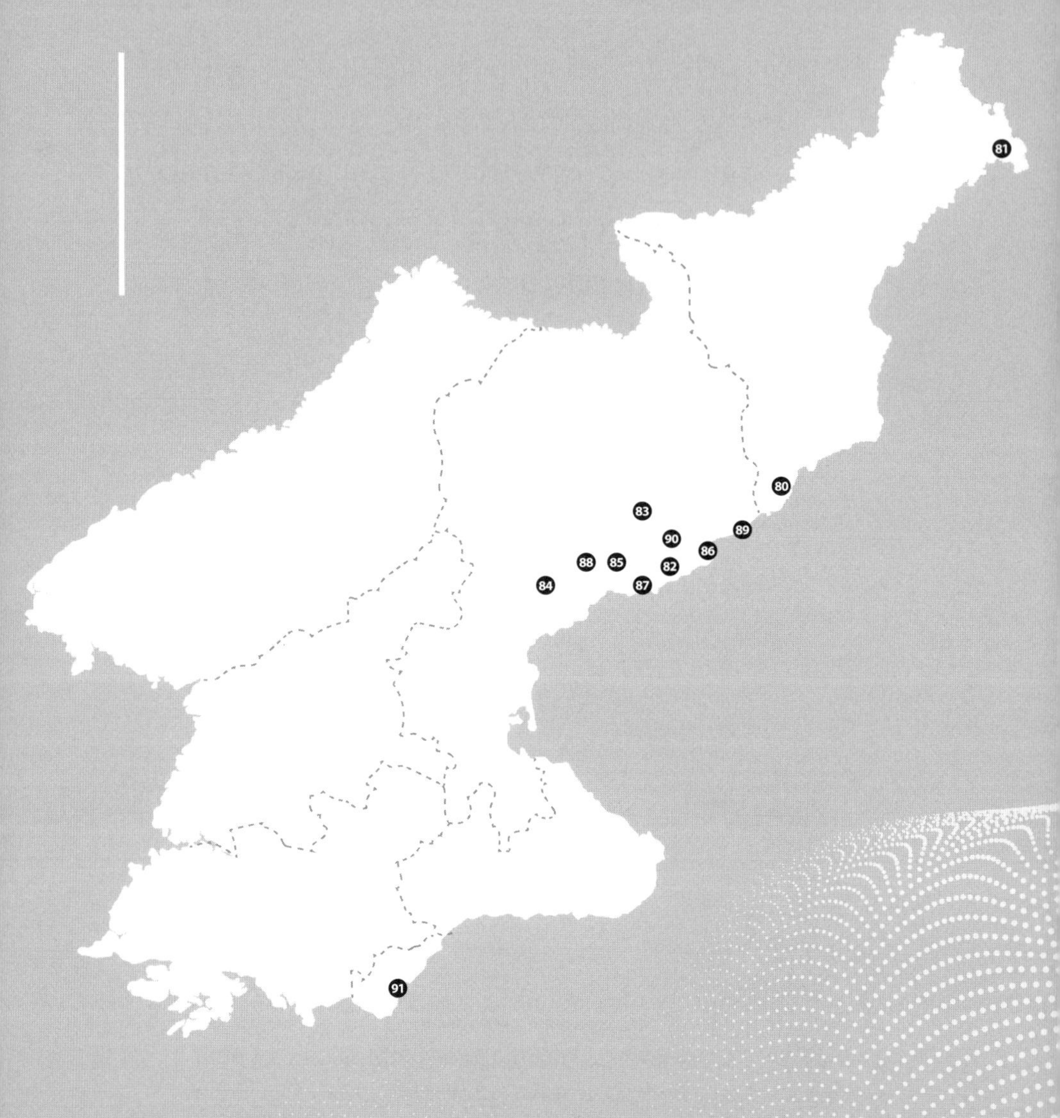

- 80 수남동성결교회
- 81 구산농장성결교회
- 82 현금리성결교회
- 83 구미단성결교회
- 84 도룡리성결교회
- 85 종고대성결교회
- 86 신창성결교회
- 87 서호진성결교회
- 88 마장성결교회
- 89 송전리성결교회
- 90 단천성결교회
- 91 토성성결교회

그 밖의 교회들

함경북도	수남동성결교회(水南洞聖潔教會)
	구산농장성결교회
함경남도	현금리성결교회(絃琴里聖潔教會)
	구미단성결교회(龜尾端聖潔教會)
	도룡리성결교회(都龍里聖潔教會)
	종고대성결교회(終高臺聖潔教會)
	신창성결교회(新昌聖潔教會)
	서호진성결교회(西湖津聖潔教會)
	마장성결교회(馬場聖潔教會)
	송전리성결교회(松田里聖潔教會)
	단천성결교회(端川聖潔教會)
경기도	토성성결교회(土城聖潔教會)

수남동성결교회 水南洞聖潔敎會

청진성결교회(신암동교회)는 1938년 6월[1]부터 청진 중앙에 있는 발전 도시 수남동에 지교회를 설립하기 위해 기도하며 수남동에 가서 열심히 전도하였다. 그 결과 1939년 7월에 김영범 목사의 사회로 37명이 모여 수남동성결교회(함경북도 청진부 수남동) 창립예배[2]를 드렸다. 창립에 이어 곧바로 수일간 전도회를 개최한 결과 결심자를 40여 명 얻었고 온 교인은 그들의 믿음이 온전히 성숙해지기를 위해 기도하였다.[3]

이러한 노력에도 불구하고 수남동교회는 교회로 세워지지 못한 채 1942년 제2회 연회 북부지방 교회 명부에서 누락되었다.[4]

역대 교역자 여교역자 김영욱(金暎郁, 1939[5]–1940)

---

1 조선야소교동양선교회성결교회 제2회 연회회의록부록(1939년), 56.

2 조선야소교동양선교회성결교회 제2회 연회회의록(1939년), 26.

3 "통신," 「활천」(1939년 8/9월호): 70.

4 조선야소교성결교회 제2회 연회록(1942년), 84.

5 조선야소교동양선교회성결교회 제2회 연회회의록(1939년), 56.

구산농장성결교회

구산농장성결교회에 관한 유일한 기록은 다음과 같다. "서수라성결교회에서는 1934년 1월에 30리 밖에 있는 구산농장에 가서 전도한 결과 50여 명의 구도자를 얻고 지교회를 설립하였는데 장년이 수십 인이요, 유년도 수십 인씩 매주일에 모여 예배를 드리고 있다."[6]

하지만 서수라교회(함경북도 경흥군 노서면 서수라항 13[7])의 지교회로 설립된 구산농장교회는 교회로 세워지지 못하였다.

---

6 "통신," 「활천」(1934년 3월호): 44.

7 조선야소교동양선교회성결교회 제1회 총회회록부록(1933년), 51.

현금리성결교회 紘琴里聖潔敎會

현금리성결교회(함경남도 북청군 속후면 현금리)에 관한 기록은 「활천」 1923년 3월호 기사가 유일하다. 그 내용은 다음과 같다. "북청 현금리에 오순절적 교회 창설: 함경남도 북청군 속후면 현금리는 700여 호나 되는 대촌(大村, 큰 마을)인데 교회가 없음으로 모든 영혼들이 사망의 그늘에 있었다. 이에 이정원 전도사, 성서학원에서 공부하던 이원균 형제, 평산교회 신자 주용윤 씨, 세 사람이 대원리에 가서 '금남학교'를 빌려 전도하는 가운데 60여 인이 믿기로 작정하고 그 이튿날부터 60인이 전부 새벽기도회에 날마다 참석하여 은혜를 받았다. 그 결과로 신결심자 중 한 사람이 초가 6칸을 바침으로 수리하여 예배당으로 사용하기로 작정하였다. 참으로 사도행전에 기록된 오순절적 교회라고 하겠다."[8] 하지만 안타깝게도 현금리교회는 교회로 세워지지 못하였다.

---

8 "소식," 「활천」(1923년 3월호) 55.

구미단성결교회 亀尾端聖潔教會

구미단성결교회(함경남도 북청군 덕성면 수서리 구미단)는 1931년에 설립되었다.[9] 1932년 11월 23일 밤에 이준수 목사의 인도하에 첫 번째 추수감사절 예배를 드렸고, 11월 22-26일에는 김영범 목사의 인도로 제1회 부흥회를 열어 큰 은혜를 받았다.[10] 구미단교회는 설립과 함께 북청교회의 교역자가 겸임하여 사역하였다.

그러나 1937년 이후 관련 기록이 전혀 남아 있지 않은 것으로 보아 구미단교회는 교회로 세워지지 못하고 폐지된 것으로 여겨진다.

역대 교역자 주임 이준수(李晙洙, 1932[11]-1933[12])
조한수(趙漢璹, 1933[13]-1937[14])

---

9 조선야소교동양선교회성결교회 제1회 총회회록부록(1933년), 52.
10 "통신," 「활천」(1933년 2월호): 59.
11 조선야소교동양선교회성결교회 제4회 연회의사록부록(1932년), 43.
12 조선야소교동양선교회성결교회 제1회 총회회록부록(1933년), 41.
13 "조한수 전도사는 북청교회, 임자동교회, 니망지리교회, 구미단교회를 겸임사역함," 조선야소교동양선교회성결교회 제1회 총회회록부록(1933년), 43.
14 "조한수 목사는 북청교회, 구미단교회를 겸임 사역함," 조선야소교동양선교회

도룡리성결교회 都龍里聖潔敎會

도룡리성결교회(함경남도 홍원군 용천면[15])에 관한 유일한 기록은 1934년 제2회 총회회록이다. 그런데 총회록 80쪽에 담긴 '북부지방 교회 명부'에는 소재지가 함경남도 홍원군 동평리라고 되어 있지만 총회록 87쪽의 '신설 교회 명부'에는 함경남도 홍원군 용천면으로 기록되어 있다. 도룡리교회는 교회로 세워지지 못하였다.

성결교회 제1회 연회회의록부록(1937년), 35.

15 조선야소교동양선교회성결교회 제2회 총회회록부록(1934년), 80; 조선야소교동양선교회성결교회 제2회 총회회록부록(1934년), 87.

종고대성결교회 終高臺聖潔教會

종고대성결교회(함경남도 북청군 후창면 종고대[16])는 설립에 관련한 자료가 없다. 첫 기록은 1933년 제1회 총회록[17]인데 여기에는 '종고태교회'(終高台教會)라고 되어 있는 반면 교회 폐지를 결정한 1934년 제2회 총회록[18]에는 '종고대교회'(終高臺教會)로 나와 있다. 종고대교회는 교회로 세워지지 못하였다.

16 조선야소교동양선교회성결교회 제2회 총회회록부록(1934년), 89.

17 조선야소교동양선교회성결교회 제1회 총회회록부록(1933년), 52.

18 조선야소교동양선교회성결교회 제2회 총회회록부록(1934년), 89.

신창성결교회 新昌聖潔敎會

신창성결교회(함경남도 북청군 신창읍 신창항)가 설립된 신창항은 당시 북청군의 관문 항구로 압록강 상류 지방과의 상거래가 성행한 신발전 지역이었다. 날로 인구가 증가했기에 교회 설립의 필요성이 높아졌는데[19] 다른 지역에서 믿음생활을 열심히 하던 이명재, 안북열, 이용운 등 7명이 이곳으로 이주하면서 교회 설립의 계기가 마련되었다.[20]

신창교회가 설립된 경위는 다음과 같다. 1936년 8월 3일부터 3일간 어포리교회에서 특별전도회가 열렸고 이때 박태주 목사와 조한숙 전도사와 어포리교회 직원들이 축호전도와 노방전도를 하면서 장소가 협착할 정도로 많은 사람이 몰려들었다. 수십 명의 결신자가 나왔기에 이용운은 자신의 집을 임시 예배 장소로 정하여 신창(신창항)교회를 설립하고 직원까지 선정하여 매주일 예배를 드리게 되었다.[21]

신창교회 신자들은 예배로 모일 때마다 예배당을 위해 기도하며 헌금

---

19 "통신," 「활천」(1936년 10월호): 58.

20 "통신," 「활천」(1937년 1월호): 56.

21 "통신," 「활천」(1936년 10월호): 58.

하였고 이렇게 모인 헌금과 미신자들의 도움으로 1936년 10월 250원에 낡은 건물을 매수,[22] 60여 원을 들여 수리하였다. 또한 11월 20일부터 3일간 경성성서학원 전도대원들의 방문전도를 통해 많은 결신자를 얻었으며[23] 11월 23일에는 강송수 목사의 사회로 헌당식을 거행하여 주님께 영광을 돌렸다. 하지만 1939년 성결교회 제1회 연회의사록 함남지방 교회 명부[24]에 누락된 것으로 보아 신창(신창항)교회는 교회로 세워지지 못하고 폐지된 것으로 판단된다.

---

22 조선야소교동양선교회성결교회 제1회 연회회의록(1937년), 22.

23 "통신,"「활천」(1937년 1월호): 56.

24 조선야소교동양선교회성결교회 제2회 연회회의록부록(1939년), 57-58.

서호진성결교회 西湖津聖潔教會

서호진은 흥남의 외항(外港)으로 비료 및 화학제품의 수출과 어업이 활발하게 이뤄지던 중심지였다. 서호진성결교회(함경남도 흥남읍 서호진[25])는 흥남교회가 장래 발전 지역인 서호진에 교회가 설립되어야 할 필요를 느끼고 1933년 1월 21일에 지교회로 설립한 교회이다. 창립예배를 드린 후 직원과 신자 일동은 체번(替番, 순번에 따라 교대함)하여 집회를 인도하였다.[26]

서호진교회는 북청 임자동교회 강축수 전도사의 헌신적인 전도로 계속 부흥하였고[27] 흥남교회 김진문 전도사가 겸임하여 사역하였다.[28] 그러나 아쉽게도 교회로 세워지지 못하고 1934년에 폐지되었다.[29]

---

25 조선야소교동양선교회성결교회 제1회 총회회록부록(1933년), 52.

26 "통신," 「활천」(1933년 6월호): 56.

27 "통신," 「활천」(1933년 8/9월호): 83.

28 조선야소교동양선교회성결교회 제1회 총회회록부록(1933년), 42.

29 조선야소교동양선교회성결교회 제2회 총회회록부록(1934년), 89.

마장성결교회 馬場聖潔敎會

마장성결교회(함경남도 북청군 하거서면 마장리[30])는 마장리에 사는 김성탁 형제가 전도로 결신자를 얻어 설립한 교회이다. 1933년 1월 23일 밤에 주님

마장성결교회 헌당식

"통신,"「활천」(1934년 6월호): 55.

---

30 조선야소교동양선교회성결교회 제1회 연회회의록부록(1937년), 41; "통신,"「활천」(1934년 6월호): 54.

의 신비한 지시를 받아 예수를 믿기로 작정한 김성탁은 이튿날 북청교회에서 사역하던 이준수 목사를 찾아가 신앙생활의 도리를 자세히 듣고 이후 집으로 돌아가 열심히 믿음생활을 시작하였다. 그리고 이웃을 전도하여 결신자를 얻고 마장교회를 설립하였다. 예배당이 없어 많은 어려움을 겪었으나 김성탁은 16원을 헌금하여 집을 사고 24원으로 수리하여 예배당으로 사용하였다.

1933년 12월 10일[31]에 이준수 목사의 사회로 헌당식을 거행하였다. 주일예배에 참석하는 교인은 장년 17명과 유년 25명이고, 그 가운데 학습인은 7명이었다.[32]

하지만 마장교회는 1937년 이후 연회록에서 누락되고 다른 자료에도 기록되지 않은 것으로 보아 교회로 세워지지 못한 것으로 판단된다.

31 "통신," 「활천」(1934년 2월호): 47.

32 "통신," 「활천」(1934년 6월호): 54.

송전리성결교회 松田里聖潔敎會

송전리성결교회(함경남도 북청군 평산면 송전리)에 관한 첫 기록은 제1회 총회록 북부지방 교회 명부[33]이다. 교회의 설립 과정을 소개한 자료는 더 이상 없으며 1934년 제2회 총회에서 폐지가 결정되었다.[34]

33 조선야소교동양선교회성결교회 제1회 총회회록부록(1933년), 52.

34 조선야소교동양선교회성결교회 제2회 총회회록부록(1934년), 89.

단천성결교회 端川聖潔敎會

단천성결교회(함경남도 단천군 파도면 동상리 16)에 관한 첫 기록은 성결교회 제1회 총회록 북부지방 교회 명부[35]이다. 교회 설립을 추진한 인물이나 그 동기에 대해서는 전해진 바가 없다. 단천교회는 1934년 제2회 총회에서 폐지가 결정되었다.[36]

35 조선야소교동양선교회성결교회 제1회 총회회록부록(1933년), 52.
36 조선야소교동양선교회성결교회 제2회 총회회록부록(1934년), 89.

토성성결교회 土城聖潔敎會

개풍군 토성리는 개성의 서쪽 교외 지역의 면 소재지로 1945년 해방 이후에는 개풍군의 중심지가 되었다. 또한 그곳에는 철도가 지나가는 토성역이 있었다.

토성성결교회(경기도 개풍군 중서면 토성리 345)는 1933년에 개최된 제1회 총회 후 신설되었다.[37] 1934년의 제2회 총회록 교회 명부에도 경기도 개풍군에 토성교회가 신설되었음이 기록되어 있다.[38] 하지만 1937년 제1회 연회록 교회 명부에는 누락되어 있는데[39] 이는 토성교회가 설립된 것은 분명하나 결국 교회로 세워지지 못하였음을 말해준다.

---

37 "통신," 「활천」(1934년 1월호): 51.

38 조선야소교동양선교회성결교회 제2회 총회회록부록(1934년), 82, 88.

39 조선야소교동양선교회성결교회 제1회 연회회의록부록(1937년), 43-44.

부록

부록 1 1943년 12월 29일 일제에 의해 강제로 해산·폐지된 북한 지역 성결교회들

부록 2 1945년 해방 이후 북한 지역 성결교회 소식

1) 1946년 이성봉 목사가 전해준 서북교회 소식

2) 1947년 이용선 목사가 전해준 이북교회 소식

부록 1

1943년 12월 29일 일제에 의해 강제로 해산 · 폐지된 북한 지역 성결교회들

(「조선총독부관보」 1944년 4월 5일 5148호 2면 기록순)

1. 東洋宣教會 開城聖潔教會 開城府
   동양선교회 개성성결교회 개성부
2. 東洋宣教會 大院里聖潔教會 長湍郡
   동양선교회 대원리성결교회 장단군
3. 東洋宣教會 沙里院里潔教會 鳳山郡
   동양선교회 사리원리결교회 봉산군
4. 東洋宣教會 延安聖潔教會 延安郡
   동양선교회 연안성결교회 연안군
5. 東洋宣教會 信川聖潔教會 信川郡
   동양선교회 신천성결교회 신천군
6. 東洋宣教會 海州聖潔教會 海州府
   동양선교회 해주성결교회 해주부
7. 東洋宣教會 載寧聖潔教會 載寧郡
   동양선교회 재령성결교회 재령군
8. 東洋宣教會 兼二浦聖潔教會 黃州郡
   동양선교회 겸이포성결교회 황주군
9. 東洋宣教會 延安聖潔教會 延白郡
   동양선교회 연안성결교회 연백군
10. 東洋宣教會 文化聖潔教會 信川郡
    동양선교회 문화성결교회 신천군
11. 東洋宣教會 海州港聖潔教會 海州府
    동양선교회 해주항성결교회 해주부
12. 東洋宣教會 鎭南浦聖潔教會 鎭南浦府
    동양선교회 진남포성결교회 진남포부
13. 東洋宣教會 新安州聖潔教會 安州郡
    동양선교회 신안주성결교회 안주군
14. 東洋宣教會 大同聖潔教會 平壤府
    동양선교회 대동성결교회 평양부
15. 東洋宣教會 巖町聖潔教會 平壤府
    동양선교회 암정성결교회 평양부
16. 東洋宣教會 肅川聖潔教會 平原郡
    동양선교회 숙천성결교회 평원군
17. 東洋宣教會 橋口町聖潔教會 平壤府
    동양선교회 교구정성결교회 평양부
18. 東洋宣教會 平東聖潔教會 平壤府
    동양선교회 평동성결교회 평양부
19. 東洋宣教會 眞池洞聖潔教會 龍岡郡
    동양선교회 진지동성결교회 용강군
20. 東洋宣教會 新義州西部聖潔教會 新義州府
    동양선교회 신의주서부성결교회 신의주부
21. 東洋宣教會 義州聖潔教會 義州郡
    동양선교회 의주성결교회 의주군
22. 東洋宣教會 枇峴聖潔教會 義州郡
    동양선교회 비현성결교회 의주군
23. 東洋宣教會 古邑聖潔教會 定州郡
    동양선교회 고읍성결교회 정주군
24. 東洋宣教會 楊市聖潔教會 龍川郡
    동양선교회 양시성결교회 용천군

25. 東洋宣教會 新義州東部聖潔敎會 新義州府
동양선교회 신의주동부성결교회 신의주부

26. 東洋宣教會 法興聖潔敎會 龍川郡
동양선교회 법흥성결교회 용천군

27. 東洋宣教會 麻田洞聖潔敎會 義州郡
동양선교회 마전동성결교회 의주군

28. 東洋宣教會 敏浦里聖潔敎會 義州郡
동양선교회 민포리성결교회 의주군

29. 東洋宣教會 北靑聖潔敎會 北靑郡
동양선교회 북청성결교회 북청군

30. 東洋宣教會 坪山聖潔敎會 北靑郡
동양선교회 평산성결교회 북청군

31. 東洋宣教會 魚抱里聖潔敎會 北靑郡
동양선교회 어포리성결교회 북청군

32. 東洋宣教會 藝園里聖潔敎會 北靑郡
동양선교회 예원리성결교회 북청군

33. 東洋宣教會 福富町聖潔敎會 咸興府
동양선교회 복부정성결교회 함흥부

34. 東洋宣教會 洪原聖潔敎會 洪原郡
동양선교회 홍원성결교회 홍원군

35. 東洋宣教會 新北靑聖潔敎會 北靑郡
동양선교회 신북청성결교회 북청군

36. 東洋宣教會 間坪聖潔敎會 北靑郡
동양선교회 간평성결교회 북청군

37. 東洋宣教會 楊川聖潔敎會 北靑郡
동양선교회 양천성결교회 북청군

38. 東洋宣教會 泥望只里聖潔敎會 北靑郡
동양선교회 니망지리성결교회 북청군

39. 東洋宣教會 惠山鎭聖潔敎會 甲山郡
동양선교회 혜산진성결교회 갑산군

40. 東洋宣教會 興南聖潔敎會 咸州郡
동양선교회 흥남성결교회 함주군

41. 東洋宣教會 安邊聖潔敎會 安邊郡
동양선교회 안변성결교회 안변군

42. 東洋宣教會 元山聖潔敎會 元山府
동양선교회 원산성결교회 원산부

43. 東洋宣教會 高原聖潔敎會 高原郡
동양선교회 고원성결교회 고원군

44. 東洋宣教會 永興聖潔敎會 永興郡
동양선교회 영흥성결교회 영흥군

45. 東洋宣教會 山手町聖潔敎會 咸興府
동양선교회 산수정성결교회 함흥부

46. 東洋宣教會 新高山聖潔敎會 安邊郡
동양선교회 신고산성결교회 안변군

47. 東洋宣教會 龍興聖潔敎會 咸州郡
동양선교회 용흥성결교회 함주군

48. 東洋宣教會 九龍聖潔敎會 咸州郡
동양선교회 구룡성결교회 함주군

49. 東洋宣教會 中央聖潔敎會 咸州郡
동양선교회 중앙성결교회 함주군

50. 東洋宣教會 會寧聖潔敎會 會寧郡
동양선교회 회령성결교회 회령군

51. 東洋宣教會 淸津聖潔敎會 淸津府
동양선교회 청진성결교회 청진부

52. 東洋宣教會 雄基聖潔敎會 慶興郡
동양선교회 웅기성결교회 경흥군

53. 東洋宣教會 羅南聖潔敎會 鏡城郡
동양선교회 나남성결교회 경성군

54. 東洋宣教會 穩城聖潔敎會 穩城郡
동양선교회 온성성결교회 온성군

55. 東洋宣教會 西水羅聖潔敎會 慶興郡
동양선교회 서수라성결교회 경흥군

56. 東洋宣教會 城津聖潔敎會 城津府
동양선교회 성진성결교회 성진부

57. 東洋宣教會 浦項洞聖潔敎會 城津府
동양선교회 포항동성결교회 성진부

58. 東洋宣教會 雲淵聖潔敎會 會寧郡
동양선교회 운연성결교회 회령군

부록 2

1945년 해방 이후 북한 지역 성결교회 소식

1) 1946년 이성봉 목사가 전해준 서북교회 소식[1]

서북(西北) 38선이란 사선이 우리 조선을 두 도막에 낸 후 남북의 소식은 안타깝게도 서로 그리웁다.

이 목사께서 그간 만주서 활약하다가 해방이 되자 곳 조선에 건너와 이곳저곳 큰 교회에서 부흥회로 청하는 것도 다 물리치고 무너진 성결교회들을 다시 일으키기에 전력하야 이곳저곳 문 닫은 교회를 찾아다니며 자비량하야 부흥회를 열고 눈물 뿌려 전도한 결과 도처에 큰 부흥이 일어났으며, 어떤 때는 이 목사께서 가난한 주머니를 털어 예배당 수리에 받치는 등 이런 열정에야 녹아나지 않을 자 누구리요. 그리하야 평북 양시교회에서 3일간 부흥회로 8만여 원의 헌금이 나서 전에 '하나님 교회 예배당'을 사서 예배를 보는 중이라 하며 신의주동부교회에서 부흥회를 한 결과 첫사랑을 찾아 돌아오는 무리 구름같이 모여들고 구의주교회에서도 집회를 하야 큰 부흥이 일어났고 10여 만 원의 헌금을 하여 '독립기념예배당' 건축을 설계한다고 하며 그 외에도 평양 등지와 신천(信川)이며 사리원, 해주 등지에서 닫친 문을 열어놓고 집회를 한 결과 이르는 곳마다 대부흥이 일어났다 하며

1 "이성봉목사와 서북교회소식," 「활천」(1946년 4월호): 36-37.

그 외에도 숨은 내용과 놀라운 사실이 하도 많을 것이매 후일 다시 소개하기로 하고 이제 개괄적으로 각 교회를 소개하면 아래와 같다더라.

신의주동부교회 최헌(崔獻) 목사·신도 200여 명

신의주서부교회 장이초(張利初) 목사·신도 60여 명

구의주교회 이용선(李龍善) 목사·신도 50명

비현교회 문이호(文履浩) 목사·신도 90명

양시교회 김상운(金相雲) 목사·신도 100여 명

평양기림리교회 김홍순(金鴻淳) 목사·신도 80명

평양암정교회 최창도(崔昌道) 목사·신도 50여 명

평양교구정교회 이은실(李恩實) 전도부인

진지동교회 강태즙(姜泰楫) 목사·신도 50여 명

진남포교회 박용현(朴龍賢) 목사·신도 90명

평양상수리교회 최병률(崔炳律) 전도사·신도 80여 명

사리원교회 이천영(李泉永) 목사·신도 60여 명

재령북율교회 송계순(宋啓淳) 전도사·신도 50여 명

신천교회 김기석(金己石) 목사·신도 80명

문화교회 김기석(金己石) 목사·신도 50명

해주교회 최학철(崔鶴哲) 목사·신도 200여 명

연안교회 윤철한(尹哲漢) 목사·신도 100여 명

겸이포교회 20여 명

(一九四六年 三月 末 現在)

2) 1947년 이용선 목사가 전해준 이북교회 소식[2]

신의주동부교회 회집 인원은 200여 명이며 다난한 시국에도 교회는 부흥 중에 교회당을 대수리하고 쇠 종각을 50여 척이나 되게 훌륭하게 세웠다 하며 교역자는 최헌(崔獻) 목사와 최애주(最愛主), 박영애(朴永愛) 두 전도부인이 시무 중이라 한다.

신의주서부교회 해방 후 예배당 문제로 크게 곤란을 당하며 주택에서 오랫동안 예배를 보다가 다시 건물을 찾고 새롭는 부흥으로 회집 150명까지 모이더니 사정에 의하여 장이초 목사의 전근으로 집회 수가 100명 내외로 되었으나 질적으로 부흥 중이며 동부에 최헌 목사께서 겸임하여 보시는 중 전도부인은 백동수 씨라 한다.

의주교회 해방 후에는 이북 제일이라고 할 수 있던 바 작년 3월 1일 폭동으로 교회 내 부속파괴 건이 있었으나 회집 150명까지더니 시국의 변동으로 금춘(今春, 금년 봄) 이래 월남자 40명이나 되어 타격을 받으며 건축을 위한 준비도 있었으나 이용선 목사는 소련특무사령부에 걸려 부득이 월남하고 이봉녀 전도부인께서 수고하시는 중이라 한다.

양시교회 하나님의 축복으로 양시에 제일 되는 위치에 있는 '하나님의 교회당'을 매수하여 장·유년 모두 부흥인데 합하여 300여 명의 신도를 김상운 목사께서 목회하고 있다 한다.

---

2 "이북교회소식," 「활천」(1947년 10월호): 34-36.

비현교회 각 방면으로 어려운 점이 많았으나 목회에 경험 많으신 서부교구장 문이호 목사께서 난관을 돌파하시어 장년만도 100명의 회집을 가지고 진리의 싸움을 계속 중에 있다 한다.

평양대동교회 이 교회는 매우 침체한 상태에 있던 중 김봉업 장로의 취임 후 약진 부흥 도상에 매주 십일조헌금을 시행케 되어 남녀 교역자 세 가정에 매삭 2만여 원의 경비를 쓰고도 여유가 있어 예배당을 수리도 하고 은혜 풍성히 받는 중인데 정진경 전도사는 월남 수양 중이고 전도부인이 수고를 하며 김홍순 목사께서는 부흥회를 여러 곳 인도하던 중 언론의 자유를 무시하는 적색분자들의 무도한 탄압으로 반동분자라는 죄명하에 지난 4월부터 징역 2년의 언도를 받고 지금은 진남포 감옥에서 복역 중이라 한다.

신흥교회 이원근 목사의 월남 이후 강진국 장로께서 전적으로 도와 60-70명의 신도가 모이며 부흥 중이라 한다.

롱암교회 남녀 교역자도 없이 직원들의 열심 있는 기도와 노력으로 40-50명의 신도가 모이는 중이라 한다.

진지동교회 장원초 목사가 별세한 후 오래 동안 목자 없이 고생들 하다가 고(故) 장 목사님의 게씨(동생이라는 의미이다 – 필자 주) 장이초 목사의 부임 후 주리던 심령들이 배부름을 얻어 70-80명의 회집이 잘 된다고 한다.

진남포교회 퍽이나 재미있던 교회인데 생활난으로 신자의 월남자가 속출하나 박용현 목사께서 수고하신다 한다.

사리원교회 이천영 목사가 월남한 뒤 강태즙 목사님이 목회하신다 한다.

북율교회 열심 있는 송계순 장로님의 활동으로 교회는 여전이 부흥되어 농촌이나마 60-70명이 회집하여 주님께 영광을 돌리는 중이라고 한다.

신천교회 김기석 목사의 월남으로 목자 없이 지내던 바 임광수 전도사의 부임으로 교회는 양으로나 질로나 크게 부흥되어서 새로운 빛을 발휘하여 매우 승리 중이며 부근에 지교회까지 세워 많은 영혼을 인도 중이라 한다.

문화교회 남녀 교역자를 맞지 못하고 직원들이 열심으로 인도하는 중 40-50명씩이나 모이는 중이라 한다.

해주교회 최학철 목사는 부득이한 사정으로 월남하고 이기백 장로의 활동이 큰데 월남자들이 일시 대합소 모양으로 있어 자리 잡은 일꾼이 많지 못함을 유감으로 여기나 회집은 150명이나 된다고 한다.

북부교구 소식 지난 5월에서 부교구회 시에 북부교구장인 조기함 목사의 내참으로 대략의 소식을 들은 바 서선보다 더 탄압이 심하나 기설교회는 대개 다시 문을 열고 집회를 하는 중인데 합이 17개소이라 하며 그중에도 함흥 두 곳과 북청과 청진 등은 크게 부흥되며 그 외에 모든 교회도 놀라운 은혜에 넘치어 부흥의 기미가 농후하다 하였는데 지난 8월 초부터는 상부의 명령이라 하여 주일(主日)과 삼일기도회 이외에 불허한다는데 이북에 있는 교회들은 곤란이 클 것이니 여러분의 기도를 바란다고 한다.

(이용선 목사 편에)